A natureza da arte

FUNDAÇÃO EDITORA DA UNESP

Presidente do Conselho Curador
Mário Sérgio Vasconcelos

Diretor-Presidente
Jézio Hernani Bomfim Gutierre

Superintendente Administrativo e Financeiro
William de Souza Agostinho

Conselho Editorial Acadêmico
Danilo Rothberg
João Luís Cardoso Tápias Ceccantini
Luiz Fernando Ayerbe
Marcelo Takeshi Yamashita
Maria Cristina Pereira Lima
Milton Terumitsu Sogabe
Newton La Scala Júnior
Pedro Angelo Pagni
Renata Junqueira de Souza
Rosa Maria Feiteiro Cavalari

Editores-Adjuntos
Anderson Nobara
Leandro Rodrigues

EDMOND COUCHOT

A natureza da arte
O que as ciências cognitivas revelam sobre o prazer estético

Tradução
Edgard de Assis Carvalho

© 2012, Hermann, 6 rue Labrouste, 75015 Paris – France
www.editions-hermann.fr
© 2019 Editora Unesp

Título original: *La Nature de l'art – Ce que les sciences cognitives nous révèlent sur le plaisir esthétique*

Direitos de publicação reservados à:
Fundação Editora da Unesp (FEU)
Praça da Sé, 108
01001-900 – São Paulo – SP
Tel.: (0xx11) 3242-7171
Fax: (0xx11) 3242-7172
www.editoraunesp.com.br
www.livrariaunesp.com.br
feu@editora.unesp.br

Dados Internacionais de Catalogação na Publicação (CIP) de acordo com ISBD
Elaborado por Vagner Rodolfo da Silva – CRB-8/9410

C853n
Couchot, Edmond
    A natureza da arte: o que as ciências cognitivas revelam sobre o prazer estético / Edmond Couchot; traduzido por Edgard de Assis Carvalho. – São Paulo: Editora Unesp, 2018.

    Tradução de: *La Nature de l'art: ce que les sciences cognitives nous révèlent sur le plaisir esthétique*
    Inclui bibliografia e índice.
    ISBN: 978-85-393-0777-7

    1. Arte. 2. Ciências cognitivas. 3. Estética. 4. Couchot, Edmond. I. Carvalho, Edgard de Assis. II. Título.

2018-1861   CDD 700
                                                                               CDU 7

Editora afiliada:

Asociación de Editoriales Universitarias de América Latina y el Caribe

Associação Brasileira de Editoras Universitárias

Sumário

Introdução: Naturalizar a arte . *9*

1 As ciências e tecnologias da cognição: breve esboço histórico . *21*
    1.1. O começo de tudo: a primeira cibernética . *24*
    1.2. O cognitivismo: uma computação de símbolos . *31*
    1.3. O conexionismo: as redes miméticas . *35*
    1.4. A enação: uma cognição incorporada . *39*

2 A experiência estética . *49*
    2.1. A arte, uma noção contingente . *49*
    2.2. As condutas estéticas . *55*
        Emoções, prazeres e sentimentos estéticos . *55*
        Uma atenção que se alimenta dela mesma . *61*
        Condutas estéticas (receptoras) e condutas (estéticas) operatórias . *67*
    2.3. Os indutores estéticos não intencionais: o Belo na natureza . *77*
        Os objetos insólitos . *77*
        As mais antigas manifestações do sentimento estético . *81*

2.4. Os indutores esteticamente intencionais: o Belo na Arte . *84*

Da abstração à figuração explícita . *84*

A imitação da natureza . *88*

3 Abordagens neurobiológicas das condutas estéticas . *99*

3.1. Abordagens fisiológica e neurofisiológica . *99*

Percepção estética e teoria da informação . *99*

Leis neuronais da beleza? . *104*

Universais estéticos? . *114*

Regras da arte? . *123*

Uma abordagem holística da experiência estética . *132*

3.2. As condições de emergência do sentimento estético . *136*

O contexto da atenção estética . *136*

A evolução da noção de forma . *140*

A percepção, um processo exploratório . *149*

3.3. Da emoção ao sentimento . *158*

Para que servem as emoções? . *158*

A expansão das emoções . *164*

4 Os processos da criação artística . *171*

4.1. A questão da criação . *171*

4.2. A criação natural . *176*

As alterações cerebrais entre os artistas . *176*

Os artistas possuem capacidades particulares? . *182*

Gerador de diversidade e seleção darwiniana . *185*

Jogos cognitivos e pré-representações . *191*

A dinâmica do fazer artístico . *193*

4.3. A criação artificial . *198*

Criação e cálculo . *198*

Criação, interatividade e tempo real . *207*

Criação e autonomia . *217*

5 A empatia na comunicação intersubjetiva . 229

5.1. A evolução do conceito de empatia . 230

5.2. A empatia do ponto de vista das ciências cognitivas . 236

Uma simulação mental da subjetividade do outro . 236

Os neurônios-espelhos . 239

As teses neuroestéticas . 251

Debates e perspectivas . 262

6 As condutas estéticas como experiências vividas . 271

6.1. A experiência da experiência . 271

6.2. O paradigma enativo . 278

O fazer-emergir e o acoplamento estrutural . 278

Abordagens fenomenológicas . 288

7 O tempo na empatia . 295

7.1. Ressonância temporal e comunicação intersubjetiva . 296

7.2. Os regimes de ressonância temporal autor--destinatário(s) nas artes . 306

A ressonância temporal imediata . 306

A ressonância temporal diferida . 313

7.3. A dimensão relacional é uma dimensão temporal . 328

Fazer emergir um mundo de pertinência estética . 328

Regimes ressonantes e regimes autográfico/alográfico . 338

Os artefatos artísticos têm propriedades particulares? . 350

8 Evolução e cultura, função da arte . 355

8.1. As condutas estéticas e a evolução . 356

Pássaros artistas? . 356

A teoria das sinalizações custosas . 365

8.2. A transmissão das culturas . 375

A hipótese dos memes . 375

Genes e cultura: a inextricável relação . 385

8.3. A função da arte na cultura ocidental . 390
A esfera da arte, um sistema autônomo . 390
A oposição natureza/cultura e a abertura epigenética . 397

9 Arte e ciência . 407
9.1. Arte e ciência: similitudes e diferenças . 407
Linguagens formalizadas e linguagens singulares . 407
Um mundo de emoções compartilhadas . 413
A estética como critério científico? . 418
A ciência como critério estético? . 423
9.2. Os valores cognitivos da arte . 430

Conclusão: A escolha . 439

Referências bibliográficas . 455

Índice onomástico . 467

Índice remissivo . 475

Introdução
Naturalizar a arte

A segunda metade do século XX presenciou o nascimento e o rápido crescimento de uma nova federação de ciências denominada "ciências cognitivas", ou ainda "ciências e tecnologias da cognição", para enfatizar a importante presença da técnica nessa área. Seu objetivo, declara o fisiologista Marc Jeannerod, é tratar a mente e o pensamento do homem como se fossem

> um objeto natural possuidor de uma estrutura definida, que funciona segundo regras identificáveis, em continuidade explicativa e com os demais fenômenos naturais. Essa tentativa de "naturalização" da mente não foi abordada no contexto da filosofia clássica, no qual os conceitos de consciência, intenção e representação são, em geral, considerados como noções irredutíveis, que não valorizam uma explicação dependente de causas naturais.[1]

De fato, a tradição filosófica dominante na Europa considera a mente e o pensamento que ela supostamente produz como

---

[1] Jeannerod, *La Nature de l'esprit*, p.9.

algo muito diferente das coisas que constituem o mundo: de um lado, haveria o mundo material da física e da biologia e, de outro, o mundo imaterial e mental da cultura, das crenças, da arte. As ciências cognitivas questionam radicalmente esse dualismo que, durante muito tempo, separou as ciências humanas e as ciências da natureza e, em particular, as teorias do conhecimento.

"Nascidas em um contexto científico fortemente marcado pelo surgimento da informática e pelo desenvolvimento das noções e das técnicas de tratamento formal da informação", como observa o filósofo Daniel Andler, "doravante elas estão estritamente ligadas às neurociências."[2] As neurociências se embasam no postulado fundador de "que os estados mentais têm um efeito causal no comportamento, e essa capacidade é uma consequência do fato de que eles são, ao mesmo tempo, estados cerebrais".[3] Haveria então uma correlação entre o pensamento e o cérebro, o mental e o neural. É essa correlação que as ciências cognitivas pretenderam mostrar e compreender. Daí decorre a repercussão que provocaram no domínio da filosofia, da epistemologia e da psicologia, nas quais se apoiam em uma perspectiva totalmente diferente das grandes questões que obsedaram essas disciplinas, relativas ao conhecimento, ao sujeito, à liberdade, à criação. Mas essa repercussão ocorreu também no domínio da etologia, no qual os comportamentos de certas espécies animais poderiam ser observados e analisados do mesmo ponto de vista e, assim, revelar homologias com os

---

2 Andler, Sciences cognitives, *Encyclopédie universalis*. Veja também Andler (org.), *Introduction aux sciences cognitives*.

3 Jeannerod, op. cit., p.189.

A natureza da arte

comportamentos humanos. Segundo o biólogo Francisco Varela, as ciências cognitivas seriam em sua origem "a revolução conceitual e tecnológica mais importante que ocorreu desde o advento da física atômica, que, a longo prazo, produziu um impacto em todos os níveis da sociedade".[4]

Até então submissas à filosofia, as teorias da arte e da estética reagiram, por sua vez, aos conhecimentos trazidos pelas ciências cognitivas e passaram a formular as seguintes questões: pode-se naturalizar a arte, ou seja, tratar a arte como um objeto biológico, de origem não transcendental? Quais seriam então os processos neurobiológicos subjacentes ao prazer do amante da arte e à criação artística? O sentimento estético seria privilégio do homem? Não seria possível encontrar semelhanças no comportamento de certas espécies animais? Esse sentimento seria o produto absoluto da cultura e da razão ou um acontecimento aleatório na evolução e na história singular da espécie humana? O que se considera belo é uma propriedade física das obras de arte universalmente compartilhada ou o resultado de um julgamento subjetivo e contingente, ou ainda outra coisa? Os pesquisadores formularam hipóteses e propuseram experimentações que forneceram alguns elementos para responder a essas questões. Mesmo provisórias, suas conclusões propiciaram um esclarecimento inovador sobre as teorias da arte e da estética. Elas abrem simultaneamente uma reflexão original a respeito dos processos da recepção das obras de arte — o que se passa no cérebro e no corpo do amante da arte — e nos processos da criação artística — ou seja, o que se passa no cérebro e no corpo do artista. Enquanto a estética

---

4 Varela, *Invitation aux sciences cognitives*, p.21.

clássica se preocupa apenas com a recepção das obras, a abordagem cognitiva trata os dois aspectos da arte em uma mesma perspectiva.

Teóricos da arte e da estética não foram os únicos a reagir à contribuição das ciências cognitivas: os próprios artistas integraram, cada um à sua maneira, os conhecimentos e paradigmas oriundos dessas ciências. Em paralelo à sua eclosão, nasceram novas expressões artísticas, acompanhando a renovação das teorias da arte e da estética. Assim como os teóricos, os artistas também se inspiraram nos paradigmas em curso nas ciências cognitivas. A relação da arte com a ciência e a técnica mudou de maneira considerável.

O projeto de naturalização da arte provocou, porém, numerosas e duras críticas. Em nome de uma extensa argumentação sedimentada ao longo de séculos, e até mesmo de milênios, os críticos revelaram uma forte inquietação diante das mudanças de paradigmas propostas pelas ciências cognitivas. Esses receios se expressam por meio de duas ideias principais: a naturalização da arte, bem como a da mente, decorre de uma redução que tolhe o homem de um privilégio que o coloca, com a linguagem, acima de todas as espécies animais e o despoja de seu livre-arbítrio, submetendo seus pensamentos e atos a leis deterministas. Em resumo, o projeto de naturalização da arte é um anti-humanismo. E é a essa rejeição categórica que o projeto de naturalização deverá responder, produzindo teorias baseadas em fatos observáveis e controláveis.

Não é necessário esconder que esse objetivo é de extrema complexidade. Até então extremamente afastadas umas das outras, as disciplinas envolvidas são inúmeras, e seus cruzamentos inesperados produzem relações não habituais que as põem em

A natureza da arte

uma situação que ultrapassa a simples interdisciplinaridade. Ciências e tecnologias da comunicação e da informação, informática, psicologia, sociologia, linguística, antropologia, etologia, filosofia e estética, matemática, neurociências e suas diversas especializações são obrigadas a negociar estreitas colaborações a fim de, juntas, formularem hipóteses e conduzirem experimentações. Dentre elas, as neurociências, que ocupam um importante lugar, criaram uma nova forma de estética — a neuroestética — baseada em um sofisticado aparato tecnológico, na qual predomina uma abordagem denominada "em terceira pessoa".[5] Começa então a se desenvolver outro tipo de abordagem, de inspiração fenomenológica, denominado "em primeira pessoa".[6] Ambos não são contraditórios, mas complementares, e encontramos o vestígio de seus debates ao longo do avanço das pesquisas.

De fato, é necessário constatar que as ciências cognitivas não formam uma federação coerente de disciplinas fundada em um paradigma dominante. Relativamente recente, sua história é marcada por correntes diversas cujas divergências, convergências e interseções são múltiplas. Como ocorre com qualquer ciência, observa-se certo progresso em seu desenvolvimento histórico. De modo sucinto [esse aspecto será comentado de forma mais ampla no Capítulo I], concordamos que as ciências cognitivas passaram por quatro etapas.

Vinculada às ideias de Alan Turing, uma primeira etapa é denominada "cibernética", na qual se admite que a cognição seria formalizável por meio de operações de lógica matemática:

---

5 Abordagem em que o observador permanece exterior ao objeto.
6 Abordagem em que o observador é seu próprio objeto.

pensar implicaria calcular, e o substrato biológico não seria necessário para o cálculo. A noção de controle e comunicação no animal e na máquina, e a de informação, constituem o cerne do paradigma cibernético. A segunda etapa é a do "cognitivismo": a cognição seria uma computação dos símbolos produzidos por nossa mente, estados mentais que representam o que esses símbolos fazem. O funcionamento do computador se impõe então como o modelo do funcionamento do cérebro e da mente: o cérebro é descrito como uma estrutura composta de subsistemas funcionais e localizados, denominados "módulos". Essa etapa corresponde ao florescimento da inteligência artificial e da informática. A terceira etapa é a do "conexionismo". Em vez de se fundamentar na noção de informação, o paradigma conexionista visa o modo como os sistemas vivos mantêm e organizam o equilíbrio interno de seus elementos constitutivos, como evoluem estruturalmente se perpetuando em sua identidade. Esse paradigma recorre às noções de redes (sobretudo as redes de neurônios artificiais), adaptação e evolução e, em termos mais amplos, de auto-organização. Trata-se de um retorno à biologia e à neurologia, um abandono dos símbolos e da computação. Mesmo bastante imprecisa, a quarta e última etapa é caracterizada pela multiplicidade de direções das atividades de pesquisa. Trata-se, porém, de uma tendência significativa que, sem negar a importância de certas aquisições, critica os paradigmas precedentes. Para os adeptos dessa tendência, a cognição dependeria não de representações mentais preexistentes, mas das diversas experiências que as capacidades sensório-motoras de nosso corpo, confrontadas com o meio com o qual ele interage, nos fariam viver. A cognição não seria um simples espelho do mundo que nos rodeia, ela seria uma "ação incorporada".

A natureza da arte

Ao recorrer aos diferentes paradigmas que balizam a história das ciências cognitivas, as teorias nas quais se apoia o projeto da naturalização da arte tentarão responder aos questionamentos e críticas apresentadas anteriormente. Este livro se propõe a expor as teorias e os fatos nos quais elas se fundamentam.

Sobre a questão da universalidade e da trans-historicidade da noção de arte, convém lembrar que essa noção, tal como a cultura ocidental a concebe, é contingente: a arte nem sempre existiu e nem se afirma que ela continua e existir como tal. Em contrapartida, enfatizaremos que um certo tipo de experiência – a experiência estética – parece ser partilhado pela totalidade dos homens, de todos os lugares e épocas. Para responder à insistente questão da natureza do "belo", voltaremos ao passado da espécie humana no momento em que aparecem as mais antigas manifestações do sentimento estético e mostraremos como a imitação da natureza pesou na arte do Ocidente, até o instante em que começa a se consolidar a ideia de que a beleza não residiria no objeto e sim na mente do receptor.

A abordagem cognitiva e emocional das experiências estéticas dará lugar a diferentes interpretações. Desde a metade dos anos 1950, as primeiras interpretações se inspirarão nas teorias cibernéticas, como a teoria da informação, e no cognitivismo (manipulação de símbolos segundo regras). A abordagem especificamente neurológica – a neuroestética – tirará proveito dos avanços tecnológicos da medicina por imagens, mas só aparecerá mais tarde, no começo dos anos 2000. O objetivo dessa disciplina era revelar a existência de leis neuronais que correlacionam fisicamente o sentimento de beleza que intervém na percepção – o cérebro reagiria de maneira mais ativa à visão de certas formas do que a outras –, mas também compreender os processos da criação artística. Debateremos a existência eventual dessas leis neurais, os universais estéticos ou regras que comandam a criação. Questionaremos também as condições da atenção estética, a partir das noções de forma, prazer, sentimento, julgamento, evocadas pela recepção das obras de arte. Buscaremos apoio nas descobertas da neurologia para compreender o papel fundamental das emoções nas manifestações da cognição e de seu desenvolvimento.

Além disso, o projeto de naturalização da arte deverá se empenhar em identificar os processos neurológicos que presidem a criação. Ao se referir às alterações cerebrais já relatadas muitos anos atrás que afetam muitos artistas, e pelo fato de que vários deles são possuidores de capacidades exclusivas, interrogaremos sobre a parte da herança genética transmitida pela evolução e sobre a cultura adquirida ao longo do desenvolvimento do indivíduo com seu meio, sobre o papel eventual dessas capacidades no comportamento criativo e a maneira como funcionariam os processos da invenção no fazer artístico. Deveremos também interrogar a criação artificial que, delegada ao computador, se propõe a simular com mais ou menos pertinência os processos criadores, e a mudança das relações que o uso dessa máquina introduz entre a arte e a ciência.

No começo dos anos 1990, uma notável descoberta relançará uma importante questão – a da empatia – a partir de fatos neurológicos que explicam a possibilidade de o homem se relacionar com o outro e penetrar em seus estados mentais, em seus afetos psicobiológicos, suas intenções, simulando mentalmente sua subjetividade sem passar pela linguagem. Buscaremos entender sob quais condições aplicar esses processos neurológicos à comunicação artística e, assim, abordar

A natureza da arte

a experiência estética de modo mais existencial. O reconhecimento desse aspecto fará que o foco da atenção incida sobre o papel da percepção do tempo na comunicação artística e na intersubjetividade. Construiremos a hipótese de que, à empatia sensório-motora e emocional que se desdobra no espaço, se associa uma ressonância que se desdobra na duração.

Para tentar saber se a relação estética é privilégio do homem, interrogaremos as novas teorias da cognição animal que permitiram observar em certas espécies condutas estéticas estruturalmente homólogas às condutas estéticas humanas. Existiria um certo sentido estético entre essas espécies, cuja função não seria apenas sexual, o que enraizaria mais ainda a arte na ordem biológica.

Por fim, para responder ao receio de que o projeto de naturalização da arte reforce a ideia de que a arte e a ciência permanecem como duas atividades totalmente incompatíveis – a subjetividade artística *versus* a objetividade científica – e, também, que a ciência exclua qualquer dimensão estética, interrogaremos as similitudes e as diferenças entre a arte e a ciência, o papel que o prazer e o sentimento estéticos desempenhariam na formulação das hipóteses e na possibilidade de que a arte produza conhecimentos.

Como o leitor poderá constatar, a amplitude do assunto e a multiplicidade dos conhecimentos envolvidos para tratá-lo são quase ilimitadas e impedem qualquer ambição de exaustividade. Selecionei fatos e teorias que me pareceram os mais significativos e explícitos, enfatizando seus pontos de convergência e suas contradições. Evidentemente, essa escolha é subjetiva e não tem a pretensão de se converter em um modelo. Na qualidade de pesquisador, também foi difícil permanecer inteiramente isento diante da exposição das teorias, das hipóteses, dos conhecimentos e do debate provocado pela questão. Espero, então, ter dado conta – no âmbito deste livro e com uma precaução que considero suficiente – de minhas próprias críticas, sugestões, hipóteses. A novidade das ciências cognitivas e a complexidade de seu entrelaçamento com outras áreas traz como consequência o fato de que, acima de qualquer coisa, a maioria das teses não seja nem totalmente confirmada nem totalmente negada. Nessas condições, não causará surpresa o uso frequente dos verbos no condicional: não se trata mais de julgamentos de valor, de asserções ontológicas formuladas em nome de uma transcendência soberana, mas de hipóteses audaciosas, e às vezes frágeis, a ser expostas ao debate e que, pacientes, esperam por confirmação. Por outro lado, com a maior frequência possível, remeti a teoria e os desenvolvimentos, por vezes abstratos e técnicos, a ilustrações oriundas das artes do passado e do presente: artes plásticas e visuais, música, dança, poesia e literatura, assim como outras manifestações contemporâneas que implicam tecnologias avançadas.

Os conhecimentos expostos ao leitor constituem uma rede entrelaçada que quase sempre os remete uns aos outros. Com frequência, ocorre que a definição de uma noção exija que certos termos já tenham sido definidos – condição difícil de satisfazer, o que leva ao risco de confundir o leitor. O ideal teria sido uma leitura hipertextual, mas o livro impõe uma leitura contínua. Quando isso ocorrer, sugiro ao leitor que tenha um pouco de paciência e que prossiga na leitura para encontrar, mais adiante, a informação que lhe faltou.

O projeto de naturalização da arte se encontra em andamento há vários anos, mas os conhecimentos dele resultantes

A natureza da arte

permanecem restritos a um perímetro de difusão bastante limitado. Na França, hoje, existem obras, artigos de alto nível e atas de colóquios consagrados a essa questão, mas ainda são pouco numerosos quando comparados à literatura abundante dedicada às teorias da arte e à estética tradicionais. No entanto, essas informações quase sempre se dirigem a especialistas, possuem linguagem específica e, em geral, tratam de temas muito compartimentados. Em compensação, determinado público manifesta um interesse cada vez maior propiciado pelo tema: estudantes, artistas, diversos atores implicados na vida artística e cultural, apaixonados pela arte, mas também todos aqueles que acompanham com atenção o desenvolvimento da ciência. Minha intenção é preencher esse espaço intermediário entre especialistas e não especialistas e, em consequência, me dirigir a uma audiência bastante ampla de leitores suficientemente esclarecidos, que possam encontrar neste texto um alimento digerível capaz de saciar sua fome de conhecimento.

1
As ciências e tecnologias da cognição:
breve esboço histórico

Na introdução deste livro, forneci uma primeira definição das ciências cognitivas; esta segunda completa a primeira. Formulada por Daniel Andler, é bastante lembrada por sua concisão e amplitude:

> As ciências cognitivas têm por objetivo descrever, explicar e, se possível, ampliar as principais disposições e capacidades da mente humana: linguagem, reflexão, percepção, coordenação motora, planificação, decisão, emoção, consciência, cultura [...]. Em certo sentido, as ciências cognitivas nada mais são do que a psicologia científica. Trata-se, porém, de uma psicologia extremamente ampla em seu objeto e, ao mesmo tempo, em seus métodos: de um lado, as capacidades mentais do ser humano adulto e normal são, doravante, apenas um caso importante de uma família de casos dos quais ele não pode ser dissociado: o dos humanos desde o nascimento e em processo de desenvolvimento, o dos humanos afetados por uma deficiência, uma lesão ou uma doença, o dos animais; de outro, a nova psicologia recorre às ciências da

Edmond Couchot

informação, às neurociências, à teoria da evolução, à linguística, à filosofia e a diferentes setores das ciências sociais.[1]

As ciências e as tecnologias da cognição não consideram apenas o homem como objeto, mas todos os seres vivos e todos os sistemas artificiais que tratam da informação.

Em primeiro lugar, enfatiza-se o imenso número de disciplinas científicas envolvidas na constituição de uma nova ciência, transdisciplinar por excelência, no curso de seu desenvolvimento e extensão, e se questiona a validade de uma rede de conhecimentos e práticas heterogêneas como essas. Até o presente momento, nenhuma ciência mobilizou tantas especialidades diferentes, até mesmo estranhas umas às outras. Como pondera Andler, a coerência das ciências cognitivas está essencialmente assegurada por algumas "hipóteses fundamentais sobre a natureza profunda de seu objeto e a maneira de atualizá-lo", ligadas, para além de suas diferenças, às práticas, aos métodos, às referências teóricas compartilhadas, para além de suas diferenças específicas. A definição desse objeto, as delimitações dos campos de pesquisa e das bases teóricas permanece, porém, uma preocupação constante e requer um ajustamento permanente. Em consequência disso, qualquer definição a partir de um objeto de estudo ou de opções teóricas, ou ainda, a partir de uma epistemologia histórica permanece impossível. De forma prudente, Andler aconselha a "ir de uma à outra, sem buscar uma concepção perfeitamente estável e consensual".

Farei duas observações a respeito da definição das ciências cognitivas formulada por Andler, a primeira delas para enfa-

---

1 Andler, Sciences cognitives, *Encyclopédie Universalis*.

A natureza da arte

tizar o duplo objetivo dessas ciências. Trata-se de descrever e explicar como o cérebro trabalha com suas múltiplas funções, mas também simular e até mesmo ampliar certas capacidades da mente. Esses objetivos são muito diferentes. Descrever e explicar implica recorrer às ciências já existentes (psicologia, linguística, antropologia etc.) e, da mesma forma, a ciências novas como as neurociências. Simular requer a utilização de novas tecnologias (informática, cibernética, robótica). Daí decorre o forte componente tecnológico dessas ciências, ao qual é preciso acrescentar necessariamente toda a nova aparelhagem de observação do cérebro. Em sua definição, Andler parece conferir uma prioridade à psicologia – uma psicologia "extensa" – e minimizar o papel das tecnologias de simulação em objetivos definidos; aliás, muitos autores falam mais amplamente de "ciências e tecnologias da cognição" (STC). Com acerto, ele afirma que "o objetivo das ciências cognitivas é descrever e, *quando apropriado*,[2] simular e até mesmo ampliar as principais disposições e capacidades da mente humana [...]". As tecnologias de simulação assumem um lugar cada vez maior no desenvolvimento das ciências cognitivas. Propõem modelizações algorítmicas experimentais e, ao mesmo tempo, descobrem aplicações experimentais ou práticas na amplificação das principais disposições e capacidades da mente humana. Constituem, doravante, uma ferramenta insubstituível para as demais ciências. Na realidade, todas essas ciências, antigas ou novas, produzem cada vez mais ressonâncias entre elas e se reforçam mutuamente. Isso, porém, não evitou conflitos, competições pela tomada do poder, exclusões – avatares habituais da

---

2 O itálico é meu.

Edmond Couchot

ciência – desde o nascimento das ciências e das tecnologias da cognição.

Insistirei também em um segundo ponto particularmente importante. No que diz respeito a esse estudo, em virtude de seu próprio sincretismo, as ciências cognitivas nos oferecem, ao mesmo tempo, ferramentas teóricas que nos permitem tratar a arte como um objeto natural, cientificamente abordável, e meios técnicos capazes de renovar a criação artística, sobretudo graças à informática e aos seus modelos de simulação. O intrincamento das ciências e das artes não constitui um fato novo: o Renascimento foi exemplar a esse respeito. A perspectiva foi um meio de teorizar uma certa postura perceptiva diante do mundo, conjugada a uma nova concepção do lugar do homem nesse mundo, mas também um meio prático e experimental de renovar as formas da arte pictural. Tudo leva a crer que as ciências cognitivas estão a um passo de desempenhar esse papel, com consequências cada vez mais importantes, uma vez que as ciências implicadas não se limitam à ótica e à geometria, elas se estendem a disciplinas até agora muito distantes da criação artística. O intrincamento das artes e das ciências jamais foi tão profundo e tão repleto de consequências.

1.1. O começo de tudo: a primeira cibernética

Na medida em que integram o estudo do comportamento, da percepção ou da psicologia animal e humana, podemos afirmar que as ciências cognitivas têm origens muito antigas, que remontam à Antiguidade. Tradicionalmente, fixa-se seu nascimento na época em que aparecem dois artigos do matemático e engenheiro Alan Turing, considerados fundamentais. O pri-

A natureza da arte

meiro, publicado em 1936, define a lógica de um certo tipo de máquinas abstratas – mais tarde denominadas "máquinas de Turing" –, nas quais, anos depois, se basearia o funcionamento das máquinas eletrônicas que tratam mecanicamente a informação: os computadores. As máquinas de Turing são máquinas conceituais abstratas que passam por uma sucessão de estados discretos quando se rola diante de um cabeçòte de leitura, para a frente ou para trás, uma única tira de papel de extensão infinita, no qual se inscrevem ou se apagam caracteres segundo regras definidas. O objetivo de Turing não era ainda construir uma máquina de calcular real, mas provar matematicamente os limites da calculabilidade. Em contrapartida, a Segunda Guerra Mundial lhe forneceu a oportunidade de conceber máquinas reais que prestariam inestimáveis serviços na decifração de criptogramas.

Um segundo artigo publicado em 1950 – "Uma máquina pode pensar?" – permitiu a Turing esboçar o projeto de uma máquina artificial capaz de pensar do mesmo modo que o homem. Para testar a capacidade dessa máquina, Turing imaginou a possibilidade de um diálogo entre um homem e uma máquina, formulando uma pergunta a um observador externo, que não via nem o homem nem a máquina, e apenas a partir da leitura das mensagens trocadas, se ele seria capaz de distinguir as mensagens provenientes do homem das provenientes da máquina. Se o observador fosse incapaz de perceber a diferença, a dedução seria então que a máquina pensa.[3] Em seguida, Turing fornecerá sua contribuição para a construção das pri-

---

3 A descrição desse teste é muito simplificada, mas a ideia geral permanece a mesma.

Edmond Couchot

meiras calculadoras e para o desenvolvimento da informática e da inteligência artificial. A ideia de que o pensamento – entendamos por isso a linguagem, o raciocínio e até mesmo a consciência – pudesse ser formalizado por um cálculo começa a se instalar. Essa ideia, porém, já havia sido pressentida em meados do século XVIII por Thomas Hobbes, que considerava o pensamento, ou melhor, a razão, como um cálculo composto de palavras que, entre si, estabeleciam relações lógicas de inclusão e de exclusão. Podemos ainda inscrever os trabalhos de Turing na longa história de mecanização do cálculo aritmético, de Wilhelm Schickard (com seu relógio de cálculo, 1623) a Hermann Hollerith (com sua máquina estatística que utilizava cartões perfurados, 1887), sem esquecer de Blaise Pascal (com suas máquinas de somar e subtrair, 1642), de Gottfried W. Leibniz (com uma máquina capaz de efetuar as quatro operações, 1679), de Charles Babbage (com sua máquina analítica considerada como ancestral do computador, 1834) e de alguns outros. Para Turing, pensar é efetuar operações de lógica matemática, é calcular. Todas as formas de pensamento são redutíveis a proposições lógicas eventualmente tratáveis pelo computador.

Nesse meio-tempo, a partir do ano 1943 aparece a cibernética, uma nova ciência – em parte oriunda da guerra – que reuniu pesquisadores de várias disciplinas, dentre os quais se destacam como figuras de proa Norbert Wiener e Warren McCulloch. Matemático também dotado de sólida formação em biologia e filosofia, durante a guerra Wiener teve a oportunidade de trabalhar em um projeto militar de defesa antiaérea, o *AA Predictor*, um sistema que devia ser capaz de conectar de modo automático um canhão antiaéreo a um radar. Teorica-

A natureza da arte

mente, as informações fornecidas pelo radar (a velocidade e a trajetória do avião) eram tratadas por uma calculadora eletrônica que avaliava com muita rapidez o ponto exato no qual o obus deveria atingir o alvo e que, terminado o cálculo, lançava o tiro. Tão logo o avião mudasse de rota e velocidade para evitar o tiro, o sistema predizia o prolongamento da rota do avião e, automaticamente, o canhão adaptava seu tiro ao movimento do alvo. Estabelecia-se então uma retroação – um *feedback* – entre a "entrada" do sistema e sua "saída". Entrada e saída comunicavam, trocavam informações e interagiam entre si sem que nenhum controle humano interviesse.

Os sistemas de comando já eram conhecidos havia muito tempo, mas eram mecânicos. O primeiro deles, denominado "regulador centrífugo", foi concebido por James Watt em 1787. Era capaz de manter uma pressão constante em uma máquina a vapor e, portanto, no movimento dos mecanismos por ela produzido. Quando a pressão ultrapassava um certo limite, o regulador reagia, liberando um pouco dessa pressão e desencadeando a desaceleração. Mas, a partir do momento em que a pressão caía abaixo desse limite, automaticamente o regulador fazia que ela aumentasse. O próprio *AA Predictor* era também uma espécie de regulador, mas seu nível de automatismo era bem maior. Não se tratava mais de um sistema mecânico que controlava o *feedback*, e sim de um sistema eletrônico capaz de calcular e que, além disso, se inspirava em mecanismos de regulação observados no comportamento motor do homem. Desse modo, no plano teórico, o funcionamento do sistema introduzia a ideia de que a relação linear que, desde Aristóteles, ligava causa e efeito se rompia, em prol de uma recursividade permanente entre a entrada e a saída do sistema. O efeito, por sua vez, se tornava causa, depois a causa se tornava efeito, e assim sucessivamente.

Essa experiência provocou em Wiener uma grande reflexão, pois ele se interessava pela maneira como máquinas, homens e as próprias sociedades trocavam mensagens. Para ele, a comunicação não se limitava à transmissão de informações entre duas pessoas, mas também se estendia às máquinas. O homem e a máquina deviam doravante ser considerados como sistemas capazes de trocar informações. A noção de informação também aboliria a diferença entre o orgânico e o artificial, o homem e a máquina. Reduzido à informação – um dado abstrato e tratável automaticamente –, o pensamento se desprendia de seu suporte biológico e não se distinguia mais dos cálculos produzidos pela máquina. Para Wiener, que nesse ponto concordava com Turing, seria suficiente construir uma estrutura artificial que, com exatidão, preenchesse todas as funções da fisiologia humana, para obter uma máquina cujas capacidades intelectuais seriam idênticas às dos seres humanos. Foi Wiener quem deu a essa ciência o nome de cibernética (*Cybernetics*). Em um livro lançado em 1948, *Cibernética, ou controle e comunicação no animal e na máquina*, Wiener reuniu seus princípios teóricos. Para levar a cabo esse objetivo científico sem precedentes, a cibernética se esforçou em estabelecer um laço entre disciplinas muito diferentes: matemática, psicologia, biologia, máquinas de calcular e as tecnologias da comunicação. Uma contribuição decisiva para a cibernética ocorreu quando Claude Shannon, engenheiro da comunicação, descobriu o meio de quantificar a informação – o que Wiener não havia conseguido – e contribuiu teórica e concretamente para a concepção dos computadores. Shannon se encontra na origem da teoria da informação que trata da emis-

A natureza da arte

são e da recepção de um sinal (mensagem) e se aplica tanto ao computador quanto às telecomunicações e ao sistema nervoso.

Warren McCulloch foi a segunda figura principal. Neurofisiologista de formação, McCulloch buscou explicar certos processos naturais até então estudados pelas disciplinas clássicas, como a fisiologia, recorrendo a modelos lógico-matemáticos. Em um artigo que provocou vários protestos, escrito em colaboração com Walter Pitts e publicado em 1943, intitulado "A Logical Calculus Immanent in Nervous Activity" [Um cálculo lógico imanente à atividade nervosa], ele descreveu o cérebro como um sistema orgânico composto de neurônios cujo funcionamento obedecia a regras lógicas. Cada neurônio era considerado como um autômato que, estimulado abaixo de um certo limite na entrada, podia assumir na saída um valor lógico (verdadeiro ou falso). Interconectando esses neurônios, era possível obter portais lógicos que exprimiam o "e", o "ou" e o "não". Assim teorizado, o cérebro se convertia em uma máquina dedutiva. O matemático John von Neumann utilizou tubos eletrônicos para representar esses neurônios e, assim, construir as bases teóricas e técnicas do computador programável. Ocupando originalmente um espaço e demandando uma energia elétrica consideráveis, dispendendo muito calor, esses tubos a vácuo, que eram sujeitos a panes frequentes, aos poucos foram substituídos por circuitos integrados cada vez menores. São eles que ainda equipam nossos computadores. Mas se o suporte tecnológico de portais lógicos mudou, o princípio de seu funcionamento e a arquitetura dos computadores, definidos por Von Neumann, permaneceram os mesmos.

Em torno dessas duas grandes personalidades, uma série de conferências – as "conferências Macy" – reuniu uma dezena de

Edmond Couchot

vezes, entre 1943 e 1953, ciberneticistas, matemáticos, biólogos, anatomistas, especialistas em teoria dos sistemas e dos jogos, informaticistas, antropólogos, psicólogos, linguistas e filósofos. Essas pesquisas constituíram o que os historiadores denominam a "primeira cibernética", uma etapa de abertura que produziu uma impressionante quantidade de resultados, tanto teóricos quanto práticos. Em primeiro lugar, a ideia de que o funcionamento do sistema nervoso e da atividade racional era modelizável em termos de lógica matemática. Mente, cérebro, máquina podiam ser pensados em conjunto: era o fim do dualismo cartesiano que separa mente e matéria. Em seguida, a formulação da teoria da informação que permitia quantificar a informação trocada entre máquina e homem e tratá-la mecanicamente. Sem essa quantificação, a construção dos computadores e o controle da circulação de sinais nos canais de comunicação jamais poderiam ter ocorrido. Acrescenta-se a isso a "teoria geral dos sistemas", espécie de metaciência cujo objetivo era descrever os princípios gerais que controlam todos os sistemas, fossem eles naturais ou artificiais. A teoria geral dos sistemas provocou um impacto considerável em numerosas ciências, da antropologia à economia, passando pela biologia, pelas ciências sociais e pela filosofia. Deve-se ainda à incipiente cibernética os primeiros robôs parcialmente autômatos (as famosas tartarugas capazes de aprendizagem do neurologista Grey Walter) e os sistemas auto-organizados que, mais tarde, ocupariam um importante lugar nas ciências cognitivas. Enfim, a cibernética exerceu uma influência determinante em um conjunto muito amplo de ciências humanas relacionadas às teorias estruturalistas. Ao impor um descentramento extremamente radical do homem e o fim da oposição

A natureza da arte

entre natureza e artefato, pensamento e matéria, a cibernética suscitou, porém, uma forte crítica entre os defensores de uma certa forma de humanismo.

1.2. O cognitivismo: uma computação de símbolos

A segunda etapa do desenvolvimento das ciências e das tecnologias da cognição é o cognitivismo, muito raramente denominado computacionalismo. Existe uma concordância em fixar sua origem em 1956, em seguida ao "Symposium on Information Teory" [Simpósio sobre a teoria da informação], ocorrido no MIT, que reuniu pesquisadores em psicologia experimental, em linguística teórica e em simulação dos processos cognitivos por computador. Nesse simpósio se destacaram principalmente a presença de novas figuras como Marvin Minsky, Noam Chomsky, Herbert Simon e John McCarthy. O ano de 1956 é também a data de nascimento da inteligência artificial (IA), que iria se tornar a tecnologia de referência e o nervo motor dessa corrente científica. A participação das disciplinas se ampliou mais ainda com a contribuição da neurofisiologia e da antropologia. Em continuidade com os princípios da primeira cibernética, que assimilava o pensamento ao cálculo, os cognitivistas consideram que os processos cognitivos humanos são totalmente análogos aos processos lógico-matemáticos realizados pelo computador. A cognição passou a ser definida como uma computação de símbolos produzidos por nossa mente – a noção de computação se referia ao próprio funcionamento do computador ou, em termos técnicos, ao tratamento mecânico da informação. Para o cognitivismo, os símbolos são estados mentais (percepção, memória) que representam o que esses símbolos fazem. Um agente inteligente age em seu ambiente a partir dessas representações, que podem evoluir e que dependem das metas que ele mesmo estabeleceu, de suas crenças (ideias, cultura), de seus sentimentos (medo, ódio, afeição, prazer etc.). Essas representações[4] não precisam ser conscientes para produzir efeitos.

O psicólogo Franz Brentano já havia abordado a questão com o conceito de "intencionalidade". Para Brentano, todos os estados mentais ocorrem por causa *de* algo, fazem referência a um conteúdo, dirigem-se a objetos (que podem não pertencer ao mundo, por exemplo os pensamentos). A característica da mente consistiria em poder formar representações a fim de utilizá-las para agir. Nesse caso, o adjetivo *intencional* derivado do substantivo tem um sentido diferente de sua acepção habitual (deliberado, voluntário). A hipótese cognitivista pretende, porém, dar conta da intencionalidade e da inteligência exclusivamente a partir do postulado de que "a cognição consiste em agir na base de representações que possuem *uma realidade física expressas sob a forma de código simbólico em um cérebro ou em uma máquina*".[5] No interior do sistema (cérebro ou máquina), os símbolos funcionam como fórmulas portadoras de uma linguagem específica dotadas de regras morfológicas, sintáxicas, semânticas. O computador se converte então em um modelo para estudar o funcionamento do cérebro: o pensamento é uma computação física de símbolos. Do ponto de vista neuropsi-

---

4 Representar vem do latim *representare*: tornar presente uma segunda vez (re-apresentar) uma coisa ausente.

5 Varela, *Invitation aux sciences cognitives*, p.38.

A natureza da arte

cológico, a concepção cognitivista do funcionamento do cérebro é modular: baseia-se na noção de subsistemas funcionais e localizados denominados "módulos". Cada um deles efetiva uma etapa do tratamento das informações transmitidas pelos órgãos da percepção. Segundo Jerry Fodor, esses módulos operam com frases que expressam pensamentos em uma linguagem interna própria de nossa mente: o mentalês. A existência dessa linguagem permanece, porém, uma hipótese contestada.

Nesse contexto, seria possível pensar que o sentido devesse surgir dessa computação que trata apenas da forma física dos símbolos e não de sua significação, que considera apenas a forma e não a semântica? Pelo contato com o ambiente, no caso do cérebro. No curso desse contato, a percepção codificaria primeiro os *estímulos* sensoriais sob a forma de representações simbólicas e, em um segundo momento, essas representações seriam decodificadas em ações motoras dirigidas ao ambiente. Quando os símbolos representam de maneira adequada certas propriedades do mundo real e os resultados dessas ações estão em conformidade com os objetivos esperados, considera-se que o sistema produziu sentido. No caso de um computador sem contato com o ambiente, haveria sentido quando o problema proposto à máquina encontra uma solução pertinente.

A partir de então é possível compreender a hegemonia que a pesquisa em inteligência artificial exerceu nas ciências cognitivas. Com uma influência bastante forte, ela ocupou o centro da reflexão cognitivista. A crítica dirigida às ciências cognitivas se fundamenta no fato de que elas recorrem a modelos abstratos baseados em uma lógica matemática para tratar de questões concernentes à percepção-ação no homem e no animal e deixam de lado a compreensão dos fenômenos neurológicos.

Edmond Couchot

Outro ponto também criticado são as relações entre sintaxe e semântica: para os opositores, o computador, qualquer que seja o programa utilizado, não trataria senão de formas e, por isso, não poderia acessar a semântica, ou seja, o sentido. "O trato das palavras não explicita as significações que elas veiculam", foi a declaração precisa de Jacques Arsac.[6] A inteligência artificial, Andler reafirmará, "foi a única área a ter o direito de penetrar integralmente nas ciências cognitivas da primeira fase, mas logo perdeu sua identidade e, com efeito, não participa desse domínio a não ser de maneira fragmentária e dispersa".[7] No entanto, é preciso moderar essas críticas, pois a informática, como Mario Borillo demonstrou, exigiu que o pesquisador fosse além de seus pressupostos epistemológicos e, assim, elaborasse um novo olhar sobre as ciências experimentais e as ciências formais, que fosse capaz de definir a especificidade da nova "razão informática" cuja trilha grande parte da cultura contemporânea seguiu. A informática

fornece doravante uma nova capacidade de representação dos fenômenos, enquanto, sob seu aspecto puramente instrumental, ela permite apreender extensivamente segmentos cada vez mais amplos [mas estariam eles se tornando cada vez mais significativos?] do mundo empírico.[8]

Suas aplicações foram numerosas. Disseminaram-se fundamentalmente nos domínios da percepção (visão artificial,

---

6 Arsac, La science informatique. In: _____, *Un Informaticien.*
7 Andler, op. cit.
8 Borillo, *Informatique pour les sciences de l'homme*, p.30-1.

A natureza da arte

reconhecimento dos sinais acústicos), da atividade racional (sistemas periciais, ajuda à decisão, ao diagnóstico e ao controle, bases de dados inteligentes, jogos digitais etc.), da linguagem (tradução, análise e tratamento automático de textos, indexação, classificação etc.) e da ação (planificação, robótica etc.). Os conflitos que opunham a IA e seus adversários forçaram, porém, cada campo a ampliar seus argumentos e pesquisas o máximo possível e, sempre que necessário, se inspirarem mutuamente.

1.3. O conexionismo: as redes miméticas

A terceira etapa é a do conexionismo. Biológico e neurológico, um novo paradigma foi elaborado a partir da crítica do paradigma cognitivista. A primeira crítica se deveu ao fato de que as tarefas impostas ao computador diziam respeito a problemas gerais, de um nível tão alto de complexidade que requeriam a contribuição de pessoas muito especializadas. Tentar traduzir uma língua natural em outra, por exemplo, um dos objetivos mais ambiciosos da inteligência artificial, é uma operação delicada para um tradutor humano, e se tornava algo de extrema dificuldade para um computador. Tudo indicava que era preciso proceder de outra forma e tentar compreender como nascia a inteligência. Passou-se a observar como a criança construía sua inteligência, sua linguagem, sua percepção de mundo, a partir de um cérebro quase vazio de experiências e de memória, inserido em um ambiente do qual ela extraía apenas fragmentos incoerentes. No final dos anos 1970, ocorreu um retorno ao passado, e as pesquisas empreendidas no transcorrer da primeira cibernética no domínio da auto-organização suscitaram

35

um novo interesse. A auto-organização é a capacidade de um sistema artificial ou orgânico programar a si próprio quando é livre de agir em um ambiente que lhe fornece determinadas informações. Foi com esse objetivo que, em 1958, Frank Rosenblatt construiu o Perceptron, sistema eletrônico capaz de reconhecer formas visuais ou outras. Dotado de uma rede de neurônios artificiais, de início o sistema não possuía praticamente nenhum conhecimento preestabelecido (por exemplo, uma série de formas gravadas na memória que, quando comparadas à forma examinada pelo sistema, seriam suficientes para reconhecê-la). Mas após uma aprendizagem que consistia em uma sucessão de tentativas e erros sancionados por uma "recompensa" ou por uma "penalização", decididas por um "professor" exterior ao sistema, o próprio Perceptron estava apto a reconhecer a forma percebida, mesmo se ela fosse alterada. O reconhecimento da escrita manual e sua codificação em escrita alfabética, cujas aplicações hoje em dia são numerosas, baseia-se nesse princípio. A aprendizagem do Perceptron envolve uma série de experiências "vividas" pela máquina, em relação com uma temporalidade, com a história singular de sua aprendizagem. Os conceitos cibernéticos sofreram uma profunda modificação e propiciaram o surgimento da segunda cibernética, ou cibernética de segunda ordem.

Qual a diferença entre as duas cibernéticas? Em primeiro lugar, é necessário observar que essa cibernética de segunda ordem começa a se manifestar muito antes, na época das conferências Macy, por iniciativa de Heinz von Fœrster, físico, biólogo e filósofo. Em 1959, Von Fœrster publicou um artigo de referência: "On Self Organizing Systems and Their Environments" [Sobre sistemas auto-organizados e seus am-

A natureza da arte

bientes]. Mas a crítica ou a diferença que a distinguia da primeira cibernética já era formulada.[9] A primeira se baseava na noção de controle e de comunicação no animal e na máquina e na noção de informação. Interessava-se pelo modo como os sistemas mantinham sua homeostasia, isto é, o equilíbrio interno de seus elementos constitutivos. Em contrapartida, a segunda cibernética deslocava sua atenção para a maneira como sistemas evoluem, complexificam-se, reorganizam seu equilíbrio interno, fazem emergir novas estruturas, conservando sua identidade integral. De modo mais específico, ela se baseava nas noções de redes, de adaptação, de evolução, e mais amplamente na noção de auto-organização.

A segunda crítica dirigida ao cognitivismo realçava um ponto fraco do tratamento simbólico das informações pelas máquina. Em muitos casos, esse tratamento se defrontava com a enorme quantidade de informações necessárias à resolução das tarefas a ser cumpridas. O modelo sequencial de Von Neumann, a partir do qual eram construídos os computadores, se revelava incapaz de tratar o fluxo das informações necessárias, por exemplo, para a análise da imagem. Durante o cálculo, ocorria um ponto de estrangulamento que desacelerava e até mesmo interrompia o fluxo. Era necessário encontrar um meio de contornar esse obstáculo. O funcionamento do cérebro e dos neurônios precisou ser reconsiderado. O psicólogo Donald Hebb já havia mostrado que quando dois neurônios se ativavam ao mesmo tempo, suas ligações aumentavam e que, no caso contrário, diminuíam. Em consequência disso, a forma

---

9 Veja Von Fœrster, La Construction d'une réalité. In: Watzlawick (org.), *L'Invention de la réallité: Contribution au constructivisme*.

dessas ligações dependia dos acontecimentos que haviam sido vividos ao longo de sua história.

Neurônios virtuais foram então reunidos em redes denominadas "redes formais" ou "redes miméticas", que tinham a propriedade de reter os conhecimentos em suas conexões e não mais no espaço específico e localizado da memória do sistema, sob a forma de um repertório de símbolos (físicos). Em consequência disso, o funcionamento das redes miméticas não é programado e não consiste mais na manipulação de símbolos preconcebidos. O que, no entanto, permanece programado é sua configuração inicial, que pode ser diferente segundo os tipos de redes e que pode ser implantada em um computador clássico, mas, de qualquer forma, os processos necessários para tratar uma tarefa a ser cumprida são elaborados, de certa forma "inventados" pelo sistema. Daí resultam duas consequências. A primeira é a característica fortemente paralela das operações: o tratamento das informações não é mais linear, o indesejável ponto de estrangulamento desaparece. As redes miméticas não têm mais necessidade de uma unidade central para controlar seu funcionamento. É a totalidade dos elementos que as constituem que participa do surgimento de suas novas propriedades. A segunda consequência reside em sua capacidade de se adaptar a seu ambiente, sem ter conhecimento prévio dele. Elas mesmas são capazes de se organizar, o que as aproxima dos sistemas biológicos e as afasta dos sistemas modelizados pela IA. *Os símbolos não são mais necessários à computação.* São substituídos por configurações complexas que decorrem das inter-relações entre os elementos da rede mimética, que, como se diz, "emergem", em uma referência ao conceito de emergência. O cérebro, no entanto, pode sempre utilizar símbolos, mas em determinado nível dos processos cognitivos e não mais em sua base. Em consequência, pode-se afirmar que esses sistemas produzem sentido a partir do momento em que é possível identificar as propriedades e as estruturas emergentes que elas produzem a partir de uma certa capacidade cognitiva, ou seja, quando fornecem a solução adequada para um determinado problema ou tarefa.

1.4. A enação: uma cognição incorporada

Na conclusão de seu livro *Les sciences cognitives: une introduction* [As ciências cognitivas: uma introdução], Georges Vignaud se refere ao final dos anos 1980 e afirma que

> talvez ainda não exista o grande debate entre os cognitivistas e os conexionistas – tendo em vista as proximidades históricas entre as duas correntes –, mas ele está em vias de acontecer, dada a multiplicidade dos programas de pesquisa em curso que, sem dúvida, prefiguram a futura emergência de um ou vários paradigmas explicativos de nossos fenômenos de conhecimento e, portanto, de atribuição de sentido às coisas.[10]

A ideia de que algo de novo ocorrerá é partilhada por inúmeros pesquisadores, principalmente pelos biólogos Francisco Varela, Humberto Maturana e seus colaboradores. Remeterei o leitor a duas obras que explicitam suas posições: *A mente incorporada* e *Conhecer as ciências cognitivas*.[11] Primeiro, Varela ques-

---

10 Vignaud, *Les Sciences cognitives: une introduction*, p.330.

11 Varela et al., *L'Inscription corporelle de l'esprit, sciences cognitives et expèrience humaine.*

tiona o critério de avaliação da cognição compartilhado pelo cognitivismo, mas também pelo conexionismo, baseado na representação adequada de um mundo exterior predeterminado e definido (como o mundo das cores e das formas). Ele não rejeita inteiramente o conceito de representação, mas distingue duas categorias a partir dele: a primeira é essencialmente semântica: nela, as representações são compreendidas tradicionalmente como sendo algo a propósito de qualquer coisa. Nesse caso, as representações são interpretações. Um mapa geográfico, por exemplo, é a representação de um território que destaca – interpreta – aspectos particulares desse território (estradas, cidades, montanhas, mares, rios etc.); ou, ainda, as próprias palavras de um livro que representam frases que se referem a muitas outras coisas (personagens, uma narrativa de acontecimentos, informações). Nesse caso, o conceito de representação é fraco: um mapa pode ser utilizado para fornecer interpretações de um território, sem ter de saber como esse mapa adquiriu seu sentido. Em contrapartida, a segunda categoria de representações é denominada forte, pois ela supõe que as propriedades do mundo são estabelecidas antes da cognição e que, para compreendê-las, devemos formular a hipótese de que em nosso cérebro, na forma de código simbólico, existem representações capazes de reconhecer essas propriedades e, eventualmente, de agir sobre elas. O objeto precede o sujeito. Essas representações ou seriam inatas (no que se refere ao espaço, ao tempo, às formas e odores), ou seriam adquiridas por meio da aprendizagem (motora e emocional), e atualizadas ao longo da ontogênese (que é o desenvolvimento do indivíduo, desde a fecundação do óvulo até o estado adulto; opõe-se à filogênese, ou seja, o desenvolvimento da espécie).

A natureza da arte

De modo inverso, a cognição dependeria não de representações mentais preexistentes, mas das experiências múltiplas que decorrem do fato de ter um corpo dotado de capacidades sensório-motoras inserido no meio com o qual ele interage. O que Varela pretende é introduzir nas ciências cognitivas uma noção até então estranha ao cognitivismo e, também, ao conexionismo: a noção de vivido, de experiência humana e, em termos mais gerais, de "senso comum". Ao longo dessa experiência vivida, a função da percepção não é a de registrar mecanicamente um estímulo que emana do mundo exterior, mas consiste de uma ação guiada pela percepção. Novas estruturas cognitivas emergem então dos esquemas sensório-motores que, de forma recorrente, permitem que a ação seja guiada pela percepção. "Ao recorrer ao termo *enação*, afirma Varela, desejamos enfatizar uma vez mais que os processos sensoriais e motores, a percepção e a ação são, em essência, inseparáveis da cognição vivida."[12] O sistema neuronal se baseia nesse circuito.

Por exemplo, ver objetos não consiste em extrair deles traços visuais que pertencem a um mundo predefinido, mas em guiar visualmente a ação para eles. Para os cognitivistas e os conexionistas,

o mundo exterior comporta regras fixas; precede a imagem que ele projeta no sistema cognitivo, cuja tarefa é compreendê-lo – o mundo – de maneira apropriada (seja por meio de símbolos [para os cognitivistas] ou de estados globais [nas redes miméticas para os conexionistas]).[13]

---

12 Ibid., p.234.
13 Varela, op. cit., p.104. Os colchetes são meus.

É a "posição da galinha" que existe antes do ovo. Na posição inversa, o mundo exterior é considerado como mera criação do sistema cognitivo, para o qual "toda solidez aparente depende das leis internas do organismo". É a "posição do ovo" que existe antes da galinha: essa é situação do construtivismo. Varela propõe uma via intermediária. Para retomar essa imagem, o ovo e a galinha se definem um pelo outro; nenhum dos dois existe antes do outro. Mesmo que não possua uma representação do mundo no qual ele está inserido, o organismo, na sequência das múltiplas experiências que acionam circuitos de ação-percepção-ação, chega a se situar no mundo e agir nele para manter sua integridade. O sistema neuronal surgiu dessa maneira. O mundo que ele faz emergir se torna *seu* mundo; é um mundo "enactado". Ao produzir efeitos em *feedback* na percepção, o circuito tradicional percepção-ação (ou entrada-saída) se transforma em um circuito sensório-motor: a ação é parte constitutiva da percepção. É esse circuito que enacta o sujeito e o objeto.

Varela exemplifica essa teoria com a visão das cores. Temos a impressão muito forte de que as cores existem fora de nós e correspondem exatamente aos objetos dos quais elas emanam (por exemplo, um certo comprimento de onda bem determinado caracteriza a cor vermelha). Nosso olho a analisará em consequência disso. Na realidade, foi demonstrado que, em ampla medida, a cor de um objeto é independente de seu comprimento de onda. Basta pôr uma folha de papel sobre um fundo vermelho para constatar que esse papel, que é fisicamente cinza, assume uma cor esverdeada que não existe em nosso cérebro. Nossa visão das cores resulta não do simples reconhecimento pelo olho de cores preexistentes, mas de uma filogênese muito

A natureza da arte

longa que selecionou esse tipo de reações neuronais para assegurar sua sobrevivência em seu meio natural. A sensação do verde não está em correlação com a presença de um comprimento de onda correspondente, mas resulta apenas da atividade neuronal. Entre outras espécies, como os pássaros, a filogênese selecionou uma solução diferente mais adaptada a seu modo de vida: sua visão é tetracromática: os pássaros têm necessidade de quatro cores para ver os mesmos objetos que o homem, e os veem de modo diferente. Nenhuma dessas duas visões é mais verdadeira, mais justa, mais real do que a outra; cada uma delas corresponde a mundos perceptuais diferentes que têm um sentido diverso. A pertinência desse mundo é inseparável da experiência vivida pela espécie e pelos indivíduos. A cognição não é um espelho da natureza. Nosso cérebro não reflete simplesmente os mundos que nos rodeiam, ele os "faz emergir", faz que eles existam em relação, em "acoplamento" com nossa própria existência na qual a corporalidade desempenha um papel fundamental. É desse modo que um sistema cognitivo adquire sentido. As capacidades cognitivas são "inextricavelmente ligadas à história daquilo que é vivido", entendamos por isso: vivido por nosso corpo. O cérebro, mais precisamente o cérebro-corpo,[14] constrói essas capacidades no curso de uma história que lhe é própria, mas, mesmo sendo individuais, elas se inscrevem em um contexto biológico, psicológico e cultural mais amplo. A cognição é uma "ação incorporada" (*embodied action*): uma *enação*.

---

14 Sobre a "incorporação" do cérebro, veja Andrieu, Brains in the flesh: propects for a neurophenomenology, *Janus Head*, p.135-55; Berthoz; Andrieu (orgs.), *Le Corps en acte: centenaire Maurice Merleau-Ponty*; Andrieu, *La Neurophilosophie*.

Varela ainda define a enação como o "acontecimento conjunto de um mundo e de uma mente a partir da história de diversas ações que um ser executa no mundo".[15]

Para melhor compreender essa noção, que ocupa um lugar central nos trabalhos de Varela e seus colaboradores, é preciso remontar à sua origem. Varela é biólogo e se interessou pela definição da vida dada pela biologia. Desde Darwin, essa definição considerava que o único critério pertinente da vida era a reprodução. Trabalhando com Humberto Maturana, ele mostrou que essa definição deixava escapar um outro critério fundamental: a capacidade de os sistemas vivos manterem sua organização interna por seus próprios meios. Nenhuma reprodução seria possível se o sistema não fosse capaz de, em primeiro lugar, assegurar a conservação de sua identidade fisiológica, de se autorreproduzir. A "autopoiese" é a denominação dada por ambos a essa capacidade, ou seja, a autopoiese é a capacidade de um sistema que se autorreproduz graças a um circuito fechado entre os processos físicos exteriores que o atacam e à sua própria organização interna.

Um sistema autopoiético é organizado como uma rede de processos de produção de componentes que, (a) por meio de suas transformações e interações regeneram continuamente a rede que os produziu, e que (b) constituem o sistema enquanto unidade

---

15 Varela et al., op. cit., p.35. Sobre o funcionamento do cérebro, Varela também afirma que ele "dá a impressão de não ter regras nem dispositivo central de tratamento, e que a informação não parece ser armazenada em localizações precisas. Ao contrário, podemos considerar que os cérebros operam de modo distribuído com base na grande quantidade de interconexões".

A natureza da arte

concreta no espaço em que ele existe, especificando o domínio topológico no qual ele se realiza como rede.[16]

Por conseguinte, um sistema autopoiético cria e especifica continuamente sua própria organização. Ele realiza esse processo incessante de substituição de seus componentes, uma vez que está sempre sendo afetado por perturbações externas e sendo forçado a compensar essas perturbações. Em suma, só existe vida e replicação da vida se, em primeiro lugar, a vida é capaz de se manter com vida.

A teoria da enação provocou tanto objeções e rejeições quanto adesão e entusiasmo entre as ciências cognitivas, e fez surgir um novo campo de pesquisa. Sua principal contribuição foi introduzir a vida e a história nas ciências cognitivas. "A ciência", declarou Varela em uma entrevista,[17] "separou a inteligência da vida, da história corporal de indivíduos autônomos inseridos em um ambiente. Ela se viu diante de um impasse." A inteligência não é mais a capacidade de resolver um problema, e sim "de penetrar em um mundo compartilhado". Desse modo, ao mostrar que as capacidades cognitivas estavam inextricavelmente ligadas à história dos sistemas autopoiéticos, a teoria introduziu também uma dimensão temporal, "experiencial" no que concerne à espécie, ao indivíduo, mas também às estruturas sociais. Os conceitos de representação e intencionalidade (no sentido dado por Franz Brentano a esses termos) se encontram também ameaçados pela enação, isso pelo fato de que a cogni-

---

16 Varela, *Autonomie et connaissance*, p.45.

17 Entrevista realizada no verão de 1993, em Paris, publicada na revista *Actuel*. Francisco Varela morreu prematuramente em 2001.

ção faz economia das representações internas, dos símbolos, e resulta de uma interação entre o mundo percebido e o agente que o percebe. Em decorrência disso, a separação entre sujeito e objeto se torna obsoleta, o que potencialmente conduz a enormes implicações filosóficas. O conceito de informação também é questionado, pois, na enação, o ato de comunicar não se traduz mais por uma troca de informações entre o emissor e o destinatário, e sim pela "modelagem mútua de um mundo comum".

A principal crítica dirigida à teoria da enação, admitida até mesmo por declarações de seus partidários, decorre da referência de Varela à tradição budista do "caminho do meio", que ocupa um importante lugar em suas argumentações. Tal referência seria abordada de um ponto de vista experiencial muito particular (a prática meditativa e a presença frequente nos círculos budistas) que deixaria de lado a objetividade e a análise crítica. A tradição budista – ou seja, a de que a ciência não deve de modo algum pretender alcançar verdades absolutas, que ela deve se considerar humilde e não se afastar do senso comum – parece ter sugerido a Varela, talvez graças às suas exigências éticas, algumas ideias bastante frutíferas. É incontestável que a teoria da enação reestimulou fortemente a pesquisa no domínio da biologia, das neurociências, da inteligência artificial, da psicologia, da filosofia e da fenomenologia. Suscitou também um grande interesse nos artistas e em alguns filósofos e historiadores da arte.

As ciências cognitivas estão em permanente evolução, misturam numerosas disciplinas, hipóteses e métodos por vezes contraditórios. Mas o mesmo não poderia ser dito de tantas

A natureza da arte

outras ciências? O que elas parecem compartilhar, para além das múltiplas correntes que as atravessam, seria, do ponto de vista de Daniel Andler, "talvez mais um ar familiar do que uma questão de princípios".[18] A opinião de Jean-Pierre Dupuy é distinta. Para ele, o que atualmente mantém o conjunto das ciências cognitivas é a reflexão instaurada pela filosofia cognitiva ou "filosofia da mente" (*philosophy of mind*), "o ramo mais florescente da filosofia analítica". Se as ciências cognitivas são ainda frágeis em virtude de sua juventude e da não fiabilidade de suas bases, seus resultados são incontestáveis e cada vez mais fecundos. No que se refere à naturalização da arte, veremos que as abordagens são tão diferentes, até mesmo contraditórias, quanto as correntes que no curso da história estimularam e continuam a estimular as ciências cognitivas, mas essa questão está se tornando cada vez mais crucial. Na medida em que as ciências cognitivas se propõem a conferir à mente o estatuto de um objeto científico natural, elas não podem se furtar à necessidade de tratar da questão da arte, que representa uma das mais complexas e mais singulares atividades cognitivas humanas.

---

18 Andler, op. cit.

2
A experiência estética

2.1. A arte, uma noção contingente

Segundo as épocas e os lugares, a noção de "arte" não tem o mesmo sentido. Na língua francesa, nos séculos XVI e XVII, o nome aparece sob a forma de *arz* ou *ars*, ora no masculino, ora no feminino, e depois se estabiliza em sua ortografia atual. É a tradução do latim *ars*, no feminino plural *artes*, utilizada com muito mais frequência pelos eruditos. *Ars* tem como homóloga a palavra grega *techné*, que, em seu sentido original, designa indústria, ofício, habilidade, talento, mas também obra de arte e, em um sentido bastante diferente, ciência. No século IV, a palavra é empregada no plural (*artes*) para designar não apenas as "artes do corpo" (*artes corporis*), as artes materiais e as atividades mecânicas, mas também as "artes da alma" (*artes animi*), as artes imateriais e especulativas. No decorrer da Idade Média, essa distinção subsiste, mas se modifica de maneira significativa. As *artes animi* se transformam em "artes liberais"; recobrem as duas grandes bifurcações das vias do conhecimento,

Edmond Couchot

o *trivium* e o *quadrivium*,[1] e aqueles que as exercem ocupam um lugar superior na hierarquia social. O restante constitui as "artes inferiores" ou "mecânicas", exercidas pelos artesãos, enquanto aqueles que praticam as artes liberais são médicos, juristas, poetas, músicos.

Durante o Renascimento, a ambição de certos artesãos, em particular os pintores, leva-os a se considerarem como homens que praticam artes liberais e não mecânicas. São conhecidas as justificativas de Leonardo da Vinci para que a pintura fosse admitida no rol das artes liberais e, em contrapartida, para que a escultura fosse excluída dessas mesmas artes. À medida que as artes liberais ensinadas nos velhos centros da cultura medieval, já próxima de seu fim, começaram a ser criticadas pelos humanistas do século XVI e, pouco a pouco, substituídas pelas novas ciências experimentais e pela matemática, a distinção entre os dois tipos se extingue. Ao longo desse século, a palavra *arts*, no plural, é empregada para designar os ofícios ou os conhecimentos, e adquire um sentido mais preciso, reagrupando sob essa denominação o conjunto de certas atividades: pintura, escultura, arquitetura, música, poesia. Pela primeira vez Vasari[2] emprega o termo no singular para qualificar a pintura. A partir de

---

1 O *trivium* compreendia a gramática, a retórica e a dialética; o *quadrivium*, a aritmética, a geometria, a música, a astronomia.

2 Historiador da arte, pintor e arquiteto, Giorgio Vasari (1511-1574) se notabilizou pela escrita de biografias de artistas italianos. Seus serviços eram utilizados pela família dos Médici em Roma. Em 1563, fundou a Academia do Desenho em Florença. Além de outros artistas, o grão-duque local e Michelangelo se tornaram líderes e integrantes da instituição. (N. T.)

A natureza da arte

então, quando se fala de arte, é necessário compreender que se trata de pintura. Na realidade, a oposição entre as artes mecânicas e as artes liberais não desapareceu por completo. Ela persistiu até o século XVIII. Ao utilizar as palavras "arte" e "artista" para designar a pintura e o pintor, Diderot introduziu mais uma oposição no interior das artes que relembra a distinção medieval ou, mais precisamente, a antiga dicotomia *artes animi/artes corporis*. Ele ainda opõe as artes aos ofícios: os "homens de arte", como certos operários ou homens de ciência, e os homens dos "ofícios", ou artesãos.

Ao consagrar a autonomia (ou a exclusão?) das atividades artísticas em relação às outras atividades sociais, o século XIX continuou a opor entre si as artes do *corpus* e as do *animus*. Perto do *corpus*, que recende a esforço e suor, estão as artes consideradas "menores", tais como a dança, a pantomima, a gravura (que o dicionário de Émile Littré não classifica como belas-artes, enquanto inclui nele, "antes de mais nada a música, a pintura, a escultura, a arquitetura, a eloquência e, subsidiariamente, a dança"), em resumo, todas as artes cuja tecnicidade permanece bastante manual. Próximas do *animus* estão as artes maiores, espirituais, hierarquicamente classificadas por Hegel: a arquitetura (o começo da arte), a escultura, a pintura, a música e, no ápice de todas, a arte universal, a poesia, verdadeira arte do espírito, a única arte que pode expressar e representar o *animus*. Através dos sucessivos deslocamentos de seu uso, o termo "obra de arte" conservou seu primeiro significado, o do saber-fazer. É incrível que o termo "obra de arte" tenha entrado em uso apenas por volta da metade do século XIX. Liberal ou mecânica, autônoma ou integrada, a arte é considerada uma maneira de fazer, um conjunto de procedimentos, materiais e mentais, adquiridos ou inventados, aplicados a diferentes fins, mas que requer qualidades como a imaginação, a invenção, a sensibilidade, a habilidade, que se encontram ausentes das competências mecânicas.

Durante vários séculos, a noção de arte recobriu vários tipos de práticas, escalonadas entre aquelas ensinadas nas escolas de belas-artes aos futuros artistas e diversas formas de conhecimentos e competências amplamente disseminadas. A palavra, no entanto, terminou por designar com exclusividade as práticas ensinadas nas escolas especializadas (belas-artes, academias, conservatórios, ateliês), e os artefatos (quadros, afrescos, esculturas, construções diversificadas, peças musicais etc.) delas resultantes. Mas com o aparecimento de novas técnicas, como a fotografia no transcorrer do século XIX, o cinema no início do XX, a televisão alguns anos depois, e o digital (com os computadores por volta dos anos 1960 e as redes partir dos anos 1990) – para citar apenas as tecnologias –, o domínio das práticas artísticas se ampliou e se transformou de modo considerável.

Essa extensão da arte suscitou inúmeras e espinhosas questões, tanto do lado das ciências que têm a arte como objeto (estética, filosofia, ciências da arte) quanto do lado da crítica e dos sistemas de mediação (galerias, instituições, coleções particulares, mercado), bem como dos historiadores. Martin Kemp, por exemplo, viu nessa extensão do domínio artístico uma profunda transformação da própria noção de arte, característica da nossa cultura, que, forçada a se abrir para práticas inteiramente exteriores à esfera reconhecida como artística, corria o risco de se dissolver e perder seu sentido. Mais recentemente, Yves Michaud mostrou que a noção de beleza se

A natureza da arte

expandiu por toda parte: nos objetos mais comuns, como alimentos, máquinas, moda, paisagem, turismo, culto do corpo, e até na maquiagem e no acondicionamento de cadáveres. Em contrapartida, as "obras de arte" (quadros e esculturas), que antes eram a referência do Belo, desapareceram cada vez mais em proveito de outros artefatos (instalações, performances, intervenções, atitudes etc.). Ao contrário de Kemp, Michaud não se inquieta com isso e identifica nessa tendência não o fim, mas uma mudança do regime da arte, que não é mais fundado apenas na produção de objetos.[3]

Qual coerência, quais propriedades comuns podem realmente ser estabelecidas entre um quadro pintado à mão, uma compressão de um automóvel de César,[4] uma fatia de chouriço feita do sangue de Michel Journiac, uma lata de conserva que contém excrementos de Piero Manzoni, raios laser que reúnem o cume da torre Eiffel no museu de arte moderna da cidade de Paris, assinados por Dani Karavan, uma exposição de objetos roubados, uma obra colaborativa na internet de Olivier Auber, um CD-Rom interativo de Chris Marker, dois implantes de silicone colocados sob a pele da testa de Orlan[5] ou uma noite de

---

3 Michaud, *L'art à l'état gazeux: Essai sur le triomphe de l'esthétique.*

4 Referência do autor a César Baldaccini (1921-), formado pela escola de belas-artes de Marseille. Suas primeiras obras versam sobre dejetos metálicos. Suas compressões projetaram Baldaccini no circuito internacional da arte contemporânea. Amante do cinema, foi autor da escultura do César, maior prêmio francês para a sétima arte, equivalente ao Oscar. (N. T.)

5 O nome original da artista é Mireille Suzanne Francette Porte (1947-). Autora do manifesto da arte carnal, considera o corpo como suporte e rascunho da arte. Nos anos 1990, trocou de nome em uma sessão

sono a quem desejar, em uma cama sob a máquina fotográfica de Sophie Calle? Desde o Renascimento, o que se denomina "arte" na cultura ocidental é nada mais que o aspecto particular e em perpétuo devir de um conjunto de práticas temporariamente codificadas, destinadas, talvez, a desaparecer, a se dissolver em outras práticas, ou a ser substituídas por outras, por razões que já podemos começar a suspeitar. Se isso for procedente, seria possível arriscar, retomando a última frase de *As palavras e as coisas*,[6] substituir a palavra homem pela palavra arte e afirmar que a arte se desvaneceria "como um rosto de areia na orla do mar".

A arte não é mais eterna do que as sociedades e as culturas. Ela nem sempre existiu: as pinturas que ornavam as cavernas pré-históricas, as esculturas das estátuas que decoravam os templos egípcios, os artesãos que pintavam os ícones, mesmo que dominassem com habilidade as técnicas que hoje qualificamos como artísticas, não faziam arte no sentido em que a cultura ocidental habitualmente a compreende. Na maioria das culturas do mundo, a arte tal como a concebemos não existe. Em consequência disso, o que o corpus de análise das ciências cognitivas destaca no domínio da arte não se limita à classe de artefatos rotulados e valorizados como obras de arte, mas amplia seu significado muito além da noção de objeto e de produto. Foi a partir do estudo da percepção e da criação desses artefatos – dentre os quais a pintura e a escultura ocupam um importante lugar – que a neuroestética se constituiu. Seria

---

de análise, passando a se chamar Orlan. Chocou o mundo ao realizar a performance "A reencarnação de Santa Orlan", para a qual se submeteu a nove cirurgias plásticas transmitidas em rede. (N. T.)

6 Foucault, *Les Mots e les choses: une archéologie des sciences humaines.*

A natureza da arte

exagerado criticá-la a priori, uma vez que o mais importante é começar realmente a levar em conta o amplo consenso que já existe sobre ela. Mais adiante (p.99-136) veremos a que conclusões chegaram os pesquisadores a partir de suas observações sobre esse tipo de corpus. Para se inscrever em uma perspectiva mais ampla, a abordagem naturalista precisou estudar não apenas a classe de artefatos reconhecidos como obras de arte, mas comportamentos muito disseminados fora da criação artística que envolvem processos cognitivos estéticos específicos. O levantamento e a descrição desses processos não conduzem a uma definição da essência da arte, mas a um conjunto de condições cognitivas necessárias à emergência de *condutas estéticas* consideradas, eventual e temporariamente, como pertencentes à arte ou à não arte. De fato, certos artefatos próprios às culturas que ignoram a arte (máscaras, cantos, danças ou objetos de culto), certos artefatos industriais ou artesanais (ferramentas, instrumentos, máquinas), ou até mesmo certos objetos naturais (sítios arqueológicos ou paisagens) são considerados pela história da arte e pela museografia como obras de arte. Por fim, para preservar a objetividade de seu trabalho, a abordagem naturalista deve permanecer à distância de qualquer julgamento de gosto ou valor atribuído às obras: ela não se confunde com uma história da arte nem como uma crítica da arte.

2.2. As condutas estéticas

Emoções, prazeres e sentimentos estéticos

Uma primeira abordagem nos leva a constatar que as condutas estéticas se manifestam em diferentes circunstâncias:

apreciar a beleza de um luar ou de um quadro que o representa, ouvir uma sinfonia ou o canto dos pássaros, degustar um bom vinho ou ler um poema celebrando o vinho. Por mais que essas situações sejam bastante distintas e provoquem em cada um de nós reações mais ou menos diversas, todas elas se singularizam por traços comuns.

Durante muito tempo, pensou-se que o cérebro era um órgão que, ao reagir a *stimuli* exteriores, funcionava essencialmente, mas se descobriu que ele tinha uma atividade intrínseca espontânea e permanente. O cérebro se comporta como um sistema autônomo que não se limita a receber informações do mundo exterior, mas que se projeta no mundo. Uma dessas atividades é a *atenção cognitiva*, uma sede de informações que permite que nos situemos no mundo e no tempo e que neles atuemos. A atenção cognitiva é uma espécie de feixe de luz dirigido a um "alvo" (um objeto, uma cena, um acontecimento) que produz dois efeitos: melhorar o tratamento das informações que emanam do alvo, mas, em contrapartida, eliminar as que são exteriores a ele. Esse feixe funciona como um filtro seletivo e sua orientação é determinada por uma estimulação externa automaticamente provocada pela identificação do alvo e, também, por uma decisão do próprio indivíduo. O circuito neuronal implicado na atenção interage com outros circuitos, como as áreas temporais do cérebro que permitem recuperar informações já constituídas ou conservar novas, e o circuito límbico dedicado às emoções que intervêm nas motivações do sujeito.[7]

---

7 As opiniões divergem sobre a existência de um circuito especializado das emoções. Em "O cérebro emocional ou a neuroanatomia das

A natureza da arte

Ao selecionar seu objeto, o circuito também desempenha um importante papel nos processos da consciência.

O neurofisiologista Alain Berthoz completa essa definição:

> A atenção não é apenas um mecanismo agregado à percepção, como um comandante em chefe que decidiria para onde e o que olhar; trata-se de um mecanismo de antecipação apto a agir, um mecanismo que configura o mundo para nossas ações e intenções, cujo traço encontramos em todos os níveis do sistema nervoso, dos mais elementares aos mais cognitivos. A atenção não diz respeito apenas à percepção consciente de *stimuli* reais e às pequenas percepções: ela pode utilizar a imaginação.[8]

A experiência pessoal, a memória, o humor, o ambiente cultural influem em nossa atenção diante do mundo, fazem que

---

emoções", Françoise Lotstra observa: "As bases neuroanatômicas da emoção são constituídas por um conjunto de sistemas neuronais. Alguns cientistas abandonam o conceito de sistema límbico e, de modo um pouco provocativo, outros afirmam que ele não existe (LeDoux, 1998). Mais uma vez, trata-se de um problema de semântica, pois se é verdade que o sistema límbico descrito por McLean pertence ao passado, o termo poderia ainda ser utilizado para descrever as unidades funcionais ou os circuitos neuronais de cada uma das emoções. Esses circuitos funcionam como relés: o núcleo amigdalino, o núcleo accumbens, o hipocampo, o hipotálamo, o tálamo, assim como certas áreas do córtex pré-frontal e do córtex temporal. É muito provável que a implicação de outras estruturas ainda venha a ser descoberta, revelando vastas redes de nosso cérebro emocional. Disponível em: <www.cairn.info/revue-cahiers-critiques-de-therapie-familiale-2002-2-page-773.htm>.

8 Berthoz, *La Simplexité*, p.7.

o interpretemos de maneira diferente do que ele é. A atenção resulta de um duplo movimento: filtragem e amplificação das percepções de um lado, projeção realizada pelo cérebro no mundo de suas pré-percepções de outro. Ela é expressão de uma "intenção enraizada na ação". A atenção cognitiva, porém, é lábil, flutuante; ela salta de um objeto a outro e, para retê-la, é preciso que ela possa descobrir em seu objeto novos elementos capazes de estimulá-la. Ela foi selecionada pela evolução por sua capacidade de estabelecer e multiplicar as oportunidades que o sujeito dispõe para interrogar seu entorno, de se acostumar a formular hipóteses, a antecipar, a prever, a se inscrever na temporalidade.

A atenção cognitiva recobre diferentes aspectos segundo a natureza das informações que filtra. Um deles é a atenção estética. Esse tipo de atenção focaliza alvos específicos. Nesse sentido, as condutas estéticas são intencionais, nas duas acepções do termo. São deliberadas, dirigidas para um propósito definido e afirmado – a expressão de um estado mental cujo objetivo é guiar a ação, o comportamento do sujeito. As atenções também são intencionais, no sentido em que são dirigidas para um objeto, *a respeito* do qual elas se manifestam, ao qual se referem e dão sentido por intermédio de representações mentais. Essas representações são crenças, verdadeiras ou falsas, desejos, visões de mundo, que podem existir sem que aquilo a que se referem tenha existência real. Os objetivos visados pela atenção estética têm uma particularidade: são *formas* diversamente agenciadas, fixas ou móveis, características de certos objetos naturais ou artificiais, ou de seres vivos; elas também são temporais (ritmos, melodias). A atenção estética é mor-

A natureza da arte

fotrópica. Ela diz respeito a *gestalts* e não a conceitos. Ocorre, no entanto, que conceitos são o alvo da atenção estética, por exemplo na arte contemporânea. Mostrarei mais à frente sob que condições isso ocorre.

Quer seja determinada por uma decisão do indivíduo, quer seja provocada pelo aspecto de um objeto, ao selecionar seu objeto, a atenção estética provoca naquele que a exerce um estado afetivo particular, um prazer mais ou menos intenso, uma satisfação, como afirmam alguns, mesmo que o termo pareça fraco em relação à emoção por vezes sentida. Esse tipo de prazer não está correlacionado a nenhum tipo de circuito neuronal específico, que teria sido previamente selecionado ao longo da evolução, ao contrário de outros estados afetivos como o medo, que tem seu próprio circuito. O prazer estético é uma espécie de recompensa atribuída ao cérebro: ele nasce da satisfação de uma atenção morfotrópica dirigida para um alvo. Esse mesmo alvo pode provocar em outra pessoa um sentimento inverso de desprazer.

O prazer estético é sentido de maneiras infinitamente diversas. O prazer provocado pela escuta de uma obra musical não é o mesmo que o da visão de um quadro, ou o da escuta da mesma obra musical em outro momento. Cada uma das manifestações desse prazer é matizada pelo aparecimento de variadas emoções e pela intensidade mais ou menos forte: alegria, bem-estar, excitação, surpresa, contentamento. Segundo António Damásio, neurologista especialista em emoção, o prazer não seria uma emoção, mesmo que fosse extremamente vinculado a ela. Como a dor, ele afirma, o prazer é uma qualidade constitutiva de certas emoções e, também, um desencadeador de tantas outras.

Edmond Couchot

Enquanto a dor é associada a emoções negativas, como medo, tristeza, desgosto, cuja combinação comumente constitui o que se denomina sofrimento, o prazer está associado a múltiplas nuances de felicidade, orgulho e emoções de fundo positivas.[9] No entanto, certas obras de arte, como quadros que exibem corpos supliciados (a descida da cruz), certos filmes (de terror) ou certas obras musicais capazes de gerar tristeza ou melancolia, podem paradoxalmente produzir prazer no amante da arte. Poderíamos supor que as emoções não são "realmente" emoções sentidas – alguns as denominam "quase-emoções" –, pois são imaginadas e não causam nenhuma repercussão em nosso cérebro ou corpo. Mas não se trata disso: tais estados afetivos se traduzem por modificações de nosso humor controláveis experimentalmente (frequência cardíaca, excitação, reação do sistema neurovegetativo) e por comportamentos expressivos verificáveis em movimentos da fisionomia e do corpo. Eles se submetem, porém, a um tratamento cognitivo que desvia seus efeitos habituais de desprazer para o prazer estético.

O desencadeamento do prazer estético associado à sua variedade de estados afetivos dá início a uma atividade cognitiva mais complexa que resulta do tratamento da atenção: um *sentimento*, uma representação mental, fortemente subjetiva que às vezes conduz a pensamentos explícitos, crenças, conceitos, julgamentos: o *sentimento estético*.[10] É impossível defini-lo devido à sua característica idiossincrática, sua proximidade com a

---

9 Damásio, *Le Sentiment même de soi: corps, émotion, conscience*, p.83; veja também *L'Erreur de Descartes*.

10 O papel das emoções e sua relação com os sentimentos são tratados com mais detalhes nas p.158-71.

A natureza da arte

emoção e com a variedade de aspectos que ele assume segundo os artefatos que o criam. A leitura de um poema pode fazer surgir um sentimento estético leve e agradável, enquanto a escuta de uma passagem dramática de determinada ópera provoca uma violenta perturbação emocional que desencadeia reações muito diferentes. Não existe uma hierarquia cronológica sistemática entre a emoção, o prazer, o sentimento estético e as ressonâncias cognitivas (ideias, conceitos, juízos de valor) que uma atenção estética satisfatória propicia. A emoção e o prazer são sempre fortemente entrelaçados com apreciações, ideias e julgamentos. "A reposta estética", enfatiza Jérôme Dokic,[11]

> dificilmente é concebida como resultado de um processo independente do julgamento e das crenças de fundo do sujeito [...]. O sentido estético se reduz a um conjunto heteróclito de competências cuja natureza e contribuição podem variar segundo o contexto.

Uma atenção que se alimenta dela mesma

A busca pelo prazer na satisfação da atenção estética não basta para caracterizar uma conduta estética. Para o filósofo e teórico da arte Jean-Marie Schaeffer, para que uma conduta estética seja vivenciada como tal,

> é preciso que sua finalidade resida no próprio caráter gratificante dessa atividade. Dito de outro modo, a atenção cognitiva deve ser

---

11 Dokic, L'architecture cognitive du sens esthétique. In: Vallon (org.), *Dans l'atelier de l'art: Expériences cognitives*.

efetuada e valorizada para a satisfação induzida por sua própria atividade. Na relação estética, a atenção e a reação apreciativa formam um circuito interativo. Por isso, o desafio imediato da atenção estética reside em sua própria recondução [...].[12]

"A atenção estética", Schaeffer ainda afirma, "é autoteleológica, no sentido em que funciona em circuito, sob a impulsão do índice de satisfação que ela mesma gera."[13] A atenção estética, portanto, se alimenta dela mesma. Tal concepção se inscreve na linha teórica desenvolvida por Theodor Lipps, no século XIX, para quem a fruição estética se refere a um eu perceptivo que faz de sua percepção um objeto de fruição, mas que insiste no aspecto autoteleológico da percepção. Mesmo que outras condutas, como a paixão pelo jogo ou pelo consumo de drogas, possam também revelar um caráter autoteleológico, elas se distinguiriam das condutas estéticas pelo fato de que, especificamente, não são morfotrópicas.

O sistema atencional não é isolado: ele está permanentemente ligado às áreas temporais que memorizam informações e que registram as novas, assim como ao sistema límbico, mais especificamente à circunvolução cingulada, que desempenha um papel nas motivações do indivíduo. Por outro lado, a princípio, a atenção estética pode se fixar em qualquer tipo de objeto e propiciar uma emoção estética positiva ou negativa. Não é o objeto que a suscita, ela é decorrente do observador, de sua história individual e de sua cultura: o mesmo objeto,

---

12 Schaeffer, Comment naturaliser l'esthétique et pourquoi?, *Grand dictionnaire de la philosophie.*

13 Id., *Adieu à l'esthétique*, p.22.

A natureza da arte

a mesma cena não requerem a mesma atenção, não provocam forçosamente o mesmo sentimento em indivíduos diferentes. Não obstante, certas formas podem desencadear um processo de atenção geneticamente programado. A simetria, por exemplo, cujo efeito poderia ser explicado pela necessidade de reconhecer com muita rapidez a maior parte dos seres vivos graças à sua organização simétrica, teria sido selecionada no transcurso da evolução, pois permitiria reagir à presença desses seres. Relacionada à expressão do rosto e ao corpo, a propriedade "simetria" provoca uma satisfação estética em quem a observa. (Os bebês já são sensíveis à simetria dos traços.) Os primeiros artefatos estéticos – pedras talhadas nos dois lados denominadas "bifaces" – apareceram há 1,6 milhão de anos.[14] A simetria não tornou esses instrumentos mais eficazes. Certos pré-historiadores, como André Leroi-Gourhan, por exemplo, consideram esses artefatos como as primeiras preocupações estéticas da espécie humana: a busca das "belas" formas seria um dos motores do processo de hominização.

O paleoantropólogo Henri de Lumley[15] faz a mesma constatação, mas considera que o primeiro aparecimento da simetria ocorreu com os machados de pedra simetricamente talhados em relação ao eixo central do cabo, mais do que nos bifaces (talvez pelo fato de que essa simetria seja mais acentuada nesse tipo de instrumento). Ele também identifica na simetria os mais antigos vestígios do senso estético e uma manifestação simbólica anterior àquela que será a primeira evidência do co-

---

14 Veja *La Recherche*, n.452, maio 2011.

15 Veja Wagensberg. L'Origine de l'esthétique, *La Recherche*, n.359, dez. 2002, p.112.

nhecimento revelado, há mais de 100 mil anos – a tumba ritual –, e a primeira evidência do conhecimento científico, há mais de 30 mil anos – um desenho rupestre. É igualmente necessário incluir entre essas formas os ritmos sonoros, visuais ou gestuais (que pesquisadores como Henri Maldiney consideram como sendo a essência da arte e o que possibilita sua existência),[16] bem como, talvez, algumas formas naturais que se projetam no fundo ruidoso do mundo e que mobilizam a atenção, suscitam hipóteses e interpretações.

Schaeffer não se refere a "sentimento estético", termo muito utilizado pelos especialistas clássicos em estética. Seria necessário esquecê-lo, uma vez que defende outra concepção de estética? Essa questão é importante, pois esse pesquisador enfatiza que a satisfação ou a insatisfação estética – o prazer ou o desprazer – não é um julgamento, mas um efeito da atividade cognitiva. "Não *julgo* que esteja satisfeito ou insatisfeito", ele afirma, "limito-me a tomar consciência disso."[17] Se, como mostrou Damásio,[18] os sentimentos são emoções reprocessadas pelo cérebro em um nível superior, representações mentais subjetivas de ordem privada, os sentimentos provocados por uma satisfação ou insatisfação estética podem ser acompanhados de crenças e julgamentos. Aliás, o próprio Schaeffer afirma que a atenção estética é apenas puramente perceptiva, e que implica uma colaboração entre os níveis perceptivos e os níveis superiores do tratamento da informação. O intrincamento das emoções e das representações, do prazer e do julgamento é ex-

---

16 Maldiney, *L'Esthétique des rytmes*.
17 Schaeffer, *Adieu à la esthétique*, p.29.
18 Veja p.158-71.

A natureza da arte

tremamente forte e não hierárquico. No fim dos anos 1960, Nelson Goodman já havia percebido muito bem a importância dessa ideia. "A percepção, a concepção e o sentimento se entrelaçam e interagem mutuamente."[19] Emoções podem provocar ideias e julgamentos, mas o inverso é também frequente.

Característico das condutas estéticas, esse estado de satisfação desencadearia a presença daquilo que os filósofos, desde Platão, denominavam o Belo. Em termos simétricos, também pode ocorrer que o objeto sobre o qual se concentra a atenção estética provoque uma emoção desagradável e um sentimento que interpretará esse objeto como feio. O prazer (ou o desprazer) vivenciado nessas diferentes experiências é proveniente de uma *sensação*, esse estado fisiológico produzido pelos estímulos recebidos pelos órgãos sensoriais. Nem toda sensação, porém, propicia um prazer. Vale ressaltar que o termo "estética" adotado para qualificar esse tipo de prazer e de conduta é decorrência disso. Origina-se da palavra grega *aisthêstikos* (aquele que tem a capacidade de sentir), adjetivo derivado do substantivo *aisthêsis* (capacidade de perceber por meio dos sentidos). É conveniente ressaltar, ainda, que se essas palavras remetem à capacidade de perceber pelos sentidos, em sua origem elas se referem também à capacidade de perceber por meio da inteligência, de compreender, de atribuir um sentido à coisa percebida. A própria língua grega já continha, com maior ou menor intensidade, a ideia de que qualquer percepção enseja a busca de um sentido, o apelo a um questionamento, até mesmo a um julgamento. As pesquisas em fisiologia da percepção confir-

---

19 Goodman, *Langages de l'art, une approche de la théorie des symboles*, p.292.

Edmond Couchot

mam essa observação. Em 1970, a partir de um estudo sobre as ilusões visuais, Richard L. Gregory demonstrou que a percepção era comparável a uma hipótese.[20] Mas era desnecessário deduzir disso que o conteúdo de uma experiência perceptiva deveria se identificar com os julgamentos fundados nessa experiência. Como Pascal Engel ressaltou:

> É preciso distinguir os julgamentos do conteúdo representacional da experiência, que veicula uma informação não conceitualizada. Se essa distinção não fosse feita, não poderíamos compreender por que, em uma ilusão visual, a ilusão permanece, mesmo depois que tenhamos tomado consciência de sua natureza ilusória.[21]

É praticamente impossível isolar a experiência estética de um substrato memorial e cultural sempre apto, mais ou menos prontamente, a fazer que a percepção se redirecione para o sentido – mas essa hipótese precisa ser confirmada.

Habituados que estamos em associar as condutas estéticas exclusivamente à contemplação de obras de arte, temos a tendência de considerá-las como experiências demasiado raras e localizadas, capazes de mobilizar sensações elementares e, ao mesmo tempo, julgamentos refinados. Na realidade, podemos experimentar um sentimento estético tanto em relação a objetos naturais – um flor, um animal, uma pedra – quanto em relação a objetos industriais – uma torre elétrica, um avião,

---

20 Veja Gregory, *L'Œil et le cerveau.*
21 Engel, Expérience. In: *Encyclopédie Universalis.*

uma arma. Qualificamos muitas coisas como belas ou feias, e fazemos isso a toda hora. Falamos de um belo quadro, de um belo filme, de um belo romance, de uma bela representação teatral, mas também falamos, com banalidade, de um belo movimento na política ou nos negócios, ou até mesmo de uma bela manhã, de um belo orador, de um belo sexo, de um diabo bonito ou de um belo idiota. Esse epíteto é um dos mais polissêmicos do vocabulário francês e assume um sentido muito diferente do que originalmente possuía, por uma espécie de metaforização própria da língua. Ele se converte em sinônimo de excepcional e não é mais acompanhado, ou é muito pouco, de um sentimento de prazer daquele que o emprega. Uma metaforização a respeito do Feio pode ser igualmente constatada. O prazer e o desprazer – o sentimento do Belo e do Feio – são amplamente compartilhados, mas com graus diferentes de intensidade. De modo permanente, nossa atenção estética e nossos julgamentos de qualidade se imiscuem na parte mais ínfima e inesperada de nossos comportamentos.[22]

Condutas estéticas (receptoras) e condutas (estéticas) operatórias

As condutas estéticas que acabamos de descrever são experiências essencialmente *receptoras*; não se exteriorizam, não se expressam por nenhum artefato criado de modo intencional e direcionado para outrem, não são operatórias. Nisso elas diferem de um outro tipo de conduta, cuja finalidade é se ex-

---

22 Veja, a esse respeito: Nahoum-Grappe; Vincent, *Le Goût des belles choses*.

teriorizar por meio de artefatos para chamar atenção sobre eles e sobre seu autor. Essas condutas não são voltadas para si mesmas, como pode ocorrer com a contemplação solitária e silenciosa de uma bela paisagem (mesmo que se possa falar dela), e visam criar artefatos capazes de provocar nos outros um sentimento estético mais ou menos intenso, "fazer arte". A denominação condutas *artísticas* é utilizada para opô-las às condutas estéticas próprias à recepção, dado o costume das teorias clássicas da arte, de distinguir rigorosamente o que pertence à percepção, ou melhor, à Estética, daquilo que é próprio da criação de artefatos, a saber, da arte e de suas práticas. Essa distinção mereceria, no entanto, ser matizada, pois cada tipo de conduta partilha com a outra características comuns.

Um dos argumentos para justificar essa distinção se baseia no fato de que as condutas estéticas (receptoras) seriam apenas discriminatórias e não incitariam nenhum tipo de ação, nenhum fazer próprio da arte, enquanto, ao contrário, as condutas artísticas instaurariam operações reconhecidas por um fazer específico. Essa distinção é apenas parcialmente verdadeira, pois as condutas receptoras não se limitam a selecionar e registrar as informações específicas que satisfazem uma busca hedônica, mas envolvem processos cognitivos de imaginação e criação, hipóteses interpretativas, que fazem de todo amante da arte uma espécie de criador. Também se traduzem por ações sensório--motoras, por mudanças de humores e comportamentos que — embora não se expressem publicamente por meio de artefatos transmissíveis que se integram ao circuito da arte — não deixam de ser processos mentais capazes de simular atos operatórios técnicos e corporais executados pelos artistas no curso do processo de criação. (Essa ideia será retomada mais amplamente no Capítulo 7.) As capacidades criativas do amante da arte, no entanto, não fazem dele um artista menor ou artista fracassado. A fantástica evolução da arte ao longo dos últimos anos confirma essa propriedade das condutas receptoras. É nela que repousa a vontade manifestada por muitos artistas de associar tecnicamente os receptores à criação das obras de arte, outorgando-lhes um certo tipo de autorialidade (participação do espectador, interatividade, criação em rede etc.).

Os artistas, por sua vez, também revelam um comportamento discriminatório: dão uma atenção estética muito grande às formas oferecidas pelo mundo que os rodeia e às que eles mesmos inventam e que compõem suas obras. É evidente constatar que os artistas são os primeiros receptores de seus próprios artefatos. Quando um artista trabalha, tudo se passa como se ele, de maneira consciente ou não, se colocasse no lugar de um eventual amante da arte que, mais tarde, estará diante de sua obra. Não existe nenhum artista que produza apenas para si mesmo. Cada obra se assemelha a uma garrafa à deriva no mar que algum dia espera encontrar seu destinatário. No entanto, essa projeção antecipatória não significa que ela busque de maneira sistemática satisfazer a expectativa de eventuais receptores, o que bloquearia qualquer tipo de inovação. (É frequente, porém, que isso ocorra: trata-se então de comportamentos estereotipados, acadêmicos, desprovidos de invenção.) Nenhum processo de criação poderia ocorrer sem essa atenção morfotrópica, pois ela exerce uma poderosa regulação na atividade dos artistas. No curso da criação, porém, essa atenção não funciona em circuito "sob a impulsão do índice de satisfação que ela gera". O prazer (e as emoções a ele ligadas) sentido ao longo do ato de fazer funciona – mostrarei mais à frente – como um sistema de seleção que guia a ação do artista, que o recompensa quando o trabalho é satisfatório ou que o corrige caso não o seja. Em compensação, pelo fato de os criadores serem os primeiros a usufruir de suas obras, mesmo que sua atividade frequentemente exija labor e sofrimento, eles também podem, às vezes, se entregar ao prazer propiciado pela recepção de seu próprio trabalho.

A distinção essencial entre os dois tipos de condutas parece residir na perspectiva própria de cada uma delas. Enquanto as condutas receptoras visam essencialmente usufruir das obras oferecidas pelos artistas – ou de diversos objetos naturais ou artificiais –, as condutas (estéticas) *operatórias* são dirigidas pelo propósito de criar obras e afirmar a singularidade e a presença de um autor. De forma constante, as duas condutas remetem uma à outra, em uma relação simétrica organizada em torno de um poderoso "atrator" central – o do prazer estético – e de tudo o que lhe é associado. As condutas artísticas visam provocar esse prazer nos outros, por meio de diversos artefatos, enquanto as condutas receptoras se voltam para esses mesmos artefatos para neles encontrar um prazer da mesma natureza, ou seja, estético. É essa simetria que torna possível o estabelecimento de um laço empático entre os dois tipos de condutas.

Se permanecermos presos à classificação habitual – condutas estéticas *versus* condutas artísticas –, corremos o risco de não diferenciar as condutas artísticas reconhecidas como tais por nossa cultura e outras condutas cujo objetivo é também

A natureza da arte

produzir artefatos estéticos, mesmo que não gozem desse tipo de reconhecimento. Essas últimas condutas – a confecção de uma máscara africana ou a elaboração de um afresco parietal – podem ser qualificadas como condutas artísticas, ou dotadas de uma dimensão artística, mesmo que os criadores desses artefatos e sua sociedade ignorem a arte tal como é concebida em nossa cultura. Em consequência, parece-me mais adequado designar essas condutas como condutas (estéticas) operatórias, mais do que como condutas artísticas. Essa projeção de uma noção inventada pela cultura ocidental para designar condutas e artefatos que lhe são estranhos exerce uma espécie de colonização semântica dessas mesmas condutas e artefatos. Assim, qualquer objeto, qualquer conduta que comporte uma dimensão estética se torna um candidato involuntário a um tipo de julgamento artístico (que pode tanto recusar essa candidatura como aceitá-la), e ser extirpado de suas funções originárias para ser promovido – pois sempre se trata de uma promoção – à esfera da arte. É dessa forma que os museus transformam os objetos de culto dessa ou daquela sociedade em objetos de arte.

Correndo o risco de contrariar os defensores da classificação tradicional, proponho dispor as diversas condutas que visam criar artefatos estéticos em uma mesma categoria, a das condutas (estéticas) operatórias – e, em seu interior, distinguir duas subcategorias: as *condutas operatórias autônomas* e as *condutas operatórias cativas*. As primeiras se referem a criadores que, de forma um tanto parcial, buscam se liberar de qualquer função prescrita pelo exterior ou, pelo menos, compor com certas obrigações, para fazer que as representações que são próprias de seus artefatos estéticos sejam compartilhadas. Na Europa do Renascimento, os pintores, embora fossem obrigados a respeitar certos códigos religiosos ou tradições figurativas, buscaram autonomizar seus pontos de vista graças às técnicas perspectivistas, que lhes permitiram introduzir uma presença corporal e autorial no quadro. Essa condição fez que eles se rivalizassem na maneira de tratar as formas, as cores, as luzes ou a composição, e que afirmassem sua singularidade de autores assinando seu nome nos quadros e, assim, se contrapusessem aos cânones que lhes haviam sido impostos. O lugar privilegiado de inserção dessas condutas na cultura ocidental moderna possui uma estrutura própria – a esfera da arte – cuja função é definir, selecionar, transmitir o que ela julga pertencer ao domínio da arte. Nesse tipo de conduta também podem ser classificadas aquelas que, mesmo autônomas, ficam fora dessa esfera, pelo menos até que eventualmente estejam integradas nela. Podem ser enquadrados nesse caso as *tags*[23] realizadas por autores cuja intenção é marcar indelevelmente sua presença em um espaço por meio de assinaturas gráficas que visam provocar no outro, no vizinho da rua ou no estranho que passa, sentimentos e intenções variadas.

Por outro lado, as condutas cativas são realizações de criadores não reconhecidos como artistas no sentido canônico do termo, mas que nem por isso deixam de ser produtores intencionais com ambição artística. Quase sempre enquadradas nas

---

23 Na linguagem digital, *tags* são estruturas reduzidas de linguagem que contêm informações e instruções sobre temas determinados. (N. T.)

A natureza da arte

funções que não dependem da arte (danças, cantos, objetos rituais, uso de objetos utilitários, de armas, por exemplo), essas formas produzem efeitos esteticamente apreciados. Seus criadores também almejavam, de forma mais ou menos explícita, criar artefatos que provocassem prazer, emoções, sentimentos. Essas condutas, porém, permaneciam cativas das diversas funções que as caracterizam. Os iconógrafos da Idade Média, meros artesãos que não se expressavam em seu nome e cujas obras eram submissas a uma função essencialmente religiosa, pelo menos se esforçavam em criar belas imagens: para seus patrocinadores, porém, sua beleza não era senão uma técnica para conduzir o crente a Deus. Mesmo que fosse integralmente mantido, o efeito autoteleológico da imagem resvalava para uma outra finalidade e era utilizado como sustentáculo da fé. Essa forte atração exercida pela beleza da imagem fez que os iconoclastas duvidassem dela, pois temiam que os crentes adorassem a imagem e não Aquele que ela personificava. Mais ou menos consciente e afirmado, o estado de catividade, entretanto, não tirava de seus autores o desejo de agradar e atingir o outro.

De uma perspectiva naturalista, o interesse de tal delimitação seria o de não abordar as condutas operatórias sob o exclusivo ângulo da arte, ou seja, em referência a uma hierarquia de valores e julgamentos, uma história, uma filosofia, que mascaram o que as condutas operatórias têm de comum e de diferente. Causa bastante incômodo, porém, não recorrer a termos como "arte" e "artístico", sejam eles habituais ou forçados, para designar práticas que lhes são estranhas, desnaturalizando-as. Seria mais adequado para a compreensão falar de "arte" pré-histórica ou de "arte" aborígene, mais do que de "artefatos estéticos intencionais pré-históricos" ou de "artefatos estéticos intencionais aborígenes", embora seja necessário ter em mente a nuance desses termos.

As características que acabam de ser descritas são suficientes para definir as condutas estéticas? Certos autores pensam que a relação estética não pode ser reduzida a um par formado pelo receptor e o objeto de sua atenção, por aquele que olha e o quadro, por exemplo, mas que ela possui uma dimensão intersubjetiva, um enlace entre os indivíduos que exercem essas condutas, correlacionado a processos neuronais e fisiológicos identificáveis. A primeira ideia que surgiu foi a respeito de situações em que o artista se imaginasse no lugar do receptor e vice-versa, em que o receptor tentasse reviver o ato da criação. Mas essa questão só será abordada no Capítulo 5, pois, antes de mais nada, é preciso esclarecer certas noções necessárias à sua compreensão, uma vez que elas mesmas são objeto de debates.

Interrompo um pouco minha argumentação para fazer uma observação sobre o termo "Belo". Como vimos, esse epíteto transformado em substantivo é de uso frequente e polissêmico na linguagem corrente, ao passo que na filosofia da arte ele assume uma significação marcada por uma questionável concepção da estética. Torna-se difícil evitar que isso ocorra quando o termo acompanha um objeto, mas, para esvaziá-lo de sua antiga significação, que remete a determinado tipo de arte e a certa doutrina filosófica, proponho atribuir aos objetos qualificados como belos, sejam eles produzidos com ou sem in-

A natureza da arte

tenção estética, o termo mais neutro de "indutores estéticos", sem que essa classificação possa sugerir algum tipo de avaliação. Pode-se distinguir duas espécies de indutores estéticos: 1) os não intencionais, que são objetos ou acontecimentos naturais: uma pedra, uma flor que pode ser contemplada por sua forma, uma cachoeira cujo movimento pode ser observado com uma atenção revestida de prazer; 2) os intencionais, que são os artefatos produzidos pelo homem, mas que podem ser combinados com objetos ou acontecimentos cuja destinação é diferente: a pedra simétrica de um sílex, a escultura de um cervo sobre o cabo de osso de um propulsor, a decoração de objetos de culto ou o design de um automóvel. Uma classe desses indutores é constituída pelas obras de arte.

As condutas estéticas são fatos antropológicos – e, como veremos, em alguns casos são fatos etológicos, ou seja, relativos a atitudes de certos animais –, compartilhados por toda a espécie humana e por todas as culturas. Se não existem artefatos ou obras de arte especificamente artísticos, no sentido de que toda a espécie humana e todas as culturas os entendem, em todas as sociedades existem indutores estéticos que, qualquer que seja a função simbólica ou utilitária que desempenhem, sabem reter a atenção cognitiva dos membros das sociedades e lhes propiciar uma maior ou menor satisfação estética.

O quadro a seguir propõe uma visão sinótica dos pontos de semelhança e diferença entre os tipos de condutas estéticas (receptoras) e condutas (estéticas) produtoras – ou artísticas – concernentes à atenção cognitiva e à atenção estética e às intenções que guiam essas condutas e suas relações com a sociedade.

	Condutas estéticas		
	Condutas estéticas (receptoras)	**Condutas (estéticas) operatórias**	
		Autônomas	Cativas
Atenção cognitiva	Conjunto exploratório dirigido a um alvo (objeto, cena, acontecimento): melhora o tratamento das informações que emanam do alvo, mas inibe as informações que lhe são exteriores. Mecanismo de antecipação que prepara para a ação e que configura o mundo para nossas ações e intenções.		
Atenção (cognitiva e estética)	Os objetivos visados pela atenção estética são essencialmente formas próprias a certos objetos, cenas ou acontecimentos naturais ou artificiais, ou a seres vivos. A atenção estética é **morfotrópica**. Ela diz respeito a *gestalts* e não a conceitos, mesmo que seja determinada por uma decisão do indivíduo ou provocada pelo aspecto do alvo. Quando seleciona um objeto, a atenção estética desencadeia um estado afetivo vivenciado como um prazer mais ou menos intenso. O prazer estético não é correlacionado a nenhum circuito neuronal específico: ele é associado a emoções, sentimentos, julgamentos. A atenção estética se alimenta dela mesma: é **autoteleológica**.		
Intenção	Visam especificamente a percepção: são **discriminatórias**. São, porém, capazes de estimular atos operatórios técnicos e corporais executados pelos artistas no curso dos processos de criação. **Ativação de uma sensação.**	Visam essencialmente a produção de artefatos: são **operatórias** (técnicas). Diferem das condutas receptoras na medida em que o prazer sentido no decorrer do ato de fazer funciona como um sistema de seleção que guia a ação do artista, recompensa-o ou o corrige. **Ativação de uma habilidade.**	
Relação com a sociedade		Buscam liberar-se de qualquer função prescrita pelo exterior. Rotuladas como "artísticas" pela esfera da arte.	Permanecem cativas das diversas funções que as recobrem. São julgadas como possuidoras de uma "dimensão estética".
Atrator	Essas duas condutas remetem uma à outra, por intermédio de uma relação simétrica organizada ao redor de um "poderoso" atrator – o do prazer estético e de tudo aquilo associado a esse prazer. **É essa simetria que torna possível o estabelecimento de um laço empático entre os dois tipos de condutas.**		

A natureza da arte

2.3. Os indutores estéticos não intencionais: o Belo na natureza

Os objetos insólitos

Essa busca de sensação mesclada de prazer para a visão, o tato ou a escuta das formas oferecidas pela natureza se manifesta muito cedo nas condutas simbólicas do homem. Na cultura do *Homo sapiens*, certos "objetos" naturais desempenharam um papel que parece estimular a percepção visual e tátil sem remeter a nenhuma significação particular. Basta observar os primeiros objetos desde o aparecimento do pensamento figurativo não verbal. Eles possuem um caráter insólito notável em relação a outros objetos dos quais são contemporâneos e que também são artefatos, a exemplo das séries alinhadas de sinais gravados em ossos longos que supostamente teriam sido calendários, ou ainda sinais de ocre avermelhado encontrados em inúmeras sepulturas e cujo sentido simbólico estaria relacionado ao sagrado. Esses objetos foram descobertos em habitats neandertalenses da Europa e da África do Norte. São amontoados de pedras esferoides naturais, cristais (piritas de ferro, galeno, pedaços de quartzo) ou fósseis (conchas, polipeiros, diversos gasterópodes), que os antropólogos costumam denominar "curiosidades", encontrados em culturas não pré-históricas. Por acaso, também podem ser encontrados em cavernas ou em outros habitats. Foram deliberadamente depositados nesses locais, após terem sido reunidos, de algum modo colhidos, por mãos atentas, e depois postos à parte, abrigados. São muito menos numerosos do que as ferramentas de pedra talhada ou de osso. É muito difícil fazer um estudo sistemático desses materiais nos dias atuais. Contudo, são considerados como uma das mais antigas manifestações do pensamento simbólico cujo vestígio material foi encontrado.

As hipóteses levantadas sobre esse assunto têm muito menos chances de algum dia serem confirmadas do que as hipóteses imaginadas a respeito de marcas gravadas. Todas elas sugerem, porém, que estamos diante de algo essencial e que a extensão do mistério não desencorajou a vontade de elucidá-lo. André Leroi-Gourhan identifica aí duas preocupações humanas fundamentais: a busca do lado fantástico natural do homem e a aurora do que viriam a ser as ciências naturais. Nesses tempos em que o homem ainda não inventara a imagem, ele encontrou uma espécie de substituto concreto: objetos naturais cujas formas contrastam em grande medida com as formas artificiais de sua fabricação e com as formas da natureza. Como afirma Leroi-Gourhan,

> o caráter insólito da forma provém integralmente de seu interesse figurativo e só existe a partir do momento em que um sujeito confronta uma imagem organizada de seu universo relacional com os objetos que entram em seu campo de percepção. São extremamente insólitos os objetos que não pertencem diretamente ao mundo vivo, mas que exibem suas propriedades ou seu reflexo. [...] As concreções, os cristais que emitem incandescências incidem diretamente nos primórdios do pensamento reflexivo do homem; são encontrados na natureza e se assemelham a palavras ou pensamentos, a símbolos de forma ou de movimento.[24]

---

24 Leroi-Gourhan, *Le Geste et la parole*, II, *La Mémoire et les rytmes*, p.214.

A natureza da arte

Esses objetos apresentam um poderoso efeito morfotrópico. Com certeza despertam um sentimento rudimentar e vago que, segundo Leroi-Gourhan, pertence a um estrato muito profundo do comportamento humano: o sentimento estético. São identificados como os primeiros indutores estéticos. Espontaneamente figurativa, essa estética do objeto encontrado existe em todas as culturas. A busca apaixonada do ouro, da prata, das pedras preciosas ou semipreciosas, do âmbar (cujo comércio começa na Antiguidade), encontra sua fonte na procura desses estranhos objetos que os homens da era Musteriense[25] já efetivavam. Antes da imagem, ao se deparar com figuras que pareciam pré-fabricadas, uma espécie de *ready-made* naturais, o pensamento figurativo já se preocupava com o "reconhecimento das formas", com uma "visão reflexiva sobre elas, algo ainda muito obscuro e indiscernível" que teria precedido a arte figurativa, explícita ou abstrata. Seria oportuno reter outra hipótese, de caráter complementar. De acordo com Nicolas Humphrey,[26] esse tipo de objetos encontrados no ambiente e considerados belos forneceu ao homem a oportunidade de facilitar as operações de classificação, evidenciando as relações taxonômicas entre diferentes elementos. A classificação permitiria então reconhecer invariantes formais associados a variações mais ou menos detectáveis compreensíveis: era o início de um trabalho científico. Essas operações propiciaram um prazer par-

---

25 O termo "musteriense" designa simultaneamente uma cultura e um período cronológico que, na Europa, corresponde ao Paleolítico médio (200.000 a 40.000/30.000 a.C.).

26 Humphrey, Natural Aesthetics. In: Mikellides (org.) *Architectures for People*.

Edmond Couchot

ticular, "o prazer taxinômico", próximo do prazer estético que poderá ser encontrado na prática das coleções. Essas operações associariam o prazer estético e a preocupação de compreender o mundo.

Parece igualmente verossímil que essas curiosidades tenham tido alguma ligação com a magia ou o xamanismo. Embora isso não possa ser provado para as épocas paleolíticas, testemunhos históricos ulteriores afirmam que coleções de pedras e objetos bizarros estão diretamente relacionados com práticas mágicas ou medicinais na Europa, na China e no Japão. Por intermédio de formas transitórias da ciência, tal como a alquimia na Idade Média, essas formas teriam evoluído aos poucos para as ciências naturais. De qualquer modo, permanece em aberto a questão de saber por que esses objetos naturais de formas insólitas exerceram uma atração significativa no homem de Neandertal, quaisquer que fossem as práticas ulteriores cuja origem estivesse, eventualmente, ligadas a elas.

Esses indutores estéticos naturais, cujo papel no reconhecimento das formas e na emergência do sentimento estético Leroi-Gourhan se empenhou em descobrir, são objetos que, graças à sua consistência material, perduraram ao longo de milhares de anos. Outra hipótese – na verdade dificilmente verificável – também poderia ser aventada: a de que certas formas não se referissem mais a objetos, e sim a movimentos ou posturas característicos do mundo animal (combates, rituais amorosos), ou a certos sons que poderiam ser interpretados pelos *Homo sapiens* como indutores estéticos. Sabe-se, por exemplo, que em determinadas etnias as danças e os sons são inspirados nos rituais de acasalamento das aves.

A natureza da arte

As mais antigas manifestações do sentimento estético

Seria inútil tentar encontrar nessas manifestações a origem do sentimento estético, datar com precisão o momento em que ele apareceu na história do homem. Nada prova que o sentimento estético tenha existido antes do aparecimento dos aspectos físicos do pensamento simbólico. Por exemplo, sob uma forma ligada à sedução sexual encontrada entre certos pássaros, como veremos mais adiante. Destacarei, entretanto, duas hipóteses levantadas por Leroi-Gourhan: a primeira identifica nesses objetos uma das mais antigas manifestações do sentimento estético; a outra centra sua atenção na busca do fantástico e na origem das ciências naturais. Ambas não são contraditórias. O que parece mais notável é a ausência de qualquer traço de instrumentalidade. Fica ainda mais evidente que as marcas gravadas tiveram um sentido preciso (mesmo que ainda precisemos de tempo para compreendê-lo) e que essas coleções de objetos se recusam a significar e a se submeter a um código: são indecifráveis não pelo fato de que esse código não seja conhecido por nós, mas porque ele jamais existiu: elas não se apegam a uma ordem utilitária nem a uma ordem memorial. Elas pertencem à ordem da estética. Uma ordem bruta, primitiva, praticamente em estado puro. Os homens que se dedicaram à coleta desses objetos curiosos — talvez crianças ou xamãs — tiveram uma experiência completa. A princípio receptora, fundada integralmente na atenção e na curiosidade, essa coleta era também operatória, pois a acumulação sistemática desses objetos é uma construção, uma espécie de obra que sem dúvida alguma será mostrada, exibida, para surpreender, interrogar, encantar outros olhares ou mesmo valorizar o colecionador.

Edmond Couchot

As condutas estéticas humanas, pelo menos aquelas que se manifestam por intermédio das coleções de curiosidades, não têm função ligada à sexualidade e à sobrevivência da espécie. Em contrapartida, os objetos de adorno, quase sempre habilmente confeccionados com conchas de belas formas e cores, com certeza expressam funções de sedução sexual e, de modo mais amplo, simbólicas (pertencimento a um clã, profilaxia, proteção contra forças ocultas etc.). A finalidade dessas coleções residiria unicamente na busca de um prazer morfotrópico associado à contemplação de formas curiosas ou inabituais, prazer este ao mesmo tempo escópico[27] e háptico.[28] "O belo é sempre bizarro", afirmava Baudelaire. Esses objetos excitam fortemente a atenção perceptual, a visão, o tato, talvez o olfato. Fósseis ou pedras esferoides parecem desenhados pela natureza, criados por designers – para utilizar um termo hoje em voga –, por um artista anônimo: exibem a ternura da mão, a exploração dos dedos e do olhar. Essas condições recobrem as formas "modernas", funcionais, abstratas, com frequência geométricas, perfeitamente executadas. Verdadeiros objetos (no sentido daquilo que é posto diante de si, que resiste e interroga os sentidos), eles se interpõem entre o homem e o que não é homem. São produzidos pela natureza, mas rejeitados por ela, deixados no espaço de uma realidade intermediária, entre

---

27 O conceito de pulsão escópica foi referido por Sigmund Freud (1856-1939) em *Pulsões e seus destinos*, em 1915. Foi, porém, Jacques Lacan (1901-1981) quem, no Livro XI de *O seminário: conceitos fundamentais da psicanálise*, o nomeou para designar a satisfação pulsional inerente ao objeto: o olhar como fonte da visão e da libido. (N. T.)

28 Proveniente do grego *haptikós*, o termo háptico é relativo ao lado tátil, próprio para tocar, algo que é sensível ao tato. (N. T.)

A natureza da arte

o artefato e o natural. Parecem ter sido criados por um autor invisível *para* serem vistos, tocados, apalpados, recolhidos, conservados, mostrados. Homólogos naturais do instrumento, permanecem, no entanto, não operatórios, improdutivos.

Cada objeto é ao mesmo tempo insólito e singular. Talvez ainda seja muito cedo para que se possa falar de uma busca da criação imaginária que, de todo modo, em sua forma figurada, permanecerá extremamente rara, mesmo no fim da cultura magdaleniana.[29] É possível, porém, que um certo aspecto da criação imaginária das formas seja oriundo desses primeiros objetos curiosos. Essa característica insólita permaneceria como insólita exatamente porque poderíamos supor que fosse "imaginada" pela natureza, não ainda produto da imaginação. Nenhum fóssil se assemelha a outro, nenhum cristal a outro cristal: cada um é único em sua compleição, e essa singularidade fica ainda mais perceptível quanto mais a forma permanece no conjunto regulado por geometrias minerais ou biológicas comuns. Nesse caso, a singularidade se soma à estranheza.

Não é preciso, tampouco, ver nas condutas que caracterizam essas coletas de objetos, com certeza escolhidos a dedo, uma "estética da escolha", mesmo em germe, baseada na vontade clara e precisa de fazer significar a partir de uma certa modalidade de coisas mortas, cujo valor estivesse ligado apenas a esse gesto distintivo. Não confundamos esses *ready-made* naturais com os *ready-made* de Marcel Duchamp. Se existe escolha, seria muito mais uma escolha do lado do objeto. É o objeto que atrai

---

29 A época magdaleniana representa uma das culturas tardias do Paleolítico superior na Europa Ocidental, entre 15.000 e 9.000 a.C. O período é caracterizado pelo apogeu da indústria do osso (zagaias, arpões) e da arte mural (afrescos de Lascaux e Altamira). (N. T.)

o coletor, que o escolhe, que o aprisiona pela sensualidade de seu desenho ou pelo brilho de sua superfície. Nesse sentido, Leroi-Gourhan tem toda razão de se referir a um reconhecimento das formas e a uma visão reflexiva, e não mais a uma real invenção de formas. No espaço untuoso de um mundo a ser explorado, o cristal ou o fóssil aparecem como uma ruptura de continuidade: modulação passageira no ruído de fundo da natureza, forma sobre fundo: *gestalt*. Forma nítida e incisiva que não se dirige senão à percepção, que excita a apreender com olhos e dedos a descontinuidade do mundo, brecha a partir da qual esse mesmo mundo pode ser penetrado e discernido, mas que não se refere senão a ela própria. Através das secreções da natureza, o homem descobriu, há cerca de 50 mil anos, alguns indutores estéticos naturais em seu aspecto mais simples. O que essa descoberta tem de particular, e que é própria a qualquer conduta estética, é que ela é recompensada por um prazer, uma jubilação delicada e fascinada, puramente perceptiva, que só usufrui dela mesma, que só aspira a se manter ao infinito. É esse mesmo prazer ingênuo que qualquer criança, qualquer adulto, ainda sente nos tempos atuais, quando recolhe pequenas pedras coloridas na praia, pedaços de vidro ou conchas depositadas pelas ondas, que ele negligentemente jogará fora ou colecionará com cuidado.

2.4. Os indutores esteticamente intencionais: o Belo na Arte

Da abstração à figuração explícita

Recolher fósseis ou cristais é um ato muito distinto daquele de pintar figuras de animais ou geométricas nas paredes das grutas, ainda que essas duas ações representem condutas estéticas.

A natureza da arte

Pintar é uma conduta (estética) operatória. Visa criar indutores estéticos intencionais visuais que desencadeiam naquele que olha um estado de satisfação e dirigem sua atenção para uma simbologia que, por sua forte pregnância, pode, às vezes, mascarar o efeito estético. Essas condutas são encontradas na história do homem, mas é difícil, e até mesmo impossível, atribuir-lhes uma significação precisa; apenas alguns vestígios deixados por elas podem ser encontrados (desenhos, pinturas, esculturas, instrumentos primitivos de música, adornos, uso de colorantes, impressões digitais). Não passam, porém, de hipóteses, mas parece certo que esses vestígios tinham um sentido, atualizavam uma intenção. Como reitera Leroi-Gourhan, ainda é prematuro falar de "arte" no que diz respeito a esses vestígios, mesmo quando assumem uma aparência muito elaborada, como na arte parietal, mas uma preocupação com a forma que aos poucos se acentuará já pode ser identificada. Quaisquer que sejam as funções simbólicas atribuídas aos indutores estéticos intencionais, sua eficácia repousa na invenção de formas que se incorporam no desenho, na cor, no relevo e nas relações espaciais entre as figuras. A história dessas formas representa uma passagem necessária em nossa pesquisa.

Os objetos mais antigos encontrados e considerados como vestígio de condutas estéticas operatórias datam de cerca de 75 mil anos. (Em Israel, descobriu-se uma espécie de estatueta antropomorfa que teria 250 mil anos, mas os especialistas ficaram em dúvida se ela seria um artefato.) Esses objetos foram descobertos em 2002, na caverna de Blombos, na África do Sul;[30]

---

30 Considerada como uma espécie de ateliê vanguardista do Paleolítico, a caverna de Blombos não deixa de surpreender a comunidade cientí-

Edmond Couchot

são quarenta pequenas conchas (fósseis de gasterópodes) furadas por um orifício, cujo estudo demonstrou que eram utilizadas como objetos de adorno após terem sido reunidas por um fio para fazer delas um colar – sem dúvida, um objeto destinado a determinada função simbólica associada a um sentimento estético. Também foram encontrados em um sítio arqueológico dez pequenos blocos de cor vermelho-ocre, com alguns centímetros de comprimento, na superfície dos quais eram gravadas séries de traços paralelos, testemunhos de um pensamento simbólico já bastante avançado. A intenção de desenhar não aparece senão por volta de 60.000 a.C., data em que, também na África do Sul, foram descobertos 270 pedaços de cascas de ovos de avestruz que continham desenhos geométricos bastante elaborados.[31] Para alguns antropólogos, tais objetos constituiriam os albores do pensamento simbólico – opinião compartilhada por Leroi-Gourhan, embora em uma vertente naturalista. Ellen Dissanayake estima que esse pensamento já estaria ligado a capacidades cognitivas que iriam se desenvolver e se complexificar até chegar a formas mais elaboradas, consideradas como as primeiras obras de arte.[32] Essas capacidades simbólicas e cognitivas teriam sido condicionadas por reações inatas, ou seja, inscritas em nosso patrimônio genético, voltadas à estética dos

---

fica. A recente descoberta feita pela equipe do arqueólogo Christopher Henshill, da Universidade de Bergen, pode modificar os rumos da estética universal. Datado de 73 mil anos atrás, o achado é uma lasca de minério ocre sobre a qual foram inscritos vários traços cruzados. O texto foi originalmente publicado pela revista *Nature*, em setembro de 2018, e amplamente divulgado no Brasil. (N. T.)

31 Veja *La Recherche*, n.441, p.25.

32 Veja Dissanayake, *Homo Aestheticus*.

A natureza da arte

objetos e dos comportamentos, ou, esclarecendo melhor, por condutas estéticas. O *Homo sapiens sapiens*, o homem "moderno", seria também um *Homo estheticus*. Até os dias atuais, a arte teria oferecido às nossas sociedades um poderoso sistema simbólico que lhes permitiu controlar cada vez mais uma de nossas capacidades cognitivas mais complexas.

Ainda que essas formas oferecidas ao olhar e ao tato pelos objetos insólitos sejam totalmente naturais, nem por isso os primeiros artefatos simbólicos produzidos pelo homem imitaram as formas naturais de seu ambiente. As figuras mais antigas não são realistas, mas abstratas, fossem elas fortemente esquematizadas, como as formas ovaladas femininas que simbolizavam (mais do que representavam) vulvas,[33] partes incompletas de animais (cabeças, partes interiores etc.), ou mesmo séries de pontos alinhados, e até mesmo geométricos, como traços paralelos ou losangos. O desenho de todas essas figuras é linear e esquemático, elas retêm apenas o aspecto essencial. Como as marcas gravadas mais antigas, essas figuras aprimoradas se assemelham mais à escrita do que à pintura, convidam a uma leitura, a uma decodificação mais do que a uma contemplação estética. Como todo símbolo visual realista, ainda que muitas delas já remetam a uma forma original baseada em um modo analógico, ou seja, em um modelo, elas retêm da coisa da qual são a imagem apenas o mínimo indispensável à compreensão: um mínimo isolado de um conjunto mais vasto e mais heterogêneo, extraído, abstraído dessa totalidade.

---

33 Certos antropólogos, entretanto, interpretam essas figuras como representações de pegadas deixadas por calçados rudimentares feitos de madeira.

As figuras se condensam em esquemas ou desenhos. Desenhar é criar uma forma delimitada por um linha que não existe na natureza. É abstrair. Como observa Leroi-Gourhan,

> as primeiras certezas trazidas pelos fatos é que a arte figurativa nasce de maneira coerente, como um afloramento bastante progressivo: os albores do pensamento simbolizável apareceram inicialmente, muito tempo antes de as figuras se organizarem no realismo.[34]

As primeiras figuras são raras e sua simbologia é pouco variada. Para o homem dessa época não existiam muitas coisas dignas de ser evocadas pelo traço, mas em muitas delas se encontravam os atributos da feminilidade, no sentido mais amplo do termo. Não resta dúvida de que se trata de um aspecto fundamental da atividade simbólica. No entanto, nenhuma das formas animais foi ainda identificável nessa fase pré-figurativa e primitiva. Os milênios posteriores veriam nascer, aos poucos, uma arte voltada cada vez mais para o realismo das formas, ao mesmo tempo que se desenvolverá uma geometrização cada vez mais elaborada das figuras que decoram certos objetos.

A imitação da natureza

Desde os primórdios do pensamento simbólico, uma preocupação com a criação separada de qualquer referência aos objetos do mundo real foi constatada. Em consequência, não se

---

34 Leroi-Gourhan, op. cit., p.221.

A natureza da arte

poderia afirmar que, em seus supostos começos, a arte tenha tomado a natureza como modelo. Em contrapartida, constata-se que, à medida que esse pensamento se desenvolve e se estetiza, a figuração evolui para um modo cada vez mais explícito e encontra na natureza um repertório ilimitado de formas, que não são apenas picturais ou esculturais, mas também musicais. O compositor e zoomusicólogo François-Bernard Mache considera a música uma espécie de vocalização que se inspira no canto dos pássaros, cujas formas sonoras contêm analogias muito fortes com os procedimentos dos músicos, seja no plano sonoro, seja no plano da construção.[35] Os gregos já imaginavam isso e contavam que a deusa Atena havia inventado a flauta para imitar o canto dos pássaros. Pode-se imaginar também, como eu mesmo já sugeri, que certos comportamentos animais tenham inspirado expressões coreográficas. As formas naturais, porém, jamais foram deduzidas a partir delas mesmas, sempre foram filtradas por intermédio de uma base simbólica que transmitia sua significação para além de sua ressonância estética. A obrigação de imitar a natureza, que constituiu uma constante nas tarefas impostas aos artistas, foi o único meio de definir essa natureza de modo muito preciso e de fazê-la entrar na ordem humana. Nesse sentido, a imitação sempre foi uma interpretação, uma reconstrução, até mesmo uma retificação.

Um exemplo significativo é o nascimento da figuração explícita na Grécia arcaica na qual se funda o imperativo mimético característico de maior parte da arte ocidental. Dos séculos XII ao VIII a.C., a Grécia ignorava quase totalmente a

---

35 Veja Mâche, *Musique, mythe, nature ou les dauphins d'Arion*.

noção de representação figurada; ela não conhecia a escultura, a imagem nem a escrita. A designação dos atos de desenhar, pintar e escrever era reduzida a uma única palavra (*graphein*) e, como mostrou Émile Benveniste,[36] não havia nenhuma outra para designar a estátua. Mesmo que existissem inúmeros termos que se referiam ao ídolo (estátua divina), nenhum deles remetia à ideia de representação figurada explícita. Foi apenas por volta do século VIII que a Grécia começou a integrar certos modelos figurativos orientais, a partir de uma verdadeira tábula rasa, como destaca Jean-Pierre Vernant. Essa integração não foi feita de modo isolado, por simples adoção ou influência, e sua história mostra que "a noção de representação figurada não é evidente nem unívoca ou permanente, mas constitui o que se pode denominar uma categoria histórica. É uma construção que se elabora de modo bastante difícil, por vias muito distintas, nas diversas civilizações".[37]

O primeiro ídolo, que não podia ainda ser denominado estátua pois não representava nada de formalmente preciso – o *xoanon* –, era um pedaço de madeira bruta que evocava mais uma coluna do que um corpo humano. No sentido estrito, era impossível se referir a ele como imagem. Mesmo associado ao culto de um deus, o *xoanon* não representava explicitamente esse deus, como mais tarde a estátua do célebre escultor Fídias erguida no interior do Partenon representava a deusa Atena. No entanto, o ídolo era um meio de evocar a presença desse deus através

---

36 Benveniste, Le Sens du mot *kolossos* et le noms grecs de la statue, *Revue de Philologie*.

37 Consulte Vernant, De la Représentation de l'invisible à l'imitation de l'apparence, *Revue d'Esthétique*, n.7; Id., *Mythe et pensée chez les grecs*.

A natureza da arte

de uma notável forma visual, de torná-lo presente no mundo humano, de "presentificá-lo", como escreve Vernant. Ele mostra como o ídolo era primeiramente exibido ao longo de um ritual no qual era vestido, mexido, manipulado como um verdadeiro corpo. Depois, a partir do momento em que não era mais exposto ao olhar, a não ser no interior do templo, ele devia compensar essa ausência de corporeidade pela ampliação de sua aparência visual. Não mais agindo pela e sobre a visão, o ídolo não tinha mais como função presentificar o deus, mas representá-lo visual e esculturalmente, assumindo uma forma explícita. Em seguida, Vernant explica como o ídolo se transformou em imagem do deus, e como essa imagem assumiu a aparência do corpo humano em vez de se revestir de uma forma animal, como ocorreu no Egito. Foi a partir dessas primeiras transformações que o florescimento de formas exuberantes e refinadas passou a caracterizar a arte grega.

Seguindo o rastro da arte grega, a arte ocidental não parou de fazer referência à natureza, quase sempre a despeito das teorias estéticas que tentavam apartar a arte de seu modelo. Mesmo quando a arte se propôs a ultrapassar a imitação para insistir na expressão, ou na intepretação criativa, ou quando introduziu leis de harmonia tomadas de empréstimo da matemática, a imitação das formas naturais se erigiu como uma regra que atravessou todos os estilos da história ocidental: o medieval (se levarmos em conta não as definições dadas pela Igreja, mas formas produzidas), os estilos renascentista, barroco, clássico, romântico, naturalista, realista, impressionista, para citar apenas esses. Em plena Idade Clássica, Pascal criticava a pintura que atraía a admiração pela semelhança das coisas, cujos originais não eram mais admirados. Um século

Edmond Couchot

mais tarde, Kant definiu a genialidade como a disposição inata por meio da qual a Natureza insuflava as regras da arte: a arte devia assumir a aparência da natureza, desde que soubéssemos o que era a arte. No início do século XX, o zoólogo Ernst Haeckel reiterou em *Kunstformem der Nature* [Formas da arte da natureza][38] seu deslumbramento diante da massa inesgotável de formas maravilhosas propostas pela natureza, cuja beleza e variedade ultrapassavam, segundo ele, tudo o que o homem podia criar. Essa obra exerceu forte influência em pintores da *art nouveau*, como Paul Klee e Vassily Kandinsky.

Para os artistas, porém, essa natureza modelada pela cultura assumia um aspecto diferente. Os delicados rendilhados dos esqueletos dos radiolários, protozoários ameboides unicelulares admirados por Haeckel, não teriam provocado entusiasmo em Nicolas Poussin, os corpos estirados de Alberto Giacometti dificilmente teriam inspirado Peter Paul Rubens, nem as paisagens românticas de Caspar David Friedrich chamado a atenção de Claude Lorrain. Cada estilo definia, à sua maneira, uma relação diferente com a natureza, modulava sua percepção e refundava o conceito, até mesmo nas artes não figurativas como a música e a dança. É preciso enfatizar, também, que essa prioridade concedida à figuração explícita não interditava a representação de inumeráveis artefatos utilizados pelo homem, nem o uso de formas abstratas e geométricas, com a condição de que fossem reservadas à decoração.

Durante alguns séculos no Ocidente, essa referência prioritária à natureza implicou uma concepção de arte que situava a dimensão estética em um objeto exterior à esfera humana.

---

38 Ver Haeckel, *Kunstformen der Natur*.

A natureza da arte

É o próprio objeto – nesse caso a natureza – que expressava a capacidade de provocar um sentimento estético. Por volta do fim do século XIX, uma mudança começou a ocorrer. Consolidou-se a ideia de que a dimensão estética não residia mais no objeto, mas na mente daquele que olha, em seu olhar no que concerne às artes visuais, na escuta para o caso da música. Essa ideia não era inteiramente nova. No século precedente, David Hume já afirmara que a beleza não era uma qualidade inerente às coisas, mas que existia apenas na mente que a contemplava, e que cada mente percebia uma beleza diferente. Radicalizada, tal ideia levava à constatação de que a dimensão estética reside na propriedade das coisas e, dentre elas, as formas da natureza em primeiro lugar. A intuição de Hume esperou mais de um século para repercutir entre os artistas e os teóricos da arte. Não resta dúvida de que foi preciso que o ambiente do homem se tornasse cada vez mais artificial, tecnicizado, e a natureza cada vez mais distante, para que as formas naturais deixassem de ser a referência da beleza – indutores estéticos.

Foi apenas por volta do fim do século XIX que a suspeita em relação à natureza se reforçou sob o efeito da expansão da esfera industrial e dos progressos científicos que, em parte, dessacralizaram o mundo natural e o reduziram a fórmulas. A finalidade da arte não era mais imitar a natureza, era a natureza que deveria imitá-la. Oscar Wilde ousou declarar que a Natureza não era a Mãe que nos criara, e sim criação do homem: tão admirados pelos românticos, os pores do sol se converteram, na opinião deles, em meros indicadores de um provincialismo ultrapassado. Isidore Ducasse inventou uma nova forma de beleza e considerava belo "o encontro fortuito de uma máquina de costura e de um guarda-chuva em uma mesa de dissecção".

Edmond Couchot

Edmond de Goncourt declarava que só podia apreciar uma paisagem por intermédio dos quadros de John Constable, Jean--Baptiste-Camille Corot ou Joseph Turner, ou seja, a partir da própria arte e dos conhecimentos que possuía sobre ela; o que deixava subentendido que a beleza não estava mais na natureza nem na visão daquele que olha, visão esta formada por sua familiaridade com a arte, com sua cultura, com sua própria experiência vivida. Por sua vez, Wilhelm Worringer defendia a ideia de que, no campo da estética, a obra de arte não tinha nenhuma relação com a natureza.

Foi preciso esperar o início do século XX para que a arte se desligasse completamente dos laços que mantinha com as formas naturais. De modo deliberado, a arte abstrata não buscou mais sua inspiração formal na natureza. Mesmo partindo de formas naturais, uma árvore por exemplo, Piet Mondrian impunha um tratamento não figurativo a essas formas, para apagar completamente qualquer referência original e não exibir senão um conjunto abstrato de linhas organizadas segundo ritmos. Outros pintores inventavam formas *ab nihilo* ou a partir de outros modelos, como certos artefatos industriais ou fórmulas matemáticas. A transição não foi definitiva. Certas posições foram consideradas intermediárias. Ao recusar o princípio mimético, Paul Klee recomendava o diálogo com a natureza – o próprio artista fazia parte dela, "pedaço da natureza em uma área natural", ele afirmava, mas o que ele retinha da natureza eram apenas as energias, o movimento, prendendo-se mais à "formação" do que à forma, misturando geometria, abstração, signos puros e figuras explícitas, ou seja, outra concepção da natureza.

A perda de referência à natureza e às coisas que compunham o mundo contribuiu muito para propiciar uma migração do

A natureza da arte

Belo: o Belo, ou seja, tudo o que é suscetível de induzir um sentimento estético, se deslocava do objeto, e em particular do objeto natural, para a mente de quem o percebia, ou mais precisamente para sua representação. Marcel Duchamp foi quem enunciou de modo lapidar o princípio: são aqueles que olham que fazem os quadros. Tal princípio acabou por revolucionar em grande parte a arte do século XX, assumindo um grande desenvolvimento com as artes digitais e a interatividade. À questão de saber quem chegou primeiro, o objeto ou o olhar na superveniência do sentimento estético, Duchamp respondia: o olhar. O dilema não cessou de ocupar a mente de artistas e olhadores.

Esse dilema é claramente ilustrado em um livro de Roger Caillois, *Cohérences aventureuses* [Coerências aventurosas],[39] que trata da estética generalizada, do imaginário e da dissimetria. Caillois reitera que o diálogo com a natureza deve constituir uma condição absoluta para o artista. Uma posição tradicional. O artista, porém, deveria ultrapassar as aparências fenomenais que a natureza oferece à percepção para atingir as leis que regem essas aparências. Sem fazer alusão direta aos objetos insólitos descobertos pelos arqueólogos, em seu livro Roger Caillois evoca muitas vezes os objetos comparáveis. Declara sua admiração por certas pedras, como as ágatas poliédricas, cuja cuidadosa dissimetria das faces e declives é, de todas as singularidades, a que mais o seduz. Ele identifica nisso a ambição comum da ciência e da poesia. Uma ideia que vai ao encontro do pensamento de Leroi-Gourhan (de quem era amigo) sobre as curiosidades pré-históricas.

---

39 Caillois, *Cohérences aventureuses — Esthétique généralisée — Au cœur du fantastique — La dissymétrie.*

Para Caillois, que não limita sua observação aos objetos singulares naturais, a natureza como um todo é a produtora de formas procuradas e apreciadas por sua beleza. Diz ele:

> As aparências naturais constituem a única origem concebível da beleza. É estimado como belo, percebido como belo, tudo o que é natural ou que se parece com a natureza, que reproduz ou adapta suas formas, suas representações, simetrias, ritmos. A impressão de beleza só poderia advir dessas fontes.[40]

Essas aparências são muito mais do que meras aparências epifenomenais; regem-se pelas leis físicas e biológicas que governam o universo. Elas penetram, transpassam e organizam o homem, "ele próprio natureza". Por tal razão, essas leis são geradoras de beleza. Isso é dizer pouco, insiste Caillois. Elas secretam a beleza, que não é outra coisa senão sua aparência visível.[41] As formas nas quais a arte deve se inspirar se convertem em leis. A natureza não é mais um reservatório de formas a ser imitadas ou interpretadas, mas sim um viveiro de leis. Tais leis possuem uma potência morfogenética que a natureza exerce por intermédio de diversos fenômenos e mecanismos, como o equilíbrio entre simetria e dissimetria — uma constante tenaz da satisfação estética. Para Caillois, as leis físicas e biológicas da natureza não são ideias abstratas, que preexistem em um mundo jamais definido, fixo e fora do tempo, como as ideias de Platão: elas formatam o mundo e seu futuro. Identifica-se nessa teoria uma posição intermediária próxima de Paul Klee: ela ex-

---

40 Ibid, p.41.
41 Ibid. As ênfases são do autor.

A natureza da arte

pressa não apenas uma mudança de concepção quanto à estética e seus modelos, mas também quanto à natureza, cujas formas se desvanecem diante das leis estruturais que a impulsionam.

Uma certa contradição aflora na teoria de Caillois. Quando insiste no fato de que as estruturas naturais constituem o ponto de partida e a referência definitiva de qualquer beleza imaginável, ele acrescenta que a beleza também é fruto da "apreciação humana", embora não desenvolva essa ideia. Dito de outra forma, a beleza reside *também* no olhar, ou melhor, na subjetividade. Diante desse dilema, três atitudes são possíveis: considerar que a dimensão estética é propriedade do objeto; a propriedade do olhar; ou formular a hipótese de que essa propriedade é uma *relação* entre o objeto e o olhar.

Desde o nascimento da representação figurativa na Grécia, as relações entre o Belo e a Natureza provocaram inúmeras questões que alimentaram as reflexões de ampla parcela da filosofia, antes mesmo da constituição da estética propriamente dita. Em tempos mais recentes, o deslocamento da dimensão estética do objeto para a mente daquele que o percebe reavivou esse questionamento. Há alguns anos, as ciências cognitivas se propuseram a responder a essas mesmas questões e hipóteses, fossem elas antigas ou novas, e de um ponto de vista muito diverso, ao se referirem a processos neurofisiológicos observáveis fisicamente no cérebro humano e na relação do cérebro com o corpo. Tanto nas concepções teóricas e estéticas e nos procedimentos experimentais postos em prática quanto nas próprias práticas e técnicas, foram encontrados elementos característicos das diferentes correntes que atravessaram essas ciências.

3
Abordagens neurobiológicas das condutas estéticas

3.1. Abordagens fisiológica e neurofisiológica

Percepção estética e teoria da informação

Abraham Moles foi o primeiro a aplicar a teoria da informação à percepção estética, isso desde que, em 1958, publicou seu livro *Teoria da informação e percepção estética*,[1] doze anos antes que as ciências cognitivas recebessem seu nome de batismo. Essa primeira tentativa de estética experimental baseada na teoria da informação se inscrevia completamente na *démarche* da primeira cibernética.[2] Propunha-se a considerar as obras de arte

---

1 Moles, *Perception esthétique et théorie de l'information*.

2 O fundador da estética experimental e da psicofísica foi Gustav Theodor Fechner (1801-1887). Centrou suas pesquisas na função dos órgãos duplos na visão e na audição e na percepção espaçotemporal. Estendeu-as, porém, para o campo da estética e sobre esse assunto publicou *Zur experimentellen Asthetik* [Para uma estética experimental], em 1871, e *Vorschule der Asthetik* [Curso preparatório de estética] em 1876.

como mensagens que podiam ser quantificadas em termos de informação. A medida dessa informação reside na *originalidade*, na imprevisibilidade do conteúdo da mensagem. Quanto mais uma mensagem é rica em informação – ou original –, mais ela veicula novos conhecimentos e percepções, o que para o receptor é algo *imprevisível* ou pouco previsível. Do contrário, ela será bastante pobre – ou banal – quanto mais seus conteúdos já forem conhecidos. A informação quantificada se expressa em *bits*, abreviação de BInary digiT) segundo uma fórmula matemática definida por Claude Shannon. A informação, porém, não é significação, independe dela. Uma mensagem muito rica em informação (portanto, muito original) pode ser considerada como desprovida de sentido por um receptor, se ele for incapaz de decodificá-la. Para ser entendida, uma mensagem deve conter certa dose de redundância (ou de banalidade). Uma redundância que, embora não traga informação, em contrapartida permite à mensagem resistir ao "ruído", à degradação. A inteligibilidade de uma mensagem é inversamente proporcional à informação que ela veicula.

Moles baseia sua teoria principalmente na análise das mensagens musicais e da percepção auditiva. Consagra, porém, uma parte de seu estudo às mensagens visuais, sobretudo à pintura e às mensagens múltiplas (audiovisuais). Sua hipótese central é a de que em uma mensagem artística existem duas espécies de informação: uma denominada *semântica*, capaz de se expressar em símbolos, traduzível e lógica, que determina as decisões (julgamentos, ideias), e outra denominada *estética*, que determina estados mentais e afetivos intraduzíveis. No discurso comum, essas duas partes desempenham um papel equivalente. Na música, porém (e mais amplamente nas artes),

A natureza da arte

a informação estética é muito mais rica do que a informação semântica, densificada por uma certa redundância em razão das constrições próprias à escrita musical. Na pintura, o aspecto semântico de um quadro concerne ao sujeito, às relações de equilíbrio, de perspectiva, de anatomia. O aspecto estético comporta igualmente duas redundâncias próprias do estilo (clássico, romântico, impressionista, expressionista, cubista etc.), mas os elementos mais originais são imprevisíveis e dizem respeito às variações pessoais criadas pelo artista no interior de um mesmo estilo. Em suma, para retomar os próprios termos de Moles, tudo "o que a estética pictural tradicional qualifica por termos vagos como sendo a personalidade do quadro – domínio da técnica, "originalidade" etc. – e que uma estética experimental coerente deve precisar, registrando esse elemento em uma definição digital da originalidade estética". Em termos experimentais, Moles tentará discriminar os dois tipos de informação no discurso e na música usando várias manipulações do sinal auditivo (por corte e inversão) das quais ele tirará duas conclusões.

A despeito de suas redundâncias, a mensagem estética permanecerá quase sempre inteiramente imprevisível, uma vez que a execução de uma obra musical jamais seria exatamente a mesma; ela constituiria um "campo de liberdade" da obra. Tal campo interviria mesmo no caso de uma gravação. Ele não seria mais instaurado pelos instrumentistas nem pelo maestro no curso de interpretação da obra, mas pelo próprio receptor cujas variações de escuta modificariam, mais ou menos, o sinal sonoro. Daí resulta que, "por sua riqueza, a qualidade distintiva da obra de arte é transcender a capacidade de percepção do indivíduo".

Edmond Couchot

Mesmo elaboradas com rigor e precaução, essas proposições não deixaram de provocar inúmeros questionamentos. O mais importante incidia sobre a quantificação da informação estética. As manifestações experimentais de corte e inversão efetuadas no sinal sonoro permaneciam muito arbitrárias e não podiam ser substituídas pela escuta do ouvinte. A informação estética é subjetiva – Moles reconhecia isso –, ela é imprevisível e singular, incomparável. Não parece ser possível quantificá-la digitalmente, ou seja, atribuir-lhe um valor reconhecido por todos. Nessas condições, quantificar a informação estética seria algo como quantificar os *qualia* (os estados psicológicos como a fome, o medo, o prazer, a dor, a sensação de uma cor).[3] Além disso, baseadas na análise musical ou na análise do discurso, as hipóteses se aplicam mal à pintura, cujos processos de quantificação não são expostos. Moles fornece exemplos de informação semântica e estética no campo da pintura bastante questionáveis. A informação estética seria fraca e a informação semântica vasta em Hieronymus Bosch e Salvador Dalí, enquanto a informação estética e a informação semântica seriam vastas em Paul Klee e Georges Mathieu. Mesmo que não fosse sua intenção explícita, tudo leva a crer que a *démarche* de Moles tenha sido influenciada, mesmo de modo inconsciente, por um certo tipo de arte moderna, em parte baseada no aleatório e em uma estimulação sensorial máxima.

---

3 A questão dos *qualia* é uma das mais complexas que existem, assim como a da consciência. Nem sempre recebeu explicação plausível e certos pesquisadores pensam que não se pode elucidá-la completamente. Sobre esse assunto, veja Crick; Koch, Comment les neurones fabriquent leurs coherence, *La Recherche* (les dossiers), n.30.

A natureza da arte

Feitas essas ressalvas, as contribuições de Moles à estética experimental foram numerosas. As mais importantes dizem respeito às incertezas da percepção, à relação entre ruído e intenção criadora (no sentido comum), à evolução do receptor considerada como um sistema evolutivo, à memória, de um lado, e à noção de forma e estrutura, de outro. De um ponto de vista mais amplo, o interesse desse trabalho inovador reside no fato de reinserir, como o próprio Moles afirmou, "a percepção estética no ciclo determinista do conhecimento do mundo" e "definir o papel filosófico" da teoria da informação. Essa teoria que, segundo o próprio Moles, cria mais problemas do que os resolve se justificaria sobretudo por seu valor heurístico: ela faria "passar a imagem do universo pela percepção do indivíduo com suas incertezas que, de maneira concreta, reinsere o homem no mundo material". Ao contrário das críticas retrospectivas que recriminavam a cibernética por haver arruinado a noção de humanismo, para Moles o homem permanece "a própria condição do conhecimento deste mundo".

Quarenta anos depois da publicação do livro de Moles, uma abordagem bastante próxima foi desenvolvida por Umberto Eco, oriunda de uma comunicação apresentada em 1958. Em seu enfoque, Eco aplica a teoria da informação à estética e a exemplifica por meio de um estudo de textos literários e obras picturais.[4] Apesar disso, ele se recusa a considerar que o único valor estético de uma obra resida em sua imprevisibilidade, argumentando que quanto mais uma obra é imprevisível, menos ela tem significação (o que Moles também percebera). Eco

---

4 Eco, *Opera aperta*.

defende mais uma dialética organizada pelo criador entre o previsível e o imprevisível, a ordem e a desordem, entre a permanência e a forma e sua "abertura". Essa abertura se vincula às incertezas da percepção do receptor, de sua cultura, de sua individualidade, mas as próprias obras seriam tanto mais ricas quanto mais provocassem essa incerteza.

Os estudos sobre a percepção estética foram bastante numerosos nos anos subsequentes. Devem ser destacados os de Max Bense,[5] físico e filósofo pouco conhecido na França. Bense tentou definir uma nova estética geral não hermenêutica, inspirando-se na matemática, na física, nas ciências, mas também nas tecnologias da cognição. Em seguida, surgem os estudos de François Molnar, focados na percepção estética, sobretudo na percepção visual das imagens, inspirados na teoria dos grafos.[6] Para Molnar, tratava-se de criar uma ciência da arte cujo objetivo seria não apenas estabelecer bases sólidas de uma prática artística, mas também uma crítica objetiva.

Leis neuronais da beleza?

Com os progressos da neurofisiologia, abriu-se um campo de experiências e análises no domínio da pesquisa em estética, novo em relação aos precedentes. A neurofisiologia se empe-

---

5 Bense, *Einführung in die Informations theoretische Aestetik.*

6 Ramo da matemática que estuda as relações entre os objetos de um dado conjunto. Os grafos possuem arestas e vértices, dependendo de sua complexidade estrutural. O desenvolvimento de algoritmos para manipular grafos constitui um tema importante da ciência da computação. (N. T.)

A natureza da arte

nhou em definir experimentalmente as relações neuronais que ligam certas partes do cérebro e a percepção das obras de arte. No domínio da percepção visual e das formas a ele associadas, o neurofisiologista Semir Zeki tentou, ao longo dos anos 1990, descobrir os processos neuronais e as diferentes áreas do cérebro implicadas na visão das obras de arte.[7] Em 2002, criou uma nova disciplina – a neuroestética – que foi retomada e desenvolvida principalmente na França pelo neurobiologista Jean-Pierre Changeux. O objetivo dessa recente e contestada disciplina é revelar a existência de leis neuronais sobre as quais repousaria a ideia de beleza ou, dito de outra maneira, que interviriam na percepção, mas também na criação das obras de arte, a partir do ponto de vista aqui adotado nas condutas receptoras e operatórias.

Zeki formula a hipótese de que, no interior do cérebro, existiriam formas inatas em ligação com certas formas do mundo exterior. A visão dessas formas provocaria uma espécie de empatia no sujeito que, de algum modo, percebe que reconheceria *naturalmente*, ou seja, sem qualquer referência cultural, determinadas formas desconhecidas do mundo exterior. Para exemplificar essa teoria, ele cita Paul Cézanne, que havia reduzido a imensa multiplicidade das formas naturais a algumas formas primárias: "o cone, a esfera, o cubo, o retângulo" (Cézanne, que se referia a volumes, dizia na realidade: "a esfera, o cone e o cilindro", pois o cubo e o retângulo não faziam parte das formas que ele considerava primárias: esse pintor se interes-

---

7 Consulte Zeki; Lambert, The neurology of kinetic art, *Brain*, n.117; Zeki, *Inner Vision*: an exploration of Art and the Brain; Kawabata; Zeki, Neural correlates of beauty, *Journal of Neurophysiology*.

Edmond Couchot

sou sobretudo pelos volumes arredondados, o que não é apenas um detalhe supérfluo quando se trata de identificar com precisão essas formas na pintura). Kazimir Malevitch já havia insistido nas linhas retas, estreitas ou espessas, a ponto de se aproximarem do retângulo, e nas cruzes. Mondrian eliminou todas as linhas diagonais e curvas, ao contrário de Kandinsky, que utilizava ambas. Experimentalmente, Zeki quis mostrar que essa escolha estaria em consonância com o fato de certas células do cérebro selecionarem de modo natural as diagonais. Para Zeki, não seria possível afirmar que existe uma seleção análoga concernente às linhas curvas. O cérebro então reagiria ativamente à visão de certas formas e não a outras.

Dentre essas formas, o rosto ocupa um lugar privilegiado, pois é inteiramente cheio de curvas. Bastante característica da cultura visual, pelo menos até o advento da arte moderna, a arte do retrato, por exemplo, aciona processos cognitivos de reconhecimento que hoje são bem conhecidos, localizados em uma região do cérebro denominada giro fusiforme. Qualquer alteração dessa região acarreta a incapacidade de reconhecer a expressão de um rosto. Curiosamente, essa perda de reconhecimento não acarreta a perda da capacidade de reconhecer a expressão de um rosto. Um indivíduo atingido por essa alteração – denominada prosopagnosia – não reconhecerá a pessoa que foi retratada, mas, em contrapartida, será capaz de reconhecer em seu próprio rosto uma expressão de alegria ou tristeza. Mais curioso ainda, se o indivíduo sofre de um ataque na amígdala – zona do cérebro dedicada a certas emoções consideradas fundamentais como o medo –, ele não poderia reconhecer essa expressão em um rosto. O que Zeki deixa subentendido é que seria possível deduzir que um bom pintor

A natureza da arte

é aquele que "faz parecer semelhante", fazendo que o giro fusiforme daquele que olha palpite, enquanto um mau pintor não consegue isso. Parece claro que essas observações evidenciam uma relação neuronal entre o cérebro e um rosto, real ou pintado, mas essa relação não explica o que significa a marca exclusiva de um retrato, seu estilo, sua originalidade, seu coeficiente de arte, ou seja, tudo aquilo que se situa muito além da mera semelhança. Do mesmo modo, a reação natural do cérebro a certas formas geométricas não implica que a percepção dessas formas produza uma satisfação estética no sentido anteriormente definido.

Zeki também se interessou pela relação da cor e da forma. Ele ressalta que a cor não é propriedade dos objetos, mas a capacidade do cérebro de tratar informações transmitidas pelo nervo óptico. A cor não é mais devida a uma simples "sensação", mas a um "julgamento". Várias áreas são envolvidas na percepção das cores e na percepção da cor associada à forma, como a área V4. É desse modo que ele explica as características neurológicas do movimento fauvista.[8] Ao liberarem a cor da forma, os fauvistas pretenderam dar à sua pintura mais força emocional. Embora não tenha inserido suas observações no contexto histórico, Zeki não explica a razão dessa escolha, o que leva a supor que, sem dúvida, os fauvistas agiam em reação ao neoimpressionismo, cujo método era baseado em uma

---

8 Movimento artístico iniciado em 1901. A denominação *fauve*, palavra francesa que significa "fera", lhe foi atribuído em 1905. Henri Matisse, Paul Cézanne, Raoul Dufy foram, dentre outros, alguns de seus representantes. O movimento assumiu características expressionistas explícitas. (N. T.)

Edmond Couchot

mistura óptica[9] que se apoiava em bases científicas e exigia um desenho preciso, como ocorre com a pintura de Georges Seurat, marcada por certa rigidez formal. Como Zeki ressalta, não era nada fácil para o cérebro separar a cor da forma, e isso por duas razões. A primeira delas é que, para ver a cor, o cérebro deve avaliar a diferença entre as luminosidades correspondentes aos comprimentos de onda provenientes das superfícies que estão lado a lado; a segunda é que, para fazer essa avaliação, a fronteira entre as superfícies que se avizinham deve ter uma forma, que na pintura se traduz por um traço – o famoso traço que não existe na realidade, mas que nasce do contraste entre duas zonas coloridas limítrofes. A solução para esse problema, cujos dados neurofisiológicos os pintores ignoravam, é claro, consistiu em desenhar as formas que habitualmente lhes eram estranhas. Os quadros dos fauvistas não desencadeavam a atividade do hipocampo, zona do cérebro que desempenha um papel decisivo no funcionamento da memória, e nem mesmo da zona do córtex frontal que habitualmente é incitada para a visão das cores. A zona ativada é então localizada na convolução[10] frontal média. Depois dessa constatação, Zeki confessa francamente que não sabe por que o hipocampo não é ativado.

---

9 No impressionismo, os artistas buscavam incessantemente novos métodos e descobertas concernentes à cor e à luz. O sentido humano da visão consiste em misturar e associar formas próximas, cujo efeito estético é condicionado pela própria fisiologia da visão que enxerga as cores misturadas. Ao se aproximar do quadro, são percebidos pontos de cor que dão a sensação dessa mistura. Pontilhismo foi o nome dado a essa técnica de desenho e pintura responsável pela formação das imagens de um quadro. (N. T.)

10 Operador linear que, a partir de duas funções dadas, produz uma terceira que mede a soma do produto dessas funções ao longo de

A natureza da arte

Graças às tecnologias de imagens por ressonância magnética funcional (IRMf64),[11] que detectam mudanças no fluxo sanguíneo responsáveis por irrigar certas regiões localizadas no cérebro, Zeki destacou o funcionamento de células sensíveis tanto no movimento que ia da direita para a esquerda como no movimento que ia da esquerda para a direita. Isso quer dizer que quando um indivíduo observa um quadro abstrato e policromático de Mondrian, o fluxo fica reduzido à área VI, na qual são recebidos todos os sinais que emanam da retina, e a uma área exterior, a zona V4. Em contrapartida, quando um indivíduo olha um quadro composto de pequenos quadrados brancos e pretos que se movem em diferentes direções, a mudança no fluxo ainda se localiza na área VI, mas se desloca na direção da V5 e não mais da V4. Outras experiências demonstram ainda que existe uma lacuna nos tempos de percepção entre a percepção da cor, da forma e do movimento; a cor ainda é percebida antes da forma que, por sua vez, é percebida antes do movimento. Daí decorre um fato surpreendente: se o objeto olhado muda ao mesmo tempo de cor – se, por exemplo, ele passa do amarelo ao vermelho – e também de direção – se

---

determinada região. Localizado nos lobos temporais do cérebro humano, o hipocampo é a sede da memória. Lesões nessa estrutura impedem o sujeito de construir novas memórias (mesmo que as antigas permaneçam intactas), passando a ter a sensação de estar em um lugar estranho. (N. T.)

11 Imagens por ressonância magnética funcional têm uma vantagem sobre as imagens por ressonância magnética não funcional, pois permitem perceber as zonas do cérebro que respondem a um *stimulus* com um intervalo temporal bastante reduzido de um a seis segundos. Por intermédio desse dispositivo, o cérebro pode ser observado no próprio curso de seu funcionamento.

ele passa da direita à esquerda –, o cérebro verá o objeto que se dirige para a direita como vermelho. Zeki se apoia igualmente na abundante literatura neurológica consagrada às alterações cerebrais da visão e à privação visual que, por seus efeitos, é próxima da privação da linguagem.

O neuroesteta também inspirou uma pesquisa sobre a arte cinética. O interesse por esse tipo de arte reside no fato de que, ao se dirigir à vista e incitar a percepção das formas e das cores, a arte cinética aciona mecanismos específicos da percepção do movimento. Essa escolha tinha a vantagem de romper com a opção dos especialistas em neurociências interessados nas relações entre atividades estéticas e atividades cognitivas que, até então, eram concentradas essencialmente em determinada forma de arte visual, como a pintura e o desenho mais figurativos, e negligenciavam as formas mais modernas da arte em que a visão desempenha um papel relativamente secundário. Não se poderia questionar as neurociências por essa preferência que se explica pelo avanço das pesquisas no domínio da visão em relação às outras percepções, embora uma teoria da percepção estética não possa se restringir a uma única forma de arte. Nesse estudo, parece que a estimulação da área V5 do cérebro caracteriza a experiência estética vivida na presença de obras cinéticas, mas, se a ativação da V5 é necessária, ela não é exclusiva; outras zonas induzidas são portadoras de funções complexas, principalmente sexuais. Zeki ressalta ainda que, se as áreas V5 sensíveis aos objetos em movimento forem destruídas ou alteradas por certas doenças, o indivíduo que olha não poderá perceber a dimensão estética da arte cinética. Na conclusão de seu trabalho sobre a arte cinética, Zeki observa que os artistas cinéticos, *sem saberem disso (unknowingly)* realizavam experiências

A natureza da arte

sobre a organização do cérebro visual; na realidade, o objetivo dos artistas cinéticos era claramente enunciado; consistia em provocar reflexões sobre o processo de percepção visual (e tátil): eles não agiam *unknowingly*, mas com total conhecimento das causas e dos efeitos.

O primeiro interesse dos trabalhos de Semir Zeki é ampliar o domínio das obras artísticas capazes de agregar novas informações sobre a percepção estética. O segundo é ter explicado experimentalmente a maneira como o cérebro reage a certas formas (às vezes picturais), quais áreas específicas e combinações entre diferentes zonas neuronais eram ativadas diante da visão de tais figuras, cores, movimentos. Não se trata, porém, de um reconhecimento de formas geneticamente programadas. Mesmo que qualquer reconhecimento de forma seja gratificado por uma dada satisfação (em resposta a uma hipótese perceptiva), essa satisfação parece insuficiente para desencadear emoções e sentimentos estéticos. Se a sensibilidade a certas formas – como os rostos e sua simetria interna, cuja ruptura é desagradável para o bebê, e algumas outras que suscitaram a atenção estética dos neandertalenses – foi uma conquista da evolução, algo mais se produziu na percepção de um indutor estético (intencional ou não), sobretudo o aparecimento de uma emoção, de um prazer silencioso impulsionado pelo desejo de alcançar sua própria realização indefinidamente repetida. Esse estado neurológico não é considerado por Zeki como elemento decisivo característico da relação estética. A relação indica apenas uma predisposição, uma sensibilidade seletiva natural diante de certos *stimuli* cujo desenvolvimento foi favorecido pela filogênese, ao longo da qual o sistema cognitivo foi construído em interação constante com o ambiente. Tais predisposições neurobiológicas não podem ser interpretadas como leis naturais da beleza. A abordagem de Zeki é muito mais estésica do que estética. Reduz a arte, pictural nesse caso, a uma extensão do funcionamento de certas zonas do cérebro, ao mesmo tempo que reduz a relação estética ao par formado pelo sujeito que olha e o quadro, privando-a de sua característica intersubjetiva.

Por mais interessante que seja do ponto de vista neurológico, o estudo de Zeki sobre o reconhecimento dos rostos não lhe permite deduzir que o bom pintor é aquele que reproduz semelhanças. A rigor, esse critério poderia ser aplicado à pintura clássica, apesar das ressalvas que já foram explicitadas, mas de modo algum ele funciona para a pintura moderna. Certos rostos de Pablo Picasso ou de Francis Bacon, por exemplo, são capazes de fazer palpitar o giro fusiforme, pois eles guardam certos traços do rosto original e, ao mesmo tempo, outros centros neuronais implicados na resolução de conflitos. O que pode ser considerado como estética nesse caso não é a semelhança ou a dessemelhança, mas o conflito entre duas percepções antagônicas que fazem nascer um sentimento estético ou uma rejeição que desencadeia uma interrogação e hipóteses interpretativas.

Embora o próprio Zeki reconheça que foi obscuro na descrição das atividades cerebrais desencadeadas pelo cérebro diante da visão de certos quadros, não seria possível identificar leis neuronais da beleza. A ativação dessas zonas não é prova de que correspondam automaticamente à visão de um artefato artístico ou à beleza de uma coisa. Em contrapartida, o que as pesquisas demonstram é a grande invenção morfogenética dos pintores – Zeki chega mesmo a afirmar que, "de certo modo", pintores são neurologistas[12] –, por seu conhecimento intuitivo dos mecanismos perceptivos, sua vontade de, em todas as épocas, brincar por meio dos estilos com as formas visuais voltadas ao prazer daquele que olha.

Feitas as críticas, as observações de Zeki sobre o caráter ambíguo próprio a qualquer indutor estético são, em parte, pertinentes. John Hyman criticou esse ponto objetando que o termo ambíguo não era adequado. Zeki, entretanto, esclarece seu sentido desenvolvendo a ideia de que toda obra – e não apenas as que fazem parte da "grande arte" – força aquele que olha a imaginar diversas hipóteses sobre seu significado, e que essas hipóteses têm a particularidade de ser igualmente plausíveis e inverificáveis. A ambiguidade de certas obras, por exemplo, leva o cérebro a completar o que foi apenas sugerido (e, por isso, escapa a qualquer lei objetiva). Se existem bases neuronais da experiência estética comum a todos, existem também, ele reitera, "profundas diferenças nas experiências que as obras de obra suscitam: um neuroesteta que busca descrever bases neuronais da experiência estética deve também abordar os temas da subjetividade e da variabilidade entre indivíduos.[13] À construção filogenética da relação estética elaborada no transcurso da história da espécie humana e daquelas que a precederam, acrescenta-se a construção ontogenética e epigenética característica do indivíduo, de sua experiência, de sua memória,

---

12 Ver Zeki, L'artiste à sa manière est un neurologue, *La Recherche*, n.4. Uma ideia muito antiga, como esclarece John Hyman em seu artigo "Art and Neuroscience", do colóquio *Art e Cognition* (2002), disponível em: <http://interdisciplines.org/artcognition/papers/15>.

13 Ibid.

Edmond Couchot

de sua cultura. Pode uma declaração como essa ser considerada como um novo programa de pesquisa?

Universais estéticos?

Mesmo inteiramente alinhada com a neuroestética, a ambição do médico, psicólogo e especialista em neurociências Vilayanur Ramachandran[14] vai mais longe. Ao constatar a impressionante diversidade das correntes artísticas no mundo e no transcurso histórico, ele espera "encontrar leis universais que transcendam essas fronteiras culturais e essas correntes".[15] Seu objetivo é estabelecer uma listagem dessas leis e atribuir a cada uma delas uma função. Ramachandran afirma, entretanto, que não rejeita o importante papel desempenhado pela diversidade cultural e pelo "martelo do leiloeiro público".[16] A título de exemplo, ele se refere à resistência dos ingleses vitorianos à arte indiana, considerada pouco realista e, portanto, de pouco valor.

---

14 Ramachandran foi originalmente conhecido por seus estudos inovadores sobre os membros fantasmas. Ele se interessou igualmente por experiências religiosas, pelas síndromes místicas associadas às disfunções dos lobos temporais, pela neurologia do rir, da sugestão e do placebo. Com Sandra Blakeslee, publicou *Le Fantôme interieur*.

15 Ramachandran, *The Emerging Mind*. Todas as citações são extraídas dessa obra.

16 Embora existam registros da existência de leilões desde 500 a.C., a profissão surge no século XVI. A prática se espalha pelo mundo inteiro, culminando com a criação de grandes corporações internacionais como a Sotheby's em 1744 e a Christie's em 1766. O autor faz um uso metafórico da expressão "martelo do leiloeiro público", a quem caberia a expertise de móveis, objetos e, por extensão, de obras de arte. (N. T.)

A natureza da arte

Foi a partir dessa resistência que ele formulou as chamadas leis universais da arte. Num artigo de 1999,[17] Ramachandran enuncia oito leis, mas em seu livro publicado em 2003 acrescenta mais duas. A classificação dessas leis e seus respectivos nomes não é exatamente idêntica nas duas listagens. Para não complicar o assunto, vou me restringir apenas àquelas referidas em sua obra mais recente. São dez ao todo: 1) a mudança maximal; 2) o reagrupamento; 3) o contraste; 4) o isolamento; 5) a resolução perceptual de um problema; 6) a simetria; 7) o horror da coincidência e do ponto de vista genético; 8) a repetição e a ordem; 9) o equilíbrio; 10) a metáfora.

A lei da mudança maximal (*peak shift effect*) é bastante complicada. Ela se traduziria pelo exagero das formas, da caricatura. A finalidade da arte não seria ser fiel à realidade, mas sim aumentá-la e até mesmo distorcê-la. Para comprovar sua demonstração e explicar por que a "arte não realista" é mais apreciada, Ramachandran se vale da etologia, da neurofisiologia, da psicologia do rato e do pinto. A ideia essencial é a seguinte: existiriam circuitos neuronais nos meandros visuais do cérebro do pinto, selecionados pela evolução e especializados na detecção dos bicos, que seriam ativados automaticamente a partir do momento em que o filhote sai da casca. As mensagens oriundas desses circuitos detectores se dirigiriam para os centros límbicos emocionais do cérebro do pinto e nele desencadeariam um mecanismo cuja tendência é a de reconhecer o bico que se apresenta diante dele como sendo o de sua mãe – ou seja, como uma fonte atrativa de segurança e de alimento –, mecanismo

---

17 Ramachandran; Hirstein, The Science of Art, a Neurological Theory of Aesthetic Experience, *Journal of Consciousness Studies*, 6, n.6-7.

associado a um comportamento motor que faz que o filhote siga os passos da galinha, sua mãe. Experiências demonstraram que esses circuitos reagem igualmente a qualquer forma que, mesmo esquematicamente, evoque a forma e a cor do bico, por exemplo, como se fosse uma simples varinha marcada com três listras vermelhas. Ramachandran declara que os artistas humanos teriam descoberto "pela experiência, pela intuição, pela genialidade, as primitivas representações figurativas de nossa gramática perceptual", ou seja, formas capazes de fazer palpitar intensamente o sistema límbico e, de algum modo, produzir um *peak shift effect*. "Recorrem a isso para criar em nossas mentes humanas o equivalente da varinha com três listras". E conclui abruptamente: "O resultado é um Henry Moore ou um Picasso". Para o especialista em neurociências, aí residiria uma explicação neuronal para a arte de Picasso e para o cubismo.

Reencontramos aí a teoria de Zeki sobre as formas inatas que teriam sido selecionadas pela filogênese. Duas questões se impõem: se essas formas são tão primitivas, por que os artistas esperaram o século XX para explorá-las? Se são universais, por que existem pessoas que não gostam de Picasso? Ramachandran não responde à primeira pergunta, mas sim à segunda em uma nota. De fato, ele afirma, todos apreciam Picasso, mas a maioria das pessoas se recusa a admiti-lo. Por quê? Porque não foram ensinadas a ultrapassar uma rejeição instintiva, como os ingleses vitorianos não haviam aprendido a ultrapassar sua pudicícia diante das artes vindas da Índia. O argumento é superficial. O próprio Ramachandran reconhece isso e tenta se livrar dele invocando a complexidade da resposta estética constituída por numerosas etapas e estágios de crenças. Não resta a menor dúvida de que a explicação pedagógico-histórica con-

A natureza da arte

tradiz a explicação neurobiológica por meio do *peak shift effect*. Para resolver essa contradição entre o inato e o adquirido, seria necessário mostrar como, neurologicamente, o adquirido, no caso da cultura, desvela ou estimula o inato.[18]

Mais familiar, a segunda lei é a do reagrupamento. Ramachandran parte da imagem bastante conhecida do cão dálmata de Richard Langton Gregory,[19] que representa o cachorro cujo pelo é repleto de manchas pretas e brancas sobre um fundo reduzido a um grande número de manchas igualmente pretas e brancas. Na primeira impressão, o olho percebe apenas um conjunto confuso de manchas. Depois de um certo tempo, que o cérebro usa para decifrar o enigma, o olhar consegue distinguir o cão de seu ambiente. Para Ramachandran, uma mensagem seria enviada dos centros visuais para os centros límbicos emocionais, que reagiriam por intermédio de um estado de satisfação à medida que o quebra-cabeça fosse reconstituído. O pesquisador explica que a vista se desenvolveu com a finalidade de identificar objetos e desmascarar a camuflagem. O cérebro reconstrói a imagem incompleta ou desfocada dos objetos em ligação com o sistema límbico, que o gratifica à medida que a imagem é identificada. Assim, quando o sistema límbico é excitado, a atenção e a curiosidade atingem seu ponto culminante. É isso que os artistas tentam fazer quando nos obrigam a reconstituir as diferentes partes de um quadro: nesse sentido,

---

18 Uma crítica bem fundamentada das teorias de Ramachandran foi feita por Hyman, principalmentre sobre o *peak shift effect*. Desse autor, veja Art and Neurosciences, disponível em <http://interdisciplines. org/cognition/papers/15>.

19 Gregory, *L'Œil et le cerveau*.

a arte não realista funcionaria muito mais do que a arte naturalista. Se o mecanismo neurológico descrito é confirmado pelos especialistas de visão – ele revela o interesse em fazer compreender a maneira como o cérebro decifra as imagens e as formas de seu ambiente e extrai uma satisfação dessa decifração –, ele não poderia ser o critério estético mais importante; essa satisfação permanece de ordem estética. A exploração visual de um quadro, seja ele abstrato ou figurativo, estimula a curiosidade e a atenção, mas a gratificação estética recebida não consiste em reconhecer, identificar formas como faz o cérebro diante de uma situação de perigo ou da garantia da sobrevivência. Se o caso fosse esse, a decifração de uma imagem cara aos almanaques do tipo "Pierrette e seu pote de leite escondidos na paisagem, encontre-os" provocaria um prazer estético mais intenso do que um retrato de Picasso. Um quadro não se reduz a uma mera adivinhação, mesmo se, às vezes, certos elementos exigem ser iconologicamente interpretados.

A terceira lei é a do contraste. Porém, ela não é comentada na sequência do texto e é substituída pela lei da resolução perceptual de um problema, na verdade classificada em quinto lugar no quadro. O que a torna mais lógica, uma vez que ela parece ser um prolongamento da precedente, a lei do isolamento ou da lítotes.[20] Comentarei a lei do contraste por último pois ela comporta uma reflexão importante. Discorro, então, sobre a lei do isolamento ou da lítotes.

---

20 A lítotes é uma figura de linguagem que frequentemente combina em um eufemismo a ênfase retórica com a ironia, em geral sugerindo uma ideia pela negação de seu conteúdo. Por exemplo, "não estar em seu juízo prefeito por estar maluco". (N. T.)

A natureza da arte

A partir da constatação de que os contornos de um corpo nu desenhado por Picasso podiam ser mais evocativos do que a foto multicolorida de uma *pin-up*, Zeki se interroga sobre a lítotes, essa forma de expressão que consiste em dizer ou mostrar o máximo com o mínimo de meios. Ele se surpreende que essa lei esteja em contradição com a lei do reagrupamento. Por que – ele se pergunta – a foto da *pin-up* que traz muito mais informações e excita mais os neurônios não é a mais bela? Com efeito, a resposta poderia ser dada com os argumentos já enunciados por Zeki: muitas pessoas acham a foto da *pin-up* mais bela, a despeito dos universais estéticos que preexistiriam nelas e que elas mesmas se recusam a reconhecer. Ramachandran, porém, explicita outra razão: quando o artista simplifica o traçado de seu desenho, ele alivia nosso cérebro. Essa teoria, ele afirma, é verificada por experiências de imagem encefálica que permitem comparar respostas neuronais a croquis ou caricaturas às respostas provocadas por fotos coloridas: esse fato foi também observado em desenhos de algumas crianças autistas. Um deles, o de Nadia, uma menina bastante atrasada mentalmente, que desenhava animais de uma maneira notável (suas ilustrações testemunham isso), quando comparadas com desenhos de crianças normais da mesma idade. Essa capacidade se deve ao fato de que no cérebro danificado de Nadia um pequeno pedaço de tecido cortical havia sido preservado e começou a "hiperfuncionar". O cérebro passou então a concentrar toda a sua atenção em uma única zona e dotou a criança de uma habilidade gráfica excepcional. Esse fato, porém, não nos diz por que podemos apreciar de maneira tão intensa quadros extremamente carregados de informações nos quais o olho vagueia com muito prazer diante de tudo que existe para ver.

Existe também uma estética da sobrecarga na qual a fruição nasce na contramão de um excesso de informações que, por sua riqueza, transcenderia a capacidade de percepção do indivíduo, como Moles muito bem percebeu.

A última lei, na verdade a décima da listagem, é a da metáfora visual. Ramachandran não comenta as cinco outras (o que é uma pena), mas podemos encontrar uma visão geral da lei da metáfora visual em um artigo publicado em 1999. Essa lei seria a mais importante e indescritível de todas e o pesquisador confessa não saber qual é a base neuronal da metáfora visual. Remeto o leitor ao capítulo seguinte, no qual ele tenta se aproximar da questão a partir do fenômeno da sinestesia. Prudente, Ramachandran conclui que essas leis neuroestéticas estão longe de responder a todas as questões formuladas pela criação artística. Ele chega mesmo a se perguntar se as leis que foram descobertas por ele incluem tudo o que é necessário saber sobre a arte, e reconhece que apenas "arranhou a superfície". Mas sustenta com firmeza que "a solução para o problema da estética pode ser conseguida a partir de uma melhor compreensão das conexões entre os trinta centros visuais do cérebro e as estruturas límbicas emocionais (assim como da argumentação lógica interna, de caráter evolucionista, que as cria)".

Com a quinta lei – a resolução perceptual de um problema –, Ramachandran observa que as formas produzidas por um pintor seriam ainda mais estimulantes se precisássemos adivinhá-las ou reconstruí-las – ou seja, resolver o problema perceptual daquilo que elas significam –, do mesmo modo que um corpo nu recoberto por um véu "parece muito mais tentador do que uma foto multicolorida da revista *Playboy* ou uma

A natureza da arte

foto de Chippendale". O quadro deixaria o olhador em situação de busca perpétua. As ligações entre os centros emocionais tornariam essa pesquisa agradável e a aproximariam de uma espécie de estimulação erótica. Mais uma vez, deve-se ressaltar que essa lei não seria aplicável unicamente aos artefatos artísticos, uma vez que, como o exemplo do corpo recoberto demonstra, ela se aplicaria também a situações nas quais a intenção artística (executar a obra) não existisse. Em contrapartida, Ramachandran ressalta uma característica fundamental das condutas estéticas (receptoras). "As ligações entre seus centros visuais e estéticos", ele afirma, "asseguram que a própria busca seja agradável [...]." Ramachandran não afirma claramente que se estabelece um circuito entre a contemplação do objeto e a gratificação produzida pelos centros emocionais. Ele apenas compara essa busca a uma estimulação erótica. A ideia, porém, é próxima disso. O prazer estético se autoproduz.

As observações de Ramachandran provocaram as mesmas reservas que as de Zeki. Sua ambição, porém, é bem mais ampla e menos bem fundamentada. Sobretudo pelo fato de ele conhecer apenas superficialmente o universo da arte. Daí decorrem as referências permanentes a exemplos que se revelam contraditórios. Acrescente-se a isso uma certa confusão metodológica a respeito dessas leis, cujo número exato permanece desconhecido, e se elas são mesmo todas necessárias para que uma obra seja reconhecida como sendo de arte ou se uma única lei seria suficiente. É praticamente impossível dirigir a Ramachandran a mesma crítica feita a Zeki: ele ignora a relação intersubjetiva que liga aquele que olha ao pintor.

As teorias que acabam de ser descritas serviram de base para a neuroestética. Outros pesquisadores trouxeram suas contribuições a essa nova disciplina e fizeram que ela evoluísse. Nessa primeira fase, porém, podem ser feitas as observações que se seguem. De certo ponto de vista, o interesse desses trabalhos é incontestável. Eles destacam precisamente funcionamentos neuronais, alguns deles inatos, desencadeados pela percepção de formas características (contornos, cores, movimentos) presentes nas obras de arte e muito habilmente exploradas pelos artistas. Com isso, podem ser incluídos na abordagem cognitiva da arte. No entanto, os funcionamentos neuronais descritos permanecem bastante redutores e não pertinentes para captar a totalidade do fato estético. Podem responder melhor a objetos naturais ou a artefatos que não possuem nenhuma vocação artística: se eles se manifestam por ocasião da visão de certas obras, são insuficientes para caracterizar esse fato. Mesmo que o rápido reconhecimento desse ou daquele tipo de forma seja sancionado por uma pequena satisfação outorgada pelo sistema límbico, essa satisfação não propicia nenhum sentimento, nenhuma atenção autoteleológica característica da atenção estética. É possível ser seduzido esteticamente, sentir uma satisfação e até mesmo um prazer diante da contemplação dos jogos coloridos de luz de um simples semáforo, do tique-taque de um pêndulo de relógio, de um pôr do sol com ressonâncias fauvistas ou de uma paisagem remodelada pela neve. Entretanto, as leis eventuais que controlam essa contemplação não transformam os objetos contemplados em obras de arte. Por isso é abusivo falar de leis. Uma lei científica é preditiva, ou probabilisticamente preditiva. De forma consciente ou não, um pintor comum saberá aplicar as chamadas leis universais da beleza que talvez possam provocar as respostas descritas por Zeki ou Ramachandran. Em vez de invocar leis universais, seria

A natureza da arte

preferível falar mais das condições neurofisiológicas que, *em certas situações*, favorecem a emergência do sentimento estético revelada pelos artefatos artísticos.

Regras da arte?

Ao aderir às teorias formuladas por Zeki e Ramachandran, Jean-Pierre Changeux desenvolve ideias diferentes em vários pontos. Depois de haver tentado, em *O verdadeiro, o belo e o bem: Uma nova abordagem neuronal*,[21] descobrir o funcionamento das recentes leis absolutas e universais baseadas essencialmente na percepção e constatado a extrema dificuldade de caracterizar o que é julgado como belo, Changeux se propôs a definir mais as regras às quais os criadores devem se submeter para que suas obras sejam julgadas como pertencentes à arte. A diferença entre as regras e as leis decorre do fato de que estas últimas são impostas pela herança filogenética e as primeiras, definidas pela história da sociedade, ou do que Changeux denomina cultura epigenética – essa cultura nasce da confrontação quase sempre violenta do sujeito ao longo de sua ontogênese com o ambiente. São essas regras de regem o fazer artístico ou, em outros termos, as condutas (estéticas) operatórias. Seriam as seguintes:

---

21 Changeux, *Du Vrai, du beau, du bien: une nouvelle approche neuronale*, p.138. Parte do Capítulo 5 retoma a visão crítica de um seminário realizado no Collège de France sobre a neuroestética, Communications cellulaires, em 2004. Disponível em: <www.Collège-de-France/media/ins_pro/UPL16265_re0405.pdf>.

- *A adequação ao real ou mimese.*
- *O consensum partium*, ou regra da *harmonia* das partes com o todo.
- *A parcimônia*, que explica muito a partir de pouco.
- *A novidade*, que incita o artista a se renovar.
- *A tranquilidade*, que leva ao sonho e provoca a catarse.
- *O exemplum* (as "belas ideias"), que veicula a concepção do mundo e a mensagem ética do artista.

Algumas dessas regras são próprias do fazer artístico, mas outras não. Changeux não afirma se a criação artística deve satisfazer a totalidade dessas regras, ou apenas algumas, e quais seriam elas. Por exemplo, a regra da parcimônia, inspirada em Herbert Simon, é o critério de beleza de uma proposição científica: ela se caracterizaria pelo fato de fornecer o máximo de explicações de um fenômeno a partir de uma argumentação racional reduzida à mais simples das expressões. De qualquer modo, é o análogo da lítotes, cara a nossos clássicos, ou seja, a arte de fazer entender mais dizendo menos. Mas existe também uma arte (não desprovida de regras) do excesso e da efusão, da profusão, do exagero tão apreciada quanto a arte parcimoniosa.

A regra da novidade não implica que tudo que é novo seja forçosamente artístico. Parece ser apropriada para a "arte contemporânea", na qual o princípio da novidade é imperativo. A regra da tranquilidade favoreceria a contemplação, o sonho. Poderia ser aplicada a certas obras, mas, inversamente, outras pretendem despertar no amante da arte perturbações emocionais, até mesmo sentimentos violentos ou, ao contrário, fazer nascer uma distância que favoreça a crítica e o engajamento moral ou político, como a estética distanciadora de Bertold Brecht. Se o

A natureza da arte

caso é traduzir contemplação e sonho por pensamento ou julgamento, uma infinidade de coisas pode produzir esse efeito sem ser arte. Quanto à catarse – purificação ou alívio da alma pela satisfação de uma necessidade moral – que a regra supostamente pode provocar, ela não se assemelha nem à contemplação nem ao sonho. Aristóteles havia feito dela uma função fundamental da arte (própria da tragédia) que permitiria pôr à prova o espectador, de constituí-lo, de colocá-lo em situação de julgamento ético, graças à mimese.[22] Essa regra era adequada a uma faixa muito ampla da arte clássica que se atribuía uma função moral, mas era inaplicável a qualquer outra estética baseada no exclusivo prazer da arte e seu desengajamento. A regra do *exemplum* não é exclusiva da criação artística. Qualquer espécie de comunicação que veicula ideias, visões de mundo, às vezes inteiramente antissociais e imorais, não pode *ipso facto* ser considerada artística. Essas quatro regras foram observadas mais ou menos parcialmente por determinadas formas de arte e em certas épocas, mas, ontologicamente, não seriam capazes de definir o fazer artístico.

Em contrapartida, duas outras regras possuem certa permanência e se inscrevem continuamente na herança genética: a regra da mimese e a do *consensus partium*. Sob diferentes formas, a regra da mimese ou da adequação ao real perdurou ao longo de toda a história da arte. Para Aristóteles, que foi seu inventor (ou seu descobridor), a arte é essencialmente imitação (mimese), imitação entendida não como a simples e mera cópia de um modelo, ele mesmo cópia de uma Ideia transcendental, tal como Platão a concebia, mas imitação de uma ficção produzida

---

22 Aristóteles, *La Poétique*.

pela imaginação de um autor. Para Aristóteles, havia uma distância entre o artefato e o modelo, ou seja, uma possibilidade para as coisas serem outras do que elas são na realidade, e era essa distância que constituía a atividade artística. A própria imaginação, porém, deve obedecer ao princípio da verossimilhança e o artista tem de respeitar certas regras – enunciadas pelo filósofo e não por ele mesmo – a partir de uma taxonomia de gêneros e espécies. Por isso, a finalidade da arte não é a fusão na Unidade concebida por Platão, mas sim o prazer estético. Em primeiro lugar, prazer de acrescentar algo à natureza, de completá-la, que é característico da ficção mimética. Ele é mais intensamente percebido no espetáculo da tragédia, que implica sentir de maneira integral as emoções dos personagens, mesmo que realmente não sejam vivenciadas.

Nesse caso, a distância que separa essas duas emoções funciona como a catarse, aliviando as paixões. Associada ao aspecto ético da catarse, a regra da imitação foi durante muito tempo hegemônica na cultura ocidental. "Instaurada [por Aristóteles], a esfera da arte", ressalta Anne Cauquelin,

> comporta todos os elementos de sua vida futura: a Idade Clássica seguirá as regras da tragédia *stricto sensu* (unidade, extensão), os séculos modernos desenvolverão os aspectos psicológicos (a catarse, as paixões, as emoções, a sublimação), literários (a ficção, o distanciamento) e mesmo linguísticos (a metáfora), sem falar da sociologia da recepção, desencadeada pela introdução da opinião (doxa) na cena artística.[23]

---

23 Cauquelin, *Les Théories de l'Art*, p.48.

A natureza da arte

No entanto, longe de ser seguida por todos, reconhece Changeux, essa regra não se tornou hegemônica com a arte moderna. Contudo, ela corresponde a uma capacidade própria da espécie humana: a simulação. Nosso sistema cognitivo é naturalmente inclinado a imitar e a sentir prazer ao fazê-lo.

A regra do *consensus partium* gera a harmonia das partes com o todo: as proporções dos diferentes elementos que compõem uma peça musical, uma escultura, uma arquitetura, uma pintura ou um poema. Originalmente, ela diz respeito apenas às coisas naturais ou aos artefatos, mas a noção de harmonia, que constitui seu cerne, migrou para além da percepção das obras para designar relações muito mais abstratas e conceituais. Produto, ela também, da cultura grega, constituiu uma constante extremamente forte na arte ocidental. O primeiro sentido da palavra grega *armonia* era "ajustamento": o que é reunido com exatidão, que é *bem* ajustado, quando se fala de objetos ou construções; no sentido mais amplo, daí decorrem os termos acordo, convenção, lei, ordem; e depois, em específico, para a arte: proporções *justas*, na acepção de *satisfatórias*; no sentido figurado: conformação da mente, subentendida como conforme à razão. A palavra é descritiva, mas implica também um julgamento de valor (algo perfeito, justo, satisfatório, correto). Essa polissemia acompanhará seu uso em sua transcrição latina, depois francesa, e até os dias atuais. Para Platão, a beleza podia se manifestar apenas graças a um certa relação entre as partes e o todo pela qual a unidade do todo controlava a multiplicidade das partes. A história dessa noção é longa. Os músicos gregos concebiam sua música como a expressão da harmonia do universo e como o meio sensível de retornar a essa harmonia. A noção foi retomada pela música medieval, que pretendia não ser mais uma harmonia do universo, mas sim da música celeste (Deus era parte integrante dela). A harmonia aplica modelos matemáticos e geométricos (fórmulas, traçados reguladores) que propõem soluções formais para regular as relações entre o todo e as partes, não apenas na música, mas também nas outras artes.

Ao recolocar o homem no centro da criação artística, o Renascimento transformou a harmonia na principal regra da arte: a harmonia ordena a composição. Leon Battista Alberti designava a *compositio* como a reunião das superfícies que compunham os "corpos". René Descartes também considerava a beleza como o acordo de todas as partes entre si, de modo que nenhuma delas prevaleça sobre as outras. Para Gottfried Leibniz, a beleza representa a unidade na diversidade. Existe beleza cada vez que o julgamento apreende uma relação harmoniosa entre objetos. Foi Alexander Baumgarten quem desenvolveu as ideias de Leibniz e Christian Wolff; para Baumgarten, a beleza é uma percepção da perfeição objetiva considerada como a concordância do múltiplo que existe em uma coisa: o que a torna o modo mais sublime de nosso conhecimento sensível. Todas essas concepções evidenciam dois traços característicos da harmonia: sua identificação com o belo e o perfeito, o que é harmonioso é belo ou perfeito, o belo e o perfeito são harmoniosos. Referir-se a alguma coisa – objeto natural, arte, regra – como sendo harmoniosa é assumir que ela é bela ou perfeita. O segundo traço tem a ver com o fato de que a harmonia sempre existe na coisa, seja ela natural ou artificial: a harmonia é uma qualidade intrínseca do objeto.

A partir do século XVIII, o sentido da palavra se desloca e se amplia. Fala-se de harmonia a respeito de certas relações exte-

A natureza da arte

riores ao objeto. David Hume formula a ideia de que a beleza não é inerente às coisas, mas à mente daquele que contempla a coisa. A apreciação da beleza se torna subjetiva. Immanuel Kant desenvolve e precisa essa intuição inovadora; para Kant, a experiência da beleza é constituída "pelo livre jogo da imaginação e da compreensão". A harmonia existe na relação entre o que o sujeito imagina e o que ele "compreende". O sentimento estético é estruturalmente subjetivo: faz nascer em nós uma "satisfação desinteressada" cuja finalidade é sem fim. Mas – o que constitui um paradoxo não explicado por Kant – o belo, por mais subjetivo e singular que seja, conduz ao universal e, por isso, se institui como símbolo da moralidade. A partir do sensível, ele nos faz acessar um princípio suprassensível: o que o sentimento estético nos revela é o "senso comum" no qual a "razão humana" é elaborada. Com a arte moderna, aparece uma reação que muitas vezes rejeita a harmonia para explorar seu inverso, a desarmonia. A desarmonia, porém, permanece cativa do modelo originário na medida em que ela é apenas seu aspecto negativo.

Para Changeux, no plano cognitivo, a harmonia expressaria uma certa relação entre o sujeito e seu ambiente especificada por uma processo neurológico, ou entre várias representações internas traduzidas por sensações de prazer ou alarme. No plano da evolução, esse seria o grande motor da cultura epigenética: a cultura humana como um todo estaria voltada para convergir harmoniosamente na direção do mesmo objetivo, eliminando inexoravelmente qualquer violência ou contradição. A arte desempenharia o papel de um catalisador da harmonia na sociedade, reconciliando instinto e razão. Uma ideia romântica extraída de Friedrich Schiller, para quem os artistas eram os agentes mais ativos do progresso político e social e a comunicação estética seria o único meio de unir a sociedade. Essa visão extremamente otimista está bem afastada da realidade. A harmonia é mais um desejo (que temos todo direito de partilhar), um horizonte talvez fora do alcance, do que um estado de fato. A cultura, e mais em particular o mundo da arte, foram e sempre serão o lugar de incessantes conflitos entre os artistas, as escolas, os estilos, as estéticas, as críticas, as teorias, as instituições, os comerciantes e os próprios públicos.

Quais são então as razões que asseguram uma resistência como essa à regra da harmonia? Eu formularia a hipótese de que sua força tem a ver com o fato de que ela se apresenta na cultura filogenética sob um aspecto embrionário e, ao mesmo tempo, na cultura epigenética sob um aspecto explícito. Ela traduz o interesse atencional, sancionado por um sentimento de satisfação estética que o sistema cognitivo conduz naturalmente a certas formas subculturais e subsimbólicas simples, mas ao mesmo tempo proeminentes e pregnantes. A harmonia está nas coisas. Em sua origem, ela não é um efeito de nossa subjetividade. Ela funda a crença de que as propriedades estéticas são inerentes ao objeto. Uma ideia sobre a qual repousa uma característica tenaz do pensamento ocidental. O objeto artístico possuiria uma ipseidade que a percepção revelaria, mas que não preexistiria a ela. O sucesso da noção de harmonia tem a ver com o fato de que ela serviu de modelo para o desenvolvimento de nossa cultura e qualificou relações, não mais intrínsecas às coisas, mas entre entidades muito mais abstratas que não pertenceriam ao mesmo sistema unitário. Ela também contribuiu fortemente para a idealização da arte e constituiu um obstáculo à abordagem naturalista.

A natureza da arte

Após ter enunciado as regras específicas da criação, Changeux tenta apreender as que presidem o "senso" estético, isto é, a recepção dos artefatos artísticos. Selecionado pela evolução, o senso estético teria por função reforçar os comportamentos cooperativos que asseguram a sobrevivência da espécie, e não apenas dos indivíduos. Mais ainda, o senso estético, exercido sem constrição normativa, reconciliaria o homem consigo mesmo, fazendo que vivenciasse experiências comuns, intercomunitárias, em escala planetária. "O Belo", reitera Changeux,

seria veiculado sob a forma de sínteses singulares e harmoniosas entre emoção e razão que reforçariam o laço social: a Perfeição consistiria na busca de uma vida feliz de cada um com os outros na sociedade; finalmente, o Verdadeiro seria a busca incessante de verdades objetivas, racionais, universais e cumulativas, com constantes questionamentos críticos e progresso dos conhecimentos assim gerados.[24]

Nesse caso, Changeux também esboça um horizonte idealizado mais do que uma realidade. O que é certo é que a arte reforça determinados comportamentos cooperativos. Na maior parte do tempo, porém, a cooperação nasce de uma exclusão ou de uma absorção, da imposição de novas normas: a evolução dos estilos é prova disso. A situação atual da arte está longe de corresponder a um estado harmonioso de cooperação internacional, ela é mais fortemente marcada por uma concepção dominante da arte na cultura ocidental. Por outro lado, se a arte produz efeitos de cooperação em inúmeras atividades

---

24 Changeux, op. cit., p.514.

Edmond Couchot

humanas – religiosas, políticas, técnicas, científicas, econômicas –, seus efeitos são idênticos. O efeito de cooperação não é propriedade exclusiva do senso estético.

Apesar das ressalvas feitas à tese de Changeux, ela se propõe a esclarecer a outra extremidade da comunicação artística – a das regras estéticas – e estabelecer certa continuidade entre a cultura epigenética e a cultura filogenética. Se as regras que não se aplicam exclusivamente à arte forem eliminadas, é possível reter a regra da imitação considerando-a como suscetível de satisfazer uma predisposição muito importante do sistema cognitivo humano. Na verdade, imitar a natureza foi uma das regras mais observadas pelos artistas. Se essa regra caiu em desuso, pelo menos na cultura ocidental, nem por isso ela deixou de permanecer ativa. A regra da harmonia parece também assentada em disposições neurológicas, e portanto universais, que nos tornam sensíveis a certas formas que excluem qualquer referência cultural, mas essas formas são numericamente limitadas para constituir leis objetivas da criação e da recepção artísticas. Essas duas regras não possuem mais o poder hegemônico que durante muito tempo exerceram.

Uma abordagem holística da experiência estética

Uma das principais críticas dirigidas a Changeux, e que ultrapassa o domínio estrito da arte, se refere à abordagem dos fatos da consciência exclusivamente na terceira pessoa, ou seja, de um ponto de vista externo que, em geral, se baseia em técnicas neurobiológicas que fazem uso de uma aparelhagem mais pesada como o dispositivo IRMf. É verdade que a mensuração das atividades neuronais de um sujeito imobilizado

A natureza da arte

no túnel de um escâner, a quem se pede que ouça uma sinfonia ou olhe um quadro, pode parecer muito redutora quando comparada ao fenômeno da recepção comumente vivenciado. Pelo menos complementar, uma abordagem diferente pode ser concebida do ponto de vista não do que se passa no cérebro, mas dos efeitos que as obras de arte produzem em cada um, a partir de uma perspectiva fenomenológica que respeite as condições habituais da recepção estética. Essa posição, porém, encontra-se em desacordo com a concepção representacional da mente, defendida pela corrente cognitivista, ainda herdeira do dualismo cartesiano. Em termos técnicos, essa abordagem se faz na primeira pessoa e revela aos analisados as experiências vivenciadas por eles no decorrer de entrevistas estruturadas.

Para o neurofisiologista Jean Vion-Dury, que defende essa posição a fim de moderar a abordagem estritamente experimental – "a das neurociências que tendem a encontrar mecanismos e/ou construir modelos a partir deles" –, trata-se de combinar essa última "ao reconhecimento da abordagem subjetiva da experiência estética, integrando no mesmo trabalho a análise em terceira pessoa efetuada pelos neurociências e a análise em primeira pessoa, mais próxima da fenomenologia de Varela".[25] Para Vion-Dury, um dos limites das neurociên-

---

25 Vion-Dury, Peut-il exister une interprétation neurologique de l'expérience esthétique du sublime? In: Vallon (org.), *Dans l'Atelier de l'art:* Expériences cognitives, p.91-107. Veja também esse autor para uma crítica ampla das ciências cognitivas, Entre mécanisation et incarnation. Réflexions sur les neurosciences cognitives fondamentales et cliniques, *Revue de neurosciences sognitives,* 17 (4), p.293-382; Id., Art, histoire de l'art et cognition ou l'échec du réductionnisme en neurosciences cognitives. In: Bret; Guérin; Jimenez (orgs.), *Pen-*

cias cognitivas residiria no fato de que elas desconsideram os fenômenos afetivos

> exceto se forem circunscritos a emoções percebidas (e descritas) na maioria das vezes de modo sumário. Por razões ideológicas, frequentemente as neurociências se recusam a refletir sobre o que depende da abordagem psicanalítica ou da psicodinâmica da vida mental, e até mesmo da etologia.

O aparelho psíquico humano não se reduz às funções cognitivas. Ele se organizaria em quatro planos, como o psicoterapeuta Louis Ploton mostrou. 1) Um plano cognitivo: o plano das operações lógicas e da racionalidade estruturada pela temporalidade social dos acontecimentos. É o objeto de estudo das neurociências e da neuropsicologia. 2) Um plano subjetivo: o aparelho psíquico, que funciona de maneira analógica, metafórica, não racional, e que escapa à linearidade do tempo. Esse é o plano do trabalho associativo, das alucinações, da autoestima; regula a vida psíquica consciente ou inconsciente. É estudado pela psicanálise. 3) Um plano afetivo no qual são elaborados processos de prazer/desprazer, afeições, humores (a timia, ou condições da mente), motivação/desmotivação. Seu funcionamento é pré-verbal e pré-cognitivo. A identidade profunda se constrói a partir dele. Seu estudo integra o domínio da etologia. 4) Um plano psicobiológico que regula os equilíbrios biológicos, a proteção da vida, na qual os genes se expressam. É estudado pela psicossomática. Esses planos, aos quais cor-

---

ser *l'Art: histoire de l'art et esthétique*; Petitmengir et al., Listening from Within, *Journal of Consciousness Studies*, 16 (10-12), p.251-84.

A natureza da arte

responderão quatro tipos de memórias, não são organizados em termos hierárquicos; eles se entrecruzam e interagem com frequência entre si e, às vezes, podem se compensar. Segundo Vion-Dury, o interesse dessa teoria é "religar o funcionamento psíquico à sua contraparte biológica, ou seja, ao nosso sistema vegetativo e neuroendrócrino como um todo: de qualquer modo, ela permite apreender sua incorporação".[26] Esse modelo permitiria repensar o funcionamento cerebral para além das ciências cognitivas, mas sem reduzir sua importância. Forneceria também a possibilidade de integrar processos subjetivos e afetivos que não dependem mais da razão lógica e linguística, mas da metáfora – como os processos estéticos –, e não reduzir mais as emoções a alguns estados básicos e isolados dos estados tímicos.

De fato, a experiência estética envolve processos cognitivos que vão muito além da percepção e do reconhecimento semântico dos artefatos artísticos; ela se reveste de um caráter holístico: com frequência, o funcionamento de uma obra de arte provoca a atualização ou mesmo a mudança de certas crenças:

isto é, a uma evolução de determinada parte do quadro de referência do sujeito que vivencia a experiência estética. Experiências estéticas fortes podem perturbar muito seriamente esse quadro de referência, mesmo se, em termos globais, a maioria das crenças do sujeito não seja transformada. Sob o efeito da ativação de uma obra de arte, essa modificação (ou evolução, ou modulação) do quadro de referência permite compreender como, pouco a pouco,

---

26 Vion-Dury, op. cit.

se organiza um "solo cognitivo", capaz de evoluir e modificar os processos cognitivos implicados na percepção da obra de arte.[27]

Não são algumas capacidades perceptivas ou impulsões particulares, nem uma fração de nosso ser que propiciariam a experiência estética, mas sim sua totalidade. "Nesse sentido, o prazer estético atingiria a todos nós", conclui Vion-Dury, "pois ele seria uma experiência cognitiva (perceptual, motora...) de amplas proporções que tem a ver com nossa maneira de estar no mundo (no sentido amplo) e com os outros".[28]

3.2. As condições de emergência do sentimento estético

O contexto da atenção estética

O sentimento estético nasce de uma atenção seletiva mais ou menos intensa orientada para certas formas, e isso é válido para o *Homo sapiens sapiens* que recolhe uma concha fóssil ou para o refinado amante da arte que ouve um concerto. Seria possível deduzir daí que a primeira condição para que uma conduta (estética) receptora seja acionada se deve à confrontação *imediata* (ou seja, sem intermediário espacial ou temporal) do sujeito que percebe com o objeto percebido. Quando se trata de um artefato artístico (um quadro, um desenho, uma escultura, uma instalação, um espetáculo de dança ou um concerto,

---

27 Id., Art, histoire de l'art et cognition ou l'échec du réductionnisme en neurosciences cognitives.

28 Ibid.

A natureza da arte

um filme, um vídeo, uma obra conceitual ou interativa), esse objeto só se oferece ao olhar, à escuta ou ao tato, se estiver inserido em um meio espacial e temporal que o envolve e que o torna *presente* – "um espaço-tempo de apresentação"[29] (na galeria ou no museu, na sala de teatro, de concerto, de cinema e também diante de uma tela de vídeo, ou de um dispositivo informático) – e que condiciona fortemente sua percepção. Esse condicionamento é menos coercitivo do que aquele que dirige sua atenção para objetos naturais, ainda que, também nesse caso, sua história pessoal, sua cultura, até mesmo alguma pré-representação cognitiva inata o orientasse para essa ou aquela espécie de objetos e formas.

O espaço que *apresenta* o objeto – um quadro, por exemplo – no qual se fixa a atenção estética não é vazio e inorganizado, mas um lugar já ocupado, resistente, parasitado por signos que acionam percepções que não emanam do objeto: o quadro, a proximidade de outros quadros, a parede na qual o quadro está pendurado e tudo aquilo que constitui aquele "algo mais"[30] de uma obra. Ocorre o mesmo com o tempo. O tempo no qual o objeto se mostra – tempo também de *apresentação* – é um tempo organizado, dotado de leis próprias, que molda a percepção temporal daquele que olha. Esse tempo não é um vazio ou um parêntese na duração que, no caso de uma obra visual, o complexo escaneamento dos olhos preencheria completamente. É um tempo que pesa no sentido profundo do objeto, fora do qual ele não é visível. Acima de tudo, ele exerce uma

---

29 Ver Couchot, *Des Images, du temps et des machines dans les arts e la communication*, cap. I, Temps et espace de présentation.

30 Sobre o "algo mais", ver Derrida, *La Vérité en peinture*.

Edmond Couchot

forte pressão no tempo da criação, na própria maneira como o objeto é concebido, produzido e posto em circulação. Os artistas sabem manejar com habilidade as constrições plásticas e estéticas impostas pelo meio, seja para neutralizá-lo ou, ao contrário, para integrá-lo à obra. Esse é o caso das obras *in situ* que se apoiam em um espaço-tempo de apresentação que tenta incorporar suas características morfológicas ou estéticas, ou que *a contrario* buscam se opor a elas, apostando na teoria do efeito do contraste.

Com os *ready-made* de Duchamp e com os diversos objetos industriais que habitam nossa vida cotidiana, introduzidos pela arte pop, o espectador vê sua atenção estética bastante abalada à luz dos hábitos que sua educação lhe havia tradicionalmente inculcado. Diante de uma cadeira apresentada em uma exposição de design na qual é proibido de sentar, ele deveria de modo inconsciente bloquear qualquer série de percepções-ações-percepções "rotineiras" armazenadas em sua memória procedural,[31] que ele sempre aciona antes de se sentar. Ocorre o mesmo quando ele se encontra diante da reconstituição de um quarto de dormir ou da vitrine de uma charcutaria assinada por Claes Oldenburg. A visão desses objetos desencadeia no espectador todas as espécies de percepções-ações-percepções que, potencialmente, ele não poderá atualizar (sentar na cadeira, deitar na cama, pôr salsichas na boca) porque o espaço-tempo de apresentação o proíbe de fazer isso e o leva a reconsiderar sua atenção, a abstraí-la do cotidiano.

---

31 A memória procedural é a memória dos procedimentos gestuais (andar de barco, de ski, nadar, sentar-se em uma cadeira) cuja utilização se torna automática.

A natureza da arte

Ao trabalhar a questão da relação com os objetos, Nicolas Bullot formulou a hipótese de que, em seu meio de apresentação (que ele denomina de fixação), certos artefatos artísticos parecem produzir o efeito de inibir rotinas que, ordinariamente, controlam a atenção dirigida a objetos que constituem esses artefatos.[32] Na verdade, todos somos a sede de hábitos perceptivos recorrentes adquiridos de modo individual ao longo de toda a nossa vida cotidiana. Já se demonstrou experimentalmente o papel da atenção e do controle viso-motor indispensável à execução de tarefas diárias. A eficácia de nossas interações com os objetos depende da rapidez ou da fiabilidade dessas reações. Não é nada surpreendente que tentemos atualizar essas rotinas quando nos encontramos em uma situação que parece análoga, mas que na realidade não é. Ao se perguntar sobre qual poderia ser a função de um mecanismo de inibição de certos subconjuntos de rotinas, Bullot conclui e imagina dois tipos de respostas. 1) Esse mecanismo dependeria dos próprios dispositivos artísticos, uma vez que cada dispositivo desencadearia processos inibidores específicos. 2) Umas das funções dessas inibições favoreceria a tomada de consciência de certas propriedades do objeto e, a partir daí, uma tomada de consciência no nível coletivo da função crítica e comunicacional dos dispositivos artísticos ou de sua contribuição às aprendizagens perceptivas.

O meio espaçotemporal que põe em contato o amante da arte com as obras de arte desempenha um papel decisivo no

---

32 Consulte Bullot, *La Construction de l'objet perçu: Recherches sur la perception singulière des objets physiques, l'attention épistémique et l'identification démonstrative*, cap.16.

modo como as condutas estéticas (receptoras) se põem em ação. Esse meio, contudo, desempenha também um papel nas condutas (estéticas) operatórias. As condições espaçotemporais da exibição das obras são elementos que, acima de tudo, entram nos processos de criação e no próprio projeto artístico.

A evolução da noção de forma

Com base nas observações precedentes, podemos considerar como um saber adquirido que a atenção dirigida às formas (visuais, sonoras, gestuais, táteis, gustativas, olfativas, linguísticas, temporais e outras) discernidas pelos diferentes órgãos da percepção constitui uma condição que, mesmo não sendo cronologicamente primordial, pelo menos é necessária para desencadear uma reação estética: essa condição permanece insuficiente. Maurice Denis já havia formulado essa ideia ao declarar que um quadro, antes de ser um cavalo de batalha, uma mulher nua ou uma história engraçada, é essencialmente uma superfície plana recoberta de cores reunidas em determinada ordem, ou seja, um conjunto de formas. Foi isso que Zeki e Ramachandran mostraram a respeito da atenção dirigida às obras de arte.

A criação artística ou a produção intencional de artefatos que requerem um sentimento estético se baseia na invenção e no agenciamento de formas novas e não de ideias, percepções e conceitos. Se a arte veicula abstrações, julgamentos ou crenças, como muitas outras atividades, inclusive a ciência e a técnica, se os artistas se inspiram em modelos, julgamentos ou crenças para realizarem sua obra, esse obra não existe – não se incorpora – e não é transmissível a não ser que ela seja primei-

A natureza da arte

ro um conjunto construído de formas que ocupam um espaço definido, como Maurice Denis pretendia, inscrevendo-se em uma temporalidade igualmente definida, capaz de estimular mais ou menos fortemente nossos órgãos sensoriais, de chamar, de selecionar nossa atenção e de fixá-la. A renovação de formas figurais na pintura do Renascimento (representação do espaço construído ou natural, realismo dos rostos e corpos, cor dos objetos, posição das fontes luminosas, atitudes corporais) deve ser atribuída essencialmente a experiências perceptivas: as experiências inaugurais de Filippo Brunelleschi, em 1425, implicavam a visão e a percepção da profundidade. A geometrização da perspectiva só foi teorizada por Alberti uma dezena de séculos depois, e independentemente dos procedimentos físicos e ópticos que mobilizam o corpo. O impressionismo e o neoimpressionismo não representaram uma mera aplicação dos trabalhos de Michel Eugène Chevreul, Charles Blanc, Odgen Rood, Hermann von Helmholtz e Charles Henry,[33] mas a confirmação da mistura óptica que eles, intuitivamente, já haviam descoberto. O próprio Rood declarava que o conhecimento das leis da cor jamais transformaria um mau pintor em artista – observação que já havia sido feita sobre as leis universais da beleza. Esses exemplos não significam que as formas imaginadas pelos artistas sejam inteiramente independentes do meio cultural no qual se encontram: às vezes, são fortemente sujeitadas a esse meio, como ocorreu com a imagem medieval controlada por imperativos religiosos. A interação dos concei-

---

33 Bem conhecido dos pintores por seu Círculo cromático e por sua *Introdução à estética científica* (1885).

tos e crenças com a arte é permanente, assim como a interação entre os centros neuronais da visão e o conjunto do cérebro.

Até o início do século XX, a psicologia associacionista tentava explicar os fatos da consciência e as sensações como resultantes de uma composição de elementos isolados regulados por leis: uma forma visual não era percebida e reconhecida senão como associação de diversos elementos sintetizados pelo cérebro. Em reação contrária a essa concepção atomista, psicólogos alemães e austríacos desenvolveram uma teoria da forma, a teoria da *gestalt* – *Gestalttheorie* –, a qual demonstrava experimentalmente que a percepção de uma forma não consistia na análise de componentes isolados e elementares que, em seguida, seriam sintetizados, mas sim que, desde seus primórdios, ela se revelava como um todo (uma *Gestalt*) diferente da soma de seus componentes. Por isso, reconhecemos de imediato um rosto no meio de tantos outros sem ter de analisar cada parte desse mesmo rosto. Essa capacidade é ligada a leis fisiológicas que reagem aos dados do sensível. A forma sempre aparece como uma unidade coerente e persistente – uma *figura* – que se destaca de um fundo. Toda forma é associada a um fundo. Apesar de certas críticas – o critério da "boa forma" ou "forma pregnante" em detrimento da "forma informe", a recusa em considerar o vivido, as emoções, a memória e as motivações do sujeito que percebe, o papel do meio cultural e o fato de a teoria não explicar os fenômenos subjacentes à percepção –, a *Gestaltheorie* se revelou com uma poderosa ferramenta para a análise das formas artísticas, antes mesmo que a questão fosse formulada pelas ciências cognitivas. Certos pesquisadores tentaram reconsiderar a *Gestaltheorie* com base na teoria da informação. Abraham Moles, por exemplo, associou a noção de forma à de redundância e previsibilidade – a forma era considerada como um grupo de elementos percebidos em seu conjunto e "não como o produto de um conjunto construído ao acaso". Mesmo que a definição gestaltista da forma seja ainda pertinente em muitos casos, no entanto a abordagem do conceito de forma evoluiu. Nos anos 1930, o filósofo John Dewey já havia proposto uma definição diferente da forma como "*a operação de forças que conferem um pleno resultado à experiência de um acontecimento, de um objeto, de uma cena e de uma situação*".[34] Para Dewey, a arte devia oferecer, por intermédio das formas percebidas, a oportunidade de vivenciar essa experiência de maneira plena e fortemente unificada.

Em todos os casos reinterpretados, mesmo na figuração mais hiper-realista, as formas podem ser naturais ou artificiais e inspirar os artistas. Podem ser imaginadas sem referência a qualquer modelo preexistente, como na pintura não figurativa. Ao longo do século XX, os artistas começaram a visualizar de outra maneira o conceito de forma. Klee foi quem considerou toda forma como o resultado de uma ação e, por isso, buscava tornar visível o que até então escapava à vista; não a forma pictural tradicional, mas "a forma em formação", a *Gesstaltung*. Essa concepção de forma como desenvolvimento, transformação inscrita na duração e não mais como figura fixa em um fundo fixo, repercutiu por toda parte, modificando-se entre o fim dos anos 1960 e os anos 1970, com um movimento artístico internacional composto por várias tendências bastante heterogêneas, mas reagrupadas pelo termo "arte conceitual" (*conceptual art*). Em seu desejo de reagir contra os excessos

---

34 Dewey, *L'Art comme expérience*.

formais característicos da arte pop e do novo realismo, e mais amplamente contra qualquer formalismo e ornamentalismo, a arte conceitual se mobilizou contra a hegemonia da percepção e da função das formas na arte. Esse posicionamento pode ir de encontro a uma tradição muito antiga que remonta a Platão, o qual considerava o mundo das Ideias como a única realidade, e que se prolongaria com Plotino, para quem a natureza primordial do Belo residia na ausência de formas (a visão do Belo não mais considerada como a visão do sensível, e sim do inteligível). Esse posicionamento também pode ser identificado ao longo de toda a história: ele repercutiu na crítica do impressionismo acusado de arte retiniana, e culminou com Duchamp e seus *ready-made*.

Os historiadores da arte tiveram o hábito de considerar a arte conceitual como herdeira dos *ready-made* de Marcel Duchamp, que se empenhava em mostrar que a realização material do objeto pesava pouco em relação ao conceito, ele sim o único inspirador e guia da criação. Para os artistas conceituais, a função da arte era criar e transmitir conceitos e não sensações, as ideias e a linguagem eram consideradas por eles como a essência da arte, mas uma arte sem objeto, sem material específico.

Para Joseph Kosuth, cuja reflexão teórica é fonte de referência, mesmo sem cobrir todas as nuances proteiformes expressas pelas diversas correntes desse movimento, a *conceptual art* é uma arte desvinculada das "escórias da percepção". As obras de arte, por ele denominadas "proposições de arte", são proposições analíticas que, consideradas enquanto arte, não pretendem ser nada mais do que tautologias: seu sentido reside na definição que elas dão delas mesmas. Essa autodefinição de arte exclui (ou tenta excluir) não apenas o objeto, mas também a presença

A natureza da arte

do artista, sua subjetividade, sua história. "Fazendo que o objeto desapareça", ressalta Catherine Millet,[35] "o próprio sujeito (o criador) é também escamoteado e, com ele, o contexto social e ideológico no qual ele produz." Situação bastante difícil de ser sustentada por muito tempo e que, em sua formulação radical, acabava por reduzir a obra a uma mera intenção, como, em 1968, a proposição de Lawrence Weiner explicitou: "1) o artista pode conceber a obra; 2) a obra pode ser produzida; 3) a obra não tem razão de ser feita."

O que era doravante o *processo:* os mecanismos de criação e não a obra em si como objeto material. O que será enfatizado então é que a noção de processo não está distante da *Gestaltung* de Klee; embora a pintura desse artista fosse rica em formas e cores, o que ele pretendia era revelar a dinâmica subjacente às formas e insistir nos processos que presidiam sua elaboração. Sem se alinhar com as posições radicais tomadas pela arte conceitual, grande parte da arte se converteu à ideia de que o processo da criação é mais importante do que o objeto criado. Em 1969, uma exposição organizada por Harald Szeemann em uma galeria de arte de Berna, na Suíça, intitulada *Quando as atitudes se tornam formas*, que tratava das recentes evoluções da arte, se empenhou em mostrar que a finalidade da arte não era mais produzir objetos materiais, mas revelar atitudes, comportamentos, ou ainda os mecanismos históricos e estruturais que participavam da criação de uma obra. Embora os anos subsequentes fossem marcados por uma contrarreação figurativa e por um retorno à forma, uma faixa muito ampla da arte contemporânea continuou e continua a ignorar qualquer efeito

---

35 Millet, Conceptuel (art), *Encyclopédie Universalis.*

perceptivo ou qualquer forma objetal das obras, a concordar com um certo peso no processo de criação posto em prática pelos artistas. A noção de forma passou por um mudança radical, estendeu-se aos processos. Os processos também são formas: unidades coerentes e persistentes – figuras que se destacam em um fundo. Assim como as atitudes, os comportamentos se incorporam nos atos, nos traços materiais, nos mecanismos, permanecendo inteiramente como objetos a serem apreendidos pela percepção. Enquanto processos, todas essas formas atuam definitivamente nas próprias formas do tempo.

Relembremos brevemente que a questão da forma, desde a Antiguidade, no Ocidente pelo menos, questionou a metafísica e a filosofia (de Aristóteles aos fenomenólogos, passando por Kant) e a quase totalidade das ciências: psicologia, linguística e semiolinguística, biologia, geologia, física da matéria, cosmologia, matemática, história da arte, ciências cognitivas. Como escreveu Jean Petitot:

> A história do conceito de forma e das teorias da forma é das mais singulares. Vivemos em um mundo constituído por formas naturais. Elas são onipresentes em nosso ambiente e nas representações que dele fazemos. No entanto, até uma época recente, não se dispunha de nenhuma ciência morfológica propriamente dita. Foi apenas por volta dos anos 1960 que se começou a compreender qual seria o conceito de naturalidade e objetividade que poderia ser usado quando se passou a falar de formas naturais objetivas.[36]

---

36 Petitot, Forme, *Encyclopédie Universalis*.

A natureza da arte

Pode-se constatar que essa abordagem da forma pela arte é, também, *mutatis mutandis*, a abordagem da ciência. Na verdade, a nova morfologia concebe a forma como uma propriedade emergente dos movimentos da matéria e não como uma adição de suas subpartes: não se pode deduzir qual será a forma de um sistema em evolução a partir das propriedades dos constituintes do sistema. Ao introduzir o tempo como parâmetro da forma, o método se origina das pesquisas centradas na auto--organização e na teoria dos sistemas dinâmicos não lineares que, como vimos, estavam no cerne da *démarche* conexionista, tanto quanto da autopoiese e da enação. É preciso, também, relembrar a importante contribuição dada às teorias morfogenéticas efetivada pelo matemático René Thom, autor da teoria das catástrofes. Foi Thom quem descreveu a maneira como a maioria das formas naturais havia sido criada a partir de certo número de formas arquetípicas. Ao introduzir nos processos morfogenéticos a noção de tempo e continuidade, a teoria de Thom tentava formalizar a maneira pela qual diversos tipos de formas são produzidos e organizados tanto no mundo dos seres vivos quanto no dos não vivos. Entre as ideias-força produzidas pelas neurociências no que diz respeito à forma, Jean Petitot observa que "o conceito estrutural de forma deve ser substituído pelo conceito *genético* de forma como auto-organização emergente ('superveniente')".[37]

As teorias da auto-organização exerceram uma dupla influência no campo atual da arte. Forneceram modelos originais de análise referentes às obras e aos processos de criação, sobretudo na literatura (a obra já citada de Petitot é um brilhante

---

37 Id., *Morphologie et esthétique*, p.136.

exemplo disso). Mas elas também forneceram aos próprios artistas que trabalhavam com computadores importantes modelos morfogenéticos. Se as formas que caracterizam os artefatos artísticos tradicionais não são entidades supervenientes (os sons de uma sinfonia, as cores de um quadro não são capazes de autoevoluir), as formas oriundas de artefatos produzidos a partir de modelos auto-organizados podem ser consideradas como supervenientes. Retomarei esse ponto com mais detalhes na seção 4.3. A neuroestética deverá dar conta dessas evoluções e estender seu corpus e suas análises a essas artes processuais que renovaram a noção de forma. Atualmente, no domínio das artes visuais, esse corpus se baseou na pintura clássica (o quadro) ou às vezes na escultura, com algumas exceções (o cinetismo), sem que o conceito de forma fosse inteiramente questionado: por exemplo, mesmo que Zeki tenha mostrado, a respeito da arte cinética, como certas configurações neuronais detectam o movimento, ele não tratou o movimento como uma forma.

Até agora, considerei a forma sobretudo do ponto de vista do criador. Entretanto, as formas veiculadas por um artefato estético, um quadro por exemplo, não são automaticamente reconhecidas como tais por aquele que olha. Não são percebidas por ele como *gestalts*, a não ser que seu sistema de percepção as identifique dessa maneira. Caso contrário, elas permanecerão sem significação apesar dos esforços naturais do cérebro para interpretar o que a visão lhe apresenta. O cão dálmata da foto de Gregory permanecerá invisível; o amante da arte que, pela primeira vez, descobre um quadro cubista não verá nele senão fragmentos incoerentes. As *gestalts* criadas pelo fotógrafo ou pelo pintor precisarão ser desconstruídas, recriadas necessariamente por aquele que olha. Só existe *Gestalt* para um *sujeito*

A natureza da arte

que mantém uma relação atencional com seu meio através de um processo cognitivo que lhe é próprio. O que é reconhecido como uma forma por uma pessoa, não o é necessariamente por outra. Como Berthoz explica, "o caule de uma flor é uma escada para o inseto que o rodeia, uma haste para nós que o colhemos, para a aranha um dispositivo fixo no qual ela constrói sua teia".[38] Não existe forma em si nesse caule, ela só é uma forma para o sujeito (um inseto ou um homem) que a integra em seu mundo. As bases neurais da capacidade de perceber formas – seria mais apropriado e exato falar da busca de organizações no fundo ruidoso de nosso ambiente – requerem processos cognitivos muito complexos e até agora incompletamente elucidados. A percepção da unidade de um objeto percebido não depende apenas da frequência da descarga dos neurônios que codificam os contornos, a cor, a luminescência, eventualmente o peso, o calor, o odor ou o som desse objeto; ela depende da sincronização temporal dos diferentes captores ativados. Sem essa sincronização, a forma não é senão um caos enigmático e sem significação. Descobrir formas em um quadro ou em uma sinfonia para satisfazer uma atenção estética não se reduz a um reconhecimento automático, mas resulta da ativação de processos verdadeiramente criadores que envolvem a subjetividade e a singularidade existencial de cada objeto.

A percepção, um processo exploratório

Para a maioria dos pesquisadores das ciências cognitivas, a percepção constituiria um processo cognitivo dinâmico aber-

---

38 Berthoz, op. cit., p.99.

to para o mundo que funciona a partir de um modo de exploração. Richard L. Gregory já havia demonstrado que, para o cérebro, perceber formas a fim de interpretá-las visando uma ação eventual consistia em formular hipóteses. Mas o que é uma hipótese? No domínio das ciências, uma hipótese é a resposta antecipada a uma questão que a experiência (ou uma demonstração lógica) deveria verificar ou testar, isso se adotarmos a perspectiva de Karl Popper. Na vida comum do homem inserido em um ambiente no qual uma multidão de formas conhecidas ou desconhecidas (animais, predadores, vegetais, aspectos da atmosfera, da água, do solo, dos alimentos, dos diversos artefatos, de outros homens etc.) precisa ser identificada com certeza, muitas vezes ao preço da sobrevivência, o cérebro constrói respostas antecipadas para permitir ao indivíduo agir na previsão de eventuais acontecimentos. A verificação dessas respostas se faz pela prática, pela ação, sem que a linguagem intervenha diretamente. A percepção guia a ação que, por sua vez, guia a percepção. Esse traço acinzentado, indistinto, na relva distante, é uma lebre ou uma pedra de grandes proporções? Percepção: com o corpo em alerta, o caçador perscruta com atenção os arredores, tenta detectar os contornos do traço, compara com suas lembranças, não conclui nada (não existe hipótese). Ação: é preciso que ele se aproxime mais, que se desloque sem barulho. Até o momento em que a hipótese imaginada se confirma em uma súbita constatação. Trata-se mesmo de uma lebre: ela acaba de erguer suas longas orelhas! Percepção: esse longo traço vermelho e informe no quadro *A tecelã*, de Johannes Vermeer, representa o quê?, pergunta-se o amante da pintura, que, para não deixar escapar nenhum detalhe, se aproxima o máximo possível da imagem. Hipótese: um

A natureza da arte

pedaço de renda, uma fita, gotas de tinta que caíram do pincel? Ação: para ver melhor, ele pisca os olhos ou se afasta, e por fim encontra a distância a partir da qual o traço subitamente adquire sentido. A "verdade" surge. Trata-se de um pequeno novelo de fios para bordar. No primeiro caso, o caçador tem uma satisfação: uma pequena recompensa oferecida por seu sistema límbico. Uma vez reconhecido o animal, ele cessará de explorar sua forma e irá caçá-lo. No segundo caso, o amante da arte tem um sentimento mais complexo, um prazer mais ou menos intenso igualmente gratificado por seu sistema límbico. Seu olhar se deterá no jogo das zonas azuis e das zonas vermelhas, no rosto inclinado, na luz, na mecha negra em espiral que toca de leve o colo imaculado. Esse prazer se acrescentará ao prazer em um encadeamento difícil de romper. Conduzida pelo prazer, a percepção desencadeou no amante da arte um sentimento verdadeiramente estético.

Entre percepção e sentimento estético, o cérebro efetua várias operações. O neurologista e psiquiatra Roger Vigouroux, em *A fábrica do belo*,[39] obra publicada em 1992, foi um dos primeiros a reunir e sintetizar as pesquisas neurológicas mais significativas conduzidas no domínio da criação artística. Vigouroux distingue três níveis nessas operações.

O primeiro nível se decompõe em três fases.

A primeira, que corresponde à situação precedentemente descrita, é a fase da busca (ou da atenção exploratória). Ela

---

39 Vigouroux, *La Fabrique du Beau*. Um dos primeiros trabalhos coletivos dedicados a esse assunto, depois da obra de Howard Gardner publicada em 1982, *Art, Mind and Brain*, em perspectiva bastante diferente, ou *Music and the Brain*, dedicada à música de Macdonald Critchley e R. A. Henson, publicada em 1977.

estimula sistemas perceptivo-motores: deslocamento brusco dos olhos que fazem uma varredura, deslizam na superfície pintada, e ajustamento da posição do corpo aos movimentos do olho em ligação com o cérebro límbico que reage sob a forma de atração, repulsão ou indiferença (não reage); ativação do hemisfério direito na análise das informações. Ocorre o mesmo com a escuta dos sons musicais: é sabido que nós os escutamos melhor se viramos a orelha na direção de sua fonte (ação-percepção-ação) ou quando vemos os músicos em ação.

A segunda fase é a da seleção. Ela retém apenas os elementos significativos e faz intervir diversas zonas neuronais: o sistema reticulado que controla a alternância vigília-sono e que põe em estado de vigília máxima certas estruturas e o sistema cerebral (lobo parietal posterior) que ativa a atenção visual e desencadeia a varredura ocular na visão e faz a triagem das informações que bloqueiam as estimulações indesejáveis que ameaçam inundar o cérebro.

A terceira fase é a da antecipação. Antecipar ou predizer é uma das mais importantes funções do cérebro. Ela é baseada ao mesmo tempo no futuro e no passado do sujeito. "Prospectiva e retrospectiva, essa dupla estratégia", afirma Berthoz, "inscreve o presente no fluxo dinâmico de um universo cambiante. Ela permite comparar os dados dos sentidos com as consequências da ação em curso."[40] Essa predição é de ordem probabilística, mas, longe de ser uma constrição que bloqueia a ação, essa incerteza lhe abre, ao contrário, uma margem de liberdade: uma possibilidade de variação e inovação. Diante de um quadro, o amante da arte não é uma tábula rasa, ele já é

---

40 Berthoz, op. cit., p.28.

A *natureza da arte*

repleto de experiências estéticas e portador de uma memória individual. Quando põe seu olhar no quadro, ele apela a essa memória que lhe facilita a exploração e a seleção; ela o ajuda a formular hipóteses perceptivas. Essa memória é antecipatória. Ela é mais evidente na visualização de um filme na qual o espectador incessantemente imagina hipóteses (previsões) acerca do desenrolar da narrativa cuja verificação lhe trará uma gratificação, a menos que a não verificação, ou seja, a surpresa, o imprevisto, *a contrario* lhe propicie esse prazer.

Acontece o mesmo por ocasião da escuta de uma peça musical; o sentido da obra exige que os sons sejam interpretados em seu desenrolar temporal, com referências permanentes aos sons passados e antecipações, ou a hipóteses sobre os sons que ainda estão por vir. O ritornelo e o refrão propiciam prazer, mas uma música estocástica fundada no inesperado também dá prazer. Tudo depende das experiências decorrentes da emoção ou dos sentimentos. A visão de um espetáculo coreográfico aciona outras percepções, impressões motoras no espectador que percebe nele mesmo o eco dos gestos efetuados pelos bailarinos (trata-se de percepções estimuladas mentalmente, pois o espectador não se movimenta). De fato, o essencial não é que as hipóteses sejam verificadas, mas sim que o espectador as formule para si mesmo, que seja colocado em situação de vigília, de atenção constante. Nessa função, o papel dos hemisférios direito e esquerdo é detectado. O direito seria mais sensível aos timbres dos instrumentos, o esquerdo, o da linguagem, ao ritmo, à harmonia, ao contraponto. Berthoz constata que, na música clássica, todos os músicos adotam um duplo jogo, o jogo entre o baixo contínuo que se desenvolve nos registros graves e o tema principal executado nos registros altos.

"Esse duplo jogo", ressalta Berthoz,

parece-me corresponder ao tratamento lateralizado efetuado por nosso cérebro, o tema é tratado por nosso cérebro esquerdo, o registro baixo por nosso cérebro direito. Essa divisão recobriria exatamente a repartição da funções entre cérebro esquerdo e cérebro direito, o esquerdo sendo especializado na linguagem, no narrativo, no sequencial, enquanto o direito se preocupa com o contexto, sobretudo com o contexto espacial e com a emoção.[41]

Para o neurologista Gilles Lavernhe, a emoção não habitaria apenas o cérebro direito. A percepção musical engendraria duas espécies de emoção.

Uma, que se refere ao hemisfério direito, seria mais global, instintiva, e a outra que evoca o hemisfério esquerdo corresponderia a mecanismos (talvez mais próximos da linguagem) que utilizam a segmentação, o ordenamento, o reconhecimento, a denominação.[42]

Na realidade, os ouvidos especializados escutam a música mais com seu cérebro esquerdo de uma maneira analítica, enquanto os amantes da arte a recebem de modo global e intuitivo. A experiência, a educação, a cultura modificam permanentemente a percepção.

---

41 Ibid., p.219.
42 Lavernhe, Le Cerveau musical, disponível em: <http://coron.free. fr/revue/cerveau.html>.

A natureza da arte

O segundo nível ativa vias aferentes e as áreas subcorticais ligadas aos órgãos sensoriais cuja função é tratar as informações provenientes do primeiro nível. Na escuta de uma peça musical, o cérebro primeiro organiza o conjunto dos *stimuli* em espaços sonoros significativos, tendo como referência uma classificação dos tons altos. A distinção desses espaços depende de vários fatores: por exemplo, o desenvolvimento cronossequencial dos temas, como as variações de índices de intensidade e dos timbres, mas também as competências musicais adquiridas pelo ouvinte. Essas observações conduzidas por psicólogos evidenciam o fato de que o cérebro é incapaz, salvo em raras exceções, de apreender duas áreas ao mesmo tempo. Por exemplo, na música contrapontística, o cérebro seleciona apenas uma única opção: seja ela a linha horizontal que lhe permite captar a melodia, seja a linha vertical que lhe permite captar a globalidade sonora.

Todas essas operações são sempre acompanhadas por diversas emoções e reações do sistema vegetativo. Segundo Stéphanie Khalfa,

mudanças aparecem muito cedo, um ou três segundos após o início da escuta. Revelam emoções de alegria ou medo. No nível dos pomos faciais, os músculos zigomáticos se ativam, a pressão sanguínea varia e uma microtranspiração nas palmas das mãos pode ser observada.[43]

---

43 Consulte o projeto de pesquisa financiado pela Agência Nacional da Pesquisa (Agence national de la recherche, ANR) intitulado A especificidade da música: contribuição da música ao estudo das bases neurais e cognitivas da memória humana e aplicações terapêuticas, disponível em: <www2.cnrs.fr/presse/journal/3451.htm>.

A respiração segue seu tempo, mas reage pouco às notas graves e agudas ou à intensidade sonora. As músicas lentas e tranquilizadoras, de tempo regular, fazem baixar a concentração sanguínea do cortisol (o hormônio do estresse). "Nem todas elas têm esse efeito benéfico. Uma música que comporta disparidades de ritmos e dissonâncias, como a tecno, aumenta o estresse, mesmo quando é apreciada." Segundo Séverine Samson,[44] essas reações desagradáveis dependem principalmente do papel da amígdala, cuja supressão em pacientes epiléticos produz um forte déficit na capacidade de julgar dissonâncias desagradáveis na harmonia de um trecho musical. Com as técnicas de ressonância magnética por imagem, também foram observados os cérebros de pessoas que ouviam música clássica e se constatou que os neurônios do lobo frontal dedicados à análise da estrutura e da significação da música são os primeiros a reagir. Em seguida, a música se dirigiria para a área tegmental ventral[45] e para o núcleo accumbens,[46] no qual o cérebro produz a dopamina, um neurotransmissor responsável pelo prazer, enquanto as variações de tempo e ritmo atingiriam o cerebelo, uma zona associada ao movimento. Constatou-se também que a música ativa certas áreas do cérebro que reagem igualmente aos *stimuli* sexuais e à droga.

---

44 Ibid.

45 Conhecida pela sigla ATV, trata-se de um agrupamento de cerca de 450 mil neurônios localizados no centro do mesencéfalo. Desempenha importante papel na cognição, no prazer, na motivação, na paixão. (N. T.)

46 O núcleo accumbens (NAc) é uma parte da via de recompensa geradora de prazer, impulsividade, calor maternal. Recebe impulsos dopaminérgicos da área tegmental ventral. (N. T.)

A natureza da arte

Na visão de um quadro ou uma obra tridimensional (essas observações são quase sempre feitas com relação a um determinado tipo de artefatos artísticos clássicos), os fotorreceptores da retina (bastonetes e cones) distinguem em um primeiro nível os contrastes entre formas e cores – distinção necessária à sua percepção – e transmitem através de diferentes fibras e centros nervosos as informações adquiridas pelos hemisférios direito e esquerdo que desempenham um papel ativo na apreciação, ou mais exatamente, no *julgamento* das cores.[47] Nesse momento, diferentes áreas do córtex tratam da detecção do movimento, da discriminação dos contornos, do reconhecimento das formas (dentre elas as formas específicas estudadas por Zeki) e dos rostos, da cor etc. Não existem, porém, zonas neuronais exatamente imputadas a essa síntese, ela é o resultado da colaboração de estruturas corticais que se comunicam entre si por inúmeras vias associativas. A visão não é uma simples captura da realidade, como seria o caso de uma imagem fotográfica,[48] mas uma reconstrução "imaginada" pelo cérebro.

Os dois primeiros níveis condicionariam a emergência do sentimento estético propriamente dito. Este se manifestaria então num terceiro nível no qual os dados fornecidos pelos níveis precedentes são integrados: o nível dos sentimentos estéticos propriamente ditos, sentimentos que se misturam com pensamentos, reminiscências e até mesmo com julgamentos. Para Vigouroux, essa integração caracterizaria o *vivido* estético que dependeria de duas espécies de sensações. A primeira

---

47 Ver acima.

48 Na realidade, a fotografia não é uma simples captura da realidade, mas uma interpretação técnica do próprio sistema óptico-químico.

consistiria numa apreensão global, intuitiva, do artefato; a segunda, em uma análise mais aprofundada das estruturas da obra – o que Moles já havia percebido. A primeira seria mais concernente aos artefatos visuais que, em sua totalidade, parecem se oferecer à percepção de forma imediata; a segunda seria característica dos artefatos musicais que só pode ser descoberta na duração e na sequencialidade. É conveniente ressaltar que a apreensão global e imediata de um artefato visual como um quadro, a rigor só é possível no caso de objetos de pequenas dimensões; é impossível ter uma visão sinótica e instantânea de um afresco, por exemplo, e isso é mais impossível ainda no caso de um objeto tridimensional, como uma escultura ou uma estrutura arquitetônica. Feitas essas restrições, a complexidade desse terceiro nível abrange a totalidade dos processos cognitivos que finalmente determina o conteúdo exato do sentimento estético. Mas ela envolve também o sistema vegetativo e neuroendócrino, ligando-o à atividade psíquica. A interpretação do funcionamento desse nível é demasiado complexa e foi abordada de modos distintos pelos neurofisiologistas.

3.3. Da emoção ao sentimento

Para que servem as emoções?

Durante muito tempo se acreditou que as emoções e os sentimentos não tinham nada a ver com a biologia, com o corpo e a "alma" que mantinham entre si uma distinção irredutível, como afirmava Descartes. Os avanços das ciências cognitivas e da neurologia demonstraram, porém, que as emoções e os sentimentos têm uma base neuronal que deve ser explorada e

A natureza da arte

cujo funcionamento pode começar a ser explicado. António Damásio, a quem se devem pesquisas importantes nesse domínio, ressaltou que apenas Baruch Spinoza, contemporâneo de Descartes, havia sugerido, contra o espírito da época e a imposição religiosa, que o corpo e a mente tinham algo em comum. Além disso, as emoções, que resultam da filogênese, não são apenas exclusivas do homem. São constatadas nos organismos mais simples que existem: uma ameba que foge de um contato doloroso sedia uma emoção primária, porém não menos real.

Mas para que servem as emoções? Servem para que o animal reaja, por exemplo, diante de um perigo, para que condutas de fuga sejam desencadeadas a fim de que ele possa escapar do predador. Nesse sentido, fazem parte da proteção e da sobrevivência de um organismo. Permitem ao ser "perseverar em seu ser" (*conatus* era a denominação dada por Spinoza).[49] Isso explica por que essa perseverança, que existe em todos os seres vivos, produz um efeito extremamente poderoso, difícil de reprimir. No caso dos ratos, por exemplo, tem-se a possibilidade de estimular eletricamente certas zonas de seu sistema límbico e, assim, obter sensações agradáveis e prazerosas. Os animais são então envolvidos em um ciclo *stimulus*-prazer incoercível, que lembra a adição dos toxicômanos à droga ou, às vezes, a fixação daquele que ama no objeto amado. Em certas situações excepcionais, as emoções também produzem efeitos perturbadores.

---

49 Ideia central da filosofia de Spinoza (1632-1677). O termo refere-se ao "instinto ou desejo de viver" de vários organismos vivos. A física moderna faz uso de conceitos tais como inércia e conservação do momento, que, de certo modo, substituem o conatus. Suas acepções, porém, permanecem semelhantes. (N. T.)

Edmond Couchot

Essa função biológica se traduz por uma reação específica da situação vivida e por uma regulação do estado intenso do organismo que se prepara para essa reação. Assim, as emoções permitem aos organismos regular sua existência homeoestaticamente, ou seja, manter o equilíbrio interno do organismo. "Elas representam a incorporação da lógica da sobrevivência. Quando tocamos em uma lesma-do-mar, conhecida como aplysia, seu coração começa a bater mais forte e sua pressão sanguínea aumenta: ela entra em pânico e liberta nuvens de tinta para se esconder: ela tem medo, como nós mesmos, diante de uma situação de perigo que acelera os batimentos do coração e faz que a tensão seja percebida. Damásio ressalta que a aplysia não sente medo: ela não *se representa* por essa emoção, não experimenta o *sentimento* de medo. Não há nada de especificamente humano nas emoções. Em contrapartida, a especificidade humana reside na "maneira como as emoções acabam por se combinar com ideias, valores, princípios e julgamentos complexos dos quais apenas os seres humanos são capazes".[50]

Para Damásio, emoções e sentimentos se distinguem da seguinte maneira. As emoções são manifestações somáticas e fisiológicas do organismo que reagem a indutores afetivos provenientes de seu ambiente ou de seu próprio meio interior. São "programas de ação" que se traduzem por movimentos corporais. Por exemplo, posso ter medo da tempestade na montanha (a causa de minha emoção provém do mundo exterior) ou posso ter medo de perder meu trem (a causa de minha emoção tem a ver com minha própria conduta). As emoções

---

50 Damásio, *Le Sentiment même de soi: Corps, émotion, conscience*, p.43.

A natureza da arte

são fenômenos neurofisiológicos cientificamente observáveis. Em geral, são identificáveis publicamente através das atitudes e de signos corporais precisos. São desencadeadas e executadas de modo não consciente, sem que o organismo saiba claramente o que está ocorrendo com ele, como o medo da aplysia. Elas são também um aspecto expressivo que se traduz por comportamentos, posturas, movimentos identificáveis do corpo, da cabeça e do rosto (no caso do homem), da voz. De modo contrário, os sentimentos são resultado de processos cognitivos bastante elaborados do tratamento da emoção. São representações mentais próprias ao agente, "representações de um dado estado do corpo", "uma ideia do corpo"[51] como são seus pensamentos, crenças, gostos, conhecimentos. Essas representações são de ordem privada, pois apenas ele é capaz de acessá-las diretamente: são subjetivos e conscientes.

Certos neuroanatomistas não fazem essa diferença. Joseph LeDoux, por exemplo, considera a emoção como uma experiência subjetiva, uma invasão veemente que se alastra pela totalidade da consciência, uma sensação. O tratamento da emoção seguiria duas vias: uma via subcortical rápida e uma via cortical que, mesmo que desempenhassem funções distintas, interagiriam entre si. A amígdala, por exemplo, uma região do cérebro dedicada às emoções primárias como o medo, é capaz de reagir a um *stimulus* emocional e apreciar seu valor, antes mesmo que ele seja complemente assumido pelo sistema perceptivo. Pelo fato de a via do tratamento emocional ser mais rápida, poderemos ter um sentimento, positivo ou negativo,

---

51 Id., *L'Erreur de Descartes*, p.89.

mesmo antes de ter consciência dele.[52] Se, ao passear em um bosque, nos deparamos com uma forma alongada, que poderia ser uma serpente, nosso tálamo reage muito rápido ativando a amígdala, que provoca reações corporais de medo, informando assim o córtex visual que, por sua vez, identifica a imagem. Se essa imagem for reconhecida como sendo a de uma serpente, o córtex mantém as reações do medo (fuga ou defesa); caso contrário, ele bloqueia a reação da amígdala. Certas reações de atração e repulsão imediatas na experiência estética poderiam envolver processos desse tipo. Amamos ou detestamos alguma coisa antes mesmo de ter consciência dela.

Como os trabalhos de laboratório demonstram, a emoção é parte integrante dos procedimentos racionais e da tomada de consciência, qualquer que seja o resultado dessas decisões. Contrariando um velho mito que acredita que a emoção se opõe à razão, a emoção é indispensável à razão: não há razão sem emoção. Ela, porém, pode ser desencadeada sem que tenhamos consciência disso. Damásio cita o caso de um homem, designado como Elliott, que havia sido operado de um tumor benigno no cérebro e que ficara inteiramente curado. No entanto, embora tenha preservado por completo sua inteligência e sua memória, Elliott se tornara incapaz de se organizar e agir segundo sua escolha. Nada parecia emocioná-lo. Nem as perdas de dinheiro que havia sofrido, nem as imagens de catástrofes apresentadas a ele. Mesmo que não parecesse doente, sofria de uma incapacidade de sentir emoções. Sem emoção,

---

52 Ver Li-Hsiang Hzu, *Le Visible et l'expression: étude sur la relation intersubjective entre perception visuelle, sentiment esthétique et forme picturale.*

A natureza da arte

ele não podia antecipar, prever e, consequentemente, decidir. Esse gênero de patologia não é raro. Damásio observou outros doentes atingidos por esse déficit e constatou que todos eles haviam sofrido uma deterioração da mesma parte do cérebro situada nos lobos pré-frontais.

As emoções são produzidas pelo cérebro a partir de um pequeno número de regiões subcerebrais localizadas na região do tronco cerebral, do hipotálamo e do telencéfalo basal. Demonstrou-se que emoções como a tristeza, a cólera, o temor e a felicidade são induzidas pela ativação de várias dessas áreas, mas que cada emoção possui uma configuração distinta. Le-Doux e Davis realçaram o papel específico da amígdala no medo e descreveram os circuitos que lhe são próprios. Essas áreas também são ativadas por ocasião do reconhecimento de uma emoção diante do rosto de outrem. Indivíduos nos quais essas áreas são alteradas, mesmo que em tese saibam o que é o medo, não são capazes de reconhecer essa emoção em qualquer outra pessoa e prever as consequências dela decorrentes.

Ininterruptamente, em nossos comportamentos cotidianos, somos a sede de emoções fracas ou fortes. Elas são acompanhadas de sensações fisiológicas mais ou menos vagas – "marcadores somáticos": pavores, angústia, excitação, desejo – que nos levam a agir, a escolher, a decidir com rapidez, seja para fazer que essas emoções desapareçam, seja para reafirmá-las, se a execução da decisão propiciar uma satisfação. Conscientemente ou não, esses marcadores provêm de nossa memória emocional que, por repetição, associa certos objetos ou determinadas situações a estados somáticos que suscitam prazer ou desprazer. Como vimos antes, marcadores somáticos análogos aparecem no ouvinte da música quando ele escuta peças em relação às quais é sensível.

Edmond Couchot

A expansão das emoções

As emoções não existem em número ilimitado. Na esteira de Charles Darwin, que defendia a tese das universalidade das expressões faciais no homem, Paul Ekman distingue seis: tristeza, cólera, desgosto, medo, surpresa e alegria. A essas emoções consideradas básicas, Damásio acrescenta as emoções secundárias ou sociais, como o obstáculo, a vergonha, o ciúme, a culpabilidade, o orgulho etc., e as chamadas emoções "de fundo", como o bem-estar, o mal-estar, a calma, a tensão, as pulsões e as motivações, os estados de desgosto ou de satisfação que podem depender da cultura. Além dessas distinções, as emoções dependem de um fundo biológico. A dor ocupa uma posição particular: não é uma emoção, ao contrário da ideia que se faz dela, mas pode – como o prazer – induzir uma emoção. De modo geral, as emoções são inseparáveis da ideia de repulsão e atração, de satisfação e insatisfação, de prazer e desprazer; mas essa simetria desapareceu quando, no curso da evolução, os comportamentos se tornaram cada vez mais complexos. Produtos da consciência e de processos cognitivos múltiplos e fortemente individualizados, as emoções podem se expandir e assumir inúmeras nuances.

Para resumir, Damásio distingue quatro níveis na expansão das emoções. O nível principal compreende os mecanismos reguladores biológicos subjacentes à dor e ao prazer, os reflexos; as pulsões e as motivações. Acima desse nível, as emoções: primárias, secundárias e de fundo. O terceiro nível é o dos sentimentos: as configurações sensoriais que sinalizam o prazer e as diversas emoções que se transformam em imagens, em representações. Os sentimentos sobrevêm na consciência após

A natureza da arte

vários segundos, em geral de dois a vinte segundos. O quarto nível é o da consciência: a partir das imagens conscientes que provêm do terceiro nível, respostas complexas e individualizadas são formuladas e executadas sob a forma de comportamentos. A comunicação entre os níveis pode se efetivar de baixo para cima (*bottom up*), mas também de cima para baixo (*top down*): pode-se desencadear mecanismos biológicos inferiores a partir de um "programa" estabelecido no nível da consciência. Emoções muito fortes podem ser sentidas — mesmo emoções estéticas — a partir de uma atitude puramente racional, de uma crença ou de um julgamento. Esse fato explicaria as reações afetivas adutivas e as emoções estéticas desencadeadas por abstrações e conceitos, como ocorre com a arte conceitual, e mais amplamente pelo papel da cultura e dos conhecimentos no refinamento da atenção estética e na apreciação das obras e arte.

A abordagem da neurobiologia das emoções nos propõe uma descrição da função vital que elas preenchem nos organismos vivos e enfatiza as estreitas relações que elas mantêm com a cognição na espécie humana. A função das emoções sentidas diante de uma obra de arte é de extrema complexidade em relação à sua função básica. As questões que os pesquisadores formulam atualmente dizem respeito à maneira como essa complexidade se organiza, as razões pelas quais as obras de arte nos agradam e mesmo quando, às vezes, evocam emoções negativas, já que não existe emoção que não seja própria de uma arte particular, ou ainda como os julgamentos de valor se associam a uma emoção estética. Uma resposta bem fundamentada a essas questões é fornecida pelo filósofo Pierre Livet,[53]

---

53 Livet, Les approches esthétiques. In: Borillo (org.), *Approches cognitives de la creation artistique.*

segundo o qual as emoções estéticas, para que tenham sentido, devem estar relacionadas a nossos estados de humor, às timias, que nos predispõem favorável ou desfavoravelmente em relação ao mundo, mas também devem ser integradas ao conjunto de nossas emoções.

Como ressalta o fisiologista Marc Jeannerod, as emoções não têm como função única adaptar o indivíduo aos acontecimentos exteriores nem satisfazer a busca hedônica dos amantes da arte. "Elas desempenham também um papel de extrema importância na comunicação interindividual",[54] no sentido em que nos permitem ter acesso às emoções dos outros. A emoção é a exteriorização de um estado mental interno, por meio de *stimuli* visuais (expressão do rosto, atitudes corporais) ou sonoros (inflexões da voz, gritos, exclamações, onomatopeias, ruídos diversos) comuns à espécie humana como um todo. A organização do cérebro se faz dessa maneira, pois perceber uma emoção no rosto do outro (ou em seu comportamento corporal) nos faz entrar em comunicação com ele e, com isso, sentir a emoção daquele que observamos. Mas essa forma de sentir não pode se manifestar senão na medida em que somos capazes neurologicamente de "reproduzir" – ou melhor, de simular – as emoções do outro. Esse efeito pode se produzir com pessoas de carne e osso, mas também com imagens, representações. Jeannerod cita o exemplo de um espectador de uma peça de teatro, ou de um filme, que se emociona com o desempenho dos atores. "Essa especificidade das emoções", ele afirma, "tem a ver com seu caráter intencional: tem-se medo de algo, ficamos encolerizados com alguém. A emoção não se

---

54 Jeannerod, *La Nature de l'esprit*, p.45 ss.

A natureza da arte

reduz apenas à sua aparência, ela traz consigo a vivência íntima de quem a sente."[55] Esse aspecto comunicacional das emoções será abordado e desenvolvido mais amplamente no Capítulo 5, dedicado à empatia e ao papel que ela desempenha na comunicação intersubjetiva.

Em resumo, as ciências cognitivas ressaltaram quatro aspectos fundamentais das emoções: 1) Elas não são mais o oposto da razão, ao contrário, têm uma função cognitiva decisiva. 2) Por essa razão, "e pelo fato de que elas parecem ser inextricavelmente somáticas e psíquicas, as emoções confundem completamente a ontologia do mental".[56] 3) Elas constituem o fundamento de nossa relação com o outro. 4) Elas são adaptativas. Daniel Andler constata, porém,

> que estamos ainda muito longe de possuir uma visão coerente da experiência emocional, do que significa sentir uma emoção, e que a esse respeito nos defrontamos com perplexidades semelhantes àquelas provocadas pela ação e pela consciência, talvez pelas mesmas razões. Uma revisão radical se anuncia, ao cabo da qual a concepção científica e a concepção ordinária do mental poderiam se afastar completamente uma da outra.[57]

Poderemos reter dessas diversas abordagens as seguintes conclusões. Ao lado de outros sentimentos, o sentimento estético é o resultado do tratamento cognitivo de uma emoção associado a um dado prazer. Essa emoção-prazer é desencadeada

---

55 Ibid., p.46.
56 Andler (org.), *Introduction aux sciences cognitives*, p.649.
57 Ibid.

pela percepção de certas formas selecionadas por nossa atenção cognitiva e não por ideias ou abstrações — qualquer objeto, natural ou artificial, pode ativar um sentimento estético sob certas condições. Pode acontecer, porém, que uma ideia ou uma abstração possa provocar em nós um sentimento estético, que não nos é soprado por nenhum conhecimento transcendental, no curso de uma revelação indescritível na qual a pura ideia do Belo apareceria. Ele é o coroamento de um processo que se enraíza no nível mais profundo da matéria viva de nosso corpo e nosso cérebro: nesse sentido, o sentimento estético é uma construção. Esse estado afetivo mobiliza ao mesmo tempo o córtex pré-frontal e a parte mais arcaica, mais primária, o sistema límbico. O sentimento estético nasce de um jogo permanente — *bottom up/top down* — entre esses dois cérebros. Ele se encontra, igualmente, em ressonância com nosso sistema neurovegetativo, com nossos humores, eles mesmos em constante mudança, que decorre de nossa presença no mundo.

No nível da consciência, o sentimento estético provoca respostas infinitamente complexas. De uma natureza essencialmente morfotrópica, ele encontra na combinação sem limites das formas que as obras lhe propõem a oportunidade de estimular a atenção e a imaginação: de praticar uma espécie de exercício exploratório gratificado pelo prazer, uma possibilidade de formular hipóteses, de antecipar o futuro, ou seja, de se inscrever em uma temporalidade que lhe é própria. Exercício absolutamente vital. Mas todos esses processos só funcionam plenamente se forem constantemente e em todos os níveis — dos reflexos somáticos à consciência — movidos pela sensação de prazer. Uma sensação que estimula as condutas, guia, tria, recompensa ou pune, mas não julga. Sensação que tende a se

A natureza da arte

autorreproduzir por meio de um circuito autoteleológico infindável. Mesmo assim, se é claro que existe um centro do prazer, como ressalta Roger Vigouroux, "não existe no homem um centro do prazer artístico";[58]

> ele não saberia identificar a existência de estruturas globais nas quais as funções artísticas seriam especificamente representadas, como existem regiões da linguagem, da análise visuoespacial, do reconhecimento visual... Cada sistema anatomofuncional do cérebro participa da gênese do pensamento estético, constitui um instrumento de sua produção.[59]

"A arte tem a ver com o cérebro como um todo."[60] Diz respeito a estruturas não especificamente cerebrais que envolvem a totalidade de nosso ser. A atividade artística não é redutível à ação de um neurônio ou de uma molécula. O conhecimento ainda muito imperfeito dos processos que dão origem ao sentimento estético não permite deduzir leis universais nem regras fundamentais capazes de identificar uma obra de arte, como uma lei científica teria a obrigação de fazer.

---

58 Vigouroux, op. cit., p.217.
59 Ibid., p.86.
60 Ibid., p.345.

4
Os processos da criação artística

4.1. A questão da criação

O capítulo anterior tratou principalmente do sentimento estético vivenciado pelo amante da arte. Esse sentimento é suscitado por obras (indutores estéticos intencionais) que são realizadas e propostas pelos artistas. Essas obras são fruto de uma "operação" ou de uma "criação" específicas. Se o termo "criação" é hoje empregado para designar um indutor estético intencional ou, em um sentido diferente, o momento no qual certas obras – como um filme, uma peça de teatro, um concerto, um balé – são apresentadas ao público pela primeira vez, na Idade Média ele fazia parte do vocabulário religioso, como relembra Roger Pouivet.[1] De fato, para os cristãos, o termo *creatio* designa nessa época o ato pelo qual Deus fez surgir o mundo do nada – *ex nihilo*. Enquanto para os gregos a criação trazia a marca do demiurgo (o arquiteto, o artesão) que operava a partir de um material preexistente e não do nada, para

---

1 Pouivet, Création, *Dictionnaire d'esthétique et de philosophie de l'art*.

a teologia medieval a criação não pertencia senão a Deus. Para São Tomás, o *artifex* (o artesão, o artista) não poderia ser um criador, pois não seria capaz de fazer nada a partir do nada, só poderia agir sobre algo já existente. No entanto, na concepção tomista, a noção de *creatio* poderia ser aplicada ao artista, sob a condição de considerá-la como uma analogia. Ela assume então um sentido derivado que não a identifica mais como equivalente do ato divino. Claro que os artistas são criadores, mas seu ato de criação não é idêntico ao modo de criação divino, é inferior a ele.

Para Pouivet, uma reviravolta radical se opera com Kant. Enquanto "para São Tomás as noções [de criador e de criação] se aplicam primeiro a Deus e em segundo lugar, ou seja, analogicamente, ao homem. Kant faz o inverso: as noções analógicas, como criação e criador, se aplicam primeiro ao homem e depois a Deus".[2] Duas consequências advêm daí. A primeira, que interessa apenas aos teólogos, implica restringir a criação divina a uma criação meramente artefactual, o que a priva de todos os seus atributos sagrados. A segunda, que concerne à estética, faz do artista o equivalente de Deus. A criação artística traz a marca do gênio, ou seja, de um ser excepcional, fora do comum. Nessa perspectiva, o gênio é totalmente intuitivo e se contenta em traduzir o que sente interiormente. Ele mesmo não conhece os processos de sua própria criação. Ultrassensível, ele deveria capturar as forças misteriosas que ele mesmo traduz nas formas perceptíveis: os universais, não os

---

2 Id., Conception cognitive de l'art et creation artistique. In: Borillo; Goulette (orgs.), *Cognition et creation: Explorations cognitives des processus de conception*, p.282.

A natureza da arte

universais de Ramachandran, que são apenas manifestações de zonas neuronais pré-programadas, mas universais no sentido platônico, ou melhor, estruturas que realmente existem em um metamundo inacessível ao mais comum dos mortais. O gênio não sabe como cria, e ninguém mais sabe. Por isso mesmo, qualquer acesso à compreensão do ato de criação é proibido. "O estatuto epistemológico do artista criador é [...] ininteligível, até mesmo quase absurdo, pois é incompatível com as limitações inerentes à atividade cognitiva humana."[3]

Foi assim que a estética e a filosofia moderna da arte inspiradas em Kant se opuseram ao empreendimento cognitivo da arte e da criação artística. Essa visão ainda é muito disseminada e, paradoxalmente, é encontrada, em uma versão mais atenuada, entre certos especialistas das ciências cognitivas. Em decorrência disso, qualquer tentativa para compreender os processos de criação artística seria desprovida de sentido. Contra essa ideia, Pouivet defende a concepção cognitiva que busca, ao contrário, reconstruir o processo de criação das obras. Só existe obra de arte com a condição de que seu autor a tenha criado de maneira intencional. Existe sempre um autor na origem de uma obra. Tal ideia se inscreve no que a psicologia cognitiva define como "representação compartilhada", ou seja, "a mesma ação pode ser simultaneamente representada por aquele que a executa (ou tem a intenção de executá-la) e por aquele que a observa (ou que busca decifrar seu conteúdo)". "Todos nós possuímos essa capacidade, aparentemente banal, de atribuir uma ação, ou mesmo uma representação da ação a seu autor. Os filósofos

---

3 Ibid., p.283.

Edmond Couchot

dão o nome de agentividade a essa propriedade que toda ação tem pelo fato de possuir um autor."[4]

De qualquer modo, defrontamo-nos com posições comparáveis a respeito da questão do autor – questão que repercute e se redefine nas obras interativas. Dada sua etimologia latina, o termo autor tem dois sentidos próximos, embora distintos: o que funda, que dá origem à ideia de que nada existe antes. (Deus é o autor de tudo) e o que amplia, que acrescenta algo novo ao que já existe. Para existirem como obras, as obras interativas requerem uma participação do destinatário mais ou menos importante segundo a escolha dos autores. Alguns atribuem ao destinatário possibilidades de intervenção, o que requer inventividade e imaginação, em um contexto que, entretanto, permanece definido, a tal ponto que se tem o direito de falar de uma contribuição verdadeiramente coautoral. Sempre variável, uma vez que depende não mais de uma simples leitura, que a deixa aparentemente intacta, mas sim de uma ação capaz de modificar suas formas, a obra final seria o resultado de uma troca, de uma espécie de diálogo sem palavras (ainda que em certos casos possa haver troca de palavras) entre um autor inicial, alojado na origem do processo (um autor-anterior),[5] e um segundo autor sem o qual a obra não teria como se atualizar, um "autor-posterior".[6] Assim, eles buscam fornecer ao

---

4 Jeannerod, *La Nature de l'esprit*, p.95-6.

5 Sobre esse assunto, veja Couchot, *Des Images, du temps et des machines dans les arts e la communication*, subseção Les Dispositifs signés: l'amont et l'aval.

6 O autor faz uso das palavras *amont* – montante – e *aval* – jusante – para se referir a autores e obras. As expressões *en amont* e *en aval* dizem respeito primordialmente a cursos d'água, a montante

A natureza da arte

destinatário uma certa iniciativa e transformar as condutas estéticas (receptoras) em condutas (estéticas) operatórias (ou parcialmente operatórias). Essa intenção poderá levar a abordagem naturalista a se questionar sobre essa situação sem precedente nas relações do destinatário com o objeto artístico e na aproximação entre as condutas estéticas (receptoras) e as condutas (estéticas) operatórias.

Essa concepção se opõe à de certos artistas que pretendem ser os únicos autores de suas obras – em si mesma, uma escolha incontestável – e negam ao destinatário a possibilidade de fornecer uma contribuição real à obra e colaborar com sua criação. Eles querem apenas fornecer ao destinatário a oportunidade de agir no interior de um campo de possibilidades inteiramente determinado por eles. A criação não é compartilhável.

O que pode ser considerado como uma mudança de paradigma na noção de autor se deve à evolução das ciências e das tecnologias da informação e da comunicação. Essas tecnologias também introduziram uma mudança de paradigma na noção de criação. À criação "natural", ou seja, própria de um ato humano intencional, acrescenta-se um novo tipo de criação, aquele de que máquinas digitais provavelmente serão dotadas: uma criação artificial especificamente maquínica. Em decorrência disso, os computadores podem começar a simular, quase com precisão, as condutas (estéticas) operatórias, privilégio até

---

para a direção da nascente, a jusante para a da foz. A significação se expandiu para outros domínios, e não apenas para rios e mares. Na linguagem figurada, as locuções passaram a indicar anterior e posterior, sendo amplamente empregadas por várias áreas, sobretudo pelas ciências exatas. (N. T.)

Edmond Couchot

então reservado ao homem. Resulta daí uma nova situação. Proponho abordar a questão da criação a partir de dois pontos de vista. Um sobre a criação natural, outro sobre a criação artificial, ambos na perspectiva comum das ciências cognitivas.

4.2. A criação natural

As alterações cerebrais entre os artistas

Tomando como base a longa evolução do cérebro – da vida instintiva e afetiva ao pensamento racional, conceitual e abstrato –, Roger Vigouroux formulou a hipótese de que mecanismos neurofisiológicos complexos deveriam necessariamente intervir nos processos da cognição estética. Como "é impossível estudar esses mecanismos a partir de lesões experimentais criadas em laboratório", deduz-se disso que é necessário "se apoiar nas observações de pintores, escultores, músicos, escritores que apresentam alterações cerebrais orgânicas".[7] Por outro lado, essa técnica permitiu que outras funções do cérebro fossem estudadas com sucesso. Para tentar penetrar nos mecanismos da criação, Vigouroux apresenta casos de artistas atingidos por disfunções graves no cérebro e, ao contrário, casos de artistas excepcionalmente dotados.

Diversos distúrbios são capazes de afetar os músicos: incapacidade de cantar, de tocar com as duas mãos, alteração da discriminação das notas, incapacidade de escrever uma partitura musical, perda do senso do ritmo etc. O caso mais conhecido

---

7 Vigouroux, *La Fabrique du Beau*, p.60.

A natureza da arte

é o de Maurice Ravel que, após um acidente cardiovascular, em 1992, viu sua inspiração minguar e seu estado psíquico se deteriorar bastante rápido, com alteração da fala e da escrita. Seus sintomas eram particularmente preocupantes. Ravel preservou seu senso estético, sua memória, sua capacidade de julgar. Podia cantar trechos de sua obra, se lhe dessem o tom do *lá*, sabia perceber os erros das notas, de escala e de ritmo. Em contrapartida, tornou-se incapaz de escrever, de ler música e de tocar piano. Cinco anos após o acidente, Ravel faleceu depois de uma operação cirúrgica cerebral que revelou um colapso do cérebro esquerdo. As causas exatas de sua doença permanecem ignoradas, mas se deduziu que ele devia sofrer de um tipo particular de afasia. O caso de Dmitri Shostakovitch também é impressionante: ele teria tido alucinações sonoras após um ferimento na cabeça provocado por um obus durante a Segunda Guerra Mundial que teria pressionado certas zonas do cérebro. Em sua obra, o compositor se inspirou nessas melodias fantasmas.

Existem vários outros casos de alterações cerebrais que afetam os músicos. Após um acidente cerebral, o compositor russo Vissarion Shebalin perdeu a fala e não reconhecia mais a linguagem falada, embora tivesse conservado todas as suas capacidades de compositor. Existem vários outros exemplos: o de um organista que, mesmo capaz de executar um coral de Bach, não podia mais nomear objetos e repetir palavras. Um músico que podia decifrar partituras, mas não podia reconhecer áreas por meio da audição. Um violinista que, bruscamente, havia perdido o ouvido absoluto, após uma hemiparesia direita (paralisia muscular leve) e uma afasia (perda da capacidade

Edmond Couchot

de falar) mista, mas sempre podia discriminar intervalos e tonalidades.[8]

Os pintores são igualmente sujeitos a certas alterações cerebrais, mas elas afetam outras regiões do cérebro. François Gernez foi atingido por uma afasia que perturbou profundamente sua linguagem oral, mas deixou intacta sua capacidade de pintar e seu julgamento estético. Vários pintores se tornaram incapazes de utilizar sua mão direita e, arduamente, tiveram de aprender a pintar com a esquerda, sem que seu talento fosse alterado por causa disso. Um deles foi obrigado a mudar de mão após um acidente cerebral que o privou do uso da palavra e da leitura, mas curiosamente seu estilo e suas temáticas mudaram muito, e foram muito mais apreciados do que antes. Um outro passou a tratar de modo diverso as partes direita e esquerda de seus quadros: ele deixava a parte direita inacabada e sem detalhes, as figuras eram deformadas e irreconhecíveis, enquanto a parte esquerda era pintada normalmente. Em contrapartida, essa mesma parte direita demonstrou uma expressividade emocional inabitual. A respeito dessas alterações, Vigouroux ressalta que "ao se liberarem de um sistema organizador e impositivo, as lesões cerebrais que afetam áreas da linguagem parecem até mesmo permitir uma melhor expressão da arte pictural".[9]

Tais alterações podem assumir formas muito diferentes. Um dado pintor continuava a desenhar temas que lhe eram apresentados, mas era incapaz de identificá-los. Outro perdeu

---

8 Uma quantidade imensa de exemplos extraordinários é dada por Oliver Sacks em seu livro *Musicophilie: la musique, le cerveau et nous.*

9 Vigouroux, op. cit., p.77.

A natureza da arte

totalmente a visão das cores, o que fazia que confundisse certos objetos, mas, em contrapartida, havia adquirido uma extrema sensibilidade aos contrastes que lhe permitiam distinguir os traços de um rosto de muito longe. Sua incapacidade de diferenciar cores não se devia a uma deficiência da visão, mas à impossibilidade de seu cérebro em reconstituir a cor a partir das informações transmitidas por seus olhos após uma ruptura das fibras nervosas que ligam as áreas corticais V1 e V2 com a área V4 da cor. Outros artistas se tornaram apáticos, indiferentes a tudo e perderam toda a sua imaginação.

O caso de um pintor atingido por uma hemiplegia esquerda esclareceu uma característica fundamental do cérebro. O cérebro é composto de dois hemisférios cujas funções são diferentes. O esquerdo é dedicado à linguagem e apreende a realidade de um modo sequencial, temporal e analítico. Ao contrário, o direito apreende a realidade de maneira global, holística, sintética, intuitiva. Controla as atividades de organização visual e espacial, o reconhecimento dos rostos, a atenção e a emoção. Essa especialização dos hemisférios explica então por que os pintores afetados por uma alteração do hemisfério esquerdo desenham com muita precisão os contornos dos objetos, manifestam uma forte expressividade, mas têm a tendência de esquematizar e simplificar as formas. Enquanto os pintores atingidos por uma alteração no hemisfério direito perdem o controle da organização espacial do quadro, da continuidade do desenho, aferrando-se a detalhes e negligenciando a parte esquerda do quadro. Na verdade, essas observações dizem mais respeito aos pintores figurativos, para quem é mais fácil perceber certas alterações, do que aos pintores abstratos, mas elas revelam muito claramente relações específicas entre certas

Edmond Couchot

zonas do cérebro e certas características próprias dos artefatos produzidos pelos pintores (cores, formas, composição, exàtidão do desenho, expressividade etc.).

Um outro tipo bastante comum de alterações cerebrais provocadas pela epilepsia acometeu certos artistas. Os três casos mais conhecidos são os de Fiódor Dostoievski, Gustave Flaubert e Vincent van Gogh. Durante toda a sua vida, Dostoievski sofreu crises de epilepsia (denominada "parcial secundária"). Essas crises o deixavam em um estado de grande confusão mental, apático, letárgico e profundamente deprimido. Esquecia o fio da história e o nome dos personagens do romance que estava escrevendo, e a consciência de suas faculdades intelectuais só voltava muito lentamente. Ao longo de suas crises, Flaubert sofria de problemas visuais (diversos fosfenos[10] e, por vezes, perda da visão), assim como de alterações psicossensoriais acompanhadas de um sentimento de angústia, manifestações emocionais e alucinações. Mas se os sintomas de sua doença são atualmente compreendidos com exatidão, as interpretações sobre seu diagnóstico são divergentes. O caso de Van Gogh parece mais complexo. Ele sofria de desordens neurológicas que causavam alterações de comportamento e de caráter. Psicose, até mesmo esquizofrenia chegaram a ser mencionadas, mas Van Gogh teria sido mais um epilético, como ele mesmo admitia – angústia, perda de memória, estresse emocional etc.

Embora as perturbações que afetavam esses três artistas fossem graves e provocassem profundas alterações em sua

---

10 Fenômeno entóptico, caracterizado pela sensação de manchas luminosas causada pela estimulação mecânica, elétrica ou magnética da retina ou do córtex visual. (N. T.)

A natureza da arte

personalidade no curso das crises, elas não influíram diretamente em sua arte. As telas mais notáveis de Van Gogh foram pintadas durante períodos nos quais as crises eram frequentes: de 1882 até a data de seu suicídio, em 1892, ele pintou cerca de novecentas telas, noventa delas alguns meses antes de sua morte. Elas não eram o reflexo de sua doença, mas a manifestação artística de uma lúcida resistência a ela. Ocorreu o mesmo com Dostoievski e Flaubert, cuja escrita permaneceu intacta, mesmo que fosse inspirada nos sofrimentos que ambos haviam vivenciado pessoalmente em suas relações com os outros e com a sociedade. Esses artistas não deviam sua genialidade à epilepsia, mas à maneira pela qual, graças à sua arte, sabiam transformar seu sofrimento em um prazer para os outros. Esses três casos diferem dos precedentes, na medida em que as alterações cerebrais (afasias de diversos tipos) afetavam diretamente a prática de sua arte, em geral de maneira permanente. Outros escritores e poetas, fossem eles mais ou menos conhecidos, sofriam de diversos tipos de afasias: afetado por uma hemiplegia, Charles Baudelaire se tornou incapaz de se expressar verbalmente; Valery Larbaud sofria de problemas sintáticos e gramaticais que o impediam de escrever.

Existe um amplo conjunto de obras cada vez mais rico que relata essas diversas alterações do cérebro e suas consequências na criação artística, sobretudo no domínio das artes visuais, da música e da literatura".[11] Estudos coordenados pela

---

11 Lambert oferece uma bibliografia muito abundante em seu artigo "Littérature, arts visuels et neuroesthétique. Une introduction", disponível em: <www.epistemocritique.org/spip. php?article49&artpage>.

psiquiatra Ray Redfield Jamison destacaram o caráter bipolar das alterações de humor entre vários artistas (alternância de episódios maníacos, de excitação e de crises de desânimo). Uma enquete que reuniu cerca de cinquenta celebridades do mundo artístico revelou que 38% delas haviam sido tratadas por causa de problemas de humor e três quartos haviam sido hospitalizadas. O caso de Robert Schumann é exemplar: a produção de obras segue exatamente as curvas de seu humor, oscilando entre episódios de entusiasmo e depressão. Todas essas observações tornam evidente que as condutas (estéticas) operatórias não devem nada a essa ou aquela zona precisa e localizada no cérebro, mas sim a seu funcionamento como um todo, ou seja, à totalidade dos elementos que compõem uma personalidade orientada pela vontade de criar uma obra: suas singularidades afetivas e emocionais, sua memória e sua cultura, sua capacidade de julgar e sua inscrição social. Nesse sentido, as doenças não revelam nada do que caracteriza uma obra de arte, mas demonstram que aqueles que são afetados por elas reagem de maneira diversa, uns perdendo total ou parcialmente sua capacidade de criar obras, outros resistindo à doença. Sofrer de problemas afetivos não é necessário nem suficiente para produzir obras de arte.

Os artistas possuem capacidades particulares?

Em contrapartida, existem artistas que não manifestam mais alterações cerebrais, mas sim disposições naturais particularmente desenvolvidas – o que se denomina um "dom". Ao contrário de outras pessoas, foi constatado que os artistas (músicos, pintores) não possuíam nenhuma predominância do

A natureza da arte

hemisfério cerebral esquerdo sobre o direito, independente do sexo. Como se entre esses indivíduos a palavra não prevalecesse sobre outros meios de expressão ou comunicação. A partir daí, deduziu-se que poderia existir uma organização cerebral subjacente a certas faculdades próprias dos artistas. Essa observação foi corroborada pelo fato de que inúmeros pintores e músicos eram canhotos (o caso mais conhecido foi o de Leonardo da Vinci, totalmente ambidestro). Observou-se ainda que certos músicos possuíam uma capacidade auditiva bastante rara, o "ouvido absoluto", que lhes permitia reconhecer uma nota sem referência de base e que depende de uma atividade inabitual das células ciliares do órgão de Corti[12] do ouvido. Os indivíduos dotados de ouvido absoluto não utilizam os mesmos circuitos que os outros músicos para reconhecer as notas. No entanto, para perdurar e se desenvolver, essa capacidade deve ser exercitada por uma atividade musical constante. Fruto de uma herança genética, ela predispõe, mas não determina. O fator genético pode assim desempenhar um importante papel: grandes famílias de músicos como os Bach e os Scarlatti demonstraram isso. De outro modo, certos músicos como Berlioz e Tchaïkovski nasceram em famílias que não se interessavam pela música.

O fator genético, porém, está longe de explicar tudo. Se for levada em conta a extraordinária complexidade do cérebro (de cem a bilhões de células nervosas e 100 trilhões de sinapses),

---

12 Também conhecido como órgão espiral, o termo homenageia o marquês Alfonso Corti (1822-1876), responsável pela pesquisa auditiva em mamíferos, a partir de 1850. A redução das funções do órgão de Corti resulta na perda auditiva ultrassensorial, considerada como uma doença irreversível. (N. T.)

à qual se acrescenta a complexidade do patrimônio genético e dos fatores epigenéticos que resultam da confrontação do cérebro e do corpo com o meio exterior (influências culturas, hábitos emocionais etc.), torna-se impossível distinguir o inato do adquirido. Cada ser é único. No momento atual nada pode ainda ser verificado, portanto estamos reduzidos a imaginar hipóteses capazes de conceber o modo como um cérebro dotado para as artes seria construído. Jean-Pierre Changeux, por sua vez, acredita que a estimulação repetida de certos circuitos neuronais no curso da aquisição de uma aptidão artística reforçaria e estabilizaria esses circuitos às expensas de outros circuitos que acabariam por desaparecer. Daí decorre a importância dos primeiros anos da vida na constituição desses circuitos, mas também do meio cultural que favorecerá sua estabilização seletiva durante seu desenvolvimento.

O caso que certamente ilustra melhor essas disposições para as artes é o de Wolfgang Amadeus Mozart. Suas aptidões excepcionais são bem conhecidas e parecem verdadeiramente inatas por terem se manifestado de maneira precoce, ou seja, sem o que o meio cultural, sempre muito pregnante, pudesse agir plenamente. Aos 3 anos, Mozart pesquisava terças maiores no cravo por puro prazer. Aos 4, começou a tocar pequenos trechos musicais; aos 6, compunha minuetos; aos 13, missas; aos 14, um quarteto de cordas bastante famoso. Com certeza, seu meio familiar, sempre imerso na música, e o reconhecimento social de suas prodigiosas capacidades representavam para ele um apoio incontestável. Essa influência poderia, porém, explicar os dons fora do comum de Mozart: ter na cabeça a totalidade de uma obra antes de escrevê-la, escrever uma partitura imaginando totalmente uma outra ou transcrevê-la de memória, após uma única audição, como *O Miserere*, de Gregorio Allegri, uma obra muito complexa de quinze minutos, cuja partitura ninguém conhecia?[13] Tomando como base esse último exemplo, poderíamos deduzir que existiria uma memória musical distinta da memória habitual, na qual seria inscrita não apenas uma série de notas, mas a própria estrutura da obra.

As capacidades particulares são mais difíceis de detectar entre os pintores. Pode-se encontrar, ou melhor, supor, influências genéticas nas famílias dos Bellini (o pai e seus dois descendentes), dos Bruegel (o pai e seus dois filhos) ou dos Ruysdael, mas essas capacidades também podem ser atribuídas à educação. Uma tendência de atribuir esses dons aos modos de vida por vezes marginais ou associais dos artistas (o mito do artista maldito) também foi levada em conta. Mas a imensa maioria dos pintores levou uma vida perfeitamente integrada: Diego Velázquez exerceu várias funções na corte de Felipe IV, Peter Paul Rubens era embaixador, inúmeros artistas foram e são professores ou praticam outras atividades. Em consequência disso, torna-se impossível determinar a parte imputável a uma suposta herança genética e a parte imputável à personalidade cerebral dos artistas, ou seja, estabelecer uma distinção entre o inato e o adquirido.

Gerador de diversidade e seleção darwiniana

Para muitos artistas e cientistas, a criação artística tem muitos pontos em comum com a invenção científica, sobretudo com a invenção matemática. A partir de uma teoria formulada

---

13 Consulte Lechevalier, *Le Cerveau de Mozart*.

Edmond Couchot

pelo físico Hermann von Helmholtz, o matemático Henri Poincaré foi o primeiro – é o que parece – a propor um esquema que explicava o processo da invenção na matemática.[14] Ao analisar seu próprio trabalho, Poincaré logo observou que a memória não é fator determinante da invenção, mas que, em contrapartida, a intuição desempenha nela um importante papel. Para Poincaré, o processo da invenção matemática se decomporia em quatro fases: 1) Um trabalho preparatório consciente no qual o matemático acumula materiais de reflexão. 2) Um trabalho inconsciente no decorrer de um período de repouso ou incubação: o matemático pensa em outra coisa. 3) Uma fase denominada de iluminação, ou a súbita e inesperada emergência da solução na consciência. Essa fase é a mais importante e a mais complexa. Para que ela ocorra, é preciso que o matemático tenha um "sentimento" específico, a intuição, que lhe permite encontrar combinações úteis e fecundas, resultado de uma primeira triagem inconsciente. Mas a solução definitiva é selecionada por aquilo que Poincaré denomina "a sensibilidade", isto é, o sentimento da beleza matemática, da harmonia dos números e das formas, da elegância geométrica, que propicia ao matemático uma "satisfação estética". 4) Um trabalho de verificação inteiramente consciente e submetido ao cálculo. Esse modelo foi retomado nos anos 1960 por Jacob W. Getzels, que define cinco etapas: 1) primeira ideia geral; 2) saturação; 3) incubação; 4) iluminação; 5) validação.

A intuição desempenharia um papel dinâmico no encadeamento do processo da criação. Pesquisadora na área de epistemologia, Claire Petitmengin trouxe uma colaboração original

---

14 Consulte Poincaré, *L'Invention mathématique.*

A natureza da arte

à questão, mas de um ponto de vista estabelecido a partir de observações em primeira pessoa, que diferem das habituais abordagens neurobiológicas.[15] Ao contrário do preconceito reinante, a experiência intuitiva não é incomunicável, embora não seja abordável por meio de uma análise puramente formal e conceitual. Sendo essencialmente singular, isto é, situada no tempo e no espaço de algo vivido, não seria possível reduzi-la a uma única forma de conhecimento intencional que visa um objeto, isso porque ela ignora esse objeto que só aparece quando, de maneira inesperada, emerge à consciência após um trabalho subterrâneo não consciente.

Longe de poder ser pressionada, forçada por um movimento voluntário, a emergência de uma intuição se caracteriza por uma certa forma de passividade. É preciso deixá-la advir, esperando que o tempo cumpra seu papel. Trata-se de uma experiência que tem a ver com o amadurecimento, mais com o processo do que com a ação. [...] Mais do que um modo particular de se relacionar com o mundo, a intuição se assemelha a um modo específico de estar no mundo.[16]

Para as ciências cognitivas, a compreensão do modo intuitivo da consciência representa, na visão de Claire Petitmengin, um desafio de extrema importância, "uma vez que, longe de ser um modo excepcional de conhecimento, ele se situa na raiz de qualquer atividade cognitiva, de qualquer pensamento criativo".[17]

---

15 Petitmengin, *L'Expérience intuitive*. Veja também L'énaction comme experience vécue, *Intellectica*.

16 Ibid., p.41.

17 Ibid., p.71.

Jean-Pierre Changeux aborda a questão de um ponto de vista diferente, mesmo que não contraditório. Para descrever essa atividade que ele mesmo admite, ao se referir à arte, "ser ainda muito difícil de compreender no plano neurológico",[18] é preciso saber em qual capacidade singular específica do homem ela se baseia. Changeux pensa que essa capacidade se baseia essencialmente na simulação – esse poder de antecipar, de produzir hipóteses e elaborar modelos do mundo, sistematicamente acompanhado de um "valor emocional". A atividade artística criadora, por sua vez, apresenta inúmeros pontos comuns com a atividade criadora própria da matemática. A criação na matemática é um dos temas de *Matéria para pensar*[19] em que Jean-Pierre Changeux e o matemático Alain Connes debatem a natureza dessa capacidade, mas suas conclusões se estendem além da matemática até a criação artística. Para o matemático, os objetos matemáticos não seriam criados pelo cérebro, mas descobertos durante a exploração de uma descoberta independente, não física, embora acessível ao pensamento. Para o neurologista, ao contrário, esses objetos não seriam senão o fruto da imaginação do homem e produzidos exclusivamente pelo cérebro. O debate levanta inúmeros pontos de discussão, de acordos e divergências de alto interesse, como a crença em uma realidade física, e em uma realidade matemática independente, ambas questionadas do ponto de vista das ciências cognitivas. Mas ressalto apenas o tom do debate da questão que nos interessa sobre a qual ambos os parceiros parecem convergir: o

---

18 Changeux, *Raison et plaisir*, p.127.
19 Changeux; Connes, *Matière à penser*.

A natureza da arte

modo como a atividade criativa se efetivaria no cérebro, creia-se ou não em uma realidade independente da matemática.

A partir de uma proposição de Alain Connes, com a qual Changeux contribui, qualquer criação ou descoberta se desenvolveria segundo quatro fases. Existiria uma primeira fase denominada "incubação", que consistiria em uma abordagem do problema baseada em conhecimentos adquiridos: o cérebro funcionaria então como um "gerador de diversidade", misturando mais ou menos aleatoriamente os dados e as hipóteses. Mais tarde, Changeux exemplificará essa fase a respeito da pintura, citando estudos, esboços, diversos croquis que preparam a obra final. A segunda fase, a da "concentração", seria seletiva e seguiria um esquema darwiniano. A atividade cognitiva se focalizaria em certos elementos do problema que ela reteria em suas malhas, eliminando inteiramente os outros. Essa operação seletiva seria extremamente rápida e conduziria à terceira fase: a "iluminação". Para Connes, no caso da matemática, a iluminação forneceria ao matemático a visão da totalidade da demonstração em alguns segundos, no decorrer da qual *ex abrupto* a solução apareceria. Um mecanismo seria produzido, embora Connes admita não saber como defini-lo, mas a função da avaliação estaria fortemente ligada à afetividade. Para Changeux, essa seria a fase da invenção e para Connes a da descoberta, embora o mecanismo permanecesse idêntico. No entanto, um desacordo opõe os interlocutores. Enquanto Connes argumenta que o matemático descobre uma estrutura preexistente, Changeux insiste que seria absurdo afirmar, falando da *Pietà*, por exemplo, que essa escultura já existisse (em alguma parte do universo) antes que Michelangelo a tivesse esculpido.

A iluminação só se produziria quando a "função da avaliação" fosse bastante significativa para desencadear uma forte reação afetiva. Uma "sineta de prazer", afirma Alain Connes, assinalaria a invenção – ou a descoberta – selecionada. Poderia ser também uma sineta de alarme (ou de desprazer), no caso inverso. A iluminação coincidiria "com uma entrada em ressonância de representações mentais entre si". Como Connes ressalta,

> o córtex frontal no qual essa ressonância de fato ocorre é inteiramente ligado ao sistema límbico, ele mesmo engajado nos estados emocionais. [...] Por ocasião da iluminação, as ressonâncias ultrapassam o córtex frontal e atingem o sistema límbico de tal modo que poderíamos chegar até mesmo a afirmar que o estado emocional contribui para a avaliação...

"Capaz de reconhecer uma 'harmonia' entre o sujeito e seu ambiente, ou uma 'harmonia' interior entre várias representações, essa função de avaliação pode ser interpretada como um sistema de prazer ou de alarme." Por isso, a implicação das emoções seria necessária, pois ela permitiria construir uma hierarquia de valores. Uma operação sempre gratificada por prazer ou desprazer (percebe-se aqui a necessidade de associar emoção e razão). Connes acrescenta que esse prazer "é análogo ao dos artistas quando encontram uma solução, quando um quadro é perfeitamente coerente e harmonioso".[20] Poincaré se baseava nesse prazer estético para selecionar os resultados de sua imaginação. Trata-se de uma consideração importante, pois intro-

---

20 Ibid., p.117. Encontramos aqui o critério de harmonia comum à arte e à ciência.

A natureza da arte

duz a ideia de uma analogia entre a criação (ou a descoberta) na matemática e nas artes.

No caso da matemática, a quarta fase consistiria em verificar os resultados segundo critérios já estabelecidos; às vezes, a verificação poderia demorar muito tempo para ocorrer. Darei como exemplo a famosa conjectura de Pierre de Fermat, cuja iluminação emerge em 1621, na forma de um teorema rabiscado na margem de um livro pelo matemático que então afirmava ter conseguido a prova de "maneira maravilhosa", mas que não teve espaço para inserir ali sua demonstração. Essa conjectura só foi verificada 350 anos mais tarde, apesar das inúmeras tentativas de várias gerações de matemáticos. É conveniente observar que qualificar de "maravilhosa" a maneira pela qual Fermat teria demonstrado sua conjectura, caso ele tivesse tido tempo para isso, indica muito bem que a verdade apareceu para ele como uma revelação, se não divina, pelo menos quase mágica. No domínio científico, a fase de verificação consistiria então em submeter os resultados aos critérios já estabelecidos pela comunidade dos pares. Uma vez que os dois autores não fazem alusão a isso, seria possível supor que a verificação no campo da arte se traduziria pela aceitação ou a recusa — em parte subjetivas — pela esfera da arte dos artefatos produzidos pelos artistas.

Jogos cognitivos e pré-representações

Em 2002, Changeux retomou mais explicitamente a hipótese do gerador de diversidade e de seleção.[21] No que diz respeito aos conhecimentos e não mais à criação, armazena-

---

21 Changeux, *L'Homme de vérité*.

dos no cérebro ao longo da vida, sua aquisição seria indireta e resultaria da seleção de esquemas preliminares denominados pré-representações, nos quais a atividade espontânea do cérebro contribuiria para uma espécie de gerador de diversidade de tipo darwiniano: de fato, os neurônios se descarregam maquinalmente mesmo na ausência de estimulações provenientes dos órgãos dos sentidos. A atividade do cérebro é incessante e autoalimentada. Como havia ressaltado Heinz von Fœrster, "na medida em que nosso sistema nervoso não conta senão com 100 milhões de receptores sensoriais e 10 mil bilhões de sinapses, somos 100 mil vezes mais sensíveis às mudanças de nosso ambiente interno do que às do ambiente externo".[22] Assim sendo, "as pré-representações mobilizariam de maneira combinatória estruturas inatas (como as diversas modalidades sensoriais e/ou as zonas motoras), assim como distribuições neuronais oriundas de experiências anteriores". O neurobiólogo observa também que "as redes de neurônios inibidores poderiam desempenhar também um papel crucial na gênese dessas pré-representações". O número de combinações criadas pelo gerador de diversidade se tornaria extremamente grande e rapidamente inutilizável, as variações das pré-representações seriam submetidas a uma espécie de controle no nível da atenção e da motivação. Tal sistema dependeria da criatividade dos processos cognitivos (em geral) e das múltiplas hipóteses de sentido elaboradas pelo cérebro.

---

22 Von Fœrster, La Construction d'une réalité. In: Watzlawick (org.), *L'Invention de la réallité: contribution au constructivisme*, p.52. Mais tarde, a avaliação do número de sinapses foi consideravelmente revisto e ampliado.

No bebê, as pré-representações se expressam por diversos movimentos dos membros e dos estados afetivos mais ou menos coordenados. O bebê se entrega a espécies de "jogos cognitivos". Como o bebê sabe que essa ou aquela ação induzida por essa ou aquela pré-representação é "eficaz", ou seja, portadora de sentido para sua conduta? Ele sabe disso graças a um mecanismo de recompensa neuroquímica que, ao produzir prazer por ocasião de cada tentativa realizada com sucesso, reforçaria os circuitos neuronais implicados nessa ação e, assim, estabilizaria as pré-representações. De modo inverso, uma sanção em termos de punição (um efeito desagradável) desestabilizaria as pré-representações correspondentes. Assim, por meio de tentativas e erros, ao submeter suas pré-representações à experiência do mundo – experiência esta sancionada por uma recompensa ou por uma punição associadas ao prazer ou ao desprazer –, pouco a pouco o bebê teria sucesso em coordenar seus movimentos e tornar eficaz sua ação sobre eles. Outra hipótese que pareceria mais adaptada à percepção sensorial decorreria de uma correspondência entre as pré-representações e as estimulações sensoriais produzidas pela atividade perceptiva. Esses dois modos de seleção teriam em comum o fato de que ambos permitiriam selecionar e memorizar sob o formato de "mapas" modelos neuronais reduzidos da realidade exterior. Existiria assim um mecanismo análogo entre aprendizagem e criação, a aprendizagem incluindo também o fato de eliminar as pré-representações inadaptadas, ou seja, de desaprender.

A dinâmica do fazer artístico

Roger Vigouroux propõe uma esquema um pouco diferente do de Poincaré, Changeux e Connes, mais específico da criação

Edmond Couchot

artística.[23] As fases da atividade criativa seriam: a incubação, a intuição (ou inspiração) e uma fase que corresponde à verificação, mas não é mencionada por ele. No transcorrer da fase de incubação, o artista acumula materiais, habilidades técnicas, experiências pessoais. Elabora um projeto com maior ou menor precisão. Para realizá-lo, procede por tateamentos e experimentações; "em sua mente", combina formas, volumes, cores, sons, estruturas, seleciona o que convém, recusa o que não cabe no projeto. Produz esboços, rascunhos, maquetes (como Nicolas Poussin, que construía pequenos cenários em três dimensões com personagens e ambiências), conserva certas coisas, rejeita outras, confrontando-as com sua intenção criadora. A obra é elaborada passo a passo, por tateamentos sucessivos, por jogo de combinações. Sua progressão é intimamente ligada ao trabalho do pintor, ao fazer técnico, sem que cada passo seja automaticamente gratificado por uma sensação de prazer.

A segunda fase do processo criador se basearia em uma particularidade do cérebro: a intuição (ou iluminação). A intuição pode tanto surgir de uma reflexão muito concentrada quanto de uma via exterior, quando o pensamento se libera de seu objeto. Essa observação vai de encontro à de Connes quando reitera que, por vezes, os processos de criação consistem em "pensar ao lado", ou seja, deixar que o gerador de diversidade atue livremente, evitando focalizá-lo em um alvo preciso. A criação retorna a seu estado de "passividade" – essa maneira de "deixar advir" – apontado por Petitmengin. O instante da revelação com frequência é vivenciado como um momento de contentamento, de êxtase. É gratificado por uma forte descarga

---

23 Vigouroux, op. cit., p.238-67.

A natureza da arte

emocional, por um grande júbilo. O artista encontrou o que buscava às escuras e que agora lhe aparece em plena luz. A inspiração, porém – Vigouroux se refere à inspiração, à iluminação, à intuição, sem fazer distinção entre esses termos –, pode assumir aspectos mais modestos e depende apenas da dinâmica do fazer. Ao contrário da matemática, a elaboração de uma obra artística não pode resultar sistematicamente de uma única revelação. A obra é elaborada passo a passo, por tateamentos sucessivos em uma progressão ligada ao trabalho do pintor, ao fazer e portanto à técnica, sem que cada passo seja gratificado por uma sensação de prazer. A obra nasce do diálogo entre as intenções do artista e a matéria sobre a qual ele trabalha, de sua resistência mas também de suas potencialidades. De fato, toda técnica veicula percepções incomuns, formas não explicitadas, e acrescenta elementos exteriores à combinatória.

Vigouroux enfatiza o papel decisivo do fazer, característico da criação artística. Ele próprio não fornece exemplos, mas eles abundam na história da pintura. Os artistas sempre foram os grandes inventores dos geradores de diversidade. Destacarei dois tipos de geradores. Ambos são ligados ao fazer e à técnica; uns são processos físicos situados no exterior do cérebro e do corpo, outros são processos mentais que se desenrolam no interior do cérebro e do corpo. Lembremos os mais importantes dentre os processos físicos: a invenção da pintura a óleo e do esmalte durante o Renascimento permitiu ampliar consideravelmente os efeitos de transparência e a gama de cores ou, ainda na mesma época, os diferentes perspectógrafos que forneceram aos pintores a possibilidade de imaginar soluções inteiramente novas para a representação bidimensional do espaço, a partir de experiências óticas, mecânicas ou corporais. Mais próximas

Edmond Couchot

de nós, as diversas técnicas figurativas que recorriam ao acaso, ou implicavam um coeficiente matemático de acaso, que são geradoras da diversidade externos: o fio-padrão[24] ou as culturas de mofos de Duchamp e mais tarde com a programação de computador, com os algoritmos de pseudoacaso ou com os algoritmos genéticos.

Os geradores podem ser também processos mentais alojados no interior do cérebro. A neuroestética se incumbe de descrevê-los. Esses processos são também processos operatórios concebidos conscientemente. À guisa de exemplo, a técnica aconselhada por Leonardo da Vinci aos jovens pintores consistia em imaginar todas as espécies de paisagens, batalhas, rostos estranhos e uma infinidade de outras coisas, quando observavam um velho muro abarrotado de marcas coloridas e informes. Ou ainda, a escrita automática[25] dos surrealistas, que pretendia escapar do controle da razão, apelando ao inconsciente a fim de dar livre curso ao imaginário. É na dinâmica do cérebro que

---

24 O autor se refere aos três exemplares do trabalho de Marcel Duchamp *Stoppages étalon* [Cerziduras-padrão] criados entre 1913-1914, integrantes do acervo do Museu de Arte Moderna de Nova York. As cerziduras consistem na elevação de fios que, depois de suspensos à altura de um metro, caem aleatoriamente no chão. Com o recorte de cada fio após a queda, eram construídas réguas de formatos variados que expressavam uma reconstituição aproximada da unidade de comprimento. A intenção do autor era demonstrar a indeterminação da vida apesar do caráter regulatório imposto pela cultura. Três réplicas foram feitas em 1964 e exibidas na 19ª Bienal de São Paulo, cujo tema era Utopia *vs.* Realidade. (N. T.)

25 Método criado pelos dadaístas e utilizado por André Breton e Tristan Tzara a partir de 1919, com significativas ressonâncias na psicanálise, disseminadas nas ideias de Sigmund Freud. (N. T.)

A terceira fase da arte

todos esses geradores de diversidade se encontram; em um cérebro — é necessário enfatizar — indissociável do corpo que o mergulha em seu meio de existência.

A terceira fase envolveria os processos de fabricação. Devem satisfazer a dois tipos de constrições. A primeira exige da obra certa coerência, uma hierarquização das tarefas com relação ao projeto inicial (sobretudo a composição), a segunda depende de um "corpus analítico" preexistente, específico do gênero de produção. Observa-se que essa decomposição dos processos de criação em várias fases, seja ela proposta por Changeux ou Vigouroux, é apropriada sobretudo à atividade clássica dos pintores: projeto, esboços, maquetes, primeiros rascunhos (composição), preparação das telas (tentativas-erros, destruições, sobreposições, raspagens), finalização dos rostos e das mãos, secagem, assinatura e vernissage. Essas fases são características de certo estilo, mas não generalizáveis. Vejamos, por exemplo, a *action painting* de Jackson Pollock. Ele não se baseava em nenhum projeto, não fazia nenhum esboço. O quadro nascia de uma série de ações quase inconscientes, no limite do transe, entrecortadas por breves pausas, que conferiam pleno sentido ao gesto e aos movimentos do corpo. Não resta dúvida de que na memória de Pollock existiam lembranças de ações precedentes e habilidades já vivenciadas, que constituíam uma espécie de pano de fundo colocado à disposição do pintor, mas o gerador de diversidade de Pollock é mais movido pela técnica inventada, física e corporal, e seus efeitos aleatórios do que por uma atividade neuronal precisa, mesmo se a invenção dessa técnica fosse produto de seu cérebro. Ocorre o mesmo com Georges Mathieu. Ele se recusa a ter alguma ideia preexistente do quadro para evitar qualquer referência mimética a um modelo. Mathieu pretende ser surpreendido por aquilo que pinta, ou seja, pelo que as gesticulações corporais ditadas por seu inconsciente produzem. Nada de retoques ou remorsos em ambos os casos. As três fases se entrechocam, se interpenetram, se fusionam. Vigouroux propõe um diagrama resumido do processo criativo que destaca as múltiplas relações entre os diferentes níveis de atividades envolvidos e conclui que, nas ciências e nas artes, a criação não tem explicação racional.

Se no estado atual dos conhecimentos essas teorias descrevem de maneira bastante convincente certos processos de criação característicos da produção de artefatos artísticos, tudo leva a crer que elas também podem descrever processos de criação próprios de outras atividades, sobretudo da atividade científica. Existiria então um funcionamento cognitivo comum a todos os processos de criação (ou heurísticos), que acionaria um gerador de diversidade associado a um sistema de seleção sancionado por um estado de prazer ou de desprazer. Os processos heurísticos de caráter estético se singularizariam de um lado pela natureza formal dos artefatos produzidos pelos artistas – ou seja, por combinações de formas – e, de outro, pela capacidade desses artefatos de desencadear nos outros um estado emociogênico associado a um prazer (ou inversamente a um desprazer) específico que se satisfaria com seu próprio gozo. A questão agora é saber se esses processos possuem outras singularidades.

4.3. A criação artificial

Criação e cálculo

Ao longo da expansão das ciências cognitivas, em paralelo à abordagem naturalizante dos processos de criação pela neurop-

A natureza da arte

sicologia e pela neurobiologia, desenvolveu-se uma abordagem complementar e simétrica – a criação artificial – cujo objetivo é artificializar (entendamos por isso simular por meios tecnológicos) os processos naturais, ou seja, mentais, da criação. Buscou-se reproduzir esses processos por intermédio de ferramentas informáticas disponíveis e de modelos de simulação oriundos de pesquisas conduzidas em diferentes domínios científicos e tecnológicos, como a matemática, a inteligência e a vida artificiais. A vontade de artificializar os processos de criação na produção de artefatos estéticos não nasceu com as ciências cognitivas: sob um aspecto rudimentar, ela se manifestou logo que os artistas buscaram automatizar certas operações, fazendo que as técnicas mecânicas se encarregassem delas. Como o tapete, cujos primeiros vestígios remontam pelo menos ao século VI da nossa era, a tapeçaria e a tecelagem já eram técnicas que permitiam mecanizar parcialmente a produção de artefatos estéticos (combinações de formas e cores) – diríamos nos dias atuais que eles eram uma "ajuda à criação" – muito próximos do que muito tempo mais tarde seria a imagem digital.[26] O mosaico era igualmente uma técnica que consistia em simplificar, ou "discretizar" o desenho, as formas e as cores no chão ou nas paredes. Lembro ainda que o tear aperfeiçoado por Joseph-Marie Jacquard, no início do século XIX, foi a primeira máquina a criar combinações de formas e cores a partir de programas registrados em cartões perfurados.

No domínio pictural, a perspectiva prestou à criação uma ajuda considerável graças ao uso de procedimentos ópticos e

---

26 Sobre a automatização da imagem, consulte Couchot, *Images: de l'optique au numérique.*

Edmond Couchot

geométricos. A fotografia e o cinema permitiram automatizar totalmente a produção de imagens fixas e móveis, e a televisão, de automatizar sua produção e transmissão, tornando essas operações quase instantâneas. Do lado do cálculo, na Grécia antiga, arquitetos e escultores recorreram, dentre outros meios, à técnica das proporções (relação calculada entre as partes e o todo) e à razão áurea. Renomeada "divina proporção" no tempo do Renascimento, a razão áurea tinha a pretensão de constituir a estrutura geométrica da beleza; sua longa trajetória prosseguiu até o século XX, tanto na arquitetura (com Le Corbusier), como na pintura (com Salvador Dalí) ou na música (com Anton Webern). Seria possível alegar que essas técnicas não são técnicas de criação artística propriamente ditas. Com efeito, o ato criador confere a essas técnicas um sentido, um valor, do qual elas mesmas não consideravam ser possuidoras. Muitas vezes são remodeladas, reinterpretadas pelo artista, mas são coerentes com suas intenções e não distintas de seu fazer.

Apesar desses precedentes, a questão que envolvia a criação em computadores era muito nova, na medida em que esse artificialização era elaborada por um novo tipo de máquina não apenas capaz de, eventualmente, ajudar o criador, mas de simular com maior precisão os processos mentais acionados na produção de obras de arte. Doravante, a questão era saber se era possível, ou pelo menos viável, como se perguntava Mario Borillo, transferir para a máquina esse ou aquele aspecto ou segmento da competência criativa.[27] A transferência dessas

---

27 Borillo, La création artistique comme objet de connaissance. In: Borillo; Goulette (orgs.). *Cognition et création:* explorations cognitives des processus de conception.

A natureza da arte

competências se inspirou nos novos conhecimentos fornecidos pelas ciências cognitivas "sobre o funcionamento do cérebro, sobre a emoção, sobre a linguagem e a vida mental em geral".[28]

A tecnologia digital devia responder a dois tipos de injunções bem diferentes. Algumas emanariam de certas indústrias, como o automóvel, a aviação, o armamento, a eletrônica e de algumas atividades pouco mecanizadas, como a arquitetura e o design: outras eram formuladas pelos artistas – pintores, músicos, escritores, cineastas, videastas, coreógrafos, seduzidos pelas possibilidades oferecidas pelas tecnologias digitais. O computador era então utilizado tanto como um meio de assistência à concepção quanto um meio capaz de fazer muito mais e simular a concepção, até mesmo quando a máquina estava a serviço da arte, empenhada em reproduzir o estilo do artista e, cada vez mais, em substituí-lo pouco a pouco. Nesse caso, tratava-se de simular processos que visavam produzir efeitos estéticos característicos da arte.

Quaisquer que fossem as técnicas de programação utilizadas, na origem elas se inspiravam essencialmente em modelizações matemáticas ou físicas. Na concepção assistida por computador (CAO), eram utilizadas modelizações geométricas elementares (cubos, esferas, cilindros, poliedros de vários tipos), mas também curvas paramétricas mais complexas que permitiram exibir nas telas ou desenhar no papel estruturas filares em preto e branco. Em uma segunda etapa, a execução visual dos objetos (superfícies planas em vez de estruturas filares, cores, luzes e sombras, reflexos), oriunda da ótica e da fisiologia da percepção das cores. Por outro lado, a utilização

---

28 Ibid.

Edmond Couchot

do computador obrigou aqueles que o concebem a reconsiderar seus métodos mentais e concretos. Como gerador de diversidade que abre o campo dos possíveis, foi ressaltada a função dos rascunhos, dos croquis e das maquetes digitais, enormemente facilitada pela infografia.

A contribuição do computador foi muito importante para o audiovisual. Como indústria e atividade artística na qual a assinatura do diretor é de extrema importância, o cinema deve muito às tecnologias digitais. No cinema de animação ou no cinema de efeitos especiais, novas técnicas aliviaram consideravelmente o trabalho de equipe de produção (intervalista, montador, iluminador, enquadrador, diretor de atores virtuais, decorador etc.). A cinemática passou a ser utilizada para modelizar movimentos de objetos e corpos, a mecânica dos fluidos para modelizar fluxos de água, de gás, de partículas, de células, modelos oriundos das linguagens formais ou da botânica para modelizar o crescimento dos vegetais. As leis da natureza se converteram em forte referência da representação.

Do lado dos artistas, os primeiros a utilizarem o computador, no início dos anos 1960, foram em sua maioria engenheiros ou cientistas. O que se explica, pois nem o material nem os conhecimentos estavam ao alcance de outros usuários potenciais. Os próprios artistas eram obrigados a escrever seus softwares para realizar seus projetos. No domínio gráfico, os resultados foram bastante insignificantes. Não existia tela de vídeo, as impressoras e os ploters utilizavam apenas o preto e o branco. Nenhum programa informático permitia exibir imagens coloridas e de alta definição. A ideia de simular os processos de criação estava, porém, bem presente, em conformidade com o espírito cibernético. A tentativa de desco-

A natureza da arte

brir algoritmos que comandassem a realização de certas obras também foi pensada. Michael Noll, por exemplo, tentou encontrar regras estruturais em um quadro de Mondrian. Em 1964, o computador produziu um desenho em preto e branco, intitulado *Computer composition with lines* [Composição de computador com linhas], constituído de curtos segmentos de linhas paralelas verticais e horizontais que guardava uma certa semelhança com o quadro original. Um fato surpreendente ocorreu: quando colocados lado a lado e apresentados a alguns estudantes para responderem qual era o Mondrian original, a maioria escolheu a simulação.[29] Começou-se a supor que não apenas havia sido criado o simples pastiche de uma obra, mas a reprodução da própria atividade do pintor, ou seja, o estilo de Mondrian. Todas as esperanças pareciam ser permitidas.

A grande maioria das obras realizadas nessa época eram não figurativas. O que se explicava pela forte influência que ainda era exercida pela pintura abstrata, mas sobretudo pela dificuldade de obter formas explicitamente figurativas com os meios informáticos (hardware e software) disponíveis. Como se tratava de criar esse tipo de formas, a influência dos modelos oriundos da lógica formal e de diferentes conceitos matemáticos foi significativa. Como o computador se mostrava uma máquina capaz de repetir indefinidamente as mesmas operações sem se cansar, era suficiente fazer que os parâmetros dos algoritmos utilizados variassem para obter sequências quase infinitas de

---

29 Sobre essas questões e sobre o nascimento da arte digital, consulte Couchot, *La technologie dans l'art:* De la photographie à la réalité virtuelle; e, em colaboração com Hilaire, *L'Art numérique:* Comment la technologie vient au monde de l'art.

variações. Para se aproximar ainda muito mais da criação natural, um coeficiente de pseudoacaso foi integrado aos algoritmos que, funcionando como um gerador de diversidade, introduziam uma variedade imprevisível na sequência determinista dos programas – variedade essa que era considerada como a simulação de uma liberdade. Para melhor controlar o acaso, porém, certas modelizações estatísticas e probabilísticas passaram a ser utilizadas. Ao produzir formas que não eram inteiramente previsíveis, o computador dava a impressão – alguns afirmam a ilusão – de agir como livre criador. Foi assim que surgiu uma estética original fundada na combinatória ou na permutação, teorizada e defendida por Abraham Moles. "A permutação realiza", afirmava ele, "essa variedade na uniformidade que é um dos elementos fundamentais da obra artística."[30] A composição musical em computadores se inspirou totalmente nos mesmos procedimentos oriundos da matemática. Iannis Xenakis utilizou esse tipo de modelização no início dos anos 1960, para compor no computador sua música "estocástica". A obra era então considerada como portadora potencial do conjunto das obras possíveis; de alguma forma era uma ampliação de si mesma.[31] Esse conceito é encontrado na arte permutacional.

---

30 Moles, *Art et ordinateur*.

31 Sobre a questão, consulte Barbaud, *Introduction à la composition musicale automatique*; Hiller, Music composed with computers: as historical survey. In: Lincoln (ed.), *The computer and music*; Risset, Musique, recherché, théorie, espace, chaos, *Harmoniques* n.8/9; Rondeleux; Laliberté, 1957-1997: quarante années de representations numériques au servie de l'acoustique musicale et de la création artistique, *Actes du 4ème Congrès français d'Acoustique (Cfa 97) Proceedings of the 4*th *French Acoustics Congress*.

A natureza da arte

Se a música e a imagem foram as primeiras a se apropriar do computador, outras artes como a literatura, a escultura, a dança também o fizeram, à medida que a tecnologia e a programação progrediam. Durante muito tempo, no domínio da literatura e da poesia, escritores haviam buscado os meios de automatizar a escrita. Os progressos da informática e a relativa "democratização" das máquinas, a partir dos anos 1980, tornaram esse sonho parcialmente realizável. Foram criados centros de pesquisa dedicados à literatura, como o Ateliê de Literatura assistida pela Matemática e pelos Computadores (Alamo) na França, cofundado por Jacques Roubaud e Paul Braffort, que se organizaram em torno da teoria da complexidade, da inteligência artificial e da linguística computacional.[32]

A fonte de referências mais explorada foi a matemática. Sua influência nas artes, que remonta à Antiguidade, com certeza não era nova, mas passou a despertar um interesse promissor entre inúmeros artistas como os do grupo de arte concreta, criado em 1929 por Jean Hélion e Theo Van Doesburg. Os princípios da arte concreta eram os seguintes: a obra de arte deveria ser inteiramente concebida e formada na mente antes de sua execução; ela não devia se inspirar nas formas sensuais ou sentimentais da natureza; ela devia excluir o lirismo, o "dramatismo", o simbolismo. A construção do quadro, considerado sem qualquer outra significação a não ser ele mesmo, devia ser realizada com elementos puramente plásticos (planos e cores), ser simples e controlável visualmente. A técnica devia

---

32 Consulte Braffort, *L'Intelligence Artificielle*, o primeiro livro publicado dedicado a esse tema; Id.: *Science et literature: Les deux cultures*, à l'aube du troisième millenaire.

ser "mecânica", "anti-impressionista", isto é, "exata", e de uma total clareza. Todas essas condições eram imprescindíveis para atingir a universalidade. Pintor e arquiteto, Max Bill retomou um pouco depois esses princípios e utilizou o quadrado, que ele considerava como a mais pura das formas geométricas, para fundar o conjunto dos processos de criação em bases matemáticas que se pretendiam rigorosas. Ao automatizar o cálculo, o computador relançou esses princípios e ampliou consideravelmente seu campo de intervenção.

A artificialização dos processos de criação não teve apenas como consequência produzir novas obras que rompiam com as práticas clássicas, em decorrência de sua originalidade. Ela obrigou igualmente os artistas a reexaminarem com muita atenção tanto os materiais com os quais trabalhavam quanto seu próprio trabalho. Uma compreensão mais elaborada dos fenômenos sonoros e óticos favoreceu a síntese do som (análise e síntese do som de trompete feita por Jean-Claude Risset em 1966, depois de outros instrumentos e da voz) e um pouco mais tarde a síntese da imagem (fixa e animada), que permitiram formalizar e controlar o máximo possível sua produção. Do mesmo modo, as pesquisas em fisiologia do movimento forneceram modelos à coreografia assistida por computador. Ao contrário das afirmações de certos críticos que lamentavam o fato de alguns artistas deixarem que o computador, que por definição não pode criar, agisse em seu lugar – o que repetia os ataques dirigidos aos primeiros fotógrafos – do ponto de vista dos processos de criação, a máquina obrigou o artista a se autoanalisar, a teorizar sobre seu trabalho e, em parte, a formalizar – ou seja, transformar a arte em uma redução algorítmica tratável por computador –, a desenvolver um novo tipo

A natureza da arte

de pensamento, a conjugar intuição e rigor, precisão e antecipação. Centrada no tratamento automático da informação, do cálculo e da combinatória, essa nova estética valorizava a relação estrutural entre as formas mais do que sua beleza própria, o processo mais do que o produto, e passou a se afirmar realmente como a filha da cibernética e das teorias cognitivistas.

Criação, interatividade e tempo real

A partir do final do anos 1970, novos progressos no campo da informática produziram uma mudança decisiva no uso e na concepção do computador. Graças a esses dispositivos denominados interfaces, as relações com a máquina se transformaram em um modo de diálogo entre o operador e os centros de cálculo, durante o qual os comandos introduzidos na máquina e suas respostas se processariam de modo quase instantâneo. No início, a máquina foi completamente fechada nela mesma. Era impossível que o operador interviesse no desenvolvimento dos cálculos depois de terem sido lançados, e seus resultados se apresentavam sob formas simbólicas e abstratas (cartões perfurados, letras e cifras ou esquemas em papel) cuja interpretação exigia muito tempo e atenção. Os engenheiros tiveram então a ideia de acoplar ao computador interfaces que lhe permitiam exibir mais claramente seus resultados em uma tela de vídeo, e ao operador de introduzir nela dados por meio de um teclado alfanumérico mesmo durante as operações, ou seja, segundo a expressão oficialmente adotada "em tempo real". Pouco a pouco, ao teclado e à tela foram acrescentadas outras interfaces na entrada e na saída da máquina. O mouse introduzia os movimentos da mão (comandos por cliques,

Edmond Couchot

traços de desenho ou outros efeitos) enquanto outras interfaces registravam deslocamentos, velocidades e acelerações do corpo e de objetos diversos no espaço, ou ainda dados fisiológicos fornecidos pelo corpo (temperatura, ritmo cardíaco e respiratório, pressão arterial, condutividade da pele, estado termo-vascular etc.). Fora da máquina, interfaces de um tipo diferente tornaram possível a síntese do som, depois a síntese da imagem (primeiro fixa, depois móvel), ou ainda o acionamento de todas as espécies de dispositivos mecânicos (braços robóticos, luvas táteis etc.)

Daí resultou uma abordagem diferente na artificialização da criação artística. Os programas de simulação deveriam, a partir de então, levar em conta dados computacionais não mais preconcebidos a partir de uma estrutura lógico-matemática autossuficiente, mas dados oriundos do mundo exterior e mais em específico do corpo do operador, de seus gestos, de seu comportamento geral (do próprio artista ou do programador com quem ele estivesse associado). Sem se transformar em algo vivo, o computador se abria para um mundo novo – o dos seres e das coisas que circundavam o homem – com o qual ele era capaz de entrar em conversação e manter certa interatividade. O cálculo havia sido contaminado pela realidade, o determinismo mecânico temperado pela ação escolhida de um utilizador transformado em alguém que interage com a máquina. O computador ao qual se atribuía uma imaterialidade adquiria uma certa sensibilidade, desencadeava ações, em síntese, tinha um corpo. De maneira inversa, o corpo, filtrado através das interfaces, se transformava em cálculos, se virtualizava. Como Mario Borillo ressaltou, a interatividade constitui "um fator cuja natureza técnica não deve mascarar o fato de ele ser

A natureza da arte

portador de efeitos diretamente conceituais". Ela permite ao operador "fazer que a parte implícita ou ambígua de seu saber participe" – ou seja, uma parte não formalizada de seu projeto – da elaboração formal global que a informática concretiza.[33]

Desde então, ainda era possível falar de corpo e de integridade corporal, quando esse corpo se aparelhava com interfaces digitais que o decompunham em dados desincorporados? Quais as qualidades que esse corpo simulado perdia, quais as que ganhava no curso de sua confrontação com a máquina? Sairia dela engrandecido ou depreciado? No que isso modificaria os processos de criação? A exemplo dos objetos da realidade tratados pelo computador para reduzi-los a simulações, o corpo simulado perde sua coerência, sua ressonância interna. Não é mais uma totalidade coordenada, mas um conjunto de percepções distintas, tratadas e adicionadas pelo computador. O corpo sofre certa redução. As trocas intersubjetivas, como é o caso do interior das redes, se desincorporam. Por outro lado, o corpo aparelhado descobre novos modos de percepção e ação, prolonga-se, percebe e age à distância, expande-se através das malhas das redes. A visão, por exemplo, não requer apenas os olhos, ela é acompanhada pelo tato: ao acionar o mouse ou outras interfaces, podemos navegar no interior de uma imagem e, a partir dela, fazer que no mesmo instante emerjam sons, expressões, palavras. Reciprocamente, podemos agir sobre uma imagem ou um objeto virtuais por meio de sons ou palavras. A percepção sinestésica é favorecida. O visual puramente retiniano e linear retrocede diante de um visual recorporalizado ou combinado com ele. Os níveis hierárquicos do sensório se re-

---

33 Borillo, *Informatique pour les sciences de l'homme*, p.31.

constroem. Uma nova matriz perceptual toma forma, associada a uma corporeidade diferente, um híbrido de carne e cálculo.

Mesmo que na época atual não existam dispositivos digitais que envolvam a totalidade do corpo, e que os dispositivos multimodais que integram outras percepções além da visão e da audição e certos gestos limitados (os que são permitidos pelo mouse) permaneçam raros, estamos, no entanto, diante de uma forte tendência. O objetivo da Realidade Virtual[34] é propor um diálogo homem-interface o mais completo possível do ponto de vista da percepção e da ação, objetivo este que não poderia ser senão aproximado, pois, nesse caso, a simulação deveria substituir por completo a realidade. Essa tecnologia sinestésica, na qual aquele que interage se encontra imerso em um mundo virtual que apresenta um certo número de características do mundo real, permite imaginar e testar proposições sem ter de realizá-las concretamente, fazer funcionar a pleno vapor o gerador de diversidade. Trata-se de um novo tipo de experimentação que não dá mais prioridade à argumentação racional abstrata, mas que, ao contrário, privilegia as experiências sensíveis, o vivido. No domínio artístico, numerosos artistas passarão a utilizar os dispositivos da Realidade Virtual, apesar de seu custo e da complexidade de sua programação.

O diálogo homem-interface não abala apenas a interação entre o artista e o computador, ele se estende também às relações entre obra e público. No domínio da imagem, diversas interfaces, das mais simples às mais sofisticadas, permitem associar aquele que olha, com maior ou menor liberdade, aos processos de criação. O que, sem sombra de dúvida, transfor-

---

34 Consulte Fuchs (org.), *Le Traité de la rálité virtuelle*.

A natureza da arte

maria, no artista, seu próprio modo de criação anterior. Essa preocupação se inscrevia em um movimento característico das décadas de 1960-70: a "participação do espectador". Fazer que uma obra modificada pelo espectador não se atualizasse plenamente, por mais que ele agisse sobre ela, modificaria de modo considerável ao mesmo tempo o status da obra, do autor e do destinatário. O criador da obra não era mais o único a lhe dar existência, ele delegava uma parte de suas responsabilidades e de seus privilégios de autor ao destinatário, exigindo dele talento, imaginação, uma atenção estética particular diferente daquela que ele estava culturalmente habituado a conceder aos artefatos artísticos. Abraham Moles e Umberto Eco conceberam a abertura das obras e do campo dos possíveis apenas por intermédio da percepção daquele que olha, do leitor ou do ouvinte; a interatividade digital estendeu essa abertura até os processos de criação da obra. A integração do espectador a esses processos inaugurava uma nova relação entre as condutas estéticas (receptoras) e as condutas (estéticas) operatórias e oferecia à reflexão estética um campo de experiências inéditas.

No domínio musical, os pesquisadores se apropriaram da combinatória e do cálculo com maior facilidade do que os artistas plásticos. O que facilmente pode ser compreendido, uma vez que a música é uma escritura, uma métrica e uma organologia instrumental. A introdução do computador não provocou a rejeição e a crítica sistemática que artes plásticas e visuais receberam. As estéticas se diferenciavam, até mesmo se opunham, debates ocorriam, mas o uso do computador jamais foi contestado. À busca dos algoritmos, acrescentava-se a possibilidade de criar sinteticamente sons até então inimagináveis. Parecia que todos os sons imagináveis pudessem ter sido

Edmond Couchot

criados a partir de um programa inteiramente abstrato. Depois desse primeiro período no qual o computador funcionava com um sistema fechado, a interatividade possibilitou que o corpo interviesse na produção do som, o que transformou a máquina em um verdadeiro instrumento a serviço do compositor e do intérprete. Ao contrário dessa situação típica das artes visuais que autorizava o espectador a participar da produção da obra, na música a abertura do campo dos possíveis não se dirigiu prioritariamente ao ouvinte, salvo em raras exceções; em contrapartida, ela implicou o intérprete, a quem foi confiada uma liberdade muito mais ampla. Liberdade esta muitas vezes mais teórica do que real, pois a cultura clássica dos intérpretes fazia deles mais servos do compositor do que colaboradores.

A instrumentalização artística do computador e o retorno do corpo no diálogo homem-máquina é devida, em especial, à rapidez com que esse diálogo se efetivava. O tempo real modificou muito sensivelmente a relação com o tempo dos utilizadores das tecnologias digitais, em geral, e dos amantes da arte em busca de sensações inabituais. Conjugado à interatividade, o tempo real mergulha aquele que interage (o criador, o espectador, o ouvinte) em uma temporalidade inabitual, na qual os acontecimentos que sua ação desencadeia na obra podem ser indefinidamente reiterados, sem se reproduzirem sistematicamente de forma idêntica. A cada intervenção, o espectador tem o direito de modificar mais ou menos o desenvolvimento da obra (essa possibilidade é, antes de tudo, do autor). As versões que se sucedem são únicas na medida em que, em parte, dependem das escolhas daqueles que interagem. A temporalidade que ele vivenciava no transcorrer dessa relação com a obra é o

A natureza da arte

resultado de uma espécie de hibridação íntima entre o tempo que lhe é próprio, um tempo subjetivo, e o tempo real próprio da máquina: um tempo fora do tempo – *ucrônico*.

É um tempo potencial que se atualiza em instantes, durações, simultaneidades particulares; um tempo não linear que se expande ou se contrai em inumeráveis encadeamentos ou bifurcações de causas e de efeitos. Sem fim nem origem, o tempo ucrônico se libera de qualquer orientação específica, de qualquer presente, passado ou futuro inscritos no tempo do mundo.[35]

No que essa experiência inédita do tempo altera os processos de criação? Na recepção tradicional dos artefatos estéticos visuais, o espectador é confrontado com objetos cuja identidade formal é fixa. Um quadro não muda nem sua composição nem suas cores diante de um olhar. Segundo os dias e seus humores, o espectador pode ter uma visão diferente, mas ela não afeta o quadro em sua materialidade. Na música, a situação é um pouco diferente, pois entre a partitura escrita e o ouvinte intervém o intérprete, que pode propor diversas instâncias da obra. Essas versões, porém, não alteram em nada a fonte escrita. Com o tempo ucrônico, a identidade da obra se torna instável, flutuante. Como a obra não se reduz ao único dispositivo (a escrita do programa e o artefato técnico) e que, para existir, ela exige a presença efetiva do espectador, sua identidade se

---

35 Para um desenvolvimento mais completo, ver Couchot. *Des Images, du temps et des machines dans les arts e la communication*, cap.4. Le temps uchronique.

Edmond Couchot

apresenta como um jogo entre a fixidez do dispositivo inicial e a variação de suas "epifanias". Para o criador, a dificuldade toda está em fazer que a abertura da obra não coloque em perigo sua permanência, que se estabeleça uma dialética entre suas eventuais atualizações e seu desejo estético de perdurar.

Professor-pesquisador em inteligência artificial e ciências cognitivas, Alain Grumbach trouxe uma das respostas possíveis a esse problema. Ele criou um software – Cati – inspirado no jogo do cadáver esquisito inventado pelos surrealistas,[36] que se destinava a ser utilizado por quem quisesse, para criar "quadros" capazes de desencadear certa emoção estética. Dois ou três participantes poderiam entrar no jogo, mas, em lugar de desenhar sobre um pedaço de papel, cada um deles tem sua vez de desenhar em uma das nove pequenas caixas que compõem o quadro. Cada um tem o direito de desenhar o que quiser com ferramentas virtuais de sua escolha (lápis, pincel, borracha etc.). O quadro é considerado terminado quando as nove caixas são preenchidas. Entretanto, para evitar a "cacografia" que colocaria o projeto em risco, várias heurísticas podem intervir: cor de fundo, tema geral, continuidade dos traços e das cores, comunidade de estilo (expressionista, geométrico ou outro), propostas por um coordenador no início do jogo. A repartição dessas heurísticas funciona como limites, ou como

---

36 Jogo coletivo inventado pelos surrealistas por volta de 1925. O objetivo era subverter o discurso literário convencional, por meio de palavras inusitadas, embora fazendo uso da estrutura frásica comum. Cada um dos participantes não podia ter conhecimento prévio dos que os outros escreviam e, ao final, a conciliação entre o individual e o coletivo produzia uma síntese concreta. (N. T.)

A natureza da arte

uma pré-seleção vinculada à variedade potencialmente quase infinita do sistema. Nesse caso, o gerador de diversidade representado pela intervenção livre dos participantes é previamente controlado pelo sistema de pré-seleção.

No domínio visual, o tempo real produziu, e continua a produzir, obras importantes e originais. Ele nem sempre, porém, é sabiamente utilizado pelos artistas: quase sempre mascara a pobreza do projeto, sua falta de coerência estética e seu desconhecimento das exigências da nova temporalidade que ele introduz na recepção e na criação das obras. Na música, como declara Jean-Claude Risset, essa técnica concerne mais à interpretação do que à composição, por natureza fora do tempo. Mas graças a um trabalho muito delicado da programação e a uma melhoria dos dispositivos técnicos, Risset soube imaginar uma solução muito inovadora que combinava composição e interpretação. Com *Duo pour un pianiste* [Duo para um pianista] (1989), uma peça de sua autoria a quatro mãos, o intérprete toca em um piano acústico previamente preparado, no qual o movimento das teclas é analisado em tempo real pelo computador, que responde instantaneamente por uma improvisação própria, tocando outras teclas no mesmo piano, como se fosse um segundo intérprete, mas invisível. O ouvinte assiste então a um espetáculo impressionante, no qual ele vê as mãos do pianista deslizarem no teclado enquanto as teclas comandadas pelo computador se movimentam sozinhas. Como tive oportunidade de assistir à execução dessa peça, senti a presença muito forte de um outro compositor-intérprete escondido atrás da máquina, uma espécie de duplo virtual de Jean-Claude Risset. Essa dialética entre a abertura e a permanência confere

Edmond Couchot

aos artefatos artísticos certos atributos próprios dos sistemas vivos que, sob o efeito perturbador do ambiente, se modificam interiormente para assegurar sua autopoiese, isto é, sua identidade de seres vivos que lutam para conservá-la.

Outro fator bastante significativo dessa mudança foi o aparecimento das redes miméticas, a partir dos anos 1990. Se os dispositivos interativos em tempo real já modificavam a concepção da criação, as questões levantadas diziam respeito apenas à tríade autor-obra-destinatário. Mesmo que esses dispositivos aceitassem apenas um número muito reduzido de espectadores, com as redes miméticas esse número aumentava de maneira significativa. As obras em rede são consideradas participativas (ou colaborativas). A tendência teórica é substituir um autor único por um autor coletivo, denominado "distribuído", composto de uma população mais ou menos vasta de internautas que participa da criação de uma obra em perpétua mutação. Essa estética é diretamente ditada pelo regime de comunicação próprio das redes digitais. Nessas redes, a informação não circula mais "de um para todos", como no rádio e na televisão, nos quais o retorno imediato "de todos para um" não é possível; ela circula no modo "de todos para todos". Isso dá origem a uma nova estética da comunicação e uma complexificação da tríade autor-obra-destinatário, à qual se acrescenta uma quarta dimensão: o modo de circulação da obra – um modo totalmente diferente daquele que caracteriza os artefatos artísticos tradicionais. Os artistas se encontram diante da mesma necessidade de ter de instaurar uma dialética entre permanência de um projeto inicial proposto por um autor e suas eventuais atualizações provocadas por um número de intervenientes teoricamente ilimitado.

A natureza da arte

Criação e autonomia

Ao longo da segunda metade do século XX, destaca-se na evolução da criação artística certa correlação entre a produção de obras e modelos utilizados nas ciências cognitivas. Bastante forte no domínio musical,[37] mais ou menos marcada em outros. Mesmo sem terem os mesmos objetivos que os cientistas, com muita frequência os artistas cruzam essas modelizações entre elas, sem se preocupar com suas implicações teóricas. Depois das modelizações inspiradas pelo cálculo e pela combinatória, que deram origem à arte permutacional e que correspondem globalmente ao período cognitivista, apareceram as modelizações oriundas do conexionismo. O uso das redes miméticas se disseminou e outra lógica baseada nas particularidades próprias aos sistemas vivos substituiu a lógica combinatória, com ênfase na autonomia e suas diferentes modalidades.

Não é mais a inteligência como processo automático que intervém nos dados simbólicos que permanece como referência, mas a vida como processo capaz de se auto-organizar e de se autoproduzir, de se adaptar ao seu ambiente, de se reproduzir e de evoluir no curso das sucessivas gerações — definição muito imprecisa que não responde senão parcialmente ao que é a vida, pois ainda não existe consenso sobre isso. As técnicas informáticas que permitem criar a vida artificial foram exploradas por alguns para renovar positivamente a panóplia das

---

37 Consulte Kiss, *Composition musicale et sciences cognitives: tendances et perspectives*. Essa obra propõe uma análise clara e pertinente das relações entre a composição musical e as ciências cognitivas e, mais precisamente, da influência das hipóteses cognitivistas e conexionistas na criação musical, ao longo da segunda metade do século XX.

ferramentas de criação e, por outros, para conferir à máquina qualidades do ser vivo que ampliava muito a potência criativa do computador. As duas vias, porém, não se opunham. Essas busca de autonomia foi beneficiada pelas pesquisas conduzidas no domínio da vida artificial.[38] Desde meados dos anos 1950, foi John von Neumann quem se interessou pelo modo pelo qual as máquinas podiam elas mesmas se reproduzir. Foi ele quem problematizou a questão de uma evolução das máquinas como espécie "viva". Com esse objetivo, concebeu um copiador universal capaz de fabricar qualquer tipo de estrutura a partir de sua descrição, elaborando um modelo abstrato bem simples, de caráter infinito, com o formato de um tabuleiro de xadrez em duas dimensões, no qual o estado de cada casa seria caracterizado pelo estado de suas quatro casas vizinhas. Em seguida, ele definiu regras de transição de um estado a outro e demonstrou que certas passagens são capazes de se reproduzir. Mais tarde, nos anos 1970, Stanislas Ulam concebeu "jogos matemáticos" que se empenhavam em desenvolver formas geométricas automaticamente nas telas do computador.

No início dessa década, o matemático John H. Conway inventou o "jogo da vida" que, de fato, era mais do que um verdadeiro jogo; tratava-se de uma espécie de divertimento matemático e informático cujas ressonâncias intelectuais tinham dado origem a inúmeras (e sérias) pesquisas. Esse jogo, que exigia pouco poder do cálculo, permitia criar espécies de seres vivos virtuais compostos de pacotes gráficos bastante elementares, mas capazes de crescer e de se reproduzir, e mesmo de morrer, segundo seu ambiente caracterizado pela presença ou

---

38 Sobre esse assunto, consulte Heudin, *La Vie artificielle*.

A natureza da arte

ausência de células contíguas. Cada célula era capaz de perceber e analisar as características das células que as circundavam e, em consequência, reagir. As regras de sua evolução eram muito simples – apenas duas –, mas deram origem a notáveis estruturas imprevisíveis que foram atentamente estudadas. O jogo da vida inspirou imediatamente os artistas que nele identificaram um interessante processo para a produção, ou, melhor dizendo, para a autoprodução das formas.

Em seguida, apareceram os "autômatos autorreprodutores" imaginados por Christopher Langton. Foi ele quem concebeu essas máquinas virtuais baseadas no modelo de Von Neumann: eram formadas por uma membrana que continha um núcleo constituído por uma cadeia de células que representavam seu programa de autorreprodução (uma espécie de material genético) e eram capazes de se reproduzir e de evoluir. A esses autômatos se sucederam as "redes de autômatos celulares", matrizes regulares de máquinas muito simples cujos estados sucessivos criam, no curso de seu desenvolvimento, estruturas morfológicas extremamente complexas. Depois vieram as espetaculares curvas fractais de Benoît Mandelbrot, as quais, a partir de algoritmos bastante simples que faziam uso da recursividade (procedimento que recorre a ele mesmo em sua execução), permitiam obter uma infinidade de formas, fossem elas totalmente abstratas ou muito próximas de formas naturais (folhas, árvores, nuvens, montanhas etc.). Em seguida, vieram os biomorfos de Richard Dawkins, que permitiam a criação de mundos virtuais bidimensionais habitados por criaturas artificiais, cujo esboço, mesmo que bastante esquemático, revelava impressionantes semelhanças com certas espécies do mundo real (insetos e micro-organismos). O programa dos

Edmond Couchot

biomorfos se baseava no princípio neodarwiniano de variação por mutações aleatórias e da seleção em prol da sobrevivência (a adaptação) e, também, nas pesquisas da embriologia: o objetivo de Dawkins era mostrar que, em sua diversidade e beleza, as formas naturais podiam ser explicadas pela embriologia recursiva. Na mesma direção, Aristide Lindenmayer imaginou os L-Sistemas, capazes de, a partir de regras, simular certos processos do mundo vivo como o crescimento dos vegetais.

Com relação aos sistemas vivos, a ideia de se inspirar na teoria de Darwin baseada nas noções de variação e seleção atraiu a atenção de pesquisadores a partir dos anos 1970. John G. Holland foi o primeiro a inventar algoritmos denominados "genéticos", segundo os princípios darwinianos. Ele se propôs a tratar populações de "soluções" possíveis para um problema particular, que ele fazia evoluir por cruzamentos e mutações, selecionando aquelas que respondiam melhor a uma dada função de avaliação objetiva. O interesse desse trabalho era fazer emergir, ao final de certo tempo, as melhores soluções possíveis, de acordo com a teoria que afirma que tais populações adquirem a capacidade intrínseca de melhorar no curso de sua reprodução. Ao contrário dos métodos clássicos, que resolvem apenas os problemas perfeitamente colocados, os algoritmos genéticos apresentavam a grande vantagem de oferecer as melhores respostas para problemas cujos dados eram incompletos, e até mesmo sem solução. Os algoritmos genéticos favorecem os organismos que são mais bem adaptados por intermédio de uma troca aleatória de informação, e se assemelham muito à lógica heurística na qual os seres vivos se baseiam para resolver problemas intuitivamente. Deve-se observar que o sistema é muito semelhante àquele imaginado por Connes e

A natureza da arte

Changeux sobre a criação em geral: um gerador de diversidade combinado a um sistema de seleção, mas desprovido, neste caso, do alarme do prazer.

Enfatizarei, também, que embora os problemas colocados pela artificialização da arte não fossem pequenos, esses algoritmos foram rapidamente utilizados, tanto na música como nas artes visuais, para tentar compreender ainda mais de perto os processos de criação, e também reproduzi-los. Karl Sims abriu essa via de pesquisa com *Genetic Images* [Imagens genéticas], um dispositivo interativo que simulava a evolução de certas estruturas formais (imagens não figurativas) por variação e seleção. No início produzidas pelo computador, essas imagens têm a capacidade de se reproduzir, "acoplando-se" duas a duas para engendrar uma descendência de imagens. O computador integra um gerador de diversidade que produz aleatoriamente linhagens de imagens, mas é o espectador quem assegura a função de seleção (nesse caso subjetivas) escolhendo os pares de imagens que ele prefere (desencadeamento da sineta do prazer) e que dão origem a novas descendências. No domínio musical, os compositores que buscaram se liberar das modelizações computacionais cognitivistas, que reduziam a música às manipulações aritméticas de símbolos e regras predefinidas, também se inspiraram nas modelizações conexionistas. A utilização dessas manipulações deu – e continua a dar – lugar a uma pluralidade de investigações com objetivos variados, mas complementares, nitidamente circunscritos à abordagem do mundo sonoro, a exemplo do surgimento de trabalhos de reconhecimento das notas das partituras, de conceitualização de modos de composição assistida por computador, de identificação de timbres, alturas, gestos musicais, tentativas de transcrição de peças polifônicas, pesquisas de especificidade próprias à musicalidade, ou ainda de reconstituições ou de estudos comparativos diversos sobre fenômenos perceptivos.[39]

O deslocamento da ênfase das pesquisas em inteligência artificial para a vida artificial e para as formas supervenientes de modelização que lhe são próximas mudou sensivelmente a orientação da criação artística durante as décadas 1980-1990, assim como as tentativas de responder à questão da artificialização dos processos naturais da criação artística. Descobriu-se que a criação não poderia ser reduzida a uma forma de inteligência calculante, mas que exigia qualidades específicas dos seres vivos, criadores por excelência de sua própria existência e evolução. Essa mudança de paradigma, que corresponde à passagem do cognitivismo ao conexionismo, permitiu compreender melhor alguns desses processos e começar a reproduzi-los com maior ou menor sucesso. Com os trabalhos de Maturana e Varela, a teoria da autopoiese (ver mais acima) propôs uma definição ainda mais precisa da vida que, por sua vez, inspirou os artistas. Um sistema autopoiético, mesmo que seja apenas um programa que roda em um computador, é um sistema vivo – verdadeiramente vivo para os defensores dessa teoria, do mesmo modo que uma ameba, um elefante ou um homem. A possibilidade de conceber por meios artificiais um sistema autopoiético capaz de desenvolver uma conduta (estética) operatória, ou, dito de outro modo, de realizar uma modelização próxima do criador, para alguns é cada vez mais factível, para desgosto de outros espíritos que acreditam que esse projeto representaria o fim da arte, e pior, o fim do homem.

---

39 Kiss, op. cit., p.348.

A natureza da arte

Em consequência disso, constatou-se que um início de prova foi trazido por Mario Borillo. Foi ele quem efetivamente transferiu para a máquina alguns aspectos da competência "criativa" humana no campo artístico. Geradores automáticos de diversidade foram criados, inspirados nos diferentes modelos oriundos das ciências cognitivas. Esses geradores produziram sucessivas melhorias dirigidas à ampliação do campo dos possíveis com os modelos que se inspiravam na vida artificial. A vida, porém, seja ela artificial ou natural, não é arte. A vida não é um indutor estético intencional. Um sistema auto--organizado que gera formas visuais, sonoras ou textuais, não produz *per se* obras de arte; esse sistema não é nada mais do que uma espécie de amplificador do autor. Falta-lhe um sistema de avaliação que implica uma emoção, um sistema que desencadeia um sinal de prazer e que é ligado a uma hierarquia de valores adquiridos inteiramente ao longo de uma história individual. Para ilustrar essa necessidade, citarei o caso de Leonel Moura, que, com a colaboração de um especialista em inteligência artificial, trabalha com sistemas inspirados nas colmeias de abelhas e na organização social de colônias de formigas. O objetivo a ser atingido é a criação de formas "sem pré-engajamento representacional" e não determinadas pelo homem e sua cultura. Embora as modelizações cognitivas de uma colmeia na tela do computador forneçam imagens que Moura considera extraordinárias, tais imagens não parecem convencê-lo de que estamos diante de um projeto artístico original. Seria preciso que ele encontrasse um meio de intervir na imensa variedade de formas produzidas pelo modelo para lhe conferir sentido.

Moura teve então a ideia de reorientar manualmente (com a ajuda de uma interface apropriada) a colmeia para uma folha

Edmond Couchot

de papel branco. Uma pintura então emergiu, "formalmente semelhante à arte abstrata do pós-guerra, a um desenho de uma criança ou às experiências com o chimpanzé Congo",[40] segundo suas próprias palavras.[41] A intenção de Moura era

> eliminar tanto quanto possível o fator humano. Em particular no que concerne à subjetividade, ao gosto ou ao modelo estético ou moral, deixando ao "artista artificial" a tarefa de definir sua própria "arte". Nossa intenção é depreciar a qualidade da obra de arte, liberando a experiência estética de todas as mitologias moralistas e individualistas.[42]

O projeto do artista visava claramente criar um processo voltado para um máximo de autonomia. Tratava-se de modelizar integralmente uma conduta (estética) operatória – quer o resultado fosse considerado como arte ou não arte pelos críticos ou historiadores da arte. Ignoro se a ideia de intervir dessa forma no dispositivo desencadeou em Leonel Moura a sineta de prazer (o contrário me surpreenderia), mas sua ação

---

40 Congo era um chimpanzé que pertencia a um etólogo. Ele se dedicava à pintura por infindáveis horas, que testemunhavam um certo "dom" para a arte pictural. No curso dos anos 1950, ele produziu quatrocentos desenhos e pinturas em um estilo que lembrava a abstração lírica.

41 Congo pertencia ao zoólogo, etólogo e pintor surrealista Desmond Morris (1928-). O chimpanzé faleceu de tuberculose, aos 10 anos de idade. Em julho de 2006, um de seus quadros foi leiloado na Casa Bornhaus (Londres), arrematado por 14 mil libras. Morris se tornou muito conhecido no Brasil, sobretudo por seu livro *O macaco nu: um estudo do animal humano.* (N. T.)

42 Ver <www.lxxl.pt/aswarm/fr_aswarm.html>.

A natureza da arte

manual – e, portanto, subjetiva – parece importante para uma espécie de sistema de avaliação que questiona radicalmente a orientação do processo de criação. Essa reavaliação não se refere à iniciativa do computador, ela não emergiu do programa, foi introduzida do exterior.

A ideia de modelizar um sistema de avaliação capaz de simular uma emoção artificial foi objeto de uma pesquisa conduzida por Michel Brer há alguns anos atrás. em um primeiro momento, Brer criou uma criatura virtual antropomorfa provida de um cérebro artificial composto por uma rede de neurônios (uma centena) e por um captor de movimentos. Tratava-se de um funâmbulo sintetizado por computador, capaz de se manter em equilíbrio sobre o fio virtual de maneira autônoma. Após um período de aprendizagem junto a um equilibrista real, essa criatura teve a capacidade de se comportar como um equilibrista autêntico, não de maneira mecânica, repetindo o que havia aprendido, mas inventando gestos novos associados a posturas de reequilíbrio; em seguida, em uma segunda fase, ela entrava em interação com um espectador que buscava desestabilizá-la. A mesma criatura foi posteriormente programada para encarnar uma dançarina. Nesse caso, a aprendizagem ocorreu com uma dançarina real que inculcava certos passos de dança na dançarina virtual e quando esta entrava em contato com uma dançarina real, estava pronta para inventar passos que jamais haviam sido programados.[43]

---

43 Objeto de uma colaboração com Marie-Hélène Tramus e o Laboratório de fisiologia da percepção e da ação do Collège de France, dirigido por Alain Berthoz, essa pesquisa gerou uma publicação: Interacting with an intelligent dancing figure: Artistic Experiments

Se considerarmos essas criaturas artificiais como entidades possuidoras de algumas competências criativas secundárias (adaptar-se a uma situação imprevista inventando gestos apropriados), os processos que as animam permanecem, entretanto, muito afastados dos processos cognitivos naturais descritos anteriormente. Com certeza elas demonstram uma determinada autonomia adaptativa e pode-se considerar que, nesse sentido, o dispositivo funciona como um gerador de diversidade aberto ao mundo exterior. Mas os gestos inventados não são objeto de nenhuma seleção estética: eles obedecem apenas a certas constrições fisiológicas. Não chegam nem sequer a constituir uma memória à qual a criatura iria recorrer: sua única reserva de memória é a de sua aprendizagem inicial, ela não aprende mais nada depois. Um ponto crucial: a função seletiva se encontra ausente. A sineta de prazer não foi percebida, falta-lhe um sistema de avaliação baseado na emoção.

Michel Bret tentou então conceber não mais uma criatura antropomorfa, mas um sistema capaz de produzir formas visuais inéditas a partir de imagens fixas ou em movimento captadas por uma câmera, não mais por procedimentos habituais (combinatória, *morphing* [transformação contínua de imagens] etc.), mas graças a um tratamento que requer competências cognitivas e, em particular, essa capacidade de avaliação baseada na emoção. Esse método se inspira na teoria da seleção de grupos neuronais desenvolvida por Gerard Edelman[44] que

---

at the Crossroads between Art and Cognnitive Science, ISAST *LEONARDO*, v.38, n.1, p.46-53.

44 Consulte Edelman, *The Theory of neural group selection*; Id., *Comment la Matière deviant conscience*. Veja também Von Fœrster, *Understanding essays on Cybernetics and Cognition*.

A natureza da arte

envolve a organização das redes neuronais segundo uma seleção darwiniana e um jogo retroativo entre a saída e a entrada das configurações neuronais. As imagens captadas pela câmera são interpretadas pelo sistema sob a forma de configurações neuronais que o dispositivo aprende a memorizar e reconhecer à medida que absorve novas imagens. Tecnicamente, esse reconhecimento corresponde a um estado de estabilidade homeoestática atingido pelas redes de neurônios, análogo ao estado de satisfação na percepção natural. Existe sempre satisfação em reconhecer alguma coisa. Essa fase corresponderia à incubação. Depois, em uma segunda fase propriamente criativa, o dispositivo efetivaria cruzamentos e mutações e selecionaria certas configurações. Para substituir a sineta de prazer que requer a intervenção das emoções, a função de avaliação seria, ainda nesse nível, assumida pelo fato de que o dispositivo pode atingir determinado estado de homeostasia. O dispositivo produz, na saída do sistema (fase que corresponde à iluminação), imagens inéditas. Essas imagens poderiam ser reintroduzidas na entrada do sistema para constituir um circuito autogenerativo. A fase de verificação seria realizada dando aos espectadores a possibilidade de exercitar, por sua própria conta, uma seleção e reenviar essas imagens à máquina. A filosofia de Michel Bret, porém, não quer se limitar a simular processos naturais sobre os quais ainda não sabemos muita coisa; sua finalidade é ultrapassar a simulação e criar sistemas radicalmente diferentes.

Tais programas de pesquisa parecerão demasiado ingênuos, quando comparados à imensa complexidade dos processos cognitivos que caracterizam a criação natural, ou totalmente utópicos quando comparados às pesquisas realizadas nos sofisticados laboratórios de robótica e de inteligência artificial. No entanto, o filósofo Gérard Chazal pensa não ser impossível que, algum dia, os computadores sejam capazes de ter comportamentos emocionais, e até mesmo de possuir consciência. Se nos dias atuais eles não são capazes disso, será menos, ele afirma, "em virtude de uma possibilidade teórica que jamais foi explicitamente demonstrada, uma vez que as considerações econômicas pesaram na história da informática e a orientaram, favoreceram o desenvolvimento de uma inteligência artificial útil.[45] Esse foi também o alerta de Richard Dawkins, que contava com a possibilidade do surgimento de computadores conscientes nos próximos séculos, ou talvez mesmo no atual. Tal possibilidade nos obrigaria a repensar a consciência. Segundo Dawkins, não haveria razão para se inquietar com a ideia de que nossa espécie deverá, de algum modo, compartilhar o planeta com outros seres conscientes. Por outro lado, o objetivo dessas experimentações não é de se imiscuir no terreno da ciência para entrar em concorrência com ela no domínio da robótica. O objetivo é ampliar o campo da arte e do imaginário e, eventualmente, aproximar-se cada vez mais do conhecimento da experiência artística. Se essas criaturas artificiais, essas máquinas, esses dispositivos são sofisticados artefatos técnicos, eles são também obras que querem atingir o âmago de nós mesmos, transmitir algo de seus autores e desencadear em nós essa famosa sineta de prazer que acompanha a recepção de todo indutor estético intencional.

---

45 Chazal, *Le Miroir automate*, p.68.

5
A empatia na comunicação intersubjetiva

Como eu havia enfatizado na seção 2.2, essa primeira tentativa para caracterizar as condutas estéticas em uma perspectiva naturalista permanecia insuficiente. Ela limitava essas condutas, tanto as receptoras como as operatórias, à relação de um indivíduo em busca do prazer estético diante de um artefato suscetível de satisfazer esse prazer, e também à relação de um sujeito criador de artefato com o artefato que ele mesmo produz. A relação mais extensa de indivíduo para indivíduo que se estabelece entre o receptor e o criador – dito de outra forma, entre o amante da arte e o autor da obra e, eventualmente, entre uma comunidade de amantes da arte em relação à mesma obra de arte – não foi levada em conta nessa abordagem. Nos últimos anos, um importante elemento novo foi descoberto, ou melhor, redescoberto pelas pesquisas e experimentações nas ciências cognitivas, que nos permitirá ampliar essa abordagem. Trata-se de uma capacidade mental denominada "empatia".

Edmond Couchot

5.1. A evolução do conceito de empatia

O conceito de empatia não é novo. Nasceu no século XVIII, mas evoluiu muito ao longo dos séculos posteriores. Aparece sob outro termo – o de "simpatia" –, mas que já recobria o sentido que a empatia viria a assumir mais tarde. Em seu *Tratado da natureza humana*,[1] David Hume já percebera que a simpatia era um meio de comunicação intersubjetivo que permitia que nos colocássemos diante do outro e pudéssemos partilhar seu sofrimento ou sua alegria. O filósofo e economista inglês Adam Smith retomou essa ideia. Para Smith, a simpatia era a capacidade dos homens de se interessar naturalmente pela felicidade dos outros sem tirar nenhuma vantagem direta disso, de se colocar em seu lugar para compreendê-los e, assim, formar um julgamento moral que prevalecesse sobre o interesse pessoal.[2] Esse sentimento desempenhava um papel muito importante, pois era a condição do funcionamento harmonioso de uma sociedade.[3] O filósofo não estava interessado especificamente no papel da simpatia (no sentido da empatia) na arte, mas, para ilustrar seu pensamento, tomou o teatro como exemplo. Comparou os membros de uma sociedade aos espectadores de uma peça de teatro que, para compreender a peça e a ação dos personagens, devem se identificar com o ator, projetar-se nele, adotar seu ponto de vista, ao mesmo tempo que o ator deve se

---

1 Hume, *Traité de la nature humaine: essai pour introduire la méthode expérimental dans les sujets moraux*.

2 Smith, *La Théorie des sentiments moraux*.

3 Id., *La Richesse des nations*, obra que permanece atual, na qual o autor explica as causas dessa riqueza e propõe medidas capazes de aumentá-la de maneira equitativa.

A natureza da arte

identificar com os espectadores para perceber suas reações e sentimentos. Smith reconhecia nesse processo uma dupla comunicação que condicionava a recepção adequada do sentido da peça.

Mais tarde, o filósofo Gérard Jorland explicou como esse conceito retomou o sentido dado por Kant quando, em sua primeira máxima, ele exorta a pensar por si mesmo — trata-se da experiência do espelho — e, na segunda, a pensar do ponto de vista de um outro qualquer. Esse segundo axioma corresponde perfeitamente à empatia. "Para Jorland, ele consiste em ampliar os limites da própria reflexão pessoal, se adotarmos um ponto de vista universal, que só pode ser alcançado quando nos colocamos no lugar dos outros."[4] O acesso ao universal não se faz por conceitos, mas por uma operação intuitiva não discursiva. Para Kant, esse segundo axioma é também o do julgamento estético. Jorland ressalta que "é a partir daí que o conceito de empatia passou a ser a pedra angular da estética alemã durante um século e meio". Introduzido pelo filósofo Robert Vischer para designar a relação do amante da arte com uma obra artística, cujo sentido deve ser captado intuitivamente, o conceito de empatia ressurgiu em 1872, explicitado pelo termo alemão *Einfühlung* (a compreensão do que é sentido no interior de si). Vischer se interessou pelas reações musculares dos espectadores diante de certas pinturas. Essas ideias foram retomadas por Heinrich Wölfflin, que mostrou como certas arquiteturas também provocam uma reação corporal no espectador. Aby Warburg e Bernard Berenson ampliaram essa pesquisa, o primeiro

---

4 Consulte Jorland, L'Empathie, histoire d'un concept. In: Berthoz; Jorland (orgs.), *L'Empathie*.

se interessando pela relação entre os movimentos dos corpos na escultura e as emoções supostamente vividas interiormente por esses corpos, o segundo desenvolvendo a noção de "valores táteis". O conceito de empatia foi igualmente retomado por Darwin, não sem suscitar certas contradições, para explicar a existência dos comportamentos altruístas no mundo animal.

Foi, porém, Theodor Lipps quem conferiu pleno sentido ao conceito de *Einfühlung* de um ponto de vista simultaneamente psicológico e estético.[5] Para Lipps, a empatia permite que nos identifiquemos com o outro, que sintamos suas sensações e que nos coloquemos no lugar dele, que tenhamos consciência de suas intenções e consigamos prever seu comportamento. É fazendo isso que nos conhecemos a nós mesmos. O filósofo Jean-Luc Petit definiu a empatia como "o fato de sentir suas próprias vivências no outro (ou, mais amplamente, em qualquer outra coisa)".[6] Ela permite que nos identifiquemos com as coisas, tais como elas nos são apresentadas a partir de uma dada forma. Lipps cita o exemplo famoso do equilibrista. Quando o observamos, não são suas emoções que repercutem em nós, mas sim os movimentos do corpo, o deslizamento dos pés sobre a corda bamba, o delicado manuseio da barra, a direção de seu olhar jamais voltado para o chão. Essa repercussão no interior de nosso próprio corpo – esse ressonância interna – nos projeta mentalmente no corpo do equilibrista e nos permite antecipar mentalmente suas ações e compreendê-las sem que tenhamos necessidade de explicá-las. No espectador,

---

5 Lipps, *Ästhetik:* Psycologie de Schönen und der Kunst.

6 Petit, Empathie et intersubjectivité. In: Berthoz; Jorland (orgs.), *L'Empathie.*

A natureza da arte

essa ressonância pode ser acompanhada de percepções e emoções mais intensas, próprias dele mais do que do equilibrista, como a vertigem, a angústia, a suspensão da respiração, cujo desaparecimento só terminará no momento em que o acrobata finalizar seu percurso, que se traduzirá por um feliz sentimento de alívio.

Para complementar esse exemplo, Lipps descreve outra situação. O observador não fica mais diante de um sujeito em movimento, mas de uma coisa imóvel, no caso de um objeto arquitetural: uma coluna dórica. Para Lipps, o observador sente também um sentimento de empatia para com a coluna. A razão se prende ao fato de que uma coluna dórica possui um fuste — o corpo da coluna entre a base e o capitel, levemente aumentado — que dá a impressão de se vergar sob o peso do capitel, da mesma forma que um ser humano se verga quando se vê diante de uma sobrecarga, resistindo-lhe muscularmente para não ser esmagado. A empatia se estenderia então aos objetos naturais (montanhas, precipícios, ondas…) ou artificiais (construções, máquinas, artefatos industriais…). Ela teria dois aspectos. Existiria uma empatia de humor e uma empatia de atividade: a primeira corresponderia a um estado psíquico, a segunda a uma atividade psíquica. Em ambos os casos, a empatia seria desencadeada pelas propriedades do objeto e não por um estado psíquico próprio do observador.

Lipps pretendia depois estender sua teoria ao domínio da estética. Toda fruição estética é baseada única e simplesmente no conceito de *Einfühlung*, afirma ele na *Äesthetik*. Em outras palavras: "A fruição estética é uma objetivação de si mesmo". Ter prazer estético é ter prazer a partir de um eu que percebe, é fazer de sua percepção um objeto de fruição. "Na *Einfühlung*, eu não sou mais esse eu real", afirma Lipps, "sou interiormente desapegado dele, ou seja, sou desapegado de tudo o que sou, a não ser da contemplação da forma. Sou apenas esse eu ideal, esse eu que contempla." Para a estética, não se trata mais de argumentar como antes, apenas em termos de prazer ou desprazer, que não são senão nuances afetivas, mas em termos de atividade interior, de movimentos de vida voltados para o outro. Para Lipps, "o sentimento estético implica o contato com o mundo exterior pelo qual o sujeito acede à coisa; ele realiza sua própria experiência a partir do modo pelo qual "se sente nessa coisa",[7] comentará Gérard Jorland. Segundo Lipps, é a qualidade distintiva da experiência estética. Enfatizemos que por "coisa" Lipps entende a forma, o que é percebido como uma *gestalt* e não como um conceito.

A teoria da empatia de Lipps teve grande repercussão no mundo da arte e da estética, tanto entre seus adeptos quanto entre seus oponentes. Em Kandinsky, encontramos a mesma referência à representação do mundo exterior (o pintor fala do "Belo exterior") e à representação do mundo interior (que ele denomina o "Belo interior"). Enquanto Lipps define a representação do mundo interior como "a expressão da vida espiritual da alma concentrada nela mesma", Kandinsky define o belo como o que procede de uma necessidade interior da alma. É belo, ele afirma, "o que é belo interiormente".[8] Wilhelm Worringer se inspirou profundamente na teoria de Lipps, mas contestava o fato de que a *Einfühlung* pudesse se estender à totalidade da arte. Para ele, o conceito não era aplicável senão a uma

---

7 Jorland, op. cit.

8 Kandinsky, *Du Spirituel dans l'art.*

A natureza da arte

certa forma de arte fundada na imitação da natureza orgânica, característica de uma parte da Antiguidade, do Renascimento italiano e de uma parte da arte clássica: "A pulsão artística originária não tem nada a ver com a imitação da natureza. Ela busca a pura abstração como a única possibilidade de tranquilidade no interior da confusão e da obscuridade da imagem do mundo[...]".[9] Worringer criticava a estética normativa contemporânea pelo fato de ela não ser nada mais do que uma psicologia da sensibilidade artística clássica" e de não poder ter a pretensão de se tornar uma ciência objetiva e universal da arte.

Para Worringer, a empatia era incapaz de dar conta desse outro aspecto da arte que tendia não mais para o orgânico e sim para a abstração. Abstração esta que, para ele, não se referia à arte abstrata que começava a surgir, e pela qual ele jamais se interessaria, mas a um estilo muito específico que podia ser encontrado na arte egípcia (a pirâmide era o exemplo mais significativo disso) ou nórdica, voltada para o não orgânico, para a negação do ser vivo, para o geométrico e o cristalino. Esse estilo era marcado por uma vontade de ser, um querer artístico (um *Kunstwollen*, noção extraída de Riegl), e não por um desejo de imitação. Sua argumentação chegava a polarizar a arte em duas tendências, a empatia e a abstração, dentre as quais se escalonavam outros estilos, do bizantino ao gótico. Por outro lado, Worringer se apropriou do argumento de Lipps, forçando o sentido de que a fruição estética desapega o sujeito dele mesmo e o reduz a não ser nada mais do que a contemplação

---

9 Worringer, *Abstraction et Einfühlung: contribution à la psychologie du style*, p.75.

da forma. "Nessas condições", ele afirma com uma prudência dissimulada, "não parecerá talvez demasiado audacioso querer reduzir qualquer fruição estética, e talvez mesmo qualquer sentimento humano, à pulsão da renúncia de si como sua última e fundamental essência."[10] Para Worringer, é a abstração que torna possível levar essa renúncia à sua intensidade máxima, que não é mais unicamente uma renúncia individual, mas uma renúncia da vida orgânica e de sua contingência na contemplação do não orgânico.

5.2. A empatia do ponto de vista das ciências cognitivas

Uma simulação mental da subjetividade do outro

Depois de ter ocupado o centro dos debates sobre a estética durante vários anos, a teoria da empatia em sua versão *Einfühlung* caiu em desuso, talvez por uma falta de interesse manifestado pelos estudiosos da estética no que diz respeito à ciência ou por um preconceito do pensamento estético ocidental que, segundo Ellen Dissanayake,[11] teria a tendência de enfatizar o mental e o racional e de considerar o corpo (os sentidos e as emoções) como qualidades inferiores. Na perspectiva de Lipps, a empatia constituiu, porém, a base de uma teoria que foi aplicada, a partir dos anos 1960-1970, para explicar experimentalmente o fundamento da ética no mundo animal. Experiências com ratos demonstraram que esses animais eram

---

10 Ibid., p.59.
11 Dissanayake, *Homo Aestheticus*, p.186.

A natureza da arte

capazes de prestar auxílio a outros ratos que se encontravam em uma situação de sofrimento, ou seja, que eles eram capazes de um certo altruísmo. Relações análogas foram constatadas entre os macacos, que sabem reagir às expressões de medo manifestadas por seus semelhantes. Outras experiências com esses animais tornaram evidente o papel da comunicação das emoções na socialização dos grupos. Inumeráveis experiências demonstraram que certos símios, como os chimpanzés, podiam até mesmo adotar o ponto de vista do outro – no caso, o do experimentador, um ser humano – conservando integralmente seu ponto de vista. A empatia podia então ocorrer entre outras espécies. Experiências realizadas com humanos se dedicaram ao estudo da empatia na criança normal e sua ausência na criança autista. O aparecimento dos sentimentos ligados à moral e à justiça também foram objeto de explicações baseadas na empatia.

Com o desenvolvimento das ciências cognitivas a partir dos anos 1990, a teoria da empatia, confrontada com novas observações do funcionamento do cérebro grandemente veiculadas pelas tecnologias de IRMf, tornou-se enriquecedora e mais precisa. Para o neurobiólogo e terapeuta Jean Decety, a empatia é em primeiro lugar "uma capacidade própria da natureza humana fundada em sistemas neurológicos que começam a ser compreendidos".[12] "Sugiro a ideia", afirma ele,

de que a empatia se baseia em uma simulação mental da subjetividade do outro, apoiando-me essencialmente no trabalhos

---

12 Decety, L'Empathie est-elle uma simulation mental de la subjectivité d'autrui? In: Berthoz; Jorland (orgs.), *L'Empathie*.

Edmond Couchot

empíricos realizados pelas ciências do comportamento e do cérebro. Essa simulação é possível porque possuímos a capacidade inata de perceber que outras pessoas são "como nós" e porque, ao longo da ontogênese, desenvolvemos a habilidade de nos colocar mentalmente no lugar do outro.[13]

A empatia possui dois componentes fundamentais. O primeiro é uma ressonância motora e emocional desencadeada automaticamente, não controlável e não intencional: ela surgiu muito cedo ao longo da filogênese entre nossos ancestrais primatas, ainda não humanos. Essa resposta afetiva em relação ao outro tende, mas não sistematicamente, a compartilhar seus estados emocionais. Ela não implica que sintamos as mesmas emoções. Por exemplo, pode-se compartilhar o sofrimento do outro ("compreender" sua tristeza em razão de um luto) sem verdadeiramente sentir esse sofrimento, ter uma sensação de vertigem quando olhamos para um equilibrista mesmo que ele não sinta essa sensação. A ressonância emocional não acompanha sistematicamente a empatia. Residiria aí a diferença entre empatia e simpatia: a simpatia nos faria sentir as emoções do outro, nos levaria a compartilhar sua alegria ou seu sofrimento, sem que nos colocássemos em seu lugar. Segundo os autores, essa distinção pode ser bastante imprecisa.

O segundo componente é adotar uma perspectiva subjetiva do outro controlada e intencional, que parece própria da espécie humana, mesmo que certos animais, como os grandes símios, os elefantes ou golfinhos – até mesmo porcos, como recentemente foi descoberto – também integram em seu com-

---

13 Ibid.

A natureza da arte

portamento um componente emocional e cognitivo associado à uma consciência de si. "Apenas o *Homo sapiens* seria dotado dessa capacidade de mentalização, de considerar a si mesmo e ao outro como seres cujo comportamento é causado por estados mentais (intenções, crenças, emoções) que podem ser similares ou diferentes."[14] Essas emoções desempenhariam um papel regulador na vida do grupo (como Adam Smith havia pressentido) e "são sustentadas por um conjunto de circuitos neuronais específicos pertencentes ao sistema límbico".[15]

Mas, como Decety deixa claro, as capacidades desses animais não implicam que eles tenham acesso à consciência do outro e que considerem seus congêneres como agentes dotados de intenções. No homem, essa capacidade cognitiva começa a se manifestar muito cedo e sob uma forma elementar no recém--nascido. Os bebês têm a tendência a começar a chorar quando ouvem outros bebês chorarem, mas param quando são incitados a ouvir seus próprios choros. O recém-nascido é então capaz de compartilhar emoções com seus semelhantes fazendo uma distinção entre ele mesmo e os outros. As crianças normais adquirem essa capacidade entre 3 e 5 anos, enquanto os autistas são incapazes de adquiri-la.

Os neurônios-espelhos

Uma importante descoberta que forneceu uma explicação neurológica ao mecanismo da ressonância motora foi feita no início dos anos 1990 por uma equipe de pesquisadores italia-

---

14 Ibid.
15 Ibid.

nos coordenada por Giacomo Rizzolatti: os neurônios-espelhos –neurônios que mostram "[...] como o reconhecimento
dos outros, de suas ações, até mesmo de suas intenções, dependem em primeira instância de nosso patrimônio motor".[16]
Os pesquisadores constataram que no córtex pré-motor de um
macaco rhesus[17] (região que controla os movimentos volun-
tários), os neurônios, que habitualmente se ativam quando o
macaco executa uma ação em direção de um objeto, também
descarregam quando o macaco vê outro macaco, ou o experimentador, executar uma ação idêntica. A equipe deduziu disso
que existia uma ressonância motora implicando certos neurônios entre os movimentos do sujeito observado e o repertório
motor do observador, e que homens e primatas possuem um
mecanismo neurológico de base comum e funcional que lhes
permite partilhar o conteúdo fenomenal do outro. Os neurônios-espelhos se distinguem de outra espécie de neurônios
denominados neurônios canônicos que têm a particularidade
de se ativarem diante da simples visão de um objeto que eles
podem identificar. Por exemplo, quando um macaco percebe
uma banana, os neurônios canônicos que descarregam são os
mesmos que descarregariam se o macaco realmente decidisse
pegar a banana. Em contrapartida, a simples visão da banana

---

16 Rizzolatti; Sinigaglia, *Les neurones miroirs*, p.10. Veja também Rizzolatti et al., Premotor cortex and the recognition of motor actions,
Cognitive Brain Research.

17 Em 2007, um consórcio internacional anunciou o sequenciamento
do genoma do macaco rhesus. Em linhas gerais, as sequências do
rhesus coincidem com a dos humanos e dos chimpanzés em 97,5%.
A semelhança entre os códigos genéticos do chimpanzé e do homem
atinge 99%. (N. T.)

não ativará os neurônios-espelhos. Eles só descarregarão se o macaco vir outro macaco pegar a banana.

Os pesquisadores também descobriram no homem um sistema de neurônios-espelhos mais extenso, que funciona da mesma maneira quando um homem observa uma ação feita por outro homem. Por exemplo, quando um homem olha para outra pessoa, efetuando um gesto com a mão, a zona neuronal que controla esse mesmo gesto se ativa em nosso cérebro. Essa atividade, cujo sinal pode ser registrado graças às técnicas IRMf, não se traduz por um gesto real, ele impulsiona apenas uma ressonância motora: uma simulação da ação. A percepção de uma ação é equivalente à sua simulação interior. É essa simulação denominada "integrada" ou "incorporada" (*embodied simulation*) que "permite ao observador utilizar seus próprios recursos para penetrar de modo experiencial[18] no mundo dos outros por meio de um processo de simulação direto, automático e inconsciente,[19] explica Vittorio Gallese, um dos colaboradores de Rizzolatti. O sistema de neurônios-espelhos codifica tanto os atos motores transitivos (ações dirigidas para um objeto: pegar um objeto) quanto os atos motores intransitivos (simplesmente agitar a mão), mas "seu papel principal é permitir compreender a significação dos atos do outro",[20] compreendê-los em termos de ações não acompanhadas de nenhuma mediação reflexiva, conceitual ou linguística, com-

---

18 De maneira experiencial (anglicismo), ou seja, que resulta de uma experiência vivida.

19 Gallese, Intentional attunement. The Mirror Neuron system and its role in interpersonal relations, disponível em: <www.interdisciplines.org/mirror/papers/1/version/original>.

20 Rizzolatti; Sinigaglia, op. cit., p.137, palavras enfatizadas pelo autor.

Edmond Couchot

preensão "baseada apenas no vocabulário de atos e no conhecimento motor dos quais depende nossa própria capacidade de agir.[21] Certas observações revelam, por outro lado, que

> o sistema de neurônios-espelhos seria capaz de codificar não apenas o ato observado (no caso, a preensão de um objeto com captura, mas também a intenção com a qual esse ato é executado – e isso provavelmente pelo fato de que no momento em que se assiste a um ato motor executado por um terceiro, o observador antecipa os atos sucessivos possíveis aos quais esse ato está encadeado.[22]

Maurice Merleau-Ponty, aliás, já havia pressentido isso. Como ele afirmava,

> a [...] compreensão dos gestos é obtida pela reciprocidade de minhas intenções e dos gestos do outro, de meus gestos e das intenções decifráveis na conduta do outro. Tudo se passa como se a intenção do outro habitasse meu corpo ou como se minhas intenções habitassem o dele.[23]

A ressonância motora depende de certas condições. Um estudo realizado por Jean Decety mostra que apenas os movimentos biologicamente possíveis observados nos outros desencadeiam uma ressonância no observador. Em contrapartida, os movimentos impossíveis ativam uma outra região do

---

21 Ibid, p.138.
22 Ibid. p.140.
23 Ibid., p.143, citado pelos autores.

A natureza da arte

cérebro dedicada à resolução de conflitos. Por exemplo, o espetáculo de certos contorcionistas cujos membros executam posições bastante inabituais, ou seja, que não fazem parte do repertório comportamental do observador, pode parecer para ele difícil de suportar. O interesse pelas artes da dança se explica parcialmente pela oportunidade que elas oferecem àqueles que não dançam de entrar em ressonância motora com gestos que, mesmo pertencendo parcialmente a seus próprios repertórios, lhes permitem explorar novos, por vezes no limite do conflito e do desprazer. A observação da ação é uma forma de simulação incorporada de ação, mas essa simulação difere daquela que acompanha uma ação voluntária: ela é provocada por um acontecimento externo e não por uma decisão do sujeito.

As reações em espelho também intervêm nas emoções. Quando reconhecemos as emoções do outro expressas por seu rosto, não deduzimos racionalmente que os traços que observamos se assemelham aos nossos quando sentimos uma emoção análoga. Reconhecemos intuitivamente a natureza dessa emoção. Por exemplo, demonstrou-se que o fato de ter uma experiência vivida de desgosto e o fato de observar a expressão dessa emoção no semblante de qualquer outra pessoa ativavam a mesma estrutura neuronal, a ínsula anterior.[24] É bem provável que esse funcionamento em espelho não seja apenas próprio da emoção do desgosto e poderia estar relacionado a outras emoções. Daí resulta o fato de que não compreendemos as emoções

---

24 A ínsula apresenta uma forma triangular com vértice infero-anterior separada por dois lobos. Suas principais funções são integrar o sistema límbico e coordenar quaisquer tipos de emoções. São também responsáveis pelo paladar. (N. T.)

dos outros a não ser na medida em que as simulamos mentalmente em uma espécie de "compartilhamento de um estado do corpo" que aciona um mecanismo neuronal denominado "ressonância sem mediação",[25] comum ao observador e àquele que é observado. Segundo Rizzolatti e Sinigaglia,

> a superposição das ativações cerebrais constatadas entre os mesmos indivíduos, durante a inalação de substâncias malcheirosas e na observação de uma expressão facial de desgosto no outro, confirmam a hipótese segundo a qual a compreensão dos estados emocionais do outro depende de um mecanismo-espelho capaz de codificar a experiência sensorial diretamente em termos emocionais.[26]

Uma hipótese como essa poderia valer também para outras emoções primárias. Também é importante admitir que as emoções podem ser compreendidas por meio de uma interpretação reflexiva, e não mais intuitiva, dos traços do rosto que manifesta emoções sem a intervenção de nenhuma ressonância motora. Nesse caso, a compreensão dessa emoção é desprovida de coloração emocional. A capacidade que possuímos de perceber e compreender as emoções do outro governa a maioria de nossas interações com o ambiente e, por conseguinte, desempenha um papel decisivo em nossas relações individuais e sociais.

Esse tipo de ressonância sem mediação intervém de um modo muito característico na experiência do tocar. Provou-se empiricamente que ser tocado (experiência em "primei-

---

25 Gallese, op. cit.
26 Rizzolatti; Sinigaglia, op. cit., p.196-7.

A natureza da arte

ra pessoa") e ver qualquer pessoa ser tocada (experiência em "terceira pessoa") ativavam as mesmas redes neuronais. O ato de tocar desempenha um papel importante nas relações que ocorrem no interior da sociedade, pois ele permite tornar compreensíveis, sem mediação representacional, experiências muito íntimas vivenciadas pelo outro e que *a priori* parecem não comunicáveis. A tactilidade não é apenas um modo de percepção, é uma compreensão do outro em termos de espaço individual e social. Em decorrência disso existem os códigos muito rigorosos que regulamentam qualquer sociedade e, de uma maneira diferente, a proxemia, ou seja, os contatos entre os corpos e a distância que deve separá-los.[27] Ao fazer repercutir as intenções do outro em si mesmo, cada um reconhece o outro como seu próprio duplo; esse "outro objetal" se torna, assim, um outro eu. "Normalmente não somos afastados das ações, emoções e sentimentos dos outros", Gallese afirma, "uma vez que não somos dissociados das relações intencionais dos outros."[28] É necessário, também, observar a existência de neurônios — espelhos audiovisuais que entram em atividade da mesma maneira, seja quando ouvimos um ruído provocado por uma ação, seja quando nós mesmos executamos a mesma ação. Contudo, essa capacidade cognitiva permanece insuficiente para sustentar relações sociais mais completas que, necessariamente, devem passar por formas explícitas ou representacionais e não mais apenas experienciais. Na verdade, interpretar ações dos outros requer a ativação de regiões de nosso cérebro certamente mais amplas do que um simples modulo putativo.

---

27 Consulte Hall, *The Hidden Dimension*.
28 Gallese, op. cit.

[...] as mesmas ações realizadas por outros em contextos diferentes podem levar o observador a interpretações radicalmente diversas. Em consequência disso, os *stimuli* sociais são compreendidos com base na elaboração cognitiva explícita de seus aspectos contextuais e de uma informação anterior.[29]

Os neurônios-espelhos interviriam ainda na evolução e na aprendizagem da linguagem. Para Rizzolatti, eles fornecem sólidos argumentos à teoria da origem gestual da linguagem. Com efeito, certos linguistas pensam que a comunicação linguística teria sido iniciada por uma comunicação gestual da face e das mãos prontamente compreensível – ou seja, que veicula o mesmo sentido não apenas para aquele que executa esses gestos, mas também para aquele que os observam – sem que nenhum acordo prévio tivesse sido estabelecido entre os dois agentes comunicantes.[30] O fato de que a zona na qual os neurônios-espelhos se localiza entre os símios corresponda no homem à área de Broca, que é a área da linguagem, consolidaria essa hipótese. Enfatizou-se que a observação do movimento dos lábios de uma pessoa que pronuncia palavras sem que seus sons sejam ouvidos, ou a observação de gestos intransitivos ou de atos comunicativos orofaciais, ativavam no observador um setor da mesma área. Daí decorre a hipótese formulada por Rizzolatti de que

---

29 Ibid.

30 Essa teoria parece estar de acordo com a que foi desenvolvida por Émile Benveniste sobre as condições de inteligibilidade da linguagem, que será abordada mais adiante.

A natureza da arte

o substrato neural necessário ao aparecimento das primeiras formas de comunicação interindividual pudesse ter sido fornecido pela evolução progressiva do sistema dos NE (neurônio-espelhos), originalmente voltado ao reconhecimento dos atos transitivos manuais (pegar, segurar, atingir etc.) e orofaciais (morder, ingerir etc.).[31]

Constatou-se também que a observação do movimento dos lábios de um símio que emitia estalidos ativava a mesma região, embora de forma menos intensa, ao passo que a observação de um cão que começava a latir ativava apenas áreas visuais. A ressonância é então maior ou menor, isso depende do fato de as ações observadas pertencerem mais ou menos ao repertório do observador. No caso do latido, o observador que não possui o repertório motor do cão entende essa ação apenas em termos de propriedade visual. Além disso, embora seja uma atividade sonora, a palavra é também uma atividade motora. Mesmo antes de começar a falar, as crianças prestam uma atenção especial aos movimentos da boca do adulto que fala com elas.

No final de sua obra dedicada aos neurônios-espelhos, Rizzolatti concluiu:

> Quaisquer que sejam as áreas corticais envolvidas (centros motores ou áreas visceral-motoras) e o tipo de ressonância induzida, o mecanismo dos neurônios-espelhos incorpora, no plano neural, essa modalidade da compreensão que, antes mesmo de qualquer mediação conceitual e linguística, formata nossa experiência com os outros. [...] Nos dias atuais, o destaque dado

---

31 Gallese, op. cit., p.166.

Edmond Couchot

à natureza e ao alcance dos neurônios-espelhos parece oferecer uma base unitária a partir da qual podemos começar a compreender os processos cerebrais responsáveis por essa ampla paleta de comportamentos que escandem nossa existência, e na qual se concretiza a rede de nossas relações interindividuais e sociais.[32]

Inversamente, ocorre que, sob certas circunstâncias, alguns conjuntos de nossos próprios neurônios-espelhos descarregam quando agimos. Tudo então se passa como se considerássemos nossas próprias ações como as de um outro. "Isso permitiria uma circulação 'intersubjetiva' em nosso próprio interior e daria um fundamento à consciência reflexiva instituída a partir de dois pontos de vista no interior de uma pessoa."[33]

As abordagens e as definições da empatia são inúmeras e nem sempre exatamente concordantes, segundo o enfoque que amplia ou reduz seu papel na compreensão e nas intenções do outro. O neurofisiologista Alain Berthoz propõe uma teoria que leva em conta a percepção do espaço e da mudança de ponto de vista.[34] Para esse pesquisador, o "segredo" da empatia não se resume apenas aos neurônios-espelhos e à capacidade de simular mentalmente as ações do outro ou partilhar suas emoções, ela se prende ao fato de mudar de ponto de vista. De fato, mudar de ponto de vista implica mudar de referencial espacial, mudar de perspectiva e, portanto, absorver o ponto de vista do outro, substituindo seu próprio olhar pelo olhar do

---

32 Ibid., p.202.

33 Consulte Stern, *Le Moment present en psychothérapie: un monde dans un grain de sable*, p.157.

34 Veja Berthoz, Physiologie du changement de point de vue. In: In: Berthoz; Jorland (orgs.), *L'Empathie*.

A natureza da arte

outro: ou seja, permanecendo a mesma pessoa, resguardando o "próprio sentimento de si", para retomar uma expressão de Damásio. Para passar de uma perspectiva egocêntrica para uma perspectiva alocêntrica, seria necessário compreender as bases fisiológicas do tratamento do espaço e o papel dos hemisférios cerebrais esquerdo e direito. Foi a isso que Berthoz se dedicou, estudando o desenvolvimento das relações espaciais na criança. A criança só adquire tardiamente a capacidade de mudar de ponto de vista, por volta dos 7 ou 8 anos, uma vez que ela deve adquirir não apenas o uso do espaço, mas também a capacidade de manipulá-lo, mudando de referencial, ou seja, passando de um referencial egocêntrico para um referencial alocêntrico. "Colocar-se no lugar do outro, adotar seu ponto de vista, transferir-se para seu ponto zero de orientação, nada disso tem sentido", reitera Berthoz, "se o sujeito for incapaz de trocar um sistema de referência centrado nele mesmo por outro situado fora dele e principalmente centrado no outro."[35] A empatia não é apenas uma questão de espaço, é também uma questão de memória. A empatia se concretiza no fluxo do vivido, provoca certa repercussão temporal naquele que a sente. "Implica predição do futuro ao mesmo tempo que comparação com o passado e identificação do presente."[36] Ela implica, portanto, conhecimentos, emoções, lembranças ligadas aos outros e àquilo que sabemos deles. À mudança de ponto de vista possibilitado pela empatia, Berthoz propõe acrescentar uma "mudança do ponto de vista do sentir" que consiste em simular mentalmente a experiência singular do outro integrando essa

---

35 Ibid.
36 Ibid.

experiência em sua própria vivência e não apenas construindo em seu cérebro uma teoria da mente[37] voltada para a explicação de como o pensamento do outro funciona.

Desse sobrevoo forçosamente sucinto, podemos reter a ideia de que a empatia incentiva a criação de dois processos. Vislumbrado muito bem por Lipps, o primeiro é um processo essencialmente estético. Concerne à relação do sujeito com ele mesmo pelo contato com o mundo por intermédio da forma das coisas. A *Einfühlung* faz da percepção o próprio objeto de sua fruição, separa o sujeito perceptível dele mesmo, o despossui de tudo o que existe nele, menos a contemplação de seu objeto. Com o exemplo do equilibrista, Lipps mostra muito bem que a projeção empática pode se exercer sobre o outro e que está na origem de um conhecimento intuitivo de suas emoções e vivências, mas não desenvolve essa dimensão intersubjetiva e as consequências sociais implicadas por esse conhecimento, apontadas por Smith. O segundo processo, que as neurociências se incumbiram de provar, concerne à relação com o outro e sua correlação com certos processos neuronais localmente identificáveis e com um fundamento possível da comunicação intersubjetiva,[38] amplamente debatido, que constituiria a base da cognição social, bem como da moral e talvez da origem da linguagem. As pesquisas no domínio da estética se desenvolveram fazendo referência a esses dois processos.

---

37 A "teoria da mente", também denominada "psicologia ingênua", considera possível interpretar e prever o comportamento do outro atribuindo-lhe desejos, crenças e intenções específicas.

38 Sobre esse assunto, veja Empathie et intersubjectivité, In: Berthoz; Jorland (orgs.), *L'Empathie*.

A natureza da arte

As teses neuroestéticas

Ao longo dos anos 1990, as pesquisas sobre as relações entre a empatia e as práticas artísticas recomeçaram, reforçadas pelos conhecimentos adquiridos com as neurociências. Em 1992, Ellen Dissanayake recoloca a questão da arte e da estética a partir de um ponto de vista etológico, antropológico e psicobiológico. Para Dissanayake, a arte é um elemento normal, natural e necessário, oriundo da evolução biológica do homem: por natureza, os homens são uma extensão daquilo que a evolução criou naturalmente com o objetivo de sobreviver e prosperar. O que exige considerar a experiência estética como uma experiência que depende do mesmo tratamento neurológico que o restante de nossa vida cognitiva, perceptual e emocional. Em um capítulo de *Homo Aestheticus* dedicado à empatia,[39] "Empathic theory" reconsidered [A teoria da empatia reconsiderada], Ellen Dissanayake, após ter retraçado a história do conceito e feito referência à abordagem iniciada por Arnheim a partir de 1986 (que considerava a empatia como uma espécie de supersimpatia), propõe um modelo original de percepção visual ecológica. Esse modelo se baseia no fato de que o homem é primordialmente um corpo no interior do mundo e que as percepções que chegam até ele, advindas do exterior e que contêm informações sobre a realidade concreta desse mundo, são necessariamente acompanhadas por percepções proprioceptivas que o ajudam a se inscrever corporalmente no mundo.

Nossa compreensão do mundo e nossa ação no mundo não transitam então prioritariamente pelas vias da linguagem e

---

39 Dissanayake, op. cit., p.140 ss.

Edmond Couchot

da reflexão, mas pela via da emoção: é a emoção que informa o organismo sobre o que ele deve fazer para agir no mundo. Nessa perspectiva, os próprios artefatos estéticos repercutem diretamente no corpo de quem os percebe, provocando efeito fisiológicos e cinestésicos por meio de uma estimulação do córtex, enquanto os teóricos da empatia haviam tentado até então explicar esse fenômeno por uma espécie de comunhão, que unia aquele que olha e o objeto, o ouvinte e a obra musical, ou o leitor e o poema, correndo o risco de uma fusão entre eles. Apoiando-se em pesquisas neurofisiológicas em curso nessa época, Dissanayake mostra que as sensações percebidas no interior do corpo (nos ossos, nos músculos, no organismo inteiro) não são nem ilusórias nem metafóricas, e sim inteiramente reais. Sua argumentação permite compreender como as artes afetam ao mesmo tempo nossos corpos, nossas mentes e nossas almas, que elas mesmas constituem características – que se manifestam através daquilo que ela denomina "módulos de cálculo no cérebro" – próprias a qualquer indivíduo que se apreende enquanto unidade. A criação e a contemplação de uma obra artística são provenientes de uma mesma relação: a relação empática. *Homo Aestheticus* contribuiu amplamente para defender e exemplificar a abordagem psicobiológica da estética e da arte ao longo dos anos 1990.

Do lado dos neurologistas, em 1992, Roger Vigouroux relembra que os teóricos da *Einfühlung* explicavam a emoção sentida na contemplação de uma obra de arte por uma visão empática considerada "como vista a partir de dentro".[40] Retomando a ideia de que a visão afetivamente sobrecarregada ex-

---

40 Vigouroux, *La Fabrique du Beau*, p.188.

A natureza da arte

pressa pelo criador era objeto de uma transmutação, Vigouroux descreve dois modelos de sensações. O primeiro é intuitivo, imediato e globalizante e, portanto, empático (admiramos o quadro em uma olhadela), o segundo passa por uma análise sequencial mais refinada que envolve outros mecanismos neuronais. Na realidade, os dois modelos se cruzam e se superpõem permanentemente por ocasião da contemplação de um quadro. Durante essa mesma década, Semir Zeki, como vimos anteriormente, também evocava a noção de empatia a respeito da percepção de certas formas do mundo exterior e de seu reconhecimento inato pelo cérebro, referindo-se, porém, a mecanismos neurológicos novos descobertos por ele.

Aderindo à corrente da neuroestética fundada por Zeki, Jean-Pierre Changeux, em *Razão e prazer*, assume a teoria de Lipps:

> O córtex frontal baliza o desenvolvimento de uma sequência de representações (de uma argumentação racional) de pontos de referências afetivos e, por isso, põe de sobreaviso a capacidade simbólica e emocional do quadro. Permite ao espectador "colocar-se no lugar" dos personagens representados e expressar uma "empatia". Nessas condições, o prazer estético resultaria de uma entrada em ressonância, de uma mobilização organizada de conjuntos de neurônios situados em vários níveis de organização do cérebro, do sistema límbico ao córtex frontal: um objeto mental ampliado realizaria essa "harmonia entre a sensualidade e a razão".[41]

---

41 Changeux, *Raison et plasir*, p.45. Existe uma concordância bem ampla em considerar a emergência do prazer como a resolução de uma ten-

O espectador projeta na obra de arte que ele contempla, nesse ou naquele personagem ou objeto que integram o quadro, seus próprios estados mentais – projeção característica da empatia –, atribuindo-lhes por isso uma significação simbólica. "Ele chega até mesmo a atribuir 'estados mentais', emoções, intenções aos personagens que entram na composição – recuperando por isso o trabalho do artista."[42] Trata-se de uma importante observação que conduz o neuroesteta a completar sua definição de arte.

À proposição de que a arte é uma "comunicação simbólica intersubjetiva com conteúdos emocionais variados e múltiplos", Changeux acrescenta: "na qual a empatia intervém como diálogo intersubjetivo entre as figuras; empatia do espectador com as figuras e entre o artista e o espectador, implementando a capacidade de atribuição e a teoria da mente".[43] Afirma ainda: "A obra de arte integra uma forma de comunicação 'intersubjetiva' na qual a individualidade do criador e a do espectador ocupam um lugar central".[44] Essa concepção da arte – entendamos por isso a das condutas estéticas – faz que a relação es-

---

são. Muitas vezes, porém, o prazer brota instantaneamente sem que a menor tensão tenha afetado o receptor. O prazer em escutar um trecho musical ou em olhar um quadro que se ama, como o prazer em beber um bom vinho, não é sistematicamente produzido pela resolução de um conflito interior.

42 Ibid, p.129. Ênfase minha.

43 Changeux, *Du Vrai, du beau, du bien: une nouvelle approche neuronale*, p.135. Nesse mesmo capítulo, Changeux traça a história das origens da neuroestética que ele faz remontar a Charles Le Brun, pintor de Luís XIV. Le Brun aplicou os princípios da fisiognomia à expressão das emoções expressas por seus personagens.

44 Changeux, *Raison et plasir*, p.40.

A natureza da arte

tritamente diádica que liga o espectador à obra seja substituída por uma relação triádica que inclui o autor da obra. Changeux amplia e precisa a teoria de Lipps. Enquanto para Lipps, na experiência estética, a empatia separa o eu real de qualquer outra coisa, menos da contemplação da forma, para Changeux o espectador, enquanto desfruta inteiramente de seu próprio fechamento perceptivo, entra em ressonância com o outro, com os personagens representados pelo artista, como é o caso da pintura figurativa e com o próprio artista, antes mesmo que o processo de criação seja ultimado. A obra artística é um ponto de encontro com os outros homens que se realiza no imaginário. Com seu testemunho, o criador incita o destinatário da obra a compartilhar de seu ponto de vista, e mais ainda de sua concepção de mundo.

A posição mais radical concernente à função dos neurônios-espelhos e da empatia na arte foi formulada por Vittorio Gallese num artigo coassinado com o historiador da arte David Freedberg, "Movimento, emoção e empatia na experiência estética".[45] Os autores argumentam: 1) que a relação estética (*esthetic response*) que se estabelece a partir de imagens da vida cotidiana ou das obras de arte consiste na ativação de mecanismos incorporados que reagrupam a simulação de ações, emoções, sensações corporais: 2) que esses mecanismos são universais e que os fatores históricos, culturais e contextuais não devem esconder o peso dos processos neuronais implicados na reação estética. Sua finalidade é propor uma teoria que não fosse puramente introspectiva, intuitiva e metafísica, mas

---

45 Freedberg; Gallese, Motion, Emotion and Empathy in Esthetic Experience, *Trends in Cognitive Sciences*, v.11, p.197-203.

que definisse com precisão de qual suporte neurológico surge a resposta estética. Essa teoria pretende realçar uma franca ruptura com a abordagem teórica tradicional que considera que as emoções são em sua maioria contextuais e inclassificáveis. Gallese e Freedberg exemplificam sua teoria estudando as reações dos espectadores diante de obras artísticas, esculturas como *O escravo* de Michelangelo ou pinturas como *Os desastres da guerra* de Francisco Goya. Eles observam que as reações diante desses corpos sofredores ativam em quem olha as mesmas redes de neurônios que são normalmente ativadas por sua própria sensação de dor. A empatia física desencadeada se transformaria então em uma empatia emocional, embora os autores não expliquem como.

Depois de boa parte do artigo ser reservada à história da empatia e à descoberta das funções dos neurônios-espelhos, os autores se concentram na função de simulação incorporada na experiência estética. Enfatizam que as respostas eletromiográficas dos músculos faciais de um espectador estão de acordo com as respostas implicadas nas expressões faciais da pessoa observada. Gallese e Freedberg fazem referência aos trabalhos de Damásio que mostraram que os sentimentos são modalidades de conscientização das emoções.[46] Quando olhamos uma pintura que provoca fortes reações como o medo, ao curto-circuitar o corpo, o cérebro reproduz estados somáticos metaforizados ou sugeridos nesse quadro, "como se" o corpo realmente estivesse diante de uma cena. Certas situações corporais representadas no quadro, como um corpo que toca ou acaricia outro corpo, desencadeariam uma empatia táctil nas

---

46 Ver mais acima, p.158-71.

A natureza da arte

regiões do cérebro daquele que olha que, em geral, são incitadas quando ele mesmo é tocado ou acariciado.

A simulação empática não se produz apenas nas obras explicitamente figurativas, mas também diante da visão de certas formas, arquiteturais por exemplo – os autores se referem à coluna dórica de Lipps – ou picturais como os quadros de Pollock, nos quais aquele que olha identifica nos jatos de cores os movimentos do corpo do pintor, ou as telas de Lucio Fontana cortadas a golpe de faca que fazem que o olhador reviva o ato de laceração executado pelo autor. (Esse efeito de empatia foi muito bem explorado no desenho de animação, no qual os objetos são submetidos a deformações análogas às deformações corporais: um automóvel que freia reduz seu tamanho, amplia quando acelera). Existe uma relação entre as reações empáticas daquele que olha e os traços gestuais deixados pelo criador na materialidade do quadro: a modelagem vigorosa da argila, os rápidos movimentos do pincel ou da mão; e eu acrescentaria: a posição daquele que olha do topo da pirâmide visual diante de um quadro perspectivista que retrospectivamente coincide com a posição do pintor. Os autores insistem no fato de que os gestos realizados pelo artista ao longo de seu trabalho induzem a um engajamento empático por parte do olhador e ativam a simulação do repertório motor que corresponde aos gestos sugeridos pelos traços materiais. Para fundamentar sua tese, apoiam-se em vários estudos experimentais que demonstram que os processos de simulação são desencadeados no cérebro quando um indivíduo observa um artefato gráfico fixo como uma carta manuscrita ou um traço de caneta. Esses processos, cuja localização já foi desvendada – e que varia quando os indivíduos são destros ou canhotos –, simulam os gestos que o observador teria sido obrigado a fazer ao executar as mesmas formas. Para Gallese e Freedberg, o conjunto dessas observações constitui uma base essencial para acessar o conteúdo emocional e intencional das imagens e sua eficácia artística, sem que o papel dos fatores históricos e contextuais seja forçosamente negligenciado.

Além disso, vários anos antes do surgimento de "Motion, emotion and empathy in esthetic experience" [Movimento, emoção e empatia na experiência estética], Freedberg já havia publicado um artigo sobre as relações entre as respostas emocionais provocadas pela composição pictural ou musical.[47] A partir de um estudo histórico sobre os "modos" musicais, ele mostrou que, contrariando uma opinião disseminada entre vários estudiosos da estética, as emoções podem obedecer a regras ou a leis. Desde a Antiguidade, os "modos" musicais consistiam em associar efeitos emocionais precisos a formas sonoras. No fim do século XVII, Marc-Antoine Charpentier estabeleceu uma lista de modos para introduzir regras de correlação entre a composição de uma obra e as emoções que ela quer suscitar. (o *Dó* maior era "alegre e guerreiro", o *Dó* menor "sombrio e triste", o *Mi* menor "efeminado", amoroso e queixoso, o *Mi* maior "briguento e mal-humorado", o *Fá* maior "furioso e irascível", o *Fá* menor "obscuro e queixoso" etc.). Freedberg observou um fenômeno análogo na pintura e se apoia no estudo da correspondência de Nicolas Poussin que, ao se referir aos modos musicais de sua época e àqueles utilizados pelos gregos (o dó-

---

47 Freedberg, Composition picturale et réponse émotionelle, Colóquio *Art et Cognition*, disponível em: <www.interdisciplines.org/artcog/papers/3>.

A natureza da arte

rico para as formas solenes e estáveis, o frígio para as formas agradáveis e alegres, o lídio para as formas tristes ou o jônico para as formas alegres e exuberantes), buscava estabelecer regras de composição capazes "de induzir a alma dos que olham a diversas paixões". A respeito disso, para confirmar a tese de Freedberg de que Leon Battista Alberti já havia visto em *A história*[48] algo mais do que esse quadro conta (nos dias atuais, chamaríamos isso de conteúdo ou significação), eu acrescentaria: graças ao qual a disposição de corpos representados fascina e emociona os olhos e a alma dos espectadores (*oculos et animos spectantium tenebis e movebit*). Para Alberti, essa função emocional atribuída à história era a tarefa mais importante do pintor (*amplissimum pictoris opus historia*).

Além disso, descobriu-se que entre certos pássaros existem neurônios-espelhos que também descarregam, quando um pássaro ouve outro pássaro da mesma família cantar, ou quando ele mesmo canta a mesma canção. O que lhe permite se colocar em uníssono – se sintonizar – com o canto que ele ouve.[49] Não é nada impossível que ainda venhamos a descobrir no cérebro humano o mesmo tipo de neurônios-espelhos que se ativam quando ouvimos música, como a descoberta dos neurônios--espelhos do macaco precedeu a do homem. Várias pesquisas atuais ainda em andamento se baseiam nessa hipótese. Esses neurônios estariam implicados nas relações entre o canto coral e a produção verbal. A percepção dos sons musicais pelo ou-

---

48 Essas argumentações são explicitadas no tratado de Leon Battista Alberti (1404-1472) *Della Pittura*, publicado em 1435, no qual ele explicita que a ciclópica acumulação de povos, animais e territórios deveria propiciar aos homens uma sensação de prazer e emoção. (N. T.)

49 Consulte F. Prather et al., *Nature*, 451, p.305.

vinte entraria em ressonância com a produção gestual dos sons pelo músico: hipótese que parece confirmada pelo fato de que as mesmas áreas motoras ou pré-motoras do cérebro normalmente ativadas quando se imagina mentalmente um som também são ativadas quando executamos gestos corporais.[50] Para o filósofo Jérôme Pelletier,

> as descobertas empíricas desse tipo mostram que o acoplamento ação/percepção e os sistemas de neurônios-espelhos que estariam na base de certos fenômenos de empatia estariam também na base da expressividade musical, dado que a percepção dessa expressividade resultaria da imitação interna das ações e gestos que levam à expressão.[51]

Para retomar o artigo coassinado, ressaltaremos que Gallese e Freedberg esquecem, ou não querem mencionar (ambos evocam rapidamente a noção de prazer estético, mas não a definem) que as emoções via empatia sensório-motora e emocional são emoções retrabalhadas pelo cérebro. Damásio afirmaria que são sentimentos. A dor sugerida pelo corpos feridos de Goya representa, para aquele que olha, ao mesmo tempo dor, ou melhor, simulação de dor e prazer – prazer específico diante da contemplação das formas, prazer estético. Prazer ou talvez também desprazer, que provocarão no olhador uma sensação de rejeição: o quadro não será mais percebido como artístico; aos

---

50 Consulte Godoy, Imagined action, Excitation and Resonance. In: Godoy; Jorgensen (eds.), *Elements of Musical Imagery,* p.239-52.

51 Sobre esse assunto, consulte Pelletier, La fiction como culture de la simulation, *Poétique,* n.154.

A natureza da arte

olhos do espectador a pintura estará "perdida". Observemos que é o prazer e a busca do prazer para si mesmo, assim como a totalidade da dinâmica da criação e da apreciação estética, da função de seleção e dos valores que se encontra paralisado. A sineta de prazer ou de alarme para de tilintar.

Quaisquer que sejam os importantes representantes da corrente neuroestética, existem diferenças e complementaridades entre Changeux, de um lado, e Gallese e Freedberg, de outro. Gallese e Freedberg são experimentadores, fazem uso abundante de protocolos experimentais e buscam ampliar o campo propriamente estético-artístico para um campo mais amplo que se estende aos objetos não artísticos na perspectiva aberta por Baumgarten[52] de uma ciência do conhecimento sensível. A contribuição de Changeux para a neuroestética se concentra mais na compreensão dos processos de criação, das relações entre o prazer e a razão, o belo, o verdadeiro e o bem, e dos laços intersubjetivos criados pela arte no espaço social. Seu *corpus* de análise permanece restrito às obras de arte clássicas (música e sobretudo pintura), o que deixa subentendido que as condutas estéticas (receptoras) estão alinhadas com as condutas (estéticas) operatórias que, a partir do Renascimento,

---

52 Alexander Gottlieb Baumgarten foi o fundador da estética enquanto ciência do conhecimento sensível. Seu objetivo era submeter a apreciação do Belo tradicionalmente regulamentada pelas belas-artes a um conhecimento sensível, intermediário entre a sensação e o intelecto, capaz de tratar as formas artísticas e não seus conteúdos. Após ter publicado, sobre esse assunto, *Meditationes philosophicae de nonnullis ad poena pertinentibus* em 1735, foi o primeiro a criar o termo estética para designar a nova teoria do belo, *Ethica philosophica*, em 1740. Entre 1750 e 1758 publicou os dois volumes de *Asthetica* em que define os princípios dessa nova ciência.

caracterizam a arte na cultura ocidental, ou seja, o conjunto dos indutores estéticos intencionais presentes e passados reconhecidos como obras de arte.

Debates e perspectivas

As teses neuroestéticas tiveram uma acolhida reservada, por vezes fortemente crítica, da maioria dos especialistas em estética, historiadores e filósofos da arte, sobretudo na França, onde esses últimos ainda ignoram as ciências cognitivas. O que não deve impedir que se dê atenção a essa crítica. Se deixarmos de lado as teses dualistas, que se recusam a considerar que a estética não tem nada a ver com as atividades neurológicas do cérebro, assim como as críticas já formuladas neste livro sobre Zeki e Ramachandran, um maior número de objeções pode ser dirigido às teorias de Gallese e Freedberg. Uma delas é apresentada por Roberto Casati e Alessandro Pignocchi em um curto artigo intitulado "Neurônios-espelhos e neurônios canônicos não são constitutivos das respostas estéticas".[53] Em primeiro lugar, esses autores criticam a escolha dos artistas Michelangelo, Goya e Pollock e das obras especificamente figurativas e "sangrentas" muito bem adaptadas aos fins da demonstração. Em seguida ressaltam que qualquer pessoa, que na vida real sentisse algo diante de uma pessoa aprisionada em um bloco de argila, ou que sofresse mutilações genitais ou nas mãos, sentiria a mesma sensação empática sem que essa sensação fosse

---

53 Casati; Pignocchi, Mirror and canonical neurons are not constitutive os aesthetic responses, disponível em: <www. Columbia.edu/ cu/arthistory/pdf/dept_freedberg_casati_pignocchi.pdf>.

A natureza da arte

estética. Da mesma forma, a percepção de uma escrita manual não artística terá os mesmos efeitos que as telas de Pollock ou de Fontana, que são obras de arte. (Foi isso que eu já havia ressaltado sobre as linhas oblíquas geométricas traçadas sem nenhuma intenção estética nas experiências de Zeki). A partir disso, os dois autores concluem que a ativação dos neurônios-espelhos não é necessária nem suficiente para saber se qualquer coisa é uma obra de arte.

Farei algumas observações sobre essa troca de argumentos. Fixarei minha atenção em Casati e Pignocchi. Para ambos, a resposta empática de uma pessoa que testemunha uma cena real de tortura é certamente mais forte do que a resposta dessa mesma pessoa diante da visão de uma obra de arte que representa cenas de torturas. No primeiro caso, a emoção submerge a testemunha e provoca uma reação violenta, até mesmo uma ação, mais do que uma deleitosa contemplação (a menos que ela seja sádica!). Para que haja prazer, e prazer estético, é preciso que esse prazer se alimente dele mesmo (sob o efeito de uma atenção autoteleológica), e que a emoção ligada a esse prazer se transforme em sentimento, mas um sentimento estético, isso se aceitarmos a diferença introduzida por Damásio entre emoção e sentimento, que a emoção faça surgir representações conscientes a partir das quais "respostas complexas e individualizadas são formuladas e executadas sob a forma de comportamentos".

Um outro argumento contra o papel dos neurônios-espelhos na resposta estética é formulado por Casati e Pignocchi sobre as obras conceituais. De fato, esse tipo de obra é a pedra angular das teorias neuroestéticas, e ambos têm razão em evocá-la. Uma teoria neuroestética, mas não cognitiva das condutas estéticas, deve dar conta das mais variadas formas de arte e não apenas das tradicionais formas visuais, musicais, gestuais ou textuais. Casati e Pignocchi declaram que as obras conceituais são incapazes de ativar os neurônios-espelhos e provocar uma ressonância motora dada sua característica não física, desincorporada que, por vezes, não se reduz a nada, a não ser a puras intenções, mas que nem por isso são menos apreciadas enquanto obra de arte.[54] Mesmo de maneira indireta, Freedberg e Casati responderam que alguém que olha alguma coisa confusa como uma pintura abstrata, ou alguma coisa que não seja um corpo (ambos não falam especificamente das obras conceituais), verá aí uma espécie de "metáfora" e um "eco" que evoca um corpo: existe sempre um corpo atrás de qualquer imagem pintada. Compartilho parcialmente essa opinião (mais adiante explicarei por quê), mas a resposta às críticas de Casati e Pignocchi merece ser melhor argumentada.

A arte conceitual não é uma arte imaterial que se condensa em uma intenção desincorporada mesmo que, originalmente, o desejo dos artistas conceituais fosse se livrar das escórias da percepção. As obras conceituais sempre têm uma certa densidade material, por menor que seja. Não são jamais inteiramente abstratas e descorporizadas. Toda obra conceitual resulta de um fazer artístico intencional, de uma disposição de formas (uma cadeira diante de uma foto dessa cadeira e um texto com letras pretas sobre um fundo branco tirado de um dicionário que define o que é uma cadeira, o conjunto apresentado em um "meio de fixação" carregado de sentido, em uma galeria ou em

---

54 Essa crítica se aproxima daquela que Worringer dirigiu à empatia considerada como incapaz de dar conta da arte abstrata.

um museu). É difícil sustentar a ideia de que, nessa obra de Joseph Kosuth — *Uma e três cadeiras* —, a cadeira de madeira não provoque uma sensação motora no repertório motor daquele que olha (um convite a se sentar) impedida por uma proibição museográfica e pela função desse objeto na instalação, para me referir apenas a essa breve análise. A presença do autor, de seus gestos que orquestraram — pelo menos uma única vez por ocasião da criação — os componentes materiais da obra, em suma a presença de seu corpo é palpável, mesmo no caso extremo de proposições como as de Lawrence Weiner, para quem a obra que não pretende se dirigir à percepção nem sequer pode ser considerada como um enunciado linguístico, uma maneira de jogo de linguagem, ou seja, de jogo a partir de formas de linguagem, como é o caso de qualquer ficção narrativa, e nesse caso um jogo de formas com objetivo estético concebidas para uma satisfação autoteleológica. Veremos mais adiante que a simples leitura de um texto pode provocar no leitor reações que estimulam os neurônios-espelhos. Para explicar o efeito estético dessas proposições também podemos invocar o fato de que (como mencionei anteriormente) as relações entre o córtex frontal e o cérebro emocional são permanentes — mesmo que as vias ascendentes que vão do límbico ao córtex (*bottom up*) sejam mais numerosas do que as vias descendentes (*top down*) — e o córtex pode desencadear uma emoção que será interpretada como um sentimento estético.

Enfim, à crítica de que as redes de neurônios-espelhos não são necessárias, enquanto suportes neurológicos da empatia para apreciar uma obra de arte, responderei que, se estivermos de acordo em considerar que a arte é uma forma de comunicação intersubjetiva e que a empatia tem como suporte neu-

Edmond Couchot

rológico o sistema de neurônios-espelhos – como parece ser o caso –, deveremos concluir, com isso, que esse sistema está necessariamente implicado na apreciação estética. Em contrapartida, farei uma restrição às teses de Gallese e Freedberg: mesmo que os neurônios-espelhos sejam necessários à resposta empática, eles não são suficientes. O que ambos denominam "resposta" estética é uma superação da emoção já complexa vivenciada ao longo das condutas estéticas (receptoras), uma mistura de prazer específico e de afetos diversos suscitada pelas representações, elevada ao nível do sentimento e que necessariamente recorrem a lembranças, experiências singulares vividas, referências culturais coletivas e uma imersão em uma rede intersubjetiva.

O papel necessário e suficiente dos neurônios-espelhos na empatia foi também criticado por razões que não pertencem mais à estética, mas à comunicação social. Em publicação datada de 2009, o neurologista Nicolas Danziger relatou uma experiência evidenciando que o único mimetismo que implicava os neurônios-espelhos era insuficiente para comprovar em todos os casos o que o outro sente e que essa sensação requeria um esforço de representação e de imaginação bastante intenso. Foi graças a um esforço como esse que pessoas congenitamente insensíveis à dor podiam representar a dor de outras pessoas observando apenas as expressões de seus rostos. Elas conseguiam fazer isso muito bem, mesmo sem saber rememorar as sensações dolorosas que supostamente teriam vivenciado, uma vez que eram insensíveis à dor.

Para compensar sua falta de ressonância emocional automática com a dor, devem então necessariamente recorrer a um complexo

A natureza da arte

trabalho de inferência emocional que depende inteiramente de sua capacidade de empatia. Esses resultados sugerem que é graças a esse tipo de processo de cognição social que, eventualmente, podemos imaginar e compartilhar com o outro afetos ligados a uma experiência que nós mesmos jamais havíamos vivido.[55]

Essa sugestão poderia ser também aplicada à percepção das obras de arte e sobretudo a certas formas da arte conceitual nas quais as incitações perceptivas são voluntariamente reduzidas ao mínimo; o cérebro suplantaria a ausência de ressonância motora e emocional recorrendo a um "trabalho de inferência" que faria uso de representações, lembranças, crenças próprias do indivíduo, mas também inteiramente dependentes da capacidade de empatia do sujeito. De fato, as situações são comuns quando reconhecemos ou julgamos as qualidades estéticas de um artefato sem verdadeiramente ter vivenciado um sentimento de prazer. Tudo se passaria então como se o regime "natural" que condiciona a emergência do sentimento estético em um indivíduo fosse também o da empatia (correlacionada pelos neurônios-espelhos), mas ainda como se um outro regime que, funcionando por inferência, estivesse ligado à cultura do indivíduo e que, em certos casos, pudesse substituir o regime natural.

A empatia é ainda implicada em uma situação bastante diferente, a que vivenciamos diante de uma obra de arte ou de um objeto natural, e até mesmo artificial, o sentimento do sublime.

---

55 Ver "Peut-on partager d'une douleur que l'on jamais éprouvée? Les bases neurales de l'empathie vis-à-vis de la douleur d'autrui chez les patients atteints d'une insensibilité congenitale à la douleur", *Neuron*.

Edmond Couchot

Esse sentimento – cuja história enquanto conceito remonta a Platão, passa pelo Classicismo e pelo Romantismo – é um estado afetivo provocado, segundo Vion-Dury, por "uma situação ou por um momento extraordinário que conduz a uma ativação emocional extremamente forte e encanta (encanta intensamente, ou conduz a uma espécie de beatitude)".[56] Podemos vivenciar esse sentimento em situações bastante diversas: a contemplação de uma obra de arte (um quadro, uma peça musical, um romance), de um objeto natural (uma paisagem, um estado do céu ou do mar) ou artificial (um monumento, uma máquina) ou ainda de qualquer coisa que não tenha nenhuma ligação com a arte, mas que depende da ciência (certas teorias matemáticas são consideradas sublimes por alguns) ou da ética (a conduta heroica de um personagem histórico). Em todos esses casos, a noção remete a uma ideia de excelência, elevação, superação, forçando a admiração, às vezes matizada por um sentimento de derrota ou pavor, como ocorre no Romantismo, e até mesmo de "paralisação das forças vitais", como Kant acreditava. A hipótese formulada por Vion-Dury é de que a experiência do sublime na arte, mas não apenas nela, corresponderia a uma modificação de nosso estado de consciência, de nossos humores, se transformando transitoriamente em "vigília generalizada", que nos permitiria "captar, de maneira inabitual, global e não analítica, o que se encontra presente no 'espetáculo' que nos é ofertado".[57] Ao favorecer a emergência

---

56 Vion-Dury, Peut-il exister une interprétation neurologique de l'expérience esthétique du sublime? In: Vallon (org.), *Dans l'Atelier de l'art: Expériences cognitives*. Veja também Saint-Girons, *Le Sublime, de l'antiquité à nos jours*.

57 Ibid.

A natureza da arte

desse sentimento, a arte seria um meio generalizado de nos conhecermos a nós mesmos, de conhecer os outros e o mundo, ao longo de uma experiência "cujo apogeu se situa no momento esfuziante do sublime".[58] Os processos neurológicos de sintonia e empatia nos forneceriam a capacidade de não apenas ter acesso a esse conhecimento, mas também de compartilhar com o outro essa experiência eminentemente intersubjetiva baseada em um modo intuitivo, sem a inferência da linguagem e da argumentação racional.

A empatia não explica tudo, mas, como processo cognitivo associado a suportes neurológicos identificáveis experimentalmente, ela se converte em elemento essencial para a compreensão da recepção e da criação de artefatos estéticos. Durante muito tempo, os especialistas em estética se prenderam à concepção romântica da empatia, acusando-a de ser "fundamentalmente distinta da sensação e da intelecção", de considerar que "o dado imaginário é puro, e não interpretado pelo pensamento" e de fazer da obra de arte "o meio de uma experiência mais rica, mais intensa, mais sensual e, ao mesmo tempo, mais espiritual do que tudo o que a vida ordinária e a triste racionalidade poderiam algum dia nos propiciar".[59] As interpretações recentes do fenômeno não chegam às mesmas conclusões. Por fim, é preciso insistir no fato de que, se o criador incita o destinatário da obra a compartilhar seu ponto de vista, ou sua visão de mundo – que é a expressão de sua intenção artística –, essa incitação não pressupõe que o amante da arte mantenha com a

---

58 Ibid.

59 Darsel; Pouivet (orgs.). *Ce que l'Art nous apprend: les valeurs cognitives dans les arts*, p.10.

obra uma relação homóloga àquela que o artista mantém com ela, mesmo que se atribua ao amante da arte uma competência criativa. Como forma específica de comunicação intersubjetiva, a arte não implica uma fusão mental entre os estados mentais e afetivos do artista e do amante da arte: as condutas estéticas de ambos não coincidem. Para que exista comunicação, é necessário que exista diferença, o que permite a empatia, a capacidade de se projetar no outro permanecendo integralmente si mesmo. Quaisquer que sejam essas diferentes interpretações da empatia, parece notável que a descoberta dos processos neurológicos a ela associados abre, segundo Jacques Morizot, "importantes perspectivas para inúmeras teorias estéticas", o que obriga a pensar "que as soluções que somos levados a defender devem ser suficientemente compatíveis com os dados científicos disponíveis".[60]

---

60 Morizot, Enjeu cognitif et/ou théorie cognitive. In: Darsel; Pouivet (orgs.), *Ce que l'Art nous apprend: les valeurs cognitives dans les arts*, p.58.

6
As condutas estéticas como experiências vividas

6.1. A experiência da experiência

A neuroestética fundamenta suas teorias principalmente na observação do cérebro, quando ele é submetido a *stimuli* ao longo de experiências conduzidas em laboratório. O interesse dessas experiências reside no fato de que elas se desenvolvem na terceira pessoa, o que garante uma certa objetividade, embora sejam fortemente reduzidas em relação às experiências vividas em situação real. Elas não podem reproduzir todas as condições de uma experiência estética completa e integral. Estamos diante de experimentações, mais do que de experiências. Os pesquisadores têm consciência disso e reconhecem, como Zeki, que devem levar em conta a variabilidade das condutas estéticas próprias dos indivíduos, de sua subjetividade e de sua história pessoal. Torna-se necessário, portanto, retornar às teorias que, sem serem estritamente oriundas das ciências cognitivas, se apoiam em observações e conceitos próximos dessas ciências.

Nessa perspectiva, uma teoria a ser retida por seu conteúdo e anterioridade é a que devemos ao filósofo pragmatista John

Edmond Couchot

Dewey. Nascido em 1859, Dewey ignorava totalmente as ciências cognitivas, que não se constituíram senão um século depois, embora tenha tido uma visão bastante antecipadora da experiência estética. Ele se tornou conhecido sobretudo por seus trabalhos em filosofia e pedagogia e por seu engajamento político. Foi apenas em 1934, quando já tinha 75 anos, que publicou *Arte como experiência*, obra em que reunia uma série de conferências dedicadas à questão da arte e da experiência estética.[1] Em vez de abordar a questão da estética a partir da experiência adquirida unicamente pela familiaridade com obras de arte reconhecidas como tal, buscou interrogar outros domínios da atividade humana nos quais essa experiência poderia ocorrer. "A fim de compreender a estética em suas principais formas consumadas e reconhecidas", escreve ele, "devemos começar a buscá-la na matéria bruta da experiência, nos acontecimentos e nas cenas captadas pela atenção auditiva e visual do homem, que despertam seu interesse e lhe propiciam prazer quando ele observa e escuta."[2] A enumeração de alguns desses acontecimentos não cessará de surpreender o leitor habitualmente voltado para as obras-primas clássicas conservadas ("relegadas", ele afirma) em museus e outras instituições. São

espetáculos que fascinam as multidões: o carro de bombeiros que passa a toda a velocidade, as máquinas que cavam enormes buracos na terra, a silhueta de um homem, tão minúscula como uma mosca, que escala a torre do campanário da igreja, os homens suspensos nas alturas que lançam e agarram hastes de metal in-

---

1 Dewey, *Art as Experience*.
2 Ibid, p.23.

A natureza da arte

candescente. As fontes da arte na experiência humana serão conhecidas por aquele que percebe a graça do estado de alerta do jogador de bola ganhar a multidão de espectadores, por quem nota como o prazer sentido pela dona de casa ao cuidar de suas plantas, a concentração do marido em manter o cercado de grama diante da casa, o entusiasmo com que o homem sentado próximo ao fogo atiça a lenha que queima no átrio e contempla as chamas que ardem e os pedaços de carvão que se desintegram.[3]

Em resumo, a matéria bruta da experiência estética é descoberta ao longo de situações vivenciadas na escala mais banal e intensa do cotidiano, mas sempre são plenas de sensações, movimento, vida. As artes que parecem possuir (em sua época) o máximo de "vitalidade" não são as artes reconhecidas como tais, as "artes no pedestal", mas o cinema, o jazz, a história em quadrinhos, ou "com muita frequência", lamenta o filósofo, as narrativas de gângsteres, de adúlteros, de assassinos, que aparecem nos jornais também podem ser considerados como artes. Tudo o que exacerba a sensação de vida percebida no instante e admirada por nós pertence à estética. Os sacrifícios do corpo e as tatuagens, o uso de plumas, os ornamentos, as joias, as pedras preciosas fazem parte da estética, bem como tudo o que ajuda a viver, proteger, alimentar, das armas aos utensílios de cozinha. O objetivo de Dewey não é glorificar esses formas de expressão e substituí-las pelas formas canônicas da arte, mas realocar a estética no cerne dos processos vitais, assegurar uma continuidade entre a arte e a vida. O objetivo de sua teoria é "descobrir a natureza da produção das obras de arte e do pra-

---

3 Ibid.

Edmond Couchot

zer que sua percepção propicia".[4] Para ele, é necessário ir até as raízes da arte e da beleza, que residem precisamente nessas funções vitais de base, em um nível biológico que compartilhamos com os pássaros e os animais, é preciso penetrar sub-repticiamente "abaixo da escala humana".

A estética de Dewey é naturalista. Inscreve-se na linha da filosofia pragmatista empírica (formulada por Charles Sanders Pierce e William James), na qual a experiência ocupa lugar central. A estética deve se assentar nas observações e em uma verificação experimental de hipóteses previamente formuladas. Essa experiência é de uma natureza particularmente rica e também é verdade que a vivenciamos mais intensamente que nunca quando estamos diante de obras de arte. Em contrapartida, as obras de arte também não são as mesmas quando vivem e revivem experiências singulares. "Por mais antiga e clássica que seja uma obra de arte", afirma Dewey,

> ela não é apenas algo que existe de modo potencial, ela só passa a existir quando se concretiza em uma experiência individualizada, [...] ela é recriada cada vez que se presta a uma nova experiência estética. [...]. O Partenon, ou tudo aquilo que se queira, é universal pelo fato de que ele tem o poder de inspirar permanentemente novas realizações pessoais na experiência.[5]

Decerto essa recriação não poderia ser total, pois a obra perderia toda a sua identidade, mas a parte do espectador permanece decisiva, ela ultrapassa a mera interpretação para se tornar

---

4 Ibid., p.31.
5 Ibid., p.139-40.

A natureza da arte

uma experiência que envolve a totalidade de seu ser. Mais precisamente, nessa experiência o espectador engaja suas energias, percepções, reações sensório-motoras.

"A experiência", Dewey ainda reitera,

> quando atinge o grau em que verdadeiramente se converte em experiência, é uma das formas mais intensas de vitalidade. Em vez de significar o fechamento em nossos próprios sentimentos e sensações, ela implica um intercâmbio ativo e alerta com o mundo. Em seu grau mais extremo, a experiência é sinônimo de interpenetração total do eu com o mundo dos objetos e dos acontecimentos. Em lugar de significar rendição à instabilidade e à desordem, a experiência fornece a única manifestação de uma estabilidade que não significa estagnação e sim movimento ritmado e evolução. Isso porque a experiência é a realização de um organismo em suas lutas e conquistas em um mundo de objetos, ela é a forma embrionária da arte. Mesmo em suas formas rudimentares, ela contém a promessa dessa percepção extraordinária que é a experiência estética.[6]

O filósofo afirma o seguinte: "A experiência concerne à interação do organismo com seu ambiente que é simultaneamente humano e físico, inclui materiais da tradição e das instituições assim como do contexto da vida social".[7] A experiência é relacional, e sob sua forma intensa, estética, está em "ressonância", em "interação" com o universo dos objetos e dos seres. "Pela imaginação e pelas emoções, as obras de arte são os meios pelos

---

6 Ibid., p.39.
7 Ibid., p.290.

Edmond Couchot

quais entramos em contato com outras formas relacionais e participativas que não se restringem apenas às nossas."[8] A experiência é singular, inscreve-se em uma temporalidade definida, é totalidade e unidade. A experiência estética é a "experiência da experiência".

Para Dewey, a finalidade da experiência não é apenas agradar – mesmo que não haja arte sem prazer –, mas permitir ao homem desdobrar infinitamente sua vitalidade. Por essa razão, Dewey se opõe a Kant, que considera a arte como uma atividade desinteressada, sem utilidade e que, por isso, seria expulsa da esfera social. Ele também contesta as pretensões da filosofia em definir critérios de julgamento. Incessantemente revivificados pela experiência de cada um, os valores estéticos não poderiam ser perenemente fixados. As obras nunca são plenamente acabadas nem autossuficientes, só adquirem sentido quando se oferecem à percepção estética. Trinta anos mais tarde, essa concepção de arte servirá de base para a estética da obra aberta, da combinatória, dos campos do possível e da participação do espectador: sua influência na arte dos anos 1960-1970 foi decisiva, sobretudo para Allan Kaprow, que se inspirou nessas ideias em suas obras (o conceito de *happening* é exemplo disso) e em suas críticas dos museus, das instituições e do mercado de arte. A influência de Dewey continua a se exercer nas artes interativas ao longo dos anos 1980, mesmo que os artistas não lhe façam referência direta. Além disso, sua filosofia trouxe uma reflexão original à questão da forma, como havíamos mencionado anteriormente.

---

8 Ibid., p.382.

A natureza da arte

Dewey foi muito criticado, pois se considerava que seu conceito de experiência era um pouco vago, demasiado polissêmico para ser preciso, o que fez que o próprio Dewey tentasse denominá-lo de outra maneira.[9] Apesar de tudo, porém, essa polifonia permanece extremamente operante. É o conjunto da realidade sob todas as suas facetas – objetos, natureza, acontecimentos, seres vivos, o outro – que deve ser concebido como um conjunto de experiências possíveis. A interação, a troca entre o organismo e o mundo produz a realidade: a realidade só é realidade porque ela é "experiência". O que relativiza inevitavelmente a noção de Verdade. O Verdadeiro (*true*) é o verificado (*verified*), e não outra coisa. Essas concepções se aproximam das teses construtivistas (a realidade é uma construção), e mais ainda das teses de Varela (a realidade emerge de uma coconstrução entre o organismo e o ambiente). Da mesma forma que a arte não é arte em função de critérios absolutos, mas pelo fato de ela ser vivida, de repercutir no ser, desencadear emoções, alegria e sofrimento, ações, ideias, condutas específicas, acontecimentos íntimos e públicos. Do ponto de vista teórico, Dewey confere maior importância aos afetos, às mudanças que a arte exerce no indivíduo e na sociedade, no que ele faz, do que à sua definição ontológica. Ele também considera a experiência estética superior à experiência científica. Mas, ao introduzir uma hierarquia entre os modos do conhecimento ou as relações que travamos com o mundo, Dewey não distingue com muita clareza o que diferencia a arte da ciência, nem as funções que a sociedade ocidental atribuiu a essas atividades cognitivas.

---

9 Veja Chateau, *John Dewey et Albert C. Barnes, philosophie pragmatique et arts plastiques.*

Edmond Couchot

6.2. O paradigma enativo

O fazer-emergir e o acoplamento estrutural

Em continuidade com as teses desenvolvidas por Dewey, mas sem referenciá-las diretamente, especialistas em ciências cognitivas, bem como artistas, puseram a experiência como Dewey a concebia no cerne das relações entre os organismos vivos e seu meio e, mais especificamente, nas relações estéticas entre o amante da arte e as obras de arte. Deve-se a Varela e Maturana, como já mostrei anteriormente (veja p.39-47), a introdução da noção de experiência vivida nas relações do homem com seu meio. Para Varela, ao contrário das ideias oficiais, a experiência não consiste em registrar os *stimuli* introduzidos no organismo pela percepção e memorizá-los para em seguida traduzi-los em informações significantes: ela consiste em associar intimamente a ação à percepção, em guiar a ação pela percepção, sendo a percepção, por sua vez, guiada pela ação em um circuito retroativo do qual emergem novas estruturas cognitivas, experiências vividas que incitam a totalidade do corpo. Nesse sentido, a cognição não é mais uma representação do mundo sob a forma de símbolos, independente de nossas capacidades perceptivas, mas uma ação incorporada – uma enação. Nas palavras de Varela: "Longe ser a representação de um mundo preconcebido, a cognição é o aparecimento conjunto de um mundo e de uma mente a partir da história das diversas ações que um ser desempenha no mundo";[10] ela "não tem fun-

---

10 Varela et al., *L'Inscription corporelle de l'esprit, sciences cognitives et expèrience humaine*, p.35.

A natureza da arte

damento ou enraizamento a não ser na história de sua inscrição em um corpo".[11] Ela não é uma reflexão especular do mundo circundante. Em contrapartida, faz que esses mundos existam, os faz-emergir, interagindo com nossa própria existência. A respeito disso, Varela se refere a um "acoplamento estrutural" entre o organismo e seu ambiente, propriedade de um sistema que, por si mesmo, por sua própria identidade, reage ao mundo exterior que, com suas incessantes ofensivas, põe em jogo a permanência dessa identidade. O acoplamento estrutural é característico do ser vivo. A inscrição da cognição no corpo, que é também uma inscrição no tempo, depende da história, inevitavelmente singular, do organismo em um ambiente, cuja forma é dada por essa mesma história. (A noção de ambiente se torna portanto inadequada, uma vez que o homem faz parte desse ambiente por ele permanentemente modelado). A enação engloba também a temporalidade da vida, "quer se trate de uma espécie (evolução), de um indivíduo (ontogênese) ou de uma estrutura social (cultura)".[12] Os conceitos de experiência vivida, emergência, autopoiese, acoplamento estrutural e enação constituem o aparato teórico designado pelo termo "paradigma enativo". (Voltarei a esse assunto mais adiante.)

Varela não desenvolveu uma teoria estética, mas suas ideias inspiraram profundamente os artistas em sua prática e, ao mesmo tempo, os teóricos da arte. Do lado dos artistas, um número cada vez mais maior encontra no paradigma enativo conceitos novos que, mesmo sendo teóricos, têm a particularidade de se referirem a modelizações suscetíveis de criar

---

11 Ibid., p.23.
12 Varela, *Invitation aux sciences cognitives*, p.113.

Edmond Couchot

práticas concretas que conduzem à produção de artefatos estéticos originais. Como já vimos anteriormente, as pesquisas de Leonel Moura ou Michel Bret, por exemplo, fazem uso de modelizações informáticas de auto-organização, e até mesmo de autopoiese, aplicadas a fins artísticos. Em colaboração com Stéphane Sikora (conceptor) e Michel Redolfi (músico), o Anika Mignone trata os estados de consciência de um espectador imerso em um ambiente reativo à sua fisiologia emocional (ritmo cardíaco e respiratório, pressão arterial, condutividade da pele e estado termovascular). O dispositivo técnico traduz as emoções do espectador por intermédio de formas visuais e sonoras que retroagem sobre suas próprias emoções. Com isso, o espectador estabelece progressivamente uma relação com suas próprias emoções no interior de um sistema que se auto-organiza, pouco a pouco, em um circuito retroativo. Esse circuito tem a particularidade de religar um sistema autopoiético de máxima complexidade – o corpo-cérebro histórico do espectador – a um meio exterior artificial (imagens e sons) que o cerca de *stimuli* em parte provocados por ele mesmo. Observador de suas próprias emoções, emocionado por sua própria emoção, o espectador faz-emergir um mundo de sensações insólitas que produzem nele um estado de prazer estético e de paz, ou eventualmente de desprazer e angústia. A experiência jamais produz indiferença.

No domínio musical, certos compositores fazem referência explícita ao paradigma enativo. Após ter explorado as possibilidades oferecidas pelo cognitivismo (compor música automaticamente a partir de símbolos e de uma hierarquia preconcebida), a partir dos anos 1980 os compositores passaram

A natureza da arte

a se inspirar no conexionismo e orientaram em sentido diverso suas pesquisas e sua produção. Como Jocelyne Kiss destaca,

> a utilização de redes de neurônios artificiais permitiu a emergência de características musicais que não se buscava mais explicitar sob uma forma simbólica (a dos sistemas de notação), mas que intrinsecamente eram testemunhas de uma realidade global, exterior ao homem, ainda que submetidas a seu julgamento.[13]

A exemplo dos processos cognitivos, a composição musical que recorre a redes de neurônios interconectados doravante deixa de lado as diversas representações em curso até então. Combinações mais ou menos complexas que resultam da atividade dos elementos da rede substituem os símbolos preconcebidos. As representações *Exeunt* [Saem de cena]. Isso, porém, por um tempo apenas, pois os trabalhos desenvolvidos em neurofisiologia revelaram que na percepção de um som o próprio sistema cognitivo do ouvinte participa da criação dessa sensação. De qualquer modo, escutar é já produzir mentalmente um som: "[...] é o ouvinte", afirma o compositor André Villa, "quem, em seu ato intencional, constrói as morfologias sonoras [...] e as articula entre elas".[14] A música que ouvimos não emerge na cabeça do ouvinte nem no jogo das redes composicionais produzido pela máquina, mas de sua interação com o sistema

---

13 Kiss, *Composition musicale et sciences cognitives: tendances et perspectives*, p.353.

14 Villa, Questions sur le processus de segmentation de la surface musicale dans la perception des musiques contemporaines et életroacoustiques, *Intelecctica*, p.141. As palavras em itálico são do autor da citação.

cognitivo do ouvinte. De acordo com Varela, poderíamos afirmar que o ouvinte faz-emergir ou enacta as formas sonoras que ele ouve. A referência ao paradigma cognitivo não é uma simples posição teórica, ela implica concretamente uma nova orientação da composição musical. Doravante, a composição não consiste em iniciar processos operatórios ditados por um algoritmo mais ou menos complexo baseado em parâmetros sonoros predefinidos, mas sim dar conta dos próprios dados do funcionamento cognitivo do ouvinte. "Existe aí", afirma Jean-Claude Risset,

> o fermento de uma mudança de ponto de vista, de uma renovação dos parâmetros musicais, com outros pontos de referência, enraizados não mais no corpo sonoro, mas de forma sensual e simultaneamente cerebral no corpo do ouvinte e na consistência da organização perceptiva.[15] Mudança íntima, insidiosa, orgânica: mudança radical.

De um ponto de vista mais geral, o paradigma enativo permitiria responder a três questões recorrentes: a dimensão estética (o Belo/a Arte) é propriedade exclusiva das coisas (da natureza, por exemplo, ou de regras e símbolos preconcebidos) ou, ao inverso, ela existe apenas na mente do receptor (e, portanto, sempre sob aspectos diferentes) ou ela está contida na relação que se estabelece entre o olhar do amante da música, uma certa propriedade das coisas e uma experiência de comunicação intersubjetiva?

---

15 Citado por Kiss, op. cit., p.388.

A natureza da arte

A essas perguntas, o cognitivismo responde que, como as coisas vêm primeiro, a dimensão estética preexiste sob a forma de representações (símbolos e regras formais). O artista imita a natureza, fonte exclusiva de toda beleza, e a partir de suas formas – e das leis que as subentendem – produz artefatos artísticos. Essa concepção dominou a arte ocidental por mais de dois milênios e se prolongou com as tecnologias informáticas. De acordo com o paradigma cognitivista, certos artistas partem de símbolos e regras predefinidas tratáveis por computador para produzir de forma automática artefatos estéticos sobre os quais eventualmente se aplica uma seleção. Ao se desenvolver, uma equação poderá criar infinitas formas fractais potencialmente contidas em uma fórmula algébrica, um sistema estocástico de combinação de notas criará sons musicais, um vocabulário produzirá abundantes textos, histórias, poemas.

De seu lado, o conexionismo responde que é o sistema cognitivo que cria seu próprio mundo a partir das leis internas que o regem. Daí decorre o fato de que a utilização de redes neuronais interconectadas não repousam mais em manipulações de símbolos predefinidos, mas fazem-emergir formas musicais ou visuais a partir das propriedades do mundo. No caso da arte, poderíamos dizer que o artista existe antes da obra: o que ele produz é arte porque ele é artista. Considera-se dono do projeto que ele concebe *ex nihilo*. Não deve nada à técnica que ele pretende pôr completamente a serviço de suas intenções (a expressão extrema dessa posição é encontrada entre certos artistas conceituais que reduzem a obra a uma simples intenção). Simetricamente, porém, estaríamos inclinados a dizer que aquele que olha existe antes da obra, é ele quem faz o quadro

Edmond Couchot

(na tradição de Duchamp), o que introduz uma consequência paradoxal. Qual dos dois então, o artista e o olhador, está antes do outro ou antes da obra?

O paradigma enativo propõe um meio-termo: na música, por exemplo, é a relação entre o espectador e uma proposição inicial (concebida sem símbolos nem leis predefinidas) que enacta a obra. Essa relação pode assumir dois aspectos. O primeiro é caracterizado por um acoplamento direto entre o sistema cognitivo e do ouvinte e o som (acoplamento natural). O segundo aspecto é caracterizado por um acoplamento que se efetiva através de uma interface (acoplamento artificial). Bastante raro na música, esse tipo de acoplamento se tornou comum nas obras interativas nas quais o destinatário age por meio de interfaces (realidade virtual ou ampliada, obras em rede, multimídia). No primeiro caso, o sistema cognitivo do espectador projeta, sem intermediação, no som ouvido o que ele sente em seu corpo, "na consistência da organização perceptiva", diria Risset, e a obra surge como o resultado desse acoplamento. No segundo caso, a reação projetiva do ouvinte (ou do espectador) é filtrada pela interface, que põe o espectador em relação não mais com o som ou a imagem, mas com o sistema organológico que produz o som e a imagem, com a proposição inicial, em geral um programa informático. O ponto de vista enativo considera que o ouvinte (ou o espectador) e a proposição inicial formam dois sistemas autopoiéticos que interagem entre si e enactam um mundo coerente de percepções sensório-motoras estéticas, desencadeando toda uma gama de emoções, sentimentos e ideias. Eu havia proposto denominar essa proposição inicial de "obra-anterior"

A natureza da arte

em oposição à "obra-posterior" que resulta da interação do destinatário com a primeira.[16] A obra final resulta do acoplamento estrutural da "obra-anterior" e da 'obra-posterior" ou, se quisermos falar em termos de condutas estéticas, dado que essas obras resultam dessas condutas, a obra final resulta do acoplamento estrutural das condutas (estéticas) operatórias próprias (próprias do autor-anterior e das condutas (estéticas) operatórias (próprias do autor-posterior). Mas esse ponto precisa esclarecer a questão da unidade do sistema, de seu domínio topológico e de seu fechamento operacional.

Ressalto que essa interpretação que liga o ouvinte (ou o espectador) à obra se aproxima bastante da posição defendida por Abraham Moles no fim dos anos 1950. Se abstrairmos as referências à teoria da informação e da submissão da inteligibilidade de um sinal ao par original/banal, de forma adequada Moles pôs em destaque o papel da percepção e a maneira como as variações de escuta modificam o sinal sonoro. Podemos não aceitar a ideia de que a propriedade essencial da obra de arte é "transcender por sua riqueza a capacidade de percepção do indivíduo" (o que dizer nesse caso da arte minimalista que, de modo inverso, aposta em uma economia perceptiva maximal?), mas teremos de reconhecer que quando Moles considera o receptor como um sistema evolutivo que implica sua memória e que ele substitui "a percepção estética no ciclo determinista do conhecimento do mundo", e portanto da cognição, ele não se afasta do fazer-emergir. Essa aproximação não deve causar

---

16 Veja Couchot, *Des Images, du temps et des machines dans les arts e la communication*, p.236-7.

Edmond Couchot

surpresa, pois um fio contínuo religa suas primeiras reflexões acerca da natureza da arte àquelas que os artistas contemporâneos desenvolvem nos dias atuais: o da ciências cognitivas e do projeto de naturalização da arte. Aproximação correta, mas também diferente entre as teorias pois, segundo Moles, a obra não está contida em nenhum outro lugar a não ser no artefato produzido pelo autor, por exemplo, com a ajuda de processos permutatórios e combinatórios que regem uma simbólica preconcebida.

Na relação enativa, a dimensão estética não é apanágio do sujeito que percebe nem do objeto percebido. Existe circularidade entre o sujeito e o objeto, ambos são intimamente ligados, interdependentes. Ao se referir à nossa relação experiencial com o mundo e não com a arte, Varela afirma:

> Parece, assim, que não construímos a realidade segundo nossa única e boa vontade; pois isso seria supor que escolhemos um ponto de partida e, portanto, afirmar a primazia do pensamento. Do mesmo modo que não podemos conceber a realidade como um dado objetivo que percebemos, pois isso seria supor um ponto de partida exterior. Ao que tudo indica, parece que nossa experiência não tem fundamento: ela consiste nas regularidades e interpretações que conseguimos extrair de nossa história comum de seres biológicos e sociais. No interior desses domínios consensuais de história comum, vivemos aparentemente em uma sequência infindável de interpretações.[17]

---

17 Varela, Le Cercle creative. In: Watzlawick (org.), *L'Invention de la réalité*.

A natureza da arte

Aplicada à arte – que é uma realidade na realidade –, essa reflexão nos sugere que a dimensão estética não preexiste em nós mesmos, quer sejamos artistas ou espectadores – sempre dispomos de uma resposta inata a algumas raras formas naturais –, do mesmo modo que ela jamais preexiste totalmente em um objeto exterior, que a experiência estética não tem fundamento, um ponto de referência absoluto e originário, e que, no interior de um domínio consensual (assim como dissensual) específico da história comum, a arte é uma sucessão quase infinita de interpretações e trocas de experiências.

Antes de prosseguir e evocar outros pontos de vista, um curto parêntesis se torna necessário. Apesar da importância concedida pelos artistas aos conhecimentos e às técnicas oriundas do avanço das ciências e das tecnologias cognitivas, seria importante não deduzir disso que o valor artístico das obras reconhecido pela sociedade esteja estreitamente vinculado aos conhecimentos. Fazê-lo seria considerar que a arte não é senão uma espécie de ciência aplicada e que as mudanças que a afetam seguem a curva do progresso científico. *A flagelação de Cristo*, de Piero della Francesca, quadro construído segundo as regras geométricas da perspectiva linear, não possui um valor superior a um afresco bizantino do século VI, que ignorava essa técnica. As composições musicais de Iannis Xenakis ou de Pierre Barbaud, datadas dos anos 1960, não são inferiores às dos compositores adeptos do paradigma enativo. Se a adoção de diferentes modelos cognitivos, conexionistas ou enativos, oferece aos artistas ferramentas tecnológicas eficazes e teorias estéticas originais, ela não garante em nada a qualidade das obras concebidas segundo esses modelos.

Edmond Couchot

Abordagens fenomenológicas

Com a preocupação de responder à questão de saber como a experiência perceptual pode, ela mesma, ser objeto de uma investigação da consciência e de saber se uma fenomenologia da experiência, uma ciência da consciência, são possíveis, o filósofo Alva Noë desenvolve uma reflexão a partir da percepção estética. No caso da pintura figurativa, por exemplo, ele ressalta que, mesmo que o pintor possa pintar o quadro de um determinado objeto, não lhe é possível pintar a experiência percebida por ele. Essa experiência não pode ser captada nem transmitida como tal, e Noë considera que ela é "transparente" à consciência. "Não pode existir quadro do próprio campo visual."[18] Noë argumenta que uma fenomenologia permanece possível, com a condição de que se adote uma nova concepção da experiência perceptiva: a concepção enativa. Ele lembra que, segundo essa concepção, tal atividade se inscreve em uma temporalidade historicamente definida e que ela obedece às leis da "contingência sensório-motora", esses estados específicos assumidos pelo sistema sensório-motor ao longo de suas relações com o ambiente. Em consequência disso, ele deduz que a arte é capaz de trazer uma contribuição ao estudo da consciência perceptual.

Entretanto, ao apelar à experiência estética para resolver um problema filosófico mais amplo, Noë traz ao mesmo tempo um esclarecimento à questão da percepção das obras de arte.

---

18 As citações dessa passagem são extraídas do artigo de Nöe, L'Art comme enaction, disponível em: <www. Interdisciplines, org/artcog/ papers/8/1#_1>.

A natureza da arte

Primeiro ele mostra – ou melhor, relembra – o que as ciências cognitivas já evidenciaram – que a percepção é ação: como, por exemplo, por ocasião da visão de um objeto para o qual nos dirigimos, esse objeto muda de aspecto segundo os movimentos que efetuamos, mesmo que ele seja reconhecido como idêntico. A estimulação sensorial visual é diretamente afetada pelo movimento. Uma interdependência é estabelecida entre a vista e o movimento, e essa interdependência se encontra na base dos esquemas da contingência sensório-motora; não vemos apenas com os olhos, mas com o conjunto do corpo – de um corpo imerso no tempo –, pois o movimento induz uma temporalidade e faz parte da visão. "O conteúdo da experiência", Noë afirma, "de fato não é inteiramente dado – ele é enactado." A experiência perceptual, como Varela a define, possui uma temporalidade específica, resulta da exploração do ambiente pelo corpo e não da exclusiva estimulação de um órgão sensorial isolado: a experiência perceptual é vivida.

Podemos então sentir a experiência de um modo que não é o da transparência: o modo da atividade. Considerar nossas experiências perceptuais segundo esse modo nos faz entrevê-las como sendo compostas por nossas próprias ações, como sendo não o que percebemos, mas o que fazemos quando percebemos. Consideramos o mundo tal como ele nos é dado a ver (ou a captá-lo com qualquer outro sentido que não a visão), como uma "fazibilidade" de ações diversas, de movimentos impulsáveis. Se raras vezes olhamos nossas experiências dessa maneira, nada nos impede de fazê-lo mais metodicamente. A arte, em particular, nos propicia isso. Noë cita as obras do escultor Richard Serra, cujas proporções monumentais provocam no espectador uma impressão de destruição e desorientação vertiginosa. (Eu diria também de um prazer estético e uma incitação de tocar a superfície da escultura, penetrar em seu interior, avaliar suas dimensões andando, deslocando a cabeça e os olhos.). "Quando exploramos uma escultura de Serra", afirma Noë, "exploramos ativamente o ambiente, e a escultura fornece um contexto no qual somos capazes de nos apreender a nós mesmos no ato de explorar o mundo." Essas esculturas permitem ao espectador tomar consciência de sua própria percepção, da maneira como ele enacta o conteúdo – conteúdo este produzido pelo encontro entre seu olhar e o artefato.

Podemos multiplicar os exemplos e estender essas observações a todas as obras de arte. O efeito de despojamento vivenciado, diante e no interior de uma escultura de Sierra, é muito comum na arquitetura: ele se desvia para um sentimento misto de pavor e adoração diante das construções religiosas como templos e catedrais, ou para um sentimento de submissão ao poder político e à autoridade que essas construções simbolizam, o que é explicável em termos de empatia sensório-motora. Essa tomada de consciência do espectador por sua própria percepção também pode ocorrer de outra maneira. Ao inventarem a mistura ótica (divisão da cor em pequenas pinceladas de tintas puras que se fundem em uma única tinta a partir de uma certa distância), o impressionismo e sobretudo o pós--impressionismo obrigaram a visão a efetivar um trabalho de síntese, algo bastante inabitual na época entre os amantes da pintura. Esse amante da pintura foi obrigado a retornar à sua própria percepção, ir e vir diante do quadro, fazer-emergir dele (ou fazer desaparecer) o conteúdo perceptual por meio de uma importante atividade cinestético-proprioceptiva. Perceber é

A natureza da arte

agir. Frequentemente a pintura fez uso desse jogo do próximo e do distante na percepção visual. Esse é um dos atrativos do mosaico cujas figuras se compõem e se decompõem segundo a distância que as separa do olhador; anteriormente forneci o exemplo do fio vermelho de *A tecelã*, quadro de Johannes Vermeer que provocava o vaivém do olho. Os impressionistas sistematizaram o procedimento, o que provocou escândalo. Tal escândalo tinha mais a ver com a mistura ótica do que com os temas ou os indivíduos. De fato, de uma maneira ou de outra, toda a arte pictural busca fazer que tomemos consciência de nossa percepção, não apenas com base em uma simples recepção de *stimuli* coloridos, mas como uma atividade que se inscreve em uma temporalidade, em uma história.

Alva Noë tira duas conclusões dessas observações. A primeira é que a fenomenologia deve se voltar para a arte, por exemplo para a maneira como os quadros são feitos, a fim de aprender a trabalhar com a fenomenologia. A fenomenologia não é uma espécie de reflexão introspectiva: ela visa "estudar o modo pelo qual a experiência perceptual [...] adquire um conteúdo de apresentação do mundo. Como campo de fatos, esse mundo nos é dado graças ao fato de que habitamos o mundo enquanto campo de atividade". A segunda conclusão é que

não são os quadros, como objetos de percepção, que nos ensinam a perceber: é mais o ato de fazer os quadros [...] que pode iluminar a experiência. [O ato de pintar consiste em olhar o mundo,] uma vez que ele nos oferece oportunidades de movimento, de pensamento, de ação diante do mundo como campo de uma astuciosa atividade perceptual.

Para Noë, o homem é uma espécie de instigador de experiência. "Fazer quadros é uma maneira de enactar a experiência." "Fazer quadros é adotar uma perspectiva fenomenológica em relação ao mundo." A questão que se coloca é a seguinte: se o pintor é um instigador de experiência que se dirige àquele que olha – que o convida a refazer à sua maneira a experiência originária e original que ele vivenciou –, a partir de quais condições aquele que olha poderá compartilhar essa experiência? Noë não responde a isso. Tentarei, porém, definir essas condições no capítulo seguinte.

Outros teóricos se referiram ao paradigma enativo com a finalidade de reconsiderar não mais as obras, mas a própria história da arte. Em um sintético artigo (já citado),[19] depois de uma crítica dos paradigmas cognitivista e conexionista, Jean Vion-Dury desenvolve a ideia de que o paradigma enativo se inscreve plenamente (ele também) na tradição fenomenológica. Em várias ocasiões, Varela havia reivindicado essa filiação. Vistos sob o ângulo da enação, os processos cognitivos não são mais tratados pelo cérebro por intermédio de estruturas modulares específicas, mas por "ligações dinâmicas que sobrevêm nas assembleias de neurônios de existência transitória". Vion-Dury se refere em seguida a certos pontos desenvolvidos pelo filósofo Nelson Goodman, o qual sustentou que a referência estava no centro da questão da estética, e que era essa referencialidade múltipla e complexa que dava às obras de arte a diversidade de suas interpretações. Associada à densidade sintáxica e semântica, à exemplificação e à saturação relativa que caracterizavam

---

19 Vion-Dury, Art, histoire de l'art et cognition ou l'échec du réductionnisme en neurosciences cognitives.

as obras de arte, a referencialidade múltipla é a prova de que estamos lidando com um artefato estético.[20]

Vion-Dury relembra que Goodman também insiste no fato de que a experiência estética é uma experiência cognitiva que combina sensações, percepções, sentimentos e razão, fazendo que umas interfiram sobre as outras. Os quadros não têm como objetivo transmitir apenas informações referentes à visão, e sim formá-la e transformá-la: a visão não é mais limitada à percepção retiniana, mas envolve um conjunto de processos. Para Goodman, a arte "enriquece nosso estoque de predicados e metáforas" e nos dota "de recursos descritivos que não possuíamos anteriormente". A arte reencontra então a ciência com a qual compartilha a mesma finalidade: melhorar a compreensão dos mundos nos quais vivemos. A arte permitiria projetar no mundo uma multiplicidade de pontos de vista cognitivos, fazendo que participássemos da organização da experiência e da (re)fabricação desses mundos. (Retornarei às relações entre arte e ciência no capítulo 9.)

"Se concordarmos com Goodman", ainda afirma Vion-Dury, "parece que mais dia menos dia será preciso [...] questionar uma descrição única ou totalizante (totalitária?) do real." O neurofisiologista se orienta então para uma concepção da arte mais sistematicamente marcada pelo paradigma enativo e se refere à posição de Noë precedentemente descrita. Ao se inscrever nesse caminho, ele propõe atribuir mais importância à metáfora e à metonímia na formulação dos conceitos utilizados no estudo do fenômeno artístico e da história da arte, ao

---

20 Para uma definição desses conceitos, consulte Goodman, *Langages de l'art, une approche de la théorie des symboles*, p.295-8.

Edmond Couchot

contrário do que a abordagem "lógico-algébrica" do cognitivismo propõe. O enraizamento fenomenológico de uma cognição incorporada aplicada à arte nos colocaria na direção das reflexões de Merleau-Ponty sobre a noção de "ser no mundo" e sobre uma ontologia da obra de arte. A experiência estética intensa envolve a totalidade de nosso ser.

A respeito da história da arte, Vion-Dury ressalta e lamenta que as neurociências cognitivas não estejam interessadas em aprofundar seu saber e sua "erudição". A erudição refina os conhecimentos que possuímos da arte, as condições históricas e sociais da criação e do modo pelo qual "as propriedades estéticas sobrevêm em um amplo, complexo e holístico conjunto de crenças".[21] A história assim compreendida seria

um jogo, uma coleção de argumentos racionais abdutivos, de razões de crer na arte ou formular teorias sobre ela, de modificar a centralidade de nossas crenças ou o quadro de referência que permite a atribuição de novas ou diferentes propriedades estéticas a um objeto que já possui propriedades estéticas culturalmente aceitas [...]. Em suma, trata-se de uma maneira de "sentir-se mais próximo daquele que enunciou o ato criador".

---

21 A citação é de Pouivet, *L'Onthologie de l'œuvre de l'art: une introduction*, p.141-55.

7
O tempo na empatia

Os três capítulos precedentes insistiram prioritariamente na relação que se estabelece entre os artefatos estéticos intencionais e seus destinatários: essa relação é de ordem diádica. Uma capacidade neurológica – a empatia – adquirida ao longo da filogênese da espécie humana predispõe o organismo a experimentar uma satisfação na busca, no reconhecimento e na contemplação de certas formas visuais, auditivas, gestuais, temporais ou outras: é bom lembrar que um recém-nascido prefere "naturalmente" os rostos simétricos aos dissimétricos, embora, mais tarde, ao longo da ontogênese, seu gosto evoluirá segundo a cultura que o impregna. A esse equipamento universal se associa a experiência memorial singular, mas também cultural, dos indivíduos, que modula cada conduta estética (receptora). Essa relação diádica não capta senão um dos aspectos característicos da relação estética. Pesquisadores demonstraram que ela poderia inserir o próprio autor do artefato no centro de uma projeção empática que envolvesse esse autor e contribuísse com uma forma de comunicação intersubjetiva. É devido a essa condição que o amante da arte, ao qual a obra foi oferecida, é capaz de atribuir ao seu autor estados mentais mais ou menos elaborados, afetos, distinguindo totalmente esses estados mentais e esses afetos dos seus. Para ser completa e se instaurar como comunicação simbólica forte, a relação deve associar o destinatário da obra, a obra e seu autor: ela deve ser de ordem triádica. Nesse momento, é conveniente enumerar os meios cognitivos colocados em ação na instauração dessa relação tridimensional. A questão agora é saber se a contribuição da empatia na comunicação intersubjetiva, característica da estética, se reduz exclusivamente à adoção do ponto de vista do outro, por meio de uma mudança de relação com o espaço – uma mudança de ponto de vista –, ou se ela aciona outro regime de funcionamento da empatia. O fato de que a relação que liga o autor, a obra e seu destinatário constitui uma experiência plenamente vivida, ou seja, imersa na temporalidade, implica também uma relação com o tempo em suas três dimensões: passado, presente, futuro. Parece – trata-se de uma hipótese – que essa mudança de ponto de vista corresponde a uma "mudança de ponto de tempo"; dito de outra forma, que a empatia visceral-motora que se exerce no espaço vem acompanhada de uma ressonância temporal, esta também acompanhada de efeitos emociogênicos.

7.1. Ressonância temporal e comunicação intersubjetiva

Na comunicação intersubjetiva, a relação com o tempo seria compreensível sob sua forma linguística quando dois interlocutores trocam palavras no decorrer de um diálogo. Essa troca desencadearia em ambos uma projeção empática específica que

A natureza da arte

os colocaria em ressonância não apenas espacial (colocar-se no lugar do outro), mas também temporal (colocar-se no tempo do outro), e em estado de compartilhar uma mesma temporalidade de referência – o presente da enunciação linguística. A questão da ressonância ligada à ideia de comunicação linguística foi tratada, em 1966, por Émile Benveniste, bem antes que as neurociências elaborassem teorias sobre a empatia,[1] mas a hipótese de vanguarda desse linguista era prova de uma notável antecipação. Embora eu mesmo tenha me referido a essa teoria, a fim de compreender a relação que a imagem e as técnicas figurativas estabeleciam com o tempo,[2] já tive oportunidade de comentá-la, mas me parece necessário voltar a ela. A questão proposta por Benveniste era muito simples, mas crucial: por que, no decorrer de um diálogo, os interlocutores se compreendem? A resposta mais evidente parece residir essencialmente no fato de que eles falam a mesma língua. Entretanto, se essa condição é necessária, ela não é suficiente. Benveniste mostra que a primeira condição dessa compreensão é a de que os dois interlocutores concordem sobre a mesma temporalidade de referência. Esse acordo não se baseia em nenhuma convenção preliminar sobre o sentido das palavras, as regras de gramática ou de sintaxe. Baseia-se no fato de que aquele que escuta aceita o presente vivido por aquele que fala, no momento em que ele fala, como seu próprio presente.

---

1 Benveniste, Le Langage et l'expérience humaine, *Problèmes du langage.*

2 Couchot, *Des Images, du temps et des machines dans les arts e la communication.* O leitor poderá consultar esse livro para uma exposição mais detalhada do tema. Veja também Résonance, La Condition d'inteligibilité de l'image, *Littérature* (*La moire de l'image*).

Edmond Couchot

No transcorrer da troca, afirma Benveniste:

> Qualquer coisa singular, muito simples e infinitamente importante se produz e faz acontecer o que parecia logicamente impossível [ou seja, a percepção do tempo presente, bastante subjetiva e incomunicável, e sua singularidade]: quando organiza meu discurso, minha temporalidade é aceita no mesmo instante por meu interlocutor como sua. Meu "hoje" se converteu em seu "hoje", embora ele mesmo não o tenha instaurado em seu próprio discurso, e meu "ontem" se converteu em seu "ontem". De modo recíproco, quando ele falar, em resposta, eu converterei sua temporalidade na minha, agora como receptor. Surge assim a condição de inteligibilidade da linguagem revelada pela linguagem: ela consiste no fato de que a temporalidade do locutor, embora literalmente estrangeira e inacessível ao receptor, seja identificada por ele com a temporalidade que sua própria palavra informa quando ele se torna, por sua vez, o locutor. Um e outro se encontram no mesmo comprimento de onda.[3]

O tempo do discurso "funciona como um fator de intersubjetividade, o que deveria ser unipessoal se transforma em onipessoal. A condição de intersubjetividade é a única que permite a comunicação linguística". Benveniste não fala precisamente de ressonância, mas evoca a imagem de um "comprimento de onda" comum, ou seja, uma sintonização, um acordo entre os dois sistemas oscilantes incorporados pelos interlocutores.

Em que, então, o compartilhamento do presente, ao longo do qual a palavra se enuncia, funda a condição de inteligibili-

---

3 As aspas são minhas.

A natureza da arte

dade da linguagem? Ele a funda no sentido em que esse presente "está organicamente ligado ao exercício da palavra" e ocupa o centro do tempo linguístico.

> Cada vez que um locutor faz uso da forma gramatical em tempo "presente" (ou seu equivalente), ele situa o acontecimento como contemporâneo da instância do discurso que o menciona. [...] O locutor situa como "presente" tudo o que ele implica como tal, em virtude da forma linguística que emprega. Esse presente é reinventado a cada vez que um homem fala, porque se trata, literalmente, de um momento novo, ainda não vivido.

Ele constitui "o fundamento das oposições temporais da língua". Ele ordena o tempo da língua a partir de um eixo que é "sempre e unicamente a instância do discurso". Esse tempo – implícito – é o único tempo inerente à língua. É de ambos os lados desse eixo temporal que se separa o que não é mais presente e o que vai sê-lo, que "visões do tempo" se projetam para trás e para a frente. "A intersubjetividade tem, assim, sua temporalidade, seus termos, suas dimensões", concluiu Benveniste. "É a partir dela que se reflete na língua a experiência de uma relação primordial, constante, indefinidamente reversível, entre o falante e seu parceiro. Em última análise, no processo de troca, a experiência humana inscrita na linguagem remete sempre ao ato da palavra."

Benveniste não fala de empatia, mas o que descreveu é identificável a uma relação empática profunda que envolve a percepção do tempo: o locutor e o alocutário trocam seus pontos de vista ou, mais precisamente, seus pontos de sentir no tempo. Ambos se atribuem estados mentais decisivos na comunicação linguística: projetam-se juntos em um mesmo fluxo temporal orientado. Esses estados mentais consistem fundamentalmente em uma certa organização dinâmica do tempo e uma certa posição na duração, mas não possuem conteúdo semântico. A atribuição recíproca desses estados não deve ser confundida com a significação das palavras trocadas no decorrer do diálogo. Benveniste explica que o compartilhamento do tempo não é senão a *condição de inteligibilidade da linguagem*. Os mecanismos empáticos nos quais se baseia a comunicação linguística não dão acesso diretamente — ou seja, apenas pelo gesto linguístico — ao conteúdo semântico do diálogo; a decodificação desse conteúdo é tratada por outros processos cognitivos. Entretanto, continuam a ser determinantes em sua função elementar no primeiro nível da comunicação linguística. Se considerarmos que cada interlocutor é também autor (autor das próprias palavras) e destinatário (aquele a quem se dirigem as palavras do outro), deveremos aceitar a ideia de que a relação intersubjetiva que os liga se baseia prioritariamente em uma ressonância temporal.

Ao que parece, a teoria de Benveniste não foi retomada pelos teóricos da arte. Contudo, muito mais tarde, ela foi reinterpretada por teorias que tentaram explicar a percepção do tempo na relação terapêutica. Uma das mais próximas pode ser imputada ao psicoterapeuta Daniel N. Stern.[4] Ele não teve conhecimento do artigo de Benveniste, publicado em 1966 (o artigo não consta de sua bibliografia), mas suas observações e análises corroboram amplamente as do linguista, mesmo se

---

4 Consulte Stern, *Le moment present en psychothérapie: un monde dans un grain de sable*.

A natureza da arte

situando em um campo diferente da cognição; por outro lado, elas demonstram interesse em remeter a processos neurológicos confirmados, que na época Benveniste ignorava. A essência do trabalho de Stern é o "momento presente" ou o "agora", esse instante em que vivemos diretamente nossa vida e que duas ou diversas pessoas compartilham. Quando esse agora é compartilhado por diversas pessoas, ele dá lugar a uma nova forma de consciência – a consciência intersubjetiva – "uma forma de reflexividade que nasce quando nos tornamos conscientes do conteúdo de nossa mente, isso porque a mente de um outro nos envia seu reflexo".[5] Esse estado de consciência se associará aos dois outros estados, a consciência primária e a consciência reflexiva, mas ele nos permitirá afirmar nosso laço com outros membros da comunidade, mental, afetiva e fisicamente, e sentir que pertencemos a uma mesma "matriz humana intersubjetiva e psicológica".

O momento presente vivido não é permanente: é curto, fugidio, difícil de apreender. Ele aparece como o surgimento de um "novo presente", já que para penetrar na consciência e se tornar um momento presente, a experiência subjetiva deve ser suficientemente nova (ou problemática).[6] Sua duração em uma frase varia em média de três a quatro segundos (no decorrer da troca linguística), mas pode se estender mais, por exemplo, de quatro a oito segundos na escuta de uma frase musical (observação para reter, pois ela remete à percepção estética). A duração entre dois momentos presentes, porém, é difícil de avaliar. A passagem de um estado de consciência para outro

---

5 Ibid., p.13.
6 Ibid., p.53.

não é contínua e a duração entre esses momentos varia muito. Em certas situações (concentradas ou emociogênicas), os momentos presentes se sucedem rapidamente, em outras parecem perdurar muito mais do que de hábito. É o caso, por exemplo, quando se olha para um objeto ou uma cena fascinante em que, diz Stern, "parece haver uma renovação do 'mesmo' momento presente em intervalos de diversos segundos".[7] A ressonância que se estabelece, entre duas ou diversas pessoas, no decorrer do momento presente, faz emergir um mundo subjetivo distinto de outros mundos.

Em nossa vida cotidiana, quais são as implicações do momento presente? "Nossos sistemas nervosos", afirma Stern,

são construídos para serem percebidos pelos sistemas nervosos de indivíduos exteriores, a fim de que possamos ter a experiência dos outros como se estivéssemos em sua pele. [...] Os outros não são apenas um outro objeto, mas são imediatamente reconhecidos como um gênero de objeto especial, um objeto como nós, ou seja, um sujeito disponível para compartilhar estados internos. De fato, nossa mente se esforça naturalmente em buscar experiências no outro que encontram eco em nós. Analisamos o comportamento do outro em termos de estados internos que somos capazes de perceber, sentir, dos quais podemos participar e, claro, compartilhar.

Animais altamente sociais que somos, passamos provavelmente a maior parte de nossas vidas na presença de outros, reais ou imaginados. Pode ser que nossos companheiros imaginados sejam presenças vivazes; que em outros instantes eles se redu-

---

7 Ibid., p.74.

A natureza da arte

zam a vagas silhuetas no plano de fundo, ou ainda a públicos ou a testemunhas dos quais somos ou não conscientes, mas que, no entanto, ali se encontram.

Quando juntamos tudo isso, um certo mundo intersubjetivo emerge. Não consideramos mais que nossa mente é independente, distinta e isolada. Deixamos de ser os únicos proprietários, donos e guardiões de nossa subjetividade. As fronteiras entre um determinado sujeito e os outros permanecem claras, mas se tornam mais permeáveis. De fato, um sujeito diferenciado é uma condição da intersubjetividade. Sem ele, ali não haveria nada mais que fusão.[8]

A partir disso, Stern deduziu que a vida mental de cada um é o produto contínuo de uma cocriação da qual participa uma comunidade de mentes reunidas em uma "matriz intersubjetiva". Essa matriz constitui um subconjunto específico da cultura e "núcleo dominante no qual as mentes em interação adquirem sua forma atual".[9]

[...] a mente está sempre inserida na atividade sensório-motora da pessoa. Ela se entrelaça com o ambiente físico imediato que a cocriou. Constitui-se através de suas interações com outras mentes. Retira e mantém sua forma e sua natureza a partir desse tráfego aberto. A mente não emerge e não existe senão graças à sua interação contínua com processos cerebrais intrínsecos, com o ambiente, e, portanto, com outras mentes.[10]

---

8 Ibid., p.99.
9 Ibid., p.100.
10 Ibid., p.119.

De um ponto de vista estritamente neurológico, essa teoria foi confirmada pela descoberta dos neurônios-espelhos, que permitem entrar em empatia com o outro, mas também pela descoberta dos "osciladores adaptativos", que agem como relógios no interior do corpo e sintonizam nossas ações com as do outro. Duas operações absolutamente necessárias para a manutenção de nossa sobrevivência individual e social, da qual estão excluídos os que sofrem de patologias que afetam essas funções. No entanto, é preciso também de freios para regular nossa integração com a matriz intersubjetiva e ali conservar nossa própria identidade de sujeito. Stern contabiliza três tipos de freios. A seleção que calibra a atenção dada ao outro, o controle da ativação dos neurônios-espelhos, a fim de que eles não acionem os neurônios motores correspondentes, o que provocaria uma conduta imitativa automática e a dosagem do grau de eco com o outro.

O que a abordagem linguística de Benveniste e a abordagem terapêutica de Stern têm em comum é que ambas basearam a comunicação intersubjetiva em uma forma de ressonância temporal que oferece a possibilidade de compartilhar, entre o eu e o outro, e em certas circunstâncias, um mesmo momento muito singular, que em Stern é denominado " momento presente", e em Benveniste "hoje ou agora", no transcorrer do qual estados mentais e afetivos característicos do eu e do outro entram em ressonância. A diferença entre as duas abordagens conduz ao fato de que Stern antecipou uma prova científica, ou pelo menos um começo de prova, com a descoberta dos processos neurológicos que correlacionam a empatia e a sincronização das ações — que confirma ao mesmo tempo a teoria de Benveniste — e na extensão de uma relação intersubjetiva dual para uma relação intersubjetiva plural, que envolve uma comunida-

A natureza da arte

de de sujeitos em uma mesma matriz humana intersubjetiva e psicológica.

O que reter dessas duas teorias, uma linguística e outra terapêutica, que não tinham como objeto a relação estética?

Em primeiro lugar, consideremos que a relação descrita por Benveniste não seja exatamente aquela que se tece entre o artista e o amante da arte. Ela difere em dois pontos: 1) o artista tem uma intenção operatória que se associa à sua intenção comunicacional e que lhe confere um aspecto específico; 2) O artista e o amante da arte não trocam de lugar alternativamente, sua relação não é reversível.[11] Quando se reconhece isso, esse modelo de comunicação intersubjetiva, própria da linguagem, pode ser extensível às condutas estéticas (receptoras), na medida em que ele evidencia o papel fundamental da ressonância temporal na comunicação artística. Além do mais, há a vantagem de não se colocar um objeto (o artefato artístico) no centro do sistema, mas de se basear em uma relação. De tal modo que chegamos até mesmo a especificar cada categoria de expressão artística (pintura, música, poesia, dança etc.), em sua produção e sua recepção, segundo as propriedades do laço intersubjetivo que se instaura entre o autor da obra e seu destinatário. É preciso, porém, insistir neste ponto: a ressonância temporal é apenas uma condição necessária à comunicação artística, mas não é suficiente. Pode-se entrar em empatia com o autor de um artefato e reencontrar o presente no qual

---

11 Entretanto, a situação muda parcialmente com certas obras interativas em tempo real, em que o receptor (o autor-posterior) e o artista (o autor-anterior) são capazes de iniciar uma espécie de diálogo que permita trocas imediatas de informações.

Edmond Couchot

o artefato foi criado sem que a relação seja de ordem estética. A empatia deve transitar por meio de formas, elas mesmas determinadas pela atenção estética do receptor.

7.2. Os regimes de ressonância temporal autor-destinatário(s) nas artes

A ressonância temporal imediata

A ressonância temporal é bastante fácil de perceber nas artes ditas "vivas", ou seja, quando as obras são produzidas na presença do espectador, tais como o teatro de rua, a dança ou as improvisações na música de jazz. A dança, por exemplo, é uma arte corporal na qual as figuras gestuais são produzidas na presença do espectador e tem a particularidade de requisitar fortemente sua participação empática. Se considerarmos o bailarino como o autor dos próprios gestos, a ressonância que se estabelece entre o autor e seu destinatário, no caso entre o bailarino e o espectador, é imediata e não discursiva, de ordem essencialmente sensório-motora e emocional. Do mesmo modo que na comunicação linguística, a ressonância se estabelece no decorrer do ato da palavra, no decorrer da execução dos atos motores pelo bailarino, na comunicação gestual. O momento presente que assistiu o bailarino em sua ação – em seu fazer – é vivido pelo espectador como seu próprio presente, no próprio instante e sem nenhum intermediário, sem nenhuma representação simbólica e, muito possivelmente, graças a processos cognitivos que envolvem os neurônios-espelhos. Cada gesto visualizado repercute no registro motor do espectador que se sintoniza mentalmente com o bailarino: assim,

A natureza da arte

espectador e bailarino compartilham a mesma temporalidade. Em termos de condutas estéticas, diríamos que as condutas (estéticas) operatórias e as condutas estéticas (receptoras) entram em ressonância imediata. A partir desse momento presente, inserido no fazer, as intenções do bailarino se revelam e abre-se o acesso ao sentido de seus gestos, sobretudo no caso da dança, um modo mais ou menos desinstrumentalizado (ou "despragmatizado") de habitar seu corpo: os gestos não são mais os da vida cotidiana, não obedecem mais às mesmas intenções; são destituídos de suas funções de uso e destinados a exercer uma função estética. Eles enriquecem as capacidades gestuais e motoras do corpo ao revelarem possibilidade que o ordinário não sugere, chegando por vezes até o limite do suportável em certos coreógrafos modernos, tais como Carolyn Carlson, que rompe a continuidade natural dos movimentos com um tipo de gagueira convulsiva.

Seríamos tentados então a aproximar a dança do esporte. O esporte de fato oferece aos espectadores a oportunidade de entrar em ressonância com corpos cujas figuras e ações diferem com maior frequência das da vida cotidiana, ou são levadas a seus limites orgânicos. Além disso, essa ressonância busca um certo prazer estético. O esporte, porém, não pertence ao registro da arte, mesmo que possua uma dimensão estética. A beleza do gesto esportivo não é autoteleológica, ela serve a um objetivo que não é de ordem estética e que se avalia sem qualquer ambiguidade, até mesmo se mensura ou se reduz: correr mais rápido, saltar mais alto, levantar o peso mais pesado, dominar seu adversário, ganhar ou perder uma partida etc.

Uma arte comparável à dança quanto ao tipo de ressonância temporal que ela induz, a música — mas apenas quando executada por um músico na presença do ouvinte e improvisada (sem referência a uma partitura assinada por um compositor) –, provoca no ouvinte reações muito próximas, como no caso de certos concertos de jazz improvisados (as *jam sessions*). Dois sistemas ressonantes entram em ação. Um mobiliza a via auditiva e o outro, a via gestual. A via auditiva transmite ao ouvinte do som: os ritmos, as melodias, a harmonia, as flutuações da dinâmica, as informações estereofônicas etc. O som provoca no ouvinte uma ressonância, com frequência extremamente forte, que o sintoniza mais de perto com o músico. Vimos que as reações do ouvinte se traduzem por uma atividade neurobiológica característica localizável (por exemplo, o tratamento do som pelo hemisfério cerebral direito ou esquerdo) e quase sempre mensurável, como a secreção de hormônios. A sintonização do ouvinte com o presente do músico em ação cria entre eles um sistema de ressonância intersubjetiva dos mais poderosos. É a partir desse presente compartilhado, comparável ao ato da enunciação linguística, que se constrói a relação com os acontecimentos sonoros produzidos antes, e que se produzirão depois no fluxo sonoro, que o ouvinte antecipa a sequência desse fluxo, se projeta no tempo do músico, atribui a ele estados afetivos e psicológicos e estados mentais – que, aliás, estão longe de corresponder exatamente ao que o músico tem na cabeça e procura expressar (ele próprio sabe disso com toda a lucidez?) e cujo esclarecimento se tornará objeto de debates, análises e discussões apaixonadas e intermináveis. Contudo, entre os estados mentais que constituem as múltiplas intenções do autor, a intenção especificamente estética, ou melhor, o desejo de tocar o outro e de desencadear nele emoções e sentimentos pelo viés de uma combinação de formas sonoras, transita pela ressonância temporal.

A natureza da arte

A segunda via é gestual. Quando o ouvinte está na presença do músico e o vê, a situação se aproxima à da dança. Os gestos do músico provocam uma ressonância sensório-motora e emocional no ouvinte que se soma à ressonância auditiva. Seus gestos são simultaneamente a expressão da expertise de um fazer técnico e de um estado emocional mais ou menos autêntico reconhecido e mais ou menos intenso. Um estudo conduzido por neurofisiologistas,[12] a respeito das relações, não do músico e do ouvinte, mas do músico e do maestro, fornece indiretamente as respostas à questão da ressonância entre o músico e o ouvinte. Esses pesquisadores demonstraram que quando uma peça musical é interpretada por um, ou por diversos instrumentistas, e dirigida por um maestro, a regência da orquestra não se baseia em um conhecimento recíproco que o maestro e o instrumentista teriam de suas representações mentais musicais — como acreditaram certos estudos cognitivistas sobre o assunto —, mas que ela mobiliza o poder cinestésico,[13] ou melhor, não representacional do maestro de modelizar seus gestos de um modo análogo aos do instrumentista. Não é por meio de palavras, mas sim pelos movimentos de sua batuta, que se instaura como o prolongamento de seu próprio corpo e se encarrega das emoções suscitadas pela execução da obra, que a comunicação intersubjetiva entre o maestro e o instrumentista, ou os instrumentistas, se estabelece. Que fique bem entendido,

---

12 Veja Tokay, maestro da orquestra sinfônica de Sisli (Istambul), e Fadiga, da Universidade de Ferrara: *L'Empathie entre le chef e son orchestra*, Jornada de estudos *Systèmes résonnants, empathie, intersubjectivité*.

13 A cinestesia designa a percepção dos deslocamentos das diferentes partes do corpo umas em relação às outras e a percepção dos deslocamentos globais do corpo.

Edmond Couchot

o maestro fala com os músicos, faz comentários sobre sua interpretação, mas os efeitos de seu discurso continuam secundários. A intersubjetividade passa por uma ressonância sensório-motora e emocional entre os gestos da regência do maestro e os gestos do instrumentista, ou dos instrumentistas, que produzem o som (via *bottom up*).

Sugiro aplicar essa análise às relações entre o músico que improvisa e o ouvinte, ressaltando, porém, que nesse caso a ressonância sensório-motora e emocional que os conecta assume um modo diferente, de não expertise, uma vez que o ouvinte se limita a ouvir e a assistir o instrumentista. Em contrapartida, quando o próprio ouvinte também é músico, o que se estabelece é uma relação de expertise que solicita dele um registro mais preciso e mais técnico. Muitos tipos de arte combinam a dança (ou o gesto) e a música, associando-a, com frequência, à palavra (récitas, diálogos etc.). A ópera é uma dessas formas multimodais. Antes de seu surgimento na Itália, no século XVI, e bem antes do nascimento do teatro na Grécia, no decorrer dos séculos VI e V a.C., que prefigura a ópera italiana, uma das primeiras manifestações artísticas na cultura ocidental, que utilizava gesto, canto, música e palavra, pode ser reconhecida, na Grécia Antiga, na maneira como os aedos faziam reviver para seu auditório os grandes poemas épicos. Esses imensos cantos, compostos de dezenas de milhares de versos hexassílabos, que todo aedo conhecia de cor e recitava, acrescentando a eles versos de sua própria composição, eram gesticulados, cantados e acompanhados pelo próprio aedo na lira. Lembremos também que a composição e a interpretação desses poemas não eram dissociáveis. O aedo era ao mesmo tempo intérprete e autor do poema, compositor de música e ator. Cada "representação"

A natureza da arte

devia dar a impressão de que era diferente das outras, que era "um momento novo" vivido no instante com o auditório. Compreende-se, também, por que diante de tal tarefa o aedo começava invocando a assistência divina das musas, de cujos conhecimentos e autoridade ele, presumivelmente, era dotado.

Ao longo do recital, diversos laços empáticos trabalhavam para unir o auditório ao recitador. Uma ressonância sensório-motora fundamentada no gestual do aedo, refletindo a mímica das ações praticadas pelos heróis, e os sentimentos que eles experimentavam ao longo da história fazia cada espectador vibrar no mais íntimo de seu ser, e despertava nele simulações de ações acompanhadas de emoções. Isso ocorria enquanto, em paralelo, uma ressonância dos centros da audição provocava no ouvinte uma sintonização rítmica e melódica com a música, e que o canto desencadeava nele outras reações sensório-motoras ligadas a emoções variadas. Esses dois sistemas ressonantes conjugados, um pela via gestual, outro pela via sonora, suscitavam um laço empático que, ao longo de outro processo cognitivo, conduzia o espectador atento a uma perspectiva subjetiva que focalizava a pessoa do aedo, ao mesmo tempo, tanto como recitador e músico quanto como a encarnação mimética dos personagens do poema. Como afirmava Paul Valéry, mais de 2 mil anos depois, a poesia se expressa "essencialmente *in actu*. Um poema existe apenas no momento de sua recitação e seu verdadeiro valor é inseparável dessa condição de execução".[14]

Essa dupla projeção – encontrada em outras situações de escuta – oferece ao espectador a possibilidade de mudar de re-

---

14 Valéry, L'Invention esthétique (1938), *Œuvres I,* p.1412-5. As palavras são enfatizadas pelo autor.

Edmond Couchot

ferencial espacial e de perspectiva: de adotar o ponto de vista do outro, nesse caso, de ver através do olhos do intérprete o que viam, o que sentiam Aquiles, Pátroclo, Ulisses ou Penélope, de deixar o lugar real onde se encontra para mergulhar mentalmente no coração das batalhas, das aventuras e dos amores, de ser outro, enquanto conserva o sentimento de si. Ao se projetar no corpo e na mente dos heróis, o ouvinte efetua uma mudança no ponto de sentir: ele compartilha a experiência vivida do personagem e entra em ressonância temporal com ele. O passado, o presente e o futuro do herói se intricam com o passado, o presente e o futuro do ouvinte cativado durante toda a duração do recital. Cada emoção, cada gesto de mímica, se inscrevem em um antes e se orientam para um depois, em torno de um mesmo presente compartilhado. Essa ressonância temporal permanece curta, instável e não permite reconstituir as longas cadeias causais, ela não duplica a narrativa, mas dá ao ouvinte a faculdade de se situar no fluxo do tempo, assim como se situa nas três dimensões do espaço.

À ressonância temporal induzida pelos gestos, à expressão das emoções, ao canto e ao acompanhamento musical, associa-se uma ressonância induzida pela linguagem oral que dá corpo à narrativa épica. A relação do aedo e dos espectadores-ouvintes não é a do diálogo. Os espectadores-ouvintes escutam, mas não respondem. No entanto, embora as situações não sejam reversíveis, eles não vivem menos a experiência de um compartilhamento do tempo, ou melhor, da temporalidade de enunciação das palavras. Tudo se passa como se o próprio autor-intérprete vivesse a epopeia no presente, fosse sua testemunha ocular e auditiva, uma espécie de repórter que comenta o espetáculo ao vivo. Seu presente é ao mesmo tempo o dos heróis que ele encarna e o seu, mas também o presente do ouvinte. Os acontecimentos se ordenam, então, em ambos os lados do eixo temporal e, como na escuta musical, o fluxo da narrativa se orienta, preparando o acesso ao sentido do poema. Depois de ter se escondido (ontem/num instante) sob a pele de um carneiro, Ulisses engana (hoje/agora) o ciclope Polifemo ao dizer que é Ninguém, e corre com seus companheiros rumo a novas aventuras (amanhã/mais tarde). Nesse tipo de arte multimodal, a ressonância temporal é tripla: ela se exerce por meio do gesto e da expressão das emoções, do canto e da música, da palavra, provocando uma projeção empática densa e imediata. Mais tarde, o teatro grego desenvolveria as possibilidades oferecidas por esse triplo sistema ressonante ao se dirigir a um público diferente, e mais numeroso, modelado pela cultura democrática e a passagem para as narrativas escritas.

A ressonância temporal diferida

Os exemplos que acabam de ser evocados descrevem situações de ressonância imediata: o autor e o destinatário da obra estão na presença um do outro. Mas o que ocorre com essas artes que, a exemplo da literatura e da poesia, da pintura, da escultura ou de obras musicais escritas em partituras e interpretadas, não são criadas originalmente na presença do espectador? Uma ressonância temporal diferida é possível na ausência do autor?

Três casos podem ser destacados. O primeiro é o da literatura e o da poesia. No que diz respeito à escrita em geral, ele foi tratado, em parte, por Émile Benveniste. De fato, a escrita não põe o autor e o leitor em presença direta e não exige ser interpretada: seu único intérprete é o leitor. Se separarmos o "hoje" falado do discurso produzido na presença do alocutário por um "hoje" escrito em um texto, ele deixa de ser "o signo do presente linguístico, uma vez que não é mais falado e percebido"; perde, assim, sua capacidade de remeter o leitor a um momento determinado do tempo da narrativa, pois não se identifica com nenhuma referência temporal. Para que a temporalidade do leitor entre em ressonância com o tempo do escritor é preciso que o escritor acompanhe seu "hoje" (ou, mais amplamente, seu "agora") por uma referência a pontos comuns, como os do calendário, e com os quais ele se identifica como autor do texto. Como escreveu Benveniste,

> daí decorre o fato de que as coisas designadas e ordenadas pelo discurso (o locutor, sua posição, seu tempo) não podem ser identificadas senão pelos parceiros da troca linguística. Dito de outra forma, para tornar essas diferenças intradiscursivas inteligíveis, deve-se religar cada uma dentre elas a um ponto determinado em um conjunto de coordenadas espaçotemporais. Desse modo, é feita a junção entre o tempo linguístico e o tempo crônico.[15]

A condição de inteligibilidade do texto depende da transferência do tempo linguístico para o tempo crônico – Benveniste, considera o tempo crônico como o tempo dos acontecimentos exteriores a nós, mas também como aquele que engloba nossa própria vida como uma sequência de acontecimentos; o tempo crônico é objetivado socialmente pelas referências precisas do calendário.

---

15 Benveniste, op. cit.

A natureza da arte

No entanto, quando faz a leitura de uma obra literária de ficção, romance ou poema — um caso que Benveniste não tratou —, o leitor não aspira ser remetido a determinadas referências do calendário para organizar a temporalidade da narrativa. A condição de inteligibilidade do texto não depende da transferência do tempo linguístico para o tempo crônico. Tudo se passa como se o texto, tanto os diálogos como a descrição dos acontecimentos, estivesse sempre subentendido, habitado pela voz do escritor, o autor do texto, à medida que a leitura avança. A voz do autor sempre ressoa por trás das palavras escritas, mesmo se o estilo do texto for indireto e, mais fortemente ainda, se for escrito na primeira pessoa. Quando Proust abre seu livro *No caminho de Swann* com esta frase: "Durante muito tempo, deitava-me cedo", o leitor aceita determinada incerteza quanto às expressões "durante muito tempo" e "cedo" e se projeta de imediato no presente em que o narrador evoca essa lembrança. Essa projeção não depende do conhecimento do período crônico no qual se passou o acontecimento, nem do conhecimento do momento em que o autor deve ter escrito a frase.

No início de *O diabo no corpo*, quando Raymond Radiguet escreveu: "Vou receber muitas reprovações. Mas o que eu poderia ter feito? É culpa minha se eu tinha 12 anos e estávamos a alguns meses da declaração da guerra?", o leitor toma conhecimento de duas referências temporais: a idade do narrador e a declaração da guerra, tanto uma quanto a outra sem referência crônica; ele não tem nenhum conhecimento do momento em que o autor escreveu (no caso, ele poderia ter feito isso em um diário, visando a objetividade dos fatos), mas, no entanto, aceita se colocar no lugar do narrador. Para ser vivido e compartilhado, o tempo da ficção não exige que sejamos transportados para o tempo crônico. A ressonância temporal entre o leitor e o autor pode se estabelecer de um modo diferido, fora da presença real desse autor.

O mesmo acontece em poesia. Nos dois primeiros versos do soneto das vogais de Rimbaud:[16]

> A negro, E branco, I vermelho, U verde, O azul: vogais,
> Algum dia desvendarei seus mistérios latentes

O leitor é remetido não a um acontecimento passado, mas a um acontecimento futuro, anunciado pelo poeta: "Eu direi". Esse futuro – "algum dia" – é impreciso, sem referência crônica. O leitor ignora, também, em que instante preciso do tempo crônico Rimbaud pegou sua caneta nas mãos. Entretanto, este "Eu direi" se situa bem em relação a um presente, o presente da leitura em ressonância com o presente da escrita. Embora diferida, a ressonância oferece ao leitor o mesmo compartilhamento de uma temporalidade comum. Se, para satisfazer as condições de inteligibilidade, a maioria dos textos que visam transmitir informações da maneira mais objetiva, interpretáveis com a menor ambiguidade, requer uma transferência do tempo linguístico para o tempo crônico, ocorre de modo diverso com os textos ditos de ficção, que visam efeitos estéticos. A

---

16 Referência do autor a "Voyelles", traduzido como "Soneto das vogais", um dos poemas mais famosos de Arthur Rimbaud (1854-1891). Existem várias traduções brasileiras, dentre as quais se destacam as de Augusto de Campos e Ivo Barroso. (N. T.)

A natureza da arte

organização que sempre se estabelece ao redor do eixo de um presente compartilhado, para além do intervalo temporal que separa o autor e o leitor, liberta de qualquer referência crônica e autoriza um jogo estético infindável no que se refere às formas e combinações de temporalidades.

Nesses três exemplos, a pessoa que fala é, ou se pressupõe que seja, a que escreveu. O presente do fazer – no caso do ato escritural – é sentido no mesmo instante pelo leitor como um presente a ser compartilhado, ao qual a ressonância temporal se conecta. O mais frequente, porém, por exemplo em romances nos quais os personagens executam as ações e até mesmo experimentam intenções, é o estabelecimento de sistemas ressonantes distintos entre o leitor e esses personagens. Foi o que demonstraram experimentalmente (por meio da neuroimagética funcional) os estudos conduzidos por pesquisadores da Universidade de Washington, em Saint-Louis.[17] As ações dos personagens descritos no romance (empunhar um objeto, manifestar uma intenção) ativam zonas neurais habitualmente estimuladas quando ações similares são praticadas na vida real pelo leitor. Nesse caso, trata-se de uma ação em espelho. Desse modo, a simulação das ações descritas ajudaria na compreensão do texto. No entanto, a ressonância diferida sensório-motora que se estabelece entre os personagens e o leitor afasta a possibilidade de ressonância entre o leitor e o autor. Inserido na ação e cativo do instante presente, no qual essa ação se inscreve, o leitor não terá acesso às intenções anteriores do autor no

---

17 Veja Speer et al., Reading stories activates neural representations of visual and motor experiences, *Psychological Science*, v.20, n.8.

momento anterior em que escrevia da obra, a não ser através de um discurso interno, de representações muito elaboradas, de referências memoriais e culturais que informam sobre o fazer escritural. A comunicação intersubjetiva é impulsionada, então, por um movimento que vai do nível superior dos mecanismos cognitivos para os níveis inferiores do tipo *top down*.

O segundo caso é o das artes plásticas (o desenho, a pintura, a escultura) e as artes audiovisuais (fotografia, cinema, vídeo, certas formas da arte digital). Essas artes não põem o destinatário na presença do autor da obra. A ressonância temporal que se estabelece entre eles é diferida no tempo e desencadeia mecanismos sensório-motores e emocionais homólogos aos que ligam o escritor e o leitor: o presente do escrever corresponde ao presente da produção da obra – desenho, pintura, imagens fotográficas, cinematográficas, videográficas ou digitais –, o presente do *fazer*. É compartilhando esse presente, distante no passado, que o observador acessará a inteligibilidade do artefato. Gallese e Freedberg já demonstraram experimentalmente que os espectadores podiam experimentar uma empatia com as representações picturais ou esculturais de corpos humanos feridos, torturados ou em sofrimento, ou uma empatia táctil diante de personagens que se tocam ou se acariciam. Os pesquisadores demonstraram, também, que os observadores podem reagir com empatia diante de certos traços físicos inscritos pelo pintor, ou pelo escultor, no suporte utilizado em suas obras e, com isso, reviver mentalmente o ato da figuração executada pelo artista, o presente do fazer. A pintura é rica em exemplos desse tipo.

O toque pictural – ou, como afirmava Kandinsky, o choque do pincel no plano original, provocado e controlado corpo-

A natureza da arte

ralmente pelo pintor – é, com frequência, uma característica suficiente para os experts se referirem a ele quando desejam identificar o autor de um quadro. A pincelada é um dos vetores físicos da relação intersubjetiva entre o pintor e o espectador. Como traçado, ela é um microacontecimento temporal que remete a um ato, a um fazer próprio, a um certo estilo de pintura. Sem mediação discursiva, ela demonstra que o pintor realmente esteve ali, *diante* da tela, da mesma forma que o espectador está ali, *diante* dessa mesma tela, embora o lugar real no qual o quadro foi pintado e o lugar em que ele está exposto sejam quase sempre diferentes. Esses lugares podem ser os mesmos, como acontece com as pinturas murais, os afrescos, quando o pintor e o espectador se encontram no próprio espaço real, mas em um tempo diferente. A pincelada funciona como um índice de enunciação temporal que põe em ressonância o presente do fazer, vivido pelo pintor no transcorrer da realização do quadro, e o presente do olhar, vivido pelo espectador quando ele olha para o quadro. As duas temporalidades entram em sintonia e um laço intersubjetivo se estabelece para além do intervalo crônico que os separa. Sem essa ressonância temporal, a pincelada não desencadeará o efeito ligado à atitude do gesto pictural que, por sua vez, provoca uma ressonância emocional e sensório-motora.

Existem outros índices de enunciação temporal na pintura: a maneira pela qual o material pictural é aplicado sobre o suporte (as projeções fluidas de Pollock, ou as grossas camadas pastosas do pincel de Pierre Soulages), a superposição de cores sobre outras e as camadas de pigmentos (a presença dos fundos de cor ocre que se sobressaem através da opacidade dos brancos), o verniz corrosivo, os ácidos, as estampagens, as lacerações (os golpes de talhadeira nos quadros de Fontana), as colagens e as descolagens, as incrustações de objetos. Em uma de suas *combines paintings*, denominada *Réservoir* [Reservatório], Robert Rauschenberg[18] integra dois pêndulos, um marcando a hora na qual o pintor começou a peça, 4h10, outro na hora em que ele a terminou, 5h15: eles indicam ao observador que o presente do fazer durou 1h05 e o convidam a compartilhar retrospectivamente esse instante sem viver sua duração exata (o momento presente se reduz a tipos de pulsações que duram apenas alguns segundos). Na obra, porém, nada indica nem o dia, nem o ano em que ela foi pintada, nem como essa duração se inscreve no tempo crônico. A função dos índices de enunciação temporal na pintura não consiste em remeter ao tempo crônico (que pode ser indicado ao lado da assinatura, como ocorre em inúmeros quadros), mas ao ato da figuração, isso a fim de colocar aquele que olha e o pintor em ressonância diferida. A assinatura é um outro tipo de índice cuja particularidade é remeter ao mesmo tempo ao gesto gráfico do pintor e a seu nome, mas a significação do nome não se revela por ressonância temporal, ela é decifrada e desencadeia no observador processos cognitivos muito diferentes. No centro do quadro *Casal Arnolfini,* de Jan van Eyck, sobre o espelho ligeiramente convexo, reflete-se a imagem do pintor e de um amigo, ambos testemunhas do casamento, a inscrição "Johannes de eyck fuit *hic* 1434" (nesse caso, *hic* significa na sala em que a cerimônia

---

18 Robert Rauschenberg (1925-2008). A obra citada é de 1961, executada em óleo mineral, madeira, grafite, tecido, metal e borracha sobre tela. Integra o acervo da Smithsonian American Art Museum. (N. T.)

A natureza da arte

se realizou, como comprova o espelho) indica ostensivamente o nome do pintor assinado de próprio punho e o ano em que se deu o acontecimento representado. Diante do quadro, o observador reencontra o ponto de vista ocupado pelo pintor e o ponto de tempo no qual se superpõem e se condensam o tempo do ato pictural e o tempo vividos por Van Eyck na qualidade de testemunha.

O mais importante índice de enunciação temporal da história da pintura e das artes visuais, na Europa, foi o sistema óptico da perspectiva de projeção central, elaborado no Renascimento. A construção em perspectiva produz um poderoso efeito: ela projeta o observador no topo da pirâmide visual que, no momento do fazer pictural, religa o olho do pintor a cada ponto da superfície dos objetos que se encontram diante dele[19] e, ao mesmo tempo, o projeta no tempo da arte pictural. Ao oscilar de um referencial espacial para um referencial temporal, o espectador encontra o presente do fazer, no decorrer do qual o pintor produziu o quadro – presente que pode ser a condensação de diversas sessões trabalho, de poses, no caso de uma tela, ou, ao contrário, um traço de gesto rápido e sem retoque (o croqui, o esboço). O ponto de vista corresponde a um ponto de tempo, e tanto um quanto o outro funcionam como um duplo fator de intersubjetividade, religando dois sujeitos e fazendo que duas condutas estéticas, uma operatória, a outra receptora, se associem.

---

19 Evidentemente, no transcorrer da preparação do quadro em que ele se confronta com o modelo, como atestam inúmeros desenhos da época. Em uma segunda fase, ele é mais livre e pode prescindir do ou dos modelos.

Edmond Couchot

O princípio técnico da perspectiva não se limitou à pintura, ele se encontra na base de todas as produções de imagens, embora essas produções sejam mais ou menos assistidas por processos automáticos. Ao sistema de perspectiva óptico-geométrico, definido no Renascimento, seguiram-se, no decorrer do século XIX, o sistema óptico-químico da fotografia, depois, durante o século XX, o sistema óptico-químico-mecânico do cinema, o sistema óptico-eletrônico da videotelevisão e o sistema numérico próprio à imagem calculada e interativa. Cada um desses sistemas se inscreve em um regime de ressonância temporal específica entre o observador e o autor da imagem e, por conseguinte, modifica o tipo de relação intersubjetiva que os conecta. Quanto mais complexos os automatismos se tornam, mais eles tendem a privar o autor de sua participação na elaboração da imagem, mais tendem a destituí-lo do tempo do fazer e, por isso mesmo, a privá-lo da experiência fundamentalmente subjetiva e singular que ele viveu no decorrer desse tempo, e, por fim, mais tendem a substituir a presença do autor por suas próprias presenças. O autor deve inventar novos índices de enunciação temporal para reintroduzir e afirmar sua presença no fazer.[20]

---

20 Com efeito, desde que surgiu, a perspectiva engendra efeitos contraditórios. Se ela permite ao pintor afirmar sua presença e consolidar os laços intersubjetivos que o ligam àquele que olha além do tempo, paradoxalmente ela também permite o contrário. A perspectiva foi um meio geométrico de descrever objetos tridimensionais que pretendiam descartar as incertezas da subjetividade. Ela fez surgir a geometria descritiva: uma ciência e não uma arte. Todas as técnicas figurativas subsequentes, caracterizadas por um automatismo cada vez maior, funcionaram baseadas no mesmo princípio. O cinema e

A natureza da arte

O terceiro caso é o das artes interpretadas. Essas artes existem sob a forma de partituras, mais ou menos precisamente codificadas, de notas descritivas ou de esquemas, de planos, e mesmo de indicações transmitidas diretamente de memória em memória. Para ter vida e se transformarem em "objetos" de percepção, elas devem ser traduzidas em formas sensíveis (visuais, sonoras, gestuais), ou seja, interpretadas. É, por exemplo, o caso da dança, quando a coreografia é assinada por um autor que se afirmar como tal. No exemplo evocado anteriormente, de um bailarino que é o autor de sua própria coreografia, a comunicação intersubjetiva é impulsionada a partir de " baixo", ou seja, da ressonância sensório-motora e emocional, para subir até o córtex, à consciência, e desencadear uma tomada de perspectiva do outro, das representações, das crenças, dos julgamentos, em um movimento do tipo *bottom up*. Ocorre de maneira diversa quando o bailarino é intérprete de um coreógrafo convencionalmente reconhecido como o único e verdadeiro autor do balé. Nesse caso, o coreógrafo pode "escrever" seu balé sob a forma de símbolos, de indicações diversas, até mesmo de simulações numéricas que, mais tarde, os bailarinos interpretarão, ou, no decorrer dos ensaios, indicar diretamente suas intenções aos bailarinos que, por sua vez, transmitirão essas indicações pela via da tradição. Ao que tudo indica, a relação que se instaura entre o espectador e o bailarino (intér-

---

a videotelevisão fizeram surgir artes deliberadamente marcadas pela presença de um autor, ou de um coletivo de autores e, de modo inverso, produções de imagens pretensamente técnicas e "objetivas" sobre as quais, como afirma André Bazin sobre o realismo cinematográfico integral, a hipoteca da liberdade do artista não contaria mais.

Edmond Couchot

prete) é tão fortemente empática que torna difícil, até mesmo impossível, qualquer sintonização que permita alcançar os estados mentais e afetivos do coreógrafo. O espectador não encontrará o coreógrafo, seu fazer, sua imaginação, seu estilo, sua presença corporal (conceber um balé não é uma operação abstrata), senão por uma via indireta que vai do "alto" de suas representações para o "baixo" de suas emoções e de suas reações sensório-motoras (seja em um movimento do tipo *top down*); seu prazer será diferente, mais intelectualizado.

A situação ainda é similar quando a música é escrita por um compositor e interpretada por um instrumentista, por vezes séculos mais tarde. Nesse caso, como se estabelece a comunicação autor-destinatário? A ressonância motora e emocional entre o ouvinte e o intérprete, mas igualmente a ressonância entre o ouvinte e o maestro, se existir um (embora seja dirigida aos instrumentistas, a gesticulação do maestro provoca uma certa empatia no ouvinte), ancora fortemente o ouvinte no presente da produção do som. A exemplo do amante do balé, ele não poderá penetrar nos estados mentais do compositor senão através das representações que acionam outros mecanismos cognitivos do tipo *top down*. A arte do intérprete consiste em tornar viva a presença do compositor, em servi-lo instilando sua própria presença, o talento de seu fazer de intérprete. Na música, o bom intérprete traduz não apenas uma partitura, ele traduz a presença, os estados mentais do compositor e os torna acessíveis.

Um caso extremo, que poderia contradizer essa análise, é o da peça musical *4'33"*, de John Cage. A execução dessa obra requer uma orquestra e um maestro. Seu conteúdo musical, porém, tem a propriedade extraordinária de não gerar nenhum som. Os 4'33" de duração da peça decorrem em silêncio. Nessas condições ultraminimalistas, como pode o ouvinte demonstrar qualquer empatia motora e emocional com um maestro e músicos imóveis e silenciosos? Como a obra pode emocionar, comunicar estados mentais e psicobiológicos, ter afinal um sentido? Ela, no entanto, pode, simplesmente porque os músicos e o maestro são copresentes e compartilham com o ouvinte a mesma temporalidade, esse mesmo "momento novo", jamais vivido anteriormente, silencioso, mas bem real. Ao contrário, longe de não ter efeitos, a imobilidade dos corpos, no fundo jamais completa, incomoda e questiona por seu caráter totalmente insólito. Além disso, o silêncio jamais é total: ele vibra imperceptivelmente de mil sonoridades, de respirações, do pigarrear de gargantas, de um rumor abafado e distante. Estamos diante de múltiplos indicadores discretos que captam e provocam a atenção estética à espera de informações que propiciam uma certa satisfação. A isso se acrescenta, porém, todo um processo de apreciação e de julgamento *top down* no ouvinte que, condicionado por sua experiência cultural, esperava ser surpreendido. "Ah! Isso é bem típico de Cage", dirá ele, "e do mais puro!". A presença do autor é reencontrada.

A situação ainda é diferente quando a música é gravada e depois reproduzida sem a presença dos músicos. É o caso cada vez mais frequente hoje em dia, quando a música gravada é bem mais comum do que a música ao vivo. O ouvinte, que não está mais na presença real dos músicos, só reage ao som que eles produziram no momento da gravação. A comunicação intersubjetiva se estabelece exclusivamente pela via sonora. Mesmo que o ouvinte seja privado da imagem do corpo dos instrumentistas em ação, mesmo que a experiência musical seja diferente, menos completa, o laço empático com os músicos se infiltra igualmente entre eles. Ainda nessa situação, o acesso aos estados mentais do compositor só se fará por meio dos mecanismos cognitivos *top down*. De fato, parece que as técnicas de gravação transformaram bem sensivelmente a escuta, no sentido de uma atenção mais analítica, pelo menos no que se refere a certos ouvintes. Paradoxalmente, nota-se também que outros ouvintes fazem uso da possibilidade de aumentar certas características do som (as frequências graves e agudas e a dinâmica), o que se tornou possível pela reprodução da gravação, às vezes, para além do suportável, a fim de reter apenas as sensações mais sensório-motoras.

Um caso bem particular é o da música interativa, na qual o ouvinte é convidado a agir como músico em interação com os acontecimentos sonoros produzidos pelo computador. Temos, então, um triplo sistema ressonante composto por um ouvinte, que se torna parcialmente autor (o autor-posterior), de um autor que compôs o programa inicial (o autor-anterior) e de uma espécie de intérprete (o computador) que executa esse programa, às vezes, com certa autonomia. Uma rede complexa de ressonâncias se tece entre essas três entidades cuja ação comum coproduz uma obra musical.

É bom notar, entretanto, que nos tipos de exemplos de ressonância temporal que acabam de ser dados, a "ascensão" temporal do presente vivido pelo receptor em direção ao presente do fazer não o leva a acessar a cadeia completa das operações realizadas pelo autor. Se no momento da escuta de uma *jam session* temos a impressão de viver o próprio instante da criação, pelo viés de um laço empático extremamente forte com os músicos, a leitura silenciosa de um poema não nos permite

A natureza da arte

encontrar a integralidade dos presentes sucessivos do tempo crônico e seus diversos instantes, que constituem a totalidade do ato escritural com suas rasuras, suas poses, suas acelerações, suas renúncias ou suas retomadas; não capturamos senão instantes dispersos, mas suficientes para nos sentirmos na pele do poeta. A situação é análoga quando se contempla uma pintura ou uma escultura. O retrocesso ao momento presente do fazer é algo quase sempre lento, até mesmo impossível, quando a técnica se explicita na tela.

A duração do momento de ressonância não é exatamente análoga ao momento do ato da criação. Essa duração varia segundo os tipos de ressonância. Por exemplo, estabeleceu-se experimentalmente a duração do momento de ressonância de uma maneira bastante precisa na escuta da música (observou-se que ela varia de dois a oito segundos, às vezes mais), e na escuta de uma frase (três ou quatro segundos, em média). Stern observou que uma dezena de segundos é o tempo necessário "para reunir perceptivamente sequências em grupos significativos, para efetuar unidades funcionais de comportamento e para se tornar consciente de um "acontecimento".[21] Parece mais difícil avaliar essa duração quando se assiste a um espetáculo de dança e, sem dúvida ainda mais, quando se trata de obras de ressonância diferida. A observação de um quadro pode dar origem ao aparecimento de uma sequência de momentos de ressonância muito diferentes, na medida em que esses momentos correspondem ao compartilhamento do fazer pictural ligado à presença do pintor, um fazer que pode se estender de

---

21 Stern, *Le Moment present en psychothérapie: un monde dans un grain de sable*, p.74.

alguns segundos a diversos anos. Um croqui ou esboço como esses, tal explosão de pigmentos, tal sucessão de pinceladas, fazem você sentir o gesto do pintor quase em sua própria duração. Outro quadro, porém, que teria sido pintado e retocado durante longos anos e, talvez, tenha permanecido inacabado, o obrigará a reconstituir essa duração, pelo menos em parte, por meio de um trabalho reflexivo que mobiliza inferências muito mais do que sensações. Em geral, esses bolsões de tempo não constituem fluxos contínuos de sensações e de afetos, eles são comparáveis muito mais a pulsações irregulares que, de certa parte, dependem dos estados mentais e neurovegetativos do receptor. Uns darão a impressão de se sucederem rapidamente, os outros de se fundirem em uma temporalidade suspensa, como se fosse eternizada.

7.3. A dimensão relacional é uma dimensão temporal

Fazer emergir um mundo de pertinência estética

As duas ações precedentes objetivaram mostrar que a comunicação intersubjetiva entre o autor e o destinatário não pode se estabelecer, a não ser que a temporalidade do destinatário, movida por uma atenção estética em busca de satisfação no momento em que ele é confrontado com a obra, entre em ressonância com a temporalidade que o autor vive, ou viveu, no decorrer do fazer, seja essa ressonância imediata ou diferida. É essa sintonização que coloca o autor e seu destinatário no mesmo comprimento de onda, ou seja, na mesma temporalidade de referência. Por isso, a instauração desse laço intersubjetivo é apenas a condição de inteligibilidade da obra de arte. Se ele permite ao destinatário acessar certos estados de humor e estados mentais do autor, ele não abre a via da plena significação da obra, aliás sempre relativa, subjetiva e indefinidamente reinterpretável, que só se revelará no decorrer de outro processo cognitivo. Entretanto, é esse laço que fornece a dimensão relacional à relação que um amante da arte tem com uma obra. Sua particularidade é ativar mecanismos cognitivos que requerem a percepção do tempo. A dimensão relacional é uma relação temporal; ela é inseparável de uma experiência vivida específica e de uma história compartilhadas.

Alva Noë avaliou a dimensão temporal na experiência estética, conferindo a ela sua justa importância. Para Noë, ela não consistia apenas em perceber o artefato artístico para aprender a perceber de outra forma e enriquecer a própria percepção, mas em *fazer a obra*, ou seja, olhar o mundo "como campo de uma atividade perceptiva engenhosa". O fazer como ação, sua história, a experiência singular vivida ligada a ele, iluminam a experiência estética. Para Noë, o artista é aquele que faz, mas, muito mais do que um fabricante técnico, ele é "um instigador de experiência". O fazer, porém, continuava algo próprio do artista. Como ele bem observou, a percepção de uma obra dependia de "contingências sensório-motoras", e o conteúdo da experiência perceptiva não era *dado*, mas sim *enactado*. Alva Noë não considerava imaginar que o destinatário da obra também podia compartilhar a experiência do fazer. Minha questão, então, era saber em que condição o amante da arte, que contempla o objeto com prazer, poderia compartilhar essa experiência. A instauração de uma ressonância temporal entre o autor e o destinatário foi a resposta.

Edmond Couchot

De acordo com a concepção enativa da experiência estética, formulada por Alva Noë, eu proporia, para prolongá-la e completá-la, invocar outros conceitos desenvolvidos por Varela e Maturana: o acoplamento estrutural e o fechamento operacional que, por sua vez, estão associados à enação. Gostaria de lembrar que, no mundo dos seres vivos, o organismo e seu ambiente estão ligados interativamente por um acoplamento estrutural, graças ao qual o organismo é capaz de conservar sua homeostasia (ou seja, sua identidade biológica e cognitiva), reagindo ao mundo exterior das coisas e dos seres que, por suas incessantes agressões, tendem a romper esse equilíbrio. Nos seres vivos evoluídos, esse acoplamento está ligado a um fechamento do organismo em si mesmo (operação selecionada pela evolução ao longo da filogênese) denominada fechamento operacional, que lhe permite manter os processos internos que o configuram como entidade autônoma. Desse modo, ao se fechar em si mesmo, ao colocar fronteiras em seu eu, ao controlar as trocas entre seu interior e seu exterior, o organismo mantém a possibilidade de interagir com o ambiente e manter seu *conatus*, de crescer e se reproduzir, sem se fundir a ele, ou seja, sem morrer. Dessa relação entre o organismo e o ambiente, no qual um e outro se codeterminam mutuamente no curso do tempo, emerge, ou, dito de outra forma, é enactado, um "mundo de pertinência" inseparável da experiência vivida do organismo.

De maneira análoga eu interpretaria o sistema de ressonância temporal que liga o autor e seu destinatário, ou, em outras palavras, as condutas (estéticas) operatórias e as condutas estéticas (receptoras), como um acoplamento estrutural articulado em torno da obra. Essa hipótese insiste no fato de que, se a obra é mesmo a fonte de *stimuli* mais ou menos potentes,

A natureza da arte

estes últimos não poderiam ser considerados informações (no sentido cibernético), que bastaria o destinatário traduzir, com a ajuda de códigos artísticos convencionados e a serem assimilados, pois se tal fosse o caso ele não poderia reconhecer senão o que já é decodificável e, por isso, deixaria escapar tudo o que fosse novo. Em consequência, não haveria transferência de informação – mensagem – entre a obra e o destinatário, nem entre autor e destinatário, mas a coconstrução de um mundo de pertinência estética. O aspecto funcional dessa acoplagem seria traduzido por uma coconstrução que implicaria o autor e seu destinatário. Ao conciliar a temporalidade do destinatário à do autor, a sintonização aciona a memória das diversas experiências perceptivas estéticas, as emoções, os fluxos de consciência, os estados de humor e os estados mentais em geral e, mais acima na escala dos processos cognitivos, os julgamentos do destinatário. Ele ficaria preso entre dois impulsos: um, cuja tendência é modificar sua identidade para enriquecê-la, o outro, que irá fechar essa identidade sobre ela mesma para assegurar e proteger sua permanência homeostática. O conflito poderia então ser resolvido de duas maneiras. A primeira pelo fechamento: o destinatário se recusa a participar da construção enativa do novo mundo de significação ligado à obra. Por exemplo, ao reagir, por uma projeção empática, à visão de determinado corpo humano torturado e deformado, mas, mesmo assim reconhecível, pintado por Francis Bacon, ele experimenta uma sensação de mal-estar e julgará que o quadro não é arte. A segunda resolução do conflito passa pela abertura: o destinatário aceita essa nova exigência e a integra a seus próprios estados mentais e afetivos. Diante do mesmo quadro, ele reage entrando em ressonância com o tempo do fazer vivido pelo autor diante de seu modelo – o caráter gestual do ato pictural o ajuda muito nisso –, ele acessa intuitivamente os estados de consciência do autor, seus estados psicobiológicos e mentais, e algumas de suas intenções estéticas. Ao se resolver, o conflito oferece ao destinatário um intenso prazer estético, colorido por toda uma gama de emoções. Pode ocorrer, também, que o espectador permaneça indiferente ao quadro: não existe conflito.

A coconstrução, porém, muda também o autor. No caso de uma ressonância imediata, se aceitarmos essa hipótese, parecerá lógico que essa coconstrução modifica certos estados mentais do autor no decorrer do fazer. Na *Comedia dell'arte*, os atores que improvisam seu próprio papel, seguindo um argumento mais ou menos convencional, ficam muito atentos às reações dos espectadores e procuram entrar em empatia com eles, isso para reforçar ou modificar sua atuação. De modo contrário, os espectadores só compreendem o sentido das ações dos atores na medida em que se identificam com eles e, em contrapartida, acessam seus estados mentais (amor, cólera, alegria, dor, ciúmes, astúcia, duplicidade, orgulho, vergonha...). Formas mais recentes de improvisação que se aproximam do teatro, como os *happenings*, cuja particularidade é a de fusionar atores e espectadores, exemplificam bem essa situação. Adam Smith já havia constatado que nessa "simpatia" recíproca residia o sucesso de uma peça de teatro e – o que é menos evidente – a base de uma organização harmoniosa da sociedade. Essa situação é encontrada em todos os casos em que a ressonância entre o autor e o destinatário é imediata.

Como, porém, uma mudança que afeta a identidade do autor, por mais modesta que seja, seria possível no caso em que

A natureza da arte

a ressonância entre o autor e o destinatário é diferida? Como minha reação hoje diante de um quadro de Pollock pode ter algum efeito sobre esse pintor, falecido em 1956? Eu diria: porque, nesse caso, a projeção empática se exerce não sobre a pessoa física de Pollock, mas sobre a representação dessa pessoa que, no curso da história, construiu no interior de uma mesma matriz subjetiva a comunidade dos amantes da pintura, dos historiadores da arte, dos críticos, dos estetas, e de outros mais. Em torno do pintor Pollock se teceu uma rede aurática e compósita de emoções, de apreciações, de julgamentos, de discursos, de documentos (filmes, entrevistas, fotos...), que tornam sua imagem ao mesmo tempo presente e persistente, mas também em permanente evolução. O pintor Pollock é uma identidade que se construiu não em torno de uma tábula rasa (nesse caso, a identidade Pollock não seria senão o produto espontâneo e aleatório dos estados mentais de uma pequena parte da sociedade), mas sim em torno de sua obra: um germe que se desenvolverá no curso do tempo, ou talvez não, já que pode ocorrer, também, que a lembrança dos artistas se apague das memórias. Se não existe arte sem autor, também não existe autor sem uma comunidade de destinatários que lhe dão vida.

O resultado disso é que a própria noção de autor é suscetível à mutação. Ela evolui em interação com a cultura e a técnica. Na tradição platônica, o artista não cria, não inventa, ele se contenta em copiar modelos preexistentes no Mundo das Ideias: ele não é um autor. A concepção empática contemporânea da arte teria parecido totalmente absurda a Platão. Não se deve esquecer, porém, que a concepção platônica não corresponde exatamente ao modo como os gregos admiravam e honravam seus artesãos. Nos comentários de seus contemporâ-

Edmond Couchot

neos, eles não aparecem como copistas, mesmo que obedeçam à regra mimética: a realidade que pintam é a que tinham diante dos olhos, e não o Mundo das Ideias eternas; eles a pintam embelezando-a, aperfeiçoando-a, codificando-a: eles a recriam. A cultura medieval cristã retomou, em parte, a concepção platônica da função do artista, ao considerar o iconógrafo não como um saqueador das "verdadeiras" realidades pertencentes ao Mundo das Ideias, mas como um mediador obscuro e anônimo que permitia ao fiel, graças à habilidade de seu fazer, reencontrar a presença divina do Autor do Universo por meio de uma projeção empática sagrada. No Renascimento, que rompeu amplamente com a cultura medieval, o artista é reconhecido como um autor, assegurando plenamente sua individualidade por meio de uma concepção do mundo e do tempo renovada.

Essa concepção perdurou até meados do século XX, quando apareceu entre os artistas o desejo de desaparecer como autores. O grupo BMPT (Buren, Mosset, Parmentier, Toroni),[22] por exemplo, desejava libertar a pintura de qualquer subjetividade expressiva e ilusionista, bem como de qualquer vontade de comunicação. A pintura não deveria ter outro objetivo senão o de afirmar sua pura visualidade. Sem passado, porque não tinha representação, testemunhas, história; sem presente, pois o ato pictural se reduzia a alinhar mecanicamente formas minimais inexpressivas predefinidas de uma vez por todas; e sem futu-

---

22 Criada nos anos 1966, a Associacão Artística Francesa de Pintura Contemporânea negava-se a comunicar qualquer tipo de mensagem e provocar quaisquer tipos de emoções. A sigla BMPT é um acrônimo composto pelo sobrenome de seus fundadores: Daniel Buren, Olivier Musset, Michel Parmentier, Nieli Toroni. (N. T.)

A natureza da arte

ro, porque ao participar da desconstrução irreversível da arte, a pintura se manteria fora do tempo. Diante de uma pintura como essa, o espectador não seria remetido senão ao espetáculo de si mesmo, à sua própria subjetividade. Bem antes do grupo BMPT, porém, Duchamp já considerava o artista como um "ser mediúnico que do labirinto para além do tempo e do espaço busca seu caminho rumo à clareira".[23]

Detecta-se uma tomada de posição mais próxima em Jean-Pierre Balpe, que criou dispositivos numéricos capazes de gerar romances automaticamente, cuja gramática e sintaxe são irrepreensíveis, e a narrativa coerente. Os textos seguem um fluxo ininterrupto e sem retorno possível, sobre o qual o leitor não tem nenhuma influência interativa: ele pode apenas decidir prosseguir ou interromper sua produção. Desse modo, os textos escapam de seu próprio autor, uma vez que ele mesmo não os escreveu e os descobre ao mesmo tempo que o leitor. "Quanto ao leitor", escreveu Jean Clément, "ele deve abandonar a ilusão de recuperar a verdade de um autor ausente por meio da leitura. Único encarregado de dar sentido ao texto, ele é remetido à sua própria subjetividade e à linguagem que a funda."[24] Em consequência disso, a situação do leitor é comparável à daquele que olha um quadro do grupo BMPT. O leitor e o observador são remetidos a eles mesmos: a ausência do autor exacerba a presença do destinatário (observador, ou leitor). Por

---

23 Duchamp, Le Processus créatif. Conferência pronunciada na Federação Interamericana de Artes, Texas. Texto inglês original em *Art News*, v.56, n.4; texto francês reproduzido em *Duchamp du signe*, p.187-89.

24 Clément, Jean-Pierre Balpe (1942-), *Encyclopédie Universalis*.

Edmond Couchot

isso, qualquer tentativa de comunicação intersubjetiva estaria condenada ao fracasso, uma vez que o autor não estará mais presente no ato do fazer – o escrever – doravante delegado a uma máquina. Reencontramos essa concepção, que deseja o desaparecimento do autor seja para abandonar (ou impor?) ao destinatário a responsabilidade da criação, seja para deixar alguma estrutura subjacente (a linguagem, ou a visibilidade pictural) se expressar, em certos músicos contemporâneos que afirmam não serem os autores de suas músicas, mas os descobridores de estruturas sonoras preexistentes em um universo semelhante ao universo matemático descrito por Alain Connes.

Sem desejar relançar aqui o debate sobre a morte do autor, nem criticar nesses pintores, escritores ou músicos sua concepção teórica da função do autor na arte, algo totalmente justificável do ponto de vista artístico, eu gostaria de ressaltar que não nos livramos tão facilmente do autor como acreditamos. A minimalização e a automatização do ato pictural com o objetivo de esvaziá-lo de sua substância expressiva, figurativa ou subjetiva não o fazem desaparecer por completo. Mesmo reduzida à sua mais simples expressão, a aplicação do pincel sobre um suporte pela mão do artista é suscetível de originar um processo empático (afirmo: é *suscetível*, já que também é possível que o observador rejeite o convite por ser muito desestabilizante ou inovador). Por mais pobre que seja o presente do fazer nessa pintura, ele sempre se oferece para ser compartilhado e a comunicação intersubjetiva pode se estabelecer, o acesso aos estados mentais e afetivos do pintor pode se abrir, mesmo que, paradoxalmente, a vontade de se ausentar da obra se revele em seus estados mentais. No decorrer do tempo, entretanto, a posição de princípio teórico do grupo BMPT,

A natureza da arte

afirmada com veemência no início, tornou-se impossível de ser sustentada e precisou ser ajustada. Ao introduzir essa não pintura em lugares extremamente diversos (*in situ*), os pintores reinventavam um fazer que, embora não fosse especificamente pictural, reencontrava uma temporalidade singular inscrita em uma história a ser compartilhada. É preciso ressaltar também que, como Buren, esses pintores, que desejavam se eximir como sujeitos que expressassem alguma coisa deles mesmos, se ausentar de sua obra para deixar a pintura falar em seu lugar, permaneceram entre os artistas mais reconhecidos e os mais premiados oficialmente.

Ocorre o mesmo com esses autores que desejaram delegar à máquina a capacidade de produzir textos infinitamente e sempre renovados. É verdade que, apesar do interesse que demonstra por um texto cujo fluxo ele desencadeou, o leitor pode achar difícil ter empatia pelo computador que produziu esses textos ou, antes ainda, pelo criador do dispositivo. No caso da escrita, por mais maquinal que ela seja, existe também o tempo do fazer. A comunicação linguística se instaura sempre no compartilhamento do presente da enunciação (na ocorrência escritural), em torno do qual se organizam a temporalidade da narrativa e o acesso à sua inteligibilidade. Trata-se, aliás, de um dos interesses estéticos dessa tecnologia: o leitor observa o texto se compor, *se fazer* sob seus olhos, ao mesmo tempo em que é despossuído das prerrogativas do que está sendo escrito, uma vez que o fluxo escritural é irreversível. Quanto à projeção empática dirigida ao autor-anterior – o artista que criou o dispositivo –, ela é comparável à do ouvinte que se projeta na presença distante do compositor para se fixar na música. A exemplo do instrumentista, o computador (software e hard-

Edmond Couchot

ware) serve de retransmissor comunicacional entre o autor-
-anterior e o destinatário. Nesse caso, os processos empáticos
seguiriam a via *top down*. Encontra-se uma situação análoga nos
dispositivos artísticos autônomos interativos que simulam
condutas subjetivas cada vez mais complexas. De fato, essas
novas condutas autorais mudam profundamente as noções tradicionais de obra de arte e de destinatário (leitor, ouvinte, espectador, interator multimodal), mas os processos cognitivos
que controlam a relação dimensional temporal entre o autor e
seu destinatário, esses não mudam, são *naturais*, ancorados em
nossas redes de neurônios.

Regimes ressonantes e regimes autográfico/alográfico

A distinção baseada nos regimes de ressonância (imediata/
diferida) nos convida a revisitar uma outra distinção proposta
por Nelson Goodman,[25] em *Linguagens da arte*, que diferencia
as artes "autográficas" das artes "alográficas". A pintura, por
exemplo, é uma arte autográfica: um quadro é um artefato
material executado pela própria mão de seu autor, o pintor. A
obra pictural intitulada *A Gioconda* exibe uma pintura a óleo
sobre uma tela de madeira de álamo, executada pelas mãos de
Leonardo da Vinci e exibida em uma sala do Museu do Louvre,
em Paris. A obra autográfica e o objeto físico que é seu suporte

---

25 Referência do autor a Nelson Goodman (1906-1998), um dos
maiores representantes da filosofia analítica americana do século
XX. Transversal, sua obra aborda problemas variados nas áreas da
lógica, filosofia da linguagem, epistemologia, estética, metafísica.
(N. T.)

A natureza da arte

são uma coisa só. A obra não é separável do objeto físico, qualquer atentado contra o objeto físico que constitui o quadro é um atentado contra a obra. Por isso, qualquer imitação de um quadro, mesmo perfeita, é considerada como inautêntica: a distinção entre o original e a cópia define qualquer obra de arte como autográfica. Essa autenticidade é a marca de uma certa contiguidade temporal entre o momento no qual o quadro foi pintado (no caso da *Gioconda,* ela se estende por vários anos, com muitas retomadas) e o momento em que o observador a contempla. Essa contiguidade é também espacial, uma vez que o observador fica diante da Gioconda, como fez Leonardo da Vinci quando pintava, e poderia retocar a tela com seus dedos, como o pintor a tocou com seus pincéis, se um vidro grosso não a separasse dele. Interpretada em termos de ressonância, essa obra autográfica é uma obra de ressonância diferida. A relação intersubjetiva do autor é indireta: para se estabelecer, ela mobiliza diversos índices picturais de enunciação que projetam o observador em direção ao autor e se apoiam em uma empatia sensório-motora e emocional. Considera-se, igualmente, que os artefatos, tais como as esculturas produzidas a partir de moldes, as gravuras, as fotos, os filmes, as fitas de vídeo, que são reprodutíveis em diversos exemplares, pertencem à mesma categoria, com uma nuança especial (regime autográfico múltiplo).

Do lado oposto das obras autográficas, Goodman situa as obras (ou as artes) alográficas, denominadas igualmente obras de "múltiplas instâncias". É o caso das obras musicais *transcritas e interpretadas,* por isso, diferentes das obras improvisadas. O quarteto de cordas em dó maior de Mozart, conhecido como *Dissonâncias,* só tem vida como obra musical quando é executado por intérpretes. Mesmo que essas interpretações sejam ligeiramente diferentes umas das outras, considera-se que elas remetem à mesma obra: essas são as instâncias múltiplas ou os tipos dessa obra. A própria obra não se confunde com suas instâncias, ela permanece única (só existe um *Quarteto K 465* em dó maior no mundo) e os signos que simbolizam convencionalmente a estrutura sonora instrumental são inscritos – *notados* – em uma partitura. Uma má interpretação da obra não alterará sua identidade. Em contrapartida, a partitura escrita pelas mãos de Mozart é de uma espécie diferente, trata-se de uma obra escritural autográfica, totalmente dependente de seu suporte físico: do papel. Pode-se produzir falsificações dela sem alterar o conteúdo musical, mas não se pode produzir uma "falsa" interpretação do quarteto, mesmo se essa interpretação revelar sua essência.

Assim como esse quarteto, a obra alográfica é uma obra de ressonância diferida, uma vez que a relação intersubjetiva que liga o destinatário ao autor não é imediata, mesmo por um leitor expert que pode reconstituir mentalmente seu universo sonoro. A ressonância entre o destinatário e o autor se estabelece por meio das instâncias, que dão uma consistência sensorial à partitura abstrata e provocam no ouvinte processos cognitivos sensório-motores e emocionais específicos, ao mesmo tempo em que abrem uma via em direção aos estados mentais e aos fluxos de consciência do autor, à maneira dos índices picturais de enunciação em um quadro.

As obras literárias (romances, poemas, ficções narrativas) também são consideradas como obras alográficas. Elas podem ser impressas em múltiplos exemplares e lidas por inúmeras pessoas. Segundo Goodman, a identidade da obra como escri-

A natureza da arte

tura de uma linguagem depende da sintaxe: a composição das letras, dos espaços e das pontuações, independentemente do conteúdo do texto a que ele se refere.[26] Destruir um exemplar de um romance não destrói a obra literária e seu título, editá-la sob formas tipográficas diversas não altera em nada sua identidade (exceto se, como na poesia contemporânea, a tipografia for uma criação original do autor). Existe, no entanto, uma diferença entre uma obra musical escrita e um romance. Entre uma partitura de música e o ouvinte se interpõem os instrumentistas, enquanto entre o romance e seu leitor nada se interpõe: o leitor está sozinho diante do livro, cabe a ele próprio acessar o sentido do romance (ou seja, de início, satisfazer às condições de inteligibilidade), interpretá-lo, como o ouvinte expert interpreta mentalmente um tipo musical. (Um tema de pesquisa poderia ser o de saber se o leitor de uma partitura musical é suscetível de experimentar ressonâncias comparáveis às que um intérprete experimenta, da mesma maneira que um leitor de romances é capaz de experimentar reações motoras na leitura de um texto). Se existem nuanças entre as obras alográficas, constata-se, entretanto, que elas acionam modalidades diferentes para criar uma ressonância entre o autor e seu destinatário e que todas elas correspondem a obras de ressonância *diferida*.

Desse modo, quando se tenta compreender a distinção que opõe as obras autográficas das obras alográficas, em termos de relação entre autor e destinatário, constata-se que o regime autográfico se aplica tanto às obras de ressonância diferida como a literatura ou a pintura, quanto às obras de ressonância

---

26 Goodman, *Languages of Art*.

Edmond Couchot

imediata, como nas expressões improvisadas, sobretudo musicais, nas quais o autor e o destinatário estão na presença um do outro, enquanto o regime alográfico se aplica *sempre* às obras de ressonância diferida. Aparentemente, o regime alográfico se caracteriza por: 1) um afastamento ou enfraquecimento da presença do autor, e 2) uma " descorporização" das obras que, ou são condensadas em uma simbólica específica do gênero (notação convencional na música, por vezes, na dança, as plantas na arquitetura, descrições escritas e/ou acompanhadas de esquemas para certas instalações contemporâneas),[27] ou expressadas na linguagem escrita própria à língua do autor. O distanciamento da presença do autor e a redução da obra a um sistema simbólico notacional provocam duas consequências. A primeira é a dificuldade para o destinatário de entrar em ressonância com o autor. As obras alográficas necessitam ser reencarnadas pelo viés de uma mediação experimental interpretativa, exceção feita à literatura de ficção, ou a poesia (na qual voz do autor ressoa sempre nas palavras). A segunda consequência é o ganho das obras em durabilidade e em reprodutibilidade: elas podem ser multiplicadas sem perder sua característica única.

De um ponto de vista histórico, quando se considera a evolução das artes no Ocidente, desde a Grécia Antiga, constata-se que o regime alográfico tem a tendência de se ampliar. Certas manifestações, que em nosso atual presente artístico seriam julgadas e classificadas como autográficas, penderam para o re-

---

27 A obra *Telefonbilder* de Moholy Nagy foi a primeira ilustração. Reduzia-se a uma estrita descrição, por telefone, dos materiais e da composição do objeto.

gime alográfico. A poesia épica, que no início era declamada e, a cada audição, dava lugar (não se pode falar de "leitura" antes da escrita) a um acontecimento único, ancorado na presença física do poeta, foi incorporada pela escrita e, por isso mesmo, pendeu para o regime alográfico. Essa mudança provocou dois efeitos. O primeiro foi que a leitura dos olhos distanciava a voz do poeta e enfraquecia sua presença, mas sem jamais fazê-la desaparecer por completo Para remediar esse inconveniente, observou-se por muito tempo o hábito de ler em voz alta, ou em voz murmurante (por outro lado, o exercício era necessário para dar sentido à sequência de palavras que não eram separadas por nenhum espaço tipográfico, a suspensão da voz compensava a ausência de pontuação), bem como o hábito de fazer leituras públicas. O fenômeno também pode ser percebido na música, quando ela é objeto de uma escrita específica: por volta do século III, na Grécia, ecoando na Idade Média com a polifonia – audição simultânea de dois sons diferentes – que demorou muito tempo para se fixar. Assim, traduzida em símbolos abstratos (marcas), a música escrita perdia o que o sistema autográfico lhe trazia, ou seja, uma ressonância direta (*unmediated ressonance*) entre o autor músico e seus ouvintes, e qualidades do som que não são notáveis. Esse foi também o caso do teatro, que adquiriu raízes em certos rituais do tipo autográfico e que, por sua vez, foi remodelado pela escrita. O segundo efeito dessa mudança se traduziu por uma vantagem considerável. A notação conferia a essas diversas artes, além da durabilidade e da reprodutibilidade, associadas à extensão de sua difusão, inúmeras e novas qualidades formais, graças à manipulação de símbolos abstratos e à invenção de processos de criação próprios da escrita (tornar discretas as durações,

Edmond Couchot

as intensidades, as frequências, a complexificação da sintaxe composicional etc.).

Com a chegada das novas tecnologias digitais, o regime alográfico de certas artes foi consideravelmente reforçado: a escrita da música, por exemplo, tornou-se cada vez mais formalizada e automatizada. O digital também introduziu especificidades inteiramente novas, características da escrita algorítmica, como acontece com a imagem (fixa ou animada), a escultura, a arquitetura, até mesmo com a dança e o teatro. A imagem de síntese, por exemplo, pode ser considerada como alográfica na medida em que ela não existe senão como programa (uma noção formalizada, tratada automaticamente pelo computador) capaz de se atualizar sob o aspecto de diferentes instâncias. Com isso, essas tecnologias, que conduzem à automatização dos processos de produção das obras de arte a um nível bastante elevado, tendem a distanciar cada vez mais a presença do autor, até mesmo a substituí-lo pela máquina, durante sua interação com o destinatário das obras. "Com o desenvolvimento da alografia", constata François Rastier, "a aura da presença se atenua."[28]

Deve-se concluir com isso que, pouco a pouco, as artes alográficas ganham das artes autográficas e favorecem uma cultura voltada para a abstração e a formalização, em detrimento de uma cultura mais próxima do corpo e da presença? Não acredito nisso, já que a tendência autográfica tem resistido muito bem à sua oponente. A música erudita, por exemplo, graças à gravação elétrico/eletrônica que permitia manipular e com-

---

28 Consulte Rastler, Écritures démiurgiques 2, *Visio*, v.6, n.4.

A natureza da arte

por com objetos físicos (fita magnética e disco de vinil para a música concreta, modulação eletrônica para a música eletroacústica), certamente desenvolveu um caráter autográfico. A música popular, igualmente, mas em uma direção oposta, com os concertos animados pelos DJs (disc-jóqueis), que criam sua própria música com a música dos outros. Nas artes visuais e plásticas, a tendência autográfica resistiu, de início por uma questão de sobrevivência econômica. Grande parte da economia no mercado das obras de arte sempre repousa em seu caráter de objeto único (ou de objetos reproduzidos em número limitado, a partir de originais), tais como as tiragens fotográficas, videográficas ou cinematográficas, em certos casos, e na assinatura do autor como garantia da autenticidade do artefato.

A arte autográfica resistiu, também, por um reflexo corporal. Muitos artistas recolocaram violentamente em cena o corpo que utilizaram como suporte autográfico exacerbado de suas intenções artísticas. Assistir, mesmo que de modo indireto, a uma operação cirúrgica, como a de Orlan, visualizando sua gravação em vídeo, provoca no espectador uma ressonância imediata com o autor do acontecimento que se confunde com o artefato em exposição, exibido, do qual o espectador retira um prazer estético ou não. Michel Journiac foi ainda mais longe nesse processo de encarnação quase crística, já que convidou o espectador a comer seu próprio sangue, transformado em morcela no decorrer de uma missa profana. No caso do artista performático Stelarc, ao mesmo tempo em que declarava o corpo obsoleto em suas funções, impingia nele sofrimentos incessantes para tornar sua presença ainda mais forte, ou para aumentar a potência corporal de seu organismo por meio de próteses eletrônicas ou biológicas. Ver o terceiro braço de

Edmond Couchot

Stelarc se mexer, ou excitar eletricamente, à distância, através da internet, as partes de seu corpo, sem que ele mesmo tivesse comandado essas estimulações, desencadeia no espectador reações sensório-motoras e emocionais particularmente perturbadoras. Todas essas tentativas que, sem saber, exploram a ação dos neurônios-espelhos e dos circuitos responsáveis pela resolução de conflitos, manifestam de forma clara a oscilação da comunicação intersubjetiva em direção a um tipo de fusão corporal. Eu daria um segundo exemplo para ilustrar a resistência do regime autográfico, mas de um modo diferente: os *flashmobs* (mobilizações súbitas). Essas manifestações, que se inspiram nos *happenings*, reúnem em certos lugares (uma sala do Louvre, a entrada do Museu Pompidou, um corredor do metrô) um número mais ou menos grande de pessoas que se sintonizam, graças a seus telefones celulares, a fim de executar, misturados a um público desavisado e forçosamente surpreso, ações um pouco insólitas combinadas de antemão, como deitar no chão, permanecer imóvel durante vários minutos, dançar etc. Terminada a performance, todos se fundem à multidão e retomam suas atividades habituais.

No domínio das artes digitais, a situação se complica. A resistência se revelou ainda mais forte e organizada quanto mais a tecnologia tendia originalmente para o regime alográfico e era criticada pelo fato de manter o corpo à distância. (Segundo diferentes críticos e historiadores, a significação funcional dos computadores os teria tornado incapazes de servir à criação). As séries de obras gráficas ou, na linguagem de Goodman, "as instâncias múltiplas", cuspidas por uma impressora e sempre formalmente originais e únicas, confirmavam que essas obras estavam dispostas ao lado das obras alográficas. O programa

A natureza da arte

informático que as criava seria considerado como análogo a uma partitura escrita em uma linguagem simbólica lógico-formal a partir da qual eram produzidas, por intermédio da máquina, variações diferentes. Apareceu recentemente, porém, uma tendência que confere à partitura inicial qualidades próprias aos sistemas vivos. A partir de então, a suposta partitura não é mais análoga de um sistema de notação fixado pela escrita informática, ela se tornou outra coisa, ela se transformou em um *organismo* com tendência à autonomia e, em certos casos, com a cumplicidade do espectador, capaz de adaptar sua identidade às estimulações exteriores, ou seja, de encontrar respostas não programadas a essas mudanças de estado, em resumo, de *improvisar.* O que há alguns anos se pensava ser irrealizável, ou seja, que o núcleo de um programa não podia ser modificado por um operador exterior no decorrer de seu funcionamento (a liberdade desse operador não podia ser exercida senão dentro dos limites autorizados por esse programa), se tornou realizável: os resultados fornecidos pelo dispositivo em ação não são mais programados, dependem da relação do dispositivo com seu ambiente.

Daí decorrem duas observações. 1) Nesse caso, deve-se considerar que o programa informático é diferente de uma partitura musical, como a de nosso quarteto de Mozart, isso porque não existe qualquer partitura suscetível de se modificar sob o efeito de sua execução pelos instrumentistas, ou que seja capaz de modificar a si própria. Isso impõe certos limites à distinção entre as obras autográficas e as obras alográficas na arte atual. 2) O dispositivo impõe sua presença, presença artificial, decerto uma presença *simulada*, mas à qual o destinatário reage e com a qual ele instaura um laço empático direto, como

Edmond Couchot

se essa presença fosse a de um autor real.[29] Duas observações que devem questionar a estética contemporânea.

Essas observações sobre os regimes alográficos e autográficos fazem pensar que eles expressariam duas tendências fundamentais da arte: uma intensificando a presença do autor em suas obras, em prol de uma relação intersubjetiva próxima com o destinatário, a outra intensificando o retraimento dessa presença, em prol de uma "libertação" ou de um desligamento da criação artística diante de suas contingências materiais (corporais e experimentais). A primeira tendência provocaria uma ressonância imediata entre o destinatário e o autor, que implicaria laços empáticos sensório-motores e emocionais; a segunda provocaria uma ressonância diferida, que implicaria muito mais a ativação de representações mentais sintéticas. Mas isso não significa que toda obra autográfica teria como único efeito provocar reações sensório-motoras e emocionais e que toda obra alográfica só evocasse representações mentais: os dois efeitos são necessários na apreciação de uma obra de arte, só diferem as vias que desencadeiam os processos neuronais. A presença do autor em sua obra, seja ela próxima ou distante, é sempre a marca necessária de uma intenção autoral, característica de uma conduta (estética) operatória. Não existe obra sem autor, não existe autor sem presença compartilhada. Não existe presença compartilhada sem ressonância temporal.

O quadro a seguir propõe uma visualização sinótica das relações entre os regimes autográficos/alográficos e os modos de ressonância temporal.

---

29 Reveja a subseção "Criação e autonomia".

A natureza da arte

	Regime autográfico	Regime alográfico
Expressões artísticas	As obras autográficas são unas com seu suporte físico ou sua história. A distinção entre o original e a cópia define uma obra de arte como autográfica. Todas as obras improvisadas (não racionais): certos espetáculos ao vivo, dança, teatro de rua, alguns concertos, *jam sessions*...	As obras alográficas (ditas de "múltiplas instâncias ou de "tipos") são independentes de seus suportes físicos ou de suas histórias. Não se pode produzir obras falsas. Elas permitem interpretações a partir de notações escritas ou discursiva: literatura de ficção, poesia, música escrita...
Modo de ressonância	Ressonância imediata (no caso de expressões improvisadas). Receptor e autor são copresentes. / Ressonância diferida (no caso de artefatos materiais, pintura, esculturas etc.). Receptor e autor não são copresentes.	Ressonância sempre diferida.
Vias empáticas	Empatia sensório-motora e emocional projetada diretamente sobre o autor. / Empatia sensório-motora e emocional projetada sobre os índices de enunciação.	Empatia sensório-motora e emocional projetada sobre os intérpretes (exceto em literatura).
Consequências	1) Intensificação da presença do autor nas obras em prol de uma relação intersubjetiva próxima com o destinatário; 2) implicação do corpo; 3) enfraquecimento da durabilidade e da reprodutibilidade.	1) Enfraquecimento da presença do autor em prol de um distanciamento do fazer em relação às contingências corporais e instrumentais; 2) tendência à abstração e à formalização; 3) ganho das obras em durabilidade e reprodutibilidade.

Edmond Couchot

Os artefatos artísticos têm propriedades particulares?

Ao que tudo indica, embora as obras de arte – quer se tratem de objetos materiais, de acontecimentos sonoros, gestuais, ou de obras de linguagem, falada ou escrita – possam ser diferenciadas como produtos de condutas estéticas, segundo as propriedades que caracterizam a relação autor-destinatário e a dimensão temporal própria dessa relação, elas não possuem nenhuma propriedade intrínseca, ou seja, ontológica. Essa conclusão se opõe a uma concepção da estética que considera as obras de arte como objetos de um tipo específico, diferente dos outros objetos, artificiais ou naturais, em qualquer lugar, em qualquer tempo e em qualquer cultura. Esses objetos possuiriam características essencialmente perceptivas e funcionais, imediatamente compreensíveis, que outros objetos não possuem. Uma crítica dessa concepção foi feita por Arthur Danto em relação às caixas de *Brillo*[30] de Andy Warhol: é a teoria da arte e a presença dessas caixas em uma galeria de arte que as inserem no mundo da arte, e não uma propriedade interna qualquer. Embora refute a existência de propriedades específicas das obras de arte, a crítica de Arthur Danto, adaptada em particular à arte contemporânea, não adquiriria seu pleno sentido, porém, se não implicasse que o modo de mediação das obras de arte constituía uma parte importante da matriz intersubje-

---

30 Brillo era uma marca de sabão. Andy Warhol transformou suas caixas em objetos de arte. Efetivou-se então um processo de transfiguração simbólica que incorporou significados novos a objetos reconhecidos, (*embodied meanings*), no caso as caixas de sabão que se encontravam empilhadas nas prateleiras dos supermercados. (N. T.)

A natureza da arte

tiva própria da cultura ocidental. É essa a única condição para que a obra de arte tenha um efeito estético e adquira sentido.

Então, iríamos nos encontrar diante de uma simples alternativa: as obras de arte têm propriedades particulares, as obras de arte não têm propriedades particulares. Eu proporia uma via intermediária que leva em conta a história, não a da arte como nossa cultura a concebe, mas das condutas estéticas tal como se constituíram no decorrer da longuíssima duração da filogênese. Assim como as ciências da cognição demonstraram, a evolução tornou a espécie humana e, antes dela, sem dúvida alguma seus precursores, reativa a certas formas subculturais e subsimbólicas encontradas não apenas em todas as culturas, como também nas culturas animais. No decorrer da década de 1960, Bernard Rensch, um biólogo evolucionista, observou que partilhamos alguns princípios estéticos comuns com os animais mais evoluídos. Ele concluiu que esses sentimentos estéticos podem ser atribuídos a três condições fundamentais: a simetria, a repetição em ritmo e a consistência das curvas regulares, como os círculos, as espirais e as ondas.[31] Ao ampliar a noção de forma, Changeux também afirmou:

> É legítimo pensar que um abundante repertório de formas expressivas se desenvolve espontaneamente no homem durante sua infância. [...] Muitas dentre elas podem ser encontradas de uma cultura a outra, como as formas geométricas elementares, as cores básicas, a expressão facial das emoções... e várias outras.[32]

---

31 Sobre a questão da cultura animal e da cultura humana, consulte a obra de Lestel, *Les Origines animales de la culture*. A observação remete à p.228.

32 Changeux, *Raison et plasir*, p.70.

Edmond Couchot

Com frequência designadas como "prototípicas" (que seria útil conhecer melhor), certas formas teriam propriedades intrínsecas adquiridas no decorrer de uma longa confrontação do organismo com seu ambiente, e seriam suscetíveis de responder a uma atenção estética e de satisfazê-la. É bom lembrar, também, que não existe forma em si, uma forma só é uma forma porque um sujeito a integra a seu mundo e à sua ação nesse mundo. As formas são sempre o resultado de uma relação interativa entre uma atenção dirigida ao mundo e o mundo. A simetria de um objeto só adquire sentido na medida em que um sujeito cognitivo a transforma, por exemplo, em um meio de reconhecer facilmente a maior parte dos organismos vivos evoluídos. Em certo sentido, não existiriam formas ontologicamente prototípicas.

É sobre esse substrato inato, não mais ao longo da filogênese, da epigênese e da existência de cada um, que se construíram as atitudes que produziram respostas estéticas a certas formas (entre elas, as que caracterizam os artefatos artísticos). Encontramos essas formas universais em certas modalidades de expressão como a música, ou em certos comportamentos gestuais, mas parece mais difícil recuperar seus traços em outras modalidades de expressão, nas quais elas foram – ou parecem ter sido – fortemente recobertas pela cultura epigenética. Quaisquer que sejam essas respostas, elas não são automáticas, predeterminadas: elas dependem da relação que liga o receptor e o autor por meio do artefato, elas são subjetivas. Isso significaria que elas são totalmente idiossincráticas e que, em consequência disso – a dimensão estética não está mais presente no objeto –, não importa o que pode ser sentido, julgado como objeto estético? Não creio nisso, já que, na realidade, todo es-

A natureza da arte

tado subjetivo é um compósito de singularidades próprias ao sujeito, e de pluralidades que ele herdou da matriz intersubjetiva cultural específica da sociedade em que vive. Uma subjetividade pura, totalmente singular, é impensável. A subjetividade é uma coconstrução psicológica da qual participam o eu e os outros. Trata-se de um estado vacilante, que o sujeito tem necessidade constante de ressignificar, de ajustar, de manter em autopoiese. Ela é perturbada, invadida incessantemente pelos estados mentais, pelas crenças, pelas experiências indiretas em que interpenetram o sujeito de forma involuntária, ou ainda, que ele adota de maneira consciente. Meu eu está "em fuga", afirmava Henri Michaux: multidão de eus parciais que compõem nossa identidade, multidão de eus estrangeiros que nos rodeiam e nos habitam. Quando se acredita atribuir um valor artístico a um objeto que jamais foi considerado artístico, já se tem na cabeça uma certa ideia, imposta pela cultura, do que pode ser arte (para Ernst Gombrich não existe olhar inocente); se o julgamento está na contracorrente, será preciso argumentar e submetê-lo aos outros, ou no mínimo guardá-lo para si mesmo. Longe de nivelar as apreciações estéticas das obras de arte, como temem alguns, quando dominaria o critério único da diferença (tudo é diferente, então tudo vale), a subjetividade introduz nos julgamentos estéticos um gerador de diversidade dos mais eficazes. A vocação daqueles que denominamos artistas é cultivar a parte mais singular dessa subjetividade e transmitir os traços por intermédio de combinações de formas suscetíveis de captar a atenção cognitiva do outro e de lhe propiciar esse prazer especial que é o prazer estético.

8

Evolução e cultura, função da arte

Para explicar os mecanismos relacionados à busca do prazer associado ao sentimento estético, os neuroestetas recorrem às teorias da evolução e tentam categorizar as diversas funções assumidas pelas condutas estéticas. Na realidade, do ponto de vista estrito das teorias darwiniana e neodarwiniana, as condutas estéticas não poderiam ter funções. Fruto das mutações genéticas aleatórias, da seleção e adaptação das espécies ao seu meio, a evolução não tem nenhum objetivo teleológico, não segue nenhum plano concebido por uma autoridade inteligente superior capaz de controlar o tempo. O que não implica que ela seja incoerente, pois essas mutações produzem ordem e complexidade, vida e inteligência. Costuma-se dizer, por exemplo, que os pássaros desenvolveram asas *para* voar, quando, ao contrário, foi por causa da mutação das escamas em penas que a evolução lhes deu capacidade de voar. Diz-se ainda que os dedos das patas de certos animais se soldaram, formando um casco *para* permitir que eles corressem mais rápido, quando, ao contrário, o casco nasceu de uma série de mutações genéticas que favoreceram a corrida. Por isso, para interpretar a evolução, é preciso se livrar dessa tendência antropomórfica. Em vez de falar de funções, é mais adequado para a teoria falar de *efeitos*. Admitamos que na linguagem dos especialistas essa distinção se impõe: trata-se de uma maneira confortável de evitar perífrases. Insistir na noção de efeito, porém, não me parece um artifício de linguagem, pois ela permite diferenciar as noções de efeito e de função. É o que eu gostaria de apresentar neste capítulo. Se as condutas estéticas resultam de processos emergentes e produzem efeitos selecionados pela evolução ligados à filogênese do sistema cognitivo, por outro lado, isso implica que aquilo que a cultura ocidental designa como arte deve cumprir funções: daí decorrem as teorias especulativas da arte, as injunções sobre o papel, a vocação, até mesmo a missão da arte. A arte seria o meio pelo qual a cultura ocidental integraria uma parte das condutas estéticas, mantidas no interior de seu sistema ao longo da filogênese, atribuindo-lhe funções de acordo com os critérios e projetos que ela própria teria definido.

8.1. As condutas estéticas e a evolução

Pássaros artistas?

O estudo científico do comportamento de certos animais pelos etólogos nos ajudará a compreender a diferença entre as condutas estéticas, como *efeitos* resultantes da evolução, e as *funções* atribuídas à arte como sistema simbólico específico da cultura ocidental. Os cantos dos pássaros e sua riqueza extraordinária foram os primeiros a atrair a observação dos ornitólogos. Esses cantos, em sua expressão mais apreciada, são com frequência muito semelhantes à música dos homens.

A natureza da arte

Como a música, os cantos das aves envolvem muitos imprevistos, embora o pássaro só disponha de uma margem estreita de sons. Se possuem um repertório identificável, os pássaros também sabem improvisar combinando de modo surpreendente os encadeamentos, as pausas, as variações. Eles também são capazes de perceber ritmos diferentes e reconhecer em seu ambiente sonoro as variações de intensidade, de duração e de tom. Do mesmo modo, o repertório de um pássaro pode se expressar por uma variação interna. Os pássaros, porém, estão longe de ter as possibilidades sonoras de que um músico dispõe: apenas algumas centenas de notas, enquanto o músico tem vários milhões à sua disposição. As sequências vocais são muito breves e não ultrapassam quinze segundos, a média é de três segundos. Existem, portanto, diferenças muito sensíveis entre os diversos cantos.

Por que os pássaros cantam e por que nossos ouvidos apreciam com tanta frequência a beleza de seus cantos? Do ponto de vista da evolução, por que essa aptidão de produzir sons tão particulares foi selecionada do mesmo modo que outras expressões sonoras, aparentemente mais úteis para a sobrevivência do indivíduo, do mesmo modo que os gritos pouco melodiosos de defesa ou de ataque? De início, pensou-se que os cantos serviam para marcar território e que estavam associados aos rituais de acasalamento. Essa explicação, que não se comprovou ser falsa, não parece ser totalmente pertinente. Os pássaros continuam a cantar mesmo que algum outro pássaro ameace seu território, cantam até mesmo quando perseguem um visitante indesejável. Em contrapartida, os cantos intervêm nos rituais de acasalamento quando parecem desempenhar uma função de sedução. Essa função particular está ligada a um caráter menos utilitário: o prazer que o canto proporciona ao próprio cantor. Os pássaros adoram cantar para os outros e com os outros, mas também para si mesmos. Alguns ornitólogos defendem a ideia de que a beleza do canto é apreciada pelo próprio cantor e sentida como uma recompensa. O canto faz nascer nos pássaros uma emoção associada a um prazer estético que encontra sua finalidade em si mesmo. O pássaro se alegra e se extasia com seus próprios *vocalises*.

Entre os animais, os pássaros não são os únicos que cantam. As baleias, mamíferos marinhos, também cantam. Os cantos das baleias são muito mais longos do que os das aves e podem durar o tempo de uma sinfonia (cerca de vinte minutos) como acontece, por exemplo, com as baleias jubarte. São compostos de segmentos sonoros curtos, frases e subfrases com as quais as cantoras elaboram temas e variações. Cada segmento pode variar de frequência e amplitude. Um mesmo tema pode se repetir por horas, até mesmo dias. Por vezes, o registro desses cantos alcança mais de sete oitavas; misturam tons puros e ruídos percussivos e utilizam intervalos comparáveis aos utilizados pelos humanos em suas escalas musicais. Sua composição obedece a regras verdadeiras que permanecem invariáveis, enquanto a expressão de cada canto pode variar. Os cantos se assemelham muito a sinfonias e são prova de grande inventividade. Fato surpreendente e ainda sem explicação: todas as baleias entoam o mesmo canto em todos os oceanos, exceto no Pacífico. Para que servem esses cantos? Alguns desempenham seu papel no acasalamento, outros são um convite ao festim. Nada explica, porém, sua impressionante variedade, a não ser o fato de que nas baleias e em alguns animais superiores existiria um senso estético acústico. Essa é a opinião de um pesquisa-

A natureza da arte

dor especializado nessa área, o etólogo Roger Payne, o qual constata a prova desse sentido estético no efeito emocional que esses cantos causam entre os seres humanos.[1] Tais cantos talvez façam parte dessas formas inatas capazes de provocar no homem uma emoção e uma atenção estética particular.

Os signos musicais não são a única forma de expressão capaz de focalizar a atenção estética nos animais. O especialista em zoo-semiótica Thomas Sebeok destacou quatro esferas semióticas capazes de preencher essa vocação.[2] A esfera dos signos cinestésicos, como as danças animais, a esfera dos signos musicais, a esfera dos sinais picturais e a esfera dos sinais arquiteturais. A esfera dos sinais cinestésicos é própria dos pássaros e de certos macacos (os chimpanzés são conhecidos por sua "dança da chuva", que executam, por vezes, até mesmo em cativeiro). Entre aves gregárias, como as gruas, foram notadas semelhanças com as danças humanas, e os observadores constataram nelas a presença de padrões de danças encontrados nas danças humanas. Durante cerca de quinze anos, o etólogo e ornitólogo Amotz Zahavi observou uma população de pássaros que habitam o deserto de Negueve, em Israel, os tordos escamados, que praticam danças em grupo de curiosa complexidade. Em um primeiro momento, os pássaros se alinham e se apertam uns contra os outros, depois, bruscamente, um deles se separa e salta entre dois dançarinos, bem no meio da linha. Cada um deles procura mudar de lugar com a maior frequência possível e ocupar o centro da linha por mais tempo. Curiosamente, porém, o centro não é um lugar que traz vanta-

---

1 Lestel, *Les Origines animales de la* culture, p.220 ss.
2 Sebeok, Prefigurements of Art, *Semiotica* 27.

gem imediata ao pássaro, muito pelo contrário, ele fica muito exposto e, no caso de surgir algum um predador, barrado por seus vizinhos que o pressionam, ele não poderá alçar seu voo. O ganho só aparece no fim do ritual: após longos minutos de luta, aquele que for o mais forte e ocupar o centro da linha mais vezes adquire o status de chefe da tribo. Zahavi propôs uma interpretação, aliás bastante controvertida, desse tipo de comportamentos considerados de risco (danças, saltos, gesticulações etc.) que voltarei a abordar.

A esfera dos sinais arquitetônicos caracteriza certos pássaros como os tecelões que tecem ninhos em forma de bolas suspensas nos galhos das árvores. Espécies sociáveis de tecelões constroem ninhos comunitários que podem abrigar mais de uma centena de alojamentos individuais cujas entradas estão dispostas na base da construção. Encostados nas árvores, os ninhos atingem, por vezes, três metros de altura. Todos esses ninhos possuem uma estrutura bem ordenada e de considerável complexidade.

A esfera dos signos picturais associada à esfera cinestésica caracteriza outras espécies de aves, como a dos "pássaros-cetim".[3] Essas espécies têm a particularidade de construir uma espécie de "berço", ninhos temporários que adornam com elementos decorativos de cores vivas – flores, conchas, pedras,

---

3 Os pássaros-cetim são conhecidos por seu complexo ritual de acasalamento e pelos ninhos coloridos com os mais estranhos objetos. Os machos criam cenários que os façam parecer menores ou maiores do que realmente são. Para pesquisadores que os estudam, esses pássaros são os únicos que recorrem à ilusão de ótica para conseguirem seus objetivos. (N. T.)

A natureza da arte

ossos, penas, fitas, rolhas de garrafas, cacos de vidro ou louça, objetos de plástico etc. –, e que duram apenas o tempo do acasalamento, na estação dos amores. Curiosamente, a decoração é ainda mais elaborada quanto mais suaves são as cores do pássaro, como se ele compensasse com artifícios o que a natureza lhe recusou. Esses pássaros chegam até mesmo a fabricar tinta com sua saliva, com terra, com uma mistura de frutos silvestres, cascas e carvão (com preferência pelo azul) com a qual pintam o interior do ninho com a ajuda de um pedaço de casca, e isso cotidianamente, pois a chuva quase sempre lava as pinturas. Atraída pelo macho, que executa seu desfile ritual (esferas cinestésica e musical), a fêmea entra no ninho, examina-o com atenção e parte livremente até que outra fêmea se aproxima também seduzida pela decoração do ninho. As fêmeas fazem várias visitas, levam tempo para se decidir, e isso segundo critérios ainda bastante obscuros. Assim que o acasalamento acontece, elas abandonam o ninho do macho e constroem seu próprio ninho – muito mais simples e sem decoração, um pouco mais distante, nas árvores ou nos gramados, onde põem os ovos e, como boas mães solteiras, criam seus filhotes.

Os ornitólogos e etólogos que estudaram os hábitos desses pássaros constataram em seus experimentos que eles desenvolviam um gosto particular por certas cores e organizações picturais, e se questionaram a respeito da utilidade de tal comportamento. Reconhecidamente, a decoração dos ninhos, o canto e o desfile ritual não são algo gratuito, no sentido original do termo, eles exigem muito esforço do macho. Seu efeito é facilitar o acasalamento e, com isso, a sobrevivência dos genes parentais. Ligados à sexualidade, eles fazem parte dos processos filogenéticos. O comportamento desses pássaros, porém, não é exclusivamente sexual. Segundo esses pesquisadores, ele também testemunha um sentido estético correspondente a uma necessidade fundamental. Associados aos rituais gestuais e sonoros, esses signos picturais são poderosos indutores estéticos; visam seduzir, provocando uma excitação da percepção capaz de desencadear no parceiro uma atenção morfotrópica, mais ou menos intensa, gratificada pelo prazer. Longe de ser estereotipada, a conduta da fêmea, cujo comportamento é particularmente sensível às qualidades picturais do ninho e às qualidades vocais e gestuais do desfile ritual, traduz uma espécie de "gosto", peculiar a cada pássaro e que depende de suas próprias experiências: a fêmea exerce uma escolha "pessoal", revelando claramente uma conduta cognitiva de alta complexidade. O ninho ornado do macho não é uma galeria de pintura nem um espaço de curiosidade, mas é bem semelhante a isso.

Jean-Marie Schaeffer constatou nos comportamentos surpreendentes desses pássaros uma homologia estrutural com a produção artística e com a relação estética entre os seres humanos.[4] O macho aparece como criador de artefatos estéticos intencionais muito elaborados, enquanto a fêmea se mobiliza fortemente no nível da atenção e, ao mesmo tempo, no nível afetivo, assim como um amante da arte se comporta diante de uma obra de arte. Sua relação de atenção é "despragmatizada": por exemplo, ela não vê mais os frutos silvestres usados da decoração como alimentos, mas sim como *stimuli* visuais cuja função é anunciatória.

---

4 Sobre esse assunto, consulte Schaeffer, *Théorie des signaux coûteux, esthétique e art.*

A natureza da arte

Assim, a construção do ninho ativa o mesmo tipo de recursos mentais que a atividade humana utiliza para produzir artefatos artísticos: a existência de um modelo interior, a capacidade de traduzir esse modelo em realidade tridimensional exterior, a atividade de planificação, de segmentação do script de ação em sub-rotinas – construção e decoração –, as decisões preferenciais diante de soluções alternativas, a capacidade de avaliação sintética do conjunto etc. Quanto ao próprio desfile ritual, ele ativa os mesmos recursos e o mesmo tipo de utilização das capacidades e do repertório comportamentais que a dança e o canto ativam nos seres humanos: são movimentos corporais ordenados, que formam sequências organizadas, moduladas, em parte, segundo as reações do parceiro, ou, no caso do desfile ritual sonoro, sons ritmados, formando uma vez mais sequências não aleatórias etc.[5]

De fato, ressalta Schaeffer, seria preciso saber até onde essa homologia se estende, se há realmente intencionalidade no pássaro, se ele possui uma "consciência de acesso" (capacidade de utilizar representações para fins comunicacionais ou físicos) ou uma "consciência fenomenal" como a do artista. O estado atual dos saberes não oferece respostas claras a essas questões. Essa homologia se encontra também no comportamento da fêmea, que "trata os sinais emitidos pelo macho como sinais autorreferenciais cujo objetivo não é outro senão sua própria emissão e cujo desafio reside mais precisamente nos traços qualificativos dessa emissão".[6] Cabe à fêmea interpretar os frutos silvestres que o macho utilizou não como alimento, mas

---

5 Ibid., p.24.
6 Ibid., p.30.

como objetos a ser inspecionados e, por isso, investidos de um sentido não usual. Sua conduta requer do macho uma atenção cognitiva mais importante do que se ela tivesse de interpretar os frutos silvestres como faz habitualmente, fora da visita. Eu acrescentaria que, nesse caso, é possível identificar o germe de um procedimento semiótico, ou pré-semiótico, pois, como *stimuli* visuais, esses frutos são efetivamente "relativos a outra coisa" e só adquirem sentido por meio do ritual. Um procedimento não reversível e, por isso mesmo, distante da linguagem humana, uma vez que a fêmea não utiliza esses artefatos para retransmitir uma informação.

Embora nas atuais circunstâncias algumas questões não possam ser completamente respondidas, Schaeffer constata, ponto por ponto,[7] que existe uma profunda homologia entre os comportamentos dos pássaros-cetim tanto no que se refere à produção quanto à recepção e às atividades artísticas humanas (criação de artefatos e apreciação estética). Essa homologia, porém, é apenas estrutural. O pássaro é capaz de traduzir de forma concreta um modelo interior singular, de planejar seu trabalho mediante uma hierarquia de ações definidas, de avaliá-lo à medida em que progride, de inventar, em parte, movimentos corporais, gritos e cantos e de modulá-los de acordo com as reações da fêmea. A homologia entre os pássaros-cetim e os artistas humanos não poderia ser funcional, já que o principal efeito dos comportamentos dos pássaros é a seleção natural: escolher um parceiro para reproduzir seu capital genético. O pássaro-cetim não faz arte, o macho não é um pássaro-artista,

---

7 A demonstração é bastante longa e rigorosa. O leitor exigente terá interesse de reportar-se a ela.

nem a fêmea uma amante da arte especializada. São os processos cognitivos estruturalmente análogos que especificam as condutas humanas, e isso com o objetivo de produzir indutores estéticos intencionais que, eventualmente, poderão ser categorizados como obras de arte. É preciso lembrar, entretanto, do ponto de vista de Richard Dawkins, cuja posição contraria essa interpretação. Para ele, a fêmea estaria apenas seguindo o impulso de seus genes.[8]

A teoria das sinalizações custosas

Jean-Marie Schaeffer procurou outros elementos de compreensão da relação estética e da criação artística em uma etologia revisada pelas ciências cognitivas. Amotz Zahavi se interessou pelo estranho comportamento das gazelas quando se sentem ameaçadas por um leão, e foi o primeiro a interpretar esse comportamento, em 1975. Em vez de fugir, como fazem outros animais na presença de um leão, elas começam a saltar de modo inabitual. Pensava-se, até então, que esse comportamento visava alertar as outras gazelas, mas Zahavi sugeriu a hipótese de que, ao demonstrar sua grande energia, a gazela transmitia, ou melhor, sinalizava ao predador que, mesmo desperdiçando toda essa energia, ela era capaz de escapar dele, forçando-o assim a procurar outra presa menos dinâmica. A sinalização é considerada custosa, pois exige que a gazela gaste mais energia do que se precisasse apenas fugir. Nesse caso, o sinal é comportamental, mas também pode ser fenotípico. Darwin já havia observado isso em relação à cauda do pavão.

---

8 Consulte Dawkins, *L'Horloger aveugle*, p.236 ss.

Selecionada pela evolução, essa cauda é muito desvantajosa, isso porque atrai a atenção dos predadores e se torna um peso durante a fuga. Na realidade, essa desvantagem teria se tornado um atrativo sexual para as fêmeas, que se deixariam seduzir pelas excessivas qualidades do macho. Esses sinais também são denominados sinais "honestos", pois não são fingidos, correspondem a qualidades reais do emissor, que seria incapaz de trapaceá-los. A longa cauda do pavão assinalaria que ele foi capaz de sobreviver apesar de sua desvantagem. Muitos comportamentos sexuais animais foram interpretados como sinalizações custosas. O comportamento arriscado dos tordos escamados, bem como os sinais dirigidos à fêmea emitidos pelo pássaro-cetim macho, também foram considerados por certos etólogos como sinais custosos.

Para Schaeffer, ao entrecruzar diversas disciplinas, a teoria das sinalizações custosas tem o interesse de "situar a arte e as condutas estéticas no contexto mais amplo dos outros fatos sociais aos quais estão associados na maioria das sociedades, tais como a religião, o ritual etc.".[9] "Ela permite compreender principalmente porque a produção artística e a relação estética se encontram muito presentes nas situações arriscadas de comunicação."[10] Essas situações apareceriam quando a comunicação com o outro, ou entre grupos humanos, enfrenta dificuldades: por exemplo, quando o homem se depara com a morte, quando se encontra diante de entidades que considera sobrenaturais, ou quando precisa se questionar sobre si mesmo, sobre seu lugar no mundo etc. Situações quase sempre

---

9 Schaeffer, op. cit., p.36.
10 Ibid., p.43.

A natureza da arte

encontradas em manifestações comuns a várias culturas como "as danças, os ornamentos, as esculturas, as produções verbais, as representações picturais etc., e que nós, no Ocidente, estamos habituados a designar como 'artes'".[11] Schaeffer argumenta em favor da teoria das sinalizações custosas, apoiando-se nas obras narrativas de ficção. A técnica do suspense, por exemplo, encontrada em numerosas narrativas, é um processo que, pela retenção de informações relativas ao desenrolar do enredo (do qual o autor tem pleno conhecimento), retarda sua compreensão final. Em que medida essa sinalização é custosa para o leitor? Na medida em que o autor poderia ter desvelado mais rápido o fim da história, ter ido direto aos fatos. Várias outras técnicas que retardam a narrativa, como as descrições, digressões, certas construções temporais da narrativa, produzem o mesmo efeito. Esse custo se traduz finalmente em um ganho para o leitor, uma vez que lhe proporciona um certo prazer, o prazer de levantar hipóteses, de fazer antecipações no desenrolar do tempo.

Essas técnicas, "em vez de nos apresentarem as coisas como elas são, nos mostram como as coisas aparecem para as consciências individuais, que as compreendem apenas sob uma aspectualidade".[12] Cabe ao leitor reconstruir a "realidade", mesmo se essa realidade for imaginária. Comparada a uma narrativa puramente factual, a narrativa de ficção é um modo custoso de comunicação. Quando se tenta reduzir a narrativa ficcional a uma narrativa factual, ela perde todas as suas qualidades, até mesmo é destruída. Não se pode substituí-la por

---

11 Ibid., p.44.
12 Ibid., p.45.

outra coisa. Não existe nada que lhe equivalha, na origem não existe nada que pudesse representar uma informação traduzível sob várias formas. Do mesmo modo, uma obra de arte está inteiramente contida em sua forma, isso porque essa forma "não constitui seu veículo, mas sua encarnação".[13] A partir disso, Schaeffer deduziu que a comunicação artística é uma sinalização autorreferencial. A lógica da obra de arte é homóloga à construção do ninho do pássaro. A decoração do ninho, os cantos e o desfile ritual são autorrepresentações que assinalam e encarnam as qualidades do macho [ou do autor, se concordarmos em considerar o pássaro como um autor].[14] Apenas a função desses sinais é diferente. Schaeffer não dá exemplos na pintura, mas a mesma lógica poderia ser aplicada a ela. Um quadro jamais é a tradução de uma mensagem originária que se materializaria sob diferentes formas, conservando ao mesmo tempo seu pleno sentido. A mínima transformação do quadro destruiria seu valor e o próprio quadro. De fato, a forma não constitui seu veículo, mas sua encarnação. Aprendemos isso com a arte moderna, a abstração e o *ready-made*, nos quais a noção de re-presentação foi substituída pela noção de apresentação: um quadro que não visa nada mais do que remeter a ele mesmo, apresentar seus próprios mecanismos, *se* apresentar.

A teoria das sinalizações custosas traz elementos de reflexão pertinentes em relação a um fenômeno comum a certos animais e que eram considerados próprios dos humanos. Essa teoria requer algumas observações. A primeira diz respeito à natureza dos efeitos produzidos pelos sinais. A função de um sinal é

---

13 Ibid., p.47.
14 Observação pessoal.

A natureza da arte

provocar uma ação ou um comportamento predeterminados. Nesse sentido, é correto afirmar que a gazela envia um sinal ao leão que desencadeia um comportamento esperado (o desvio da atenção do predador para outros alvos). É correto afirmar, também, que a cauda do pavão é um sinal que chama a atenção da fêmea a fim de que ela mantenha sua escolha sexual. Pode-se afirmar que a decoração do ninho do pássaro e seu desfile ritual são sinalizações? O comportamento que essas formas elaboradas pelo macho provocam na fêmea é muito diferente dos casos precedentes. Aliás, Schaeffer demostra isso de modo claro. A conduta da fêmea requer processos cognitivos bem diferentes dos reflexos (*stimuli*/resposta). A fêmea só define sua escolha após ter visitado vários ninhos e assistido a vários desfiles rituais; pode-se até mesmo dizer, depois de ter refletido por um longo tempo. Os artefatos produzidos pelo macho atuam como uma espécie de pré-símbolos, de totalidades significantes mais próximas do signo do que do sinal, embora permaneçam ocasionais, assim como os utensílios inventados por certos animais, que servem apenas pontualmente e cujo uso não se transmite. Admitamos que essas formas sejam custosas e honestas, mas deve-se dizer que elas são sinalizações que desencadeiam determinados comportamentos? Se quisermos estender essa lógica aos artefatos humanos, é preciso admitir também que as formas de um quadro, que dependem de uma lógica simbólica bastante elaborada, são sinalizações? Nesse caso, seria preciso explicar a diferença entre vários tipos de condutas categorizadas sob a noção de sinalizações custosas e a passagem do sinal ao signo – ou a algo intermediário entre o sinal e o signo, tal como se apresenta no caso particular do pássaro-cetim. A questão também é saber se o prazer e as emoções sentidos pela fêmea (se ela não os sentisse, o mecanismo de atenção não seria autoteleológico) não atingiriam o nível cognitivamente superior do sentimento: Damásio, por exemplo, acredita que os cães têm sentimentos; nesse caso, por que o pássaro-cetim não teria?

A segunda observação se refere ao fato de que, do ponto de vista cognitivo, a teoria das sinalizações custosas não explica a maneira pela qual os sinais funcionam. Por exemplo, por que o leão desiste de perseguir a gazela quando ela começa a saltar de modo extravagante? Como o predador sabe que só uma gazela particularmente poderosa é capaz de tais saltos? De forma curiosa, Zahavi atribui ao leão um raciocínio bastante complexo, ou seja, interpretar o sinal emitido pela presa como uma qualidade autêntica que as outras gazelas não têm: logo, é melhor atacar as outras gazelas. No caso da cauda do pavão, se ele tem força para voar apesar de sua desvantagem, isso se deve ao fato de que ele é particularmente sólido. O pesquisador foi muito criticado por essas interpretações bastante subjetivas (colocar-se no lugar do leão ou da pavoa). Para responder a essas críticas, minha sugestão seria a de que as sinalizações desencadeariam no predador uma ressonância empática sensório-motora e emocional, mas que essa ressonância seria "contrariada" pelo fato de que os saltos superpotentes da gazela não se refletem no patrimônio motor do leão (o fato de vê-los ativaria o circuito neuronal ligado à resolução de conflitos). De fato, o leão não pode mais se colocar no lugar da gazela para prever seu comportamento, o que o perturba, assusta e dissuade de agir. No caso do pavão, a mesma ressonância empática seria ativada, mas em sentido oposto, já que o patrimônio motor da fêmea é o mesmo do macho, origem do efeito mais

A natureza da arte

ou menos persuasivo, mas nunca repulsivo. Quanto ao pássaro-cetim, estaríamos na presença de dois comportamentos conjugados. O primeiro seria uma ressonância empática da fêmea reagindo à gesticulação e à vocalização durante a escuta dos cantos e do desfile ritual do macho (etólogos observaram esse tipo de ressonância na aprendizagem dos cantos das aves). O segundo, relativo à decoração, seria uma ressonância empática com os próprios artefatos percebidos pela fêmea como uma extensão do corpo do macho. Em todos os casos, é difícil reduzir o papel da empatia na teoria das sinalizações custosas em qualquer nível da observação e, por conseguinte, nas condutas estéticas humanas.

A última observação se refere ao fato de que, exceto os cantos da baleia e de alguns pássaros, os desfiles rituais vocais e gestuais do pássaro-cetim e dos chimpanzés (com as danças da chuva), os animais nos quais se observam condutas estéticas não são os mais numerosos. Se essas condutas foram selecionadas por sua capacidade de satisfazer uma necessidade particular de atenção, vital para o organismo, deveríamos encontrá-las em outras espécies. Animais superiores como o gato e o cão não manifestam esse tipo de conduta. Em contrapartida, todos os mamíferos têm comportamentos que requerem fortemente a atenção cognitiva, a emoção e o prazer, ou seja, as condutas lúdicas. Elas se aproximam das condutas estéticas receptoras e operatórias em vários aspectos. As condutas lúdicas estão efetivamente associadas a fins utilitários decisivos para a sobrevivência do organismo (a exploração cognitiva, esse tipo de pedagogia que torna o organismo apto a perdurar em seu ser), mas para o animal, tanto jovem quanto adulto, elas também são a oportunidade para imaginar, testar e reconhecer uma grande variedade de comportamentos gestuais e vocais – no caso, custosos –, provocando um prazer evidente e quase autoteleológico, bem próximo do prazer estético e das condutas estéticas receptoras e operatórias. Para o animal, elas são também a oportunidade de transmitir ao seu parceiro um estado emocional dentro de um intervalo temporal à margem da existência comum voltada essencialmente para a sobrevivência: o germe de uma relação intersubjetiva. Além disso, as intenções lúdicas de um animal são sempre acompanhadas de um sinal que anuncia ao parceiro que se trata de um jogo e não de uma agressão, o que permite entrever o alto nível dessa relação. Se as condutas estéticas e lúdicas foram selecionadas na origem por sua utilidade, ao serem impulsionadas de modo "hipertélico" (superando sua própria finalidade), elas parecem ter ultrapassado esse efeito.

Dominique Lestel relembra a seguinte reflexão de Merleau-Ponty: "A vida não é apenas uma organização para a sobrevivência, existe na vida uma prodigiosa floração de formas, cuja utilidade só é confirmada raramente e que, às vezes, constitui até mesmo um perigo para o animal".[15] Se essa impulsão hipertélica dá origem a um desenvolvimento exagerado e superabundante de certos caracteres morfológicos suscetíveis de serem uma desvantagem, como a galhada dos cervos, ela também determinou um desenvolvimento não menos excessivo de comportamentos que, longe de constituírem uma dificuldade para o animal, lhe forneceram uma fonte de prazer e uma oportunidade de exercer uma real autonomia. A partir dessa perspectiva, Lestel observa que "o próprio darwinismo se baseia na ideia de

---

15 Merleau-Ponty, *La Nature*, p.242-3, citado por Lestel, op. cit., p.288.

A natureza da arte

que os seres vivos experimentam continuamente novos órgãos, novos mecanismos, novos procedimentos em uma criatividade desordenada da qual uma ínfima parte será finalmente conservada e retomada de geração em geração.[16]

Segundo Lestel, esse desenvolvimento exuberante das formas inventadas pela vida seria uma propriedade do ser vivo – *a expressividade* – que conduz à sua individuação,[17] especificidade que ultrapassa amplamente as estratégias de sobrevivência do organismo. No reino animal, a partir de um certo nível de complexidade, a expressão das emoções é necessária para estabelecer uma rede de relação de comunidade com os seres da mesma espécie, bem como relações de exclusão com seres de outras espécies, a fim de que cada animal se individualize, se diferencie dos outros, produza seu ser e o sustente. Isso nos leva a considerar a cultura animal, cujas condutas estéticas constituem a parte mais expressiva e individualizada, como "o espaço físico, social, individual e comportamental pelo qual o organismo desenvolve uma experimentação em relação às necessidades às quais é submetido e as faz agirem umas contra as outras. A cultura é a individuação pelo coletivo. Em outros termos, ela é a otimização das estratégias de diferenciação",[18] conclui Lestel.

Nossa investigação começou com uma abordagem inicial das condutas estéticas humanas em termos cognitivos, mas as observações da etologia – pelo menos de uma etologia cognitiva – efetuadas no mundo animal forneceram novos elementos a essa abordagem. O primeiro elemento reside no fato,

---

16 Ibid., p.290.
17 Ibid., p.291.
18 Ibid., p.290.

hoje amplamente reconhecido, de que existe uma continuidade estrutural entre os comportamentos de alguns animais superiores e as condutas humanas. A cultura humana é um fato biológico compartilhado por diversas espécies: sua origem é filogenética. Alguns que viam na cultura e na arte uma exclusividade e um privilégio humanos, que nos situaria no topo da pirâmide dos seres vivos, ficarão desolados. Como observa Schaeffer:

> Se o homem é sem contestação o animal cultural por excelência, nem por isso é o único animal com dimensão cultural. O fato de não ser precisamente o único animal a ter desenvolvido uma dimensão cultural ressalta com clareza a especificidade da cultura humana, ou seja, seu caráter acumulador e autocatalítico.[19]

A cultura humana é adquirida por meio da aprendizagem, transmite-se e se difunde, gera a si mesma, regenera-se ou se destrói por si mesma.

O segundo elemento é que as condutas estéticas constituem "a parte mais expressiva e individualizada" da cultura animal e humana. Manifesta-se pela superação de qualquer finalidade estritamente utilitária – como a sobrevivência cotidiana e a reprodução sexual. Quando os pássaros se inebriam com cantos, quando os humanos se extasiam com a música, a dança, as imagens e as palavras, eles se deixam levar pela impulsão hipertélica da vida. A vida não é apenas uma organização para sobreviver, ela só se reproduz ao preço de uma prodigiosa perda: são necessários milhões de gametas masculinos para

---

19 Schaeffer, *La Fin de l'excéption humaine*, p.284.

A natureza da arte

fecundar um óvulo e milhões de grãos de pólen para fecundar um pistilo. São necessários, também, centenas de milhares de anos para que novas espécies nasçam de mutações genéticas ou desapareçam. A vida é profusão, desperdício, risco. Mas é esse risco permanente que permite aos organismos assegurarem sua autopoiese. Longe de determinar nossos comportamentos estéticos, as origens filogenéticas desses comportamentos multiplicam nossas estratégias de diferenciação e nos abrem um horizonte de liberdade mais amplo. Elas nos revelam igualmente que a espécie humana não é a única a tecer uma rede de relações intersubjetivas. Muitas culturas animais se apoiam em redes análogas.

8.2. A transmissão das culturas

A hipótese dos memes[20]

A questão agora é saber como as culturas humanas – das quais as condutas estéticas fazem parte – evoluem, se acumulam e se transmitem de indivíduo a indivíduo, da sociedade aos indivíduos, dos indivíduos à sociedade e de geração em geração, quando não transitam mais por meio da herança do patrimônio genético modelado pela filogênese. Muitas teorias inspiradas no neodarwinismo propõem explicações que,

---

20 Originalmente formulada por Richard Dawkins em *O gene egoísta*, memes são estruturas mentais que, de um indivíduo a outro, replicam ideias, representações mentais, elementos culturais de toda ordem. Por extensão, também são imagens, vídeos amplamente difundidos na internet e com significativa repercussão nas redes sociais. Memes e genes podem se reforçar mutuamente, mas também se opor.

375

embora se refiram ao mesmo paradigma, não diferem nem se opõem a ele. Uma delas, em especial, despertou a atenção dos neuroestetas: a teoria dos "memes". Seu autor é Richard Dawkins e essa teoria apareceu pela primeira vez em sua obra *O gene egoísta*,[21] publicada em 1976. "A transmissão cultural", escreve Dawkins, "é análoga à transmissão genética na medida em que, embora fundamentalmente conservadora, ela pode dar lugar a um tipo de evolução." Entre os pássaros, por exemplo, há uma evolução dos cantos que fazem aparecer mutações não programadas geneticamente. O gene não é o único fundamento de nossas ideias sobre a evolução do homem, e para compreendê-lo é preciso se livrar dele. Pode-se, contudo, invocar o gene simplesmente como uma analogia. A especificidade dos genes é a de serem replicadores. São eles que permitem à vida evoluir "pela sobrevivência diferencial de entidades que se replicam".

Além dos genes e do DNA, existem outras entidades capazes de se replicar. São as ideias, os comportamentos, os modos, as crenças, as mitologias, as obras de arte e ainda muitas outras coisas mais. Essas entidades, que se transmitem de indivíduo a indivíduo, da sociedade aos indivíduos e de geração em geração, são as unidades de replicação que Dawkins denomina "memes",[22] por sua ligação com a noção de imitação (ou mime-

---

21 Dawkins, *Le Gene égoiste*. As citações são extraídas do capítulo nove: Les "mêmes", nouveaux réplicateurs.

22 Em francês, existem duas ortografias para essa palavra: *mème* e *même*. A primeira enfatiza a inovação do conceito, criando, graças ao acento grave, uma palavra que não existe; a segunda, inversamente, acentua uma ideia de identidade (o mesmo que não é o outro). [Em português, essas diferenciações ortográficas não são necessárias. Daí a tradução meme, um neologismo adequado à formulação original do autor].

A natureza da arte

se). Para Dawkins, os memes são estruturas vivas e não metáforas. Eles se propagam de cérebro a cérebro por um processo de replicação, como fazem os vírus, e agem no interior dos cérebros transformando-os em veículos capazes de retransmitir essas entidades. "Um 'meme-ideia' poderia ser definido como uma entidade capaz de ser transmitida de um cérebro a outro." As diferenças entre o modo como cada cérebro representa esse meme não fazem parte desse meme. "Entretanto, do mesmo modo que existem genes que não conseguem se replicar corretamente, alguns genes se reúnem melhor no agrupamento de memes do que outros. Algo análogo à seleção natural." Dawkins dá como exemplo a crença na vida após a morte, ou em Deus, que constituem memes extremamente poderosos. A ideia de Deus tem enorme valor na sobrevivência e se replica pela tradição oral e escrita. Embora muitos homens acreditem em um Deus único, no decorrer dessas replicações essa ideia passa por mutações, fazendo que as religiões monoteístas e suas culturas sejam variadas e se transformem ao longo da história. Os memes seriam também modos de replicação e transmissão próprios às artes, mas Dawkins não é preciso a respeito da maneira pela qual esses memes seriam constituídos. Assim como os genes não têm objetivo consciente, à sua maneira, os memes são "egoístas" e "impiedosos". Com frequência, sua longevidade é notável e eles duram mais quanto menos se alterarem. Do mesmo modo que cada gene vive em concorrência com seus alelos no mesmo lócus (o alelo é um gene de mesmo nível que outro nos cromossomos de um mesmo par), embora não tenham alelos, os memes também enfrentam uma dura concorrência para dominar a atenção do cérebro humano, em uma espécie de luta pela vida. Os mais aptos são os que subsistem. Seu sucesso adaptativo ocorreria em função de mecanismos de seleção, não de sua significação nem de sua valorização. Dawkins insiste claramente no caráter replicador dos memes e mostra também que, assim como os genes, os processos mêmicos não se limitam à autorreplicação. Cada transmissão pode alterar um meme, fazê-lo mudar. "Tudo acontece como se a transmissão mêmica fosse a todo instante objeto de fusões e mutações."

Quando pressentiu que receberia críticas relativas ao caráter determinista ("egoísta") dos processos mêmicos, Dawkins teve o cuidado de declarar:

> Temos o poder de desafiar os genes egoístas que herdamos ao nascer e, se necessário, os memes egoístas de nosso doutrinamento. Podemos até mesmo discutir os meios de cultivar e alimentar deliberadamente sentimentos altruístas puros e desinteressados — algo que não tem lugar na natureza e que jamais existiu antes em toda a história do mundo. Somos construídos para ser máquinas de genes e criados para ser máquinas de memes, mas temos o poder de nos revoltar contra nossos criadores. Na Terra, somos os únicos que podem se rebelar contra a tirania dos replicadores egoístas.

Entendamos com isso que: somos os únicos que podemos dominar, remodelar, reinventar ou destruir o que os replicadores cegos nos impõem ou, em uma linguagem mais tradicional, o que nos impõem os hábitos, as amarras culturais, os academismos e outras contingências.

A teoria dos memes suscitou numerosas críticas. Muitos antropólogos aceitam a ideia de uma difusão por contaminação,

A natureza da arte

mas não a de replicadores. Dan Sperber,[23] por exemplo, ressalta o fato de que o processo mais frequente na transmissão de unidades culturais é a mutação: as ideias se transformam ao se difundirem. Comparadas aos genes, as ideias são instáveis, elas raramente se reproduzem de maneira idêntica. A lei geral da transmissão cultural não é a replicação, mas a transformação. Em contrapartida, a estabilidade que certas ideias ou representações podem ter seria atribuída ao que Sperber denomina "atratores culturais". Quando a atração é forte, as modificações trazidas pela transmissão afetam muito pouco o conteúdo da ideia. Esses atratores exerceriam seu poder de "cadeias causais", invadindo e ligando as mentes sem que tenham consciência disso, do mesmo modo que as epidemias. Eles acionariam microprocessos psicológicos intuitivos cuja acumulação causaria macrofenômenos culturais. Nesse sentido, poderíamos invocar a matriz intersubjetiva de Stern e a rede de trocas que ela tece entre seus participantes de modo intuitivo.

De um ponto de vista mais geral, a teoria foi criticada por não ter definido do que são feitos neurologicamente os memes e onde estão localizados. Se usar o boné ao contrário é um dos memes extremamente difundidos da modernidade, onde ele se situa? Sem dúvida, mais nas mentes do que nos bonés, mas sob que forma? Segundo Dawkins, um pesquisador da Universidade de Constance, Juan Delius, teria descrito a imagem detalhada à qual a estrutura neuronal de um meme poderia se assemelhar, mas, até hoje, parece ser uma simples conjetura que exige ser submetida a uma verificação objetiva. Até o momento, porém, os memes continuam fora de nossa observação. Indi-

---

23 Sperber, *La Contagion des idées*.

camos também que nos cérebros as representações veiculadas pelos memes sofrem transformações consideráveis e contínuas que afetam sua identidade, o que corrobora as observações de Sperber. Toda difusão é transformação. A resposta de Dawkins a essas críticas talvez seja declarar que somos os únicos que podemos "controlar, remodelar, reinventar ou destruir aquilo que os replicadores cegos nos impõem". Por outro lado, a dupla analogia entre os memes e os genes de um lado, e os memes e os vírus de outro, precisa ser explicitada, já que os genes não funcionam como os vírus. Os vírus são microrganismos não celulares que precisam de uma célula hospedeira para se reproduzirem. Ao se introduzirem na célula hospedeira, eles a destroem. Um meme se reproduz do mesmo modo, isto é, destruindo aquele que seria seu hospedeiro: outro meme? Nessas condições, não haveria mais transmissão, mas uma perpétua mutação. Por outro lado, se os memes se reproduzem saltando de um cérebro a outro, que papel exerceriam os diversos sistemas de mediação cultural (educação, meios de comunicação)?

Um ponto a esclarecer. O próprio Dawkins reconheceu mais tarde, em uma entrevista, que a palavra vírus talvez não fosse a mais apropriada, pois está associada a doença.[24] Os genes também são em número limitado e codificam apenas um organismo; não podem se multiplicar infinitamente, o que não é o caso dos memes, pelo menos em tese. A noção de adaptação também deve ser esclarecida. Ela pode ser comparada à adaptação genética de um organismo a seu ambiente quando esse meio, no que se refere ao homem, é cada vez mais produzido

---

24 Disponível em: <http://hyperdarwin.france.com/pages/actualite/entretiens/act3_f.htm>.

A natureza da arte

pelo próprio homem? Qual é o verdadeiro critério de seleção dos memes? Aliás, assim como os genes, certos memes não teriam efeitos hipertélicos: todos os memes persistentes são bem adaptados?

A despeito das críticas dirigidas à teoria dos memes, a neuroestética encontrou nela elementos de compreensão quanto à transmissão das culturas que merecem ser expostos. Jean-Pierre Changeux defendeu essa teoria e a aplicou à arte pictural, tornando-a mais precisa.[25] Sem criticá-la, ele retoma a ideia de uma propagação viral, mas lhe acrescenta elementos encontrados em outros pesquisadores, como Luigi Luca Cavalli-Sforza e David Fellmann; ambos distinguem duas etapas na seleção das entidades culturais: uma etapa de *informação*, ao longo da qual o receptor registra o objeto em sua memória de curto prazo, seguida de uma etapa de *adoção*, quando a entidade se incorpora no cérebro de cada indivíduo por um longo prazo e, ao mesmo tempo, no patrimônio cultural extracerebral da sociedade. Essa posição se diferencia da posição tradicional, proposta pela teoria da informação, que limita a transmissão cultural às etapas bem conhecidas de codificação, transmissão e decodificação, incapazes de dar conta da compreensão de "mensagens" complexas como os mitos ou as obras de arte, cujo sentido ultrapassa amplamente o que se pressupõe ser codificado na origem. Segundo Changeux, é necessário recorrer a um modelo que integre o contexto cultural e a "competência" do destinatário, ou melhor, sua capacidade de reagir à entidade cultural ao produzir novas hipóteses.

---

25 Veja Changeux, op. cit., p.58-73.

Edmond Couchot

Quando Changeux adota a ideia de Sperber e de Deirdre Wilson, que consideram que quanto mais uma informação (ou entidade cultural) é capaz de gerar hipóteses na mente do receptor, mais ela é pertinente (*relevant*, em inglês), ele constata nessa noção de pertinência o verdadeiro critério de seleção. "De alguma maneira", diz ele, "a seleção se fundamentaria no potencial de 'enriquecimento' cognitivo da informação comunicada." Um meme é bem adaptado se for capaz de promover esse enriquecimento. No entanto, essa capacidade a gerar hipóteses perde sua acuidade sob o efeito de uma espécie de degradação ou fadiga – uma adaptação aos *stimuli* perceptivos verificada experimentalmente. No domínio da arte, a repetição de certos memes provocaria, no longo prazo, uma usura perceptiva. Para remediar isso, os artistas teriam a necessidade de renovar incessantemente seus meios de expressão. Essa concepção da adaptação esclarece a teoria originária: ela explicita o poder criativo dos memes, poder este que depende parcialmente da competência dos receptores e, por isso, do papel da subjetividade como gerador de variedade. Não há transmissão sem inovação.

Changeux acredita que ainda é muito cedo para sugerir um modelo neurológico da seleção por pertinência, mas propõe uma interpretação que segue nesse sentido a partir da análise dos memes picturais. Para consolidar sua demonstração, ele se apoia nas figuras posturais encontradas em vários quadros no decorrer do tempo: como as da tela *Maria Madalena em êxtase*, cuja origem seria uma estátua romana, *Ariane adormecida*, e os múltiplos "sepultamentos de Cristo" que derivariam de um motivo funerário greco-romano. Esses seriam exemplos da estabilidade dos "memes de forma implícita" (as atitudes

A natureza da arte

corporais, as expressões dos personagens) dotados de grande poder emocional e sua combinação com os "memes de sentido" (crenças, ideias, rituais, estilo etc.) sugeridos ao mesmo tempo pela visão pessoal dos pintores e pela "pressão" característica da cultura de seu tempo, inclusive os valores de mercado e os conhecimentos científicos. Ao longo da história, a combinação entre diferentes tipos de memes contribuiria para a incessante renovação das obras de arte, sem provocar ruptura de continuidade, e constituiria a dinâmica própria da evolução da arte. Essa evolução não aconteceria como a dos seres vivos, que tendem para a complexidade, nem como a da ciência, que opera por acumulação de conhecimentos, isso porque não há progresso na arte. A arte evolui por renovação adaptativa, no sentido previamente definido.

A ideia de uma autonomia quase biológica das formas não é nova. Ela encontra sua expressão em grande parte da obra de Henri Focillon, *A vida das formas*, publicada em 1934.[26] Para esse teórico e historiador da arte, a obra de arte só existe como forma, mas esta tende sempre a significar outra coisa, e mais do que ela própria. A forma deve ser diferenciada do signo: "o signo significa, a forma significa-se"; goza de uma certa independência, habita um outro universo que não se reduz ao universo dos signos. As formas produzidas pelos artistas compõem um mundo paralelo ao mundo natural e compreendem diferentes tipos: as formas no espaço, as formas na matéria, as formas na mente e as formas no tempo. Poderíamos, então, aproximar esses quatro tipos dos dois tipos que caracterizam os memes: espaço e matéria corresponderiam aos memes de

---

26 Focillon, *Vie des formes*, p.11.

forma; mente e tempo corresponderiam aos memes de sentido. Outra aproximação: a exemplo dos memes, as formas não são abstrações, mas entidades vivas; seu estudo exige analisá-las visualmente e retraçar sua gênese, imergindo-as no tempo – um tempo não linear, fragmentado por rupturas e estases. Capazes de transformação, as formas evoluem por meio de uma estilística sustentada por leis que podem ser definidas. Em Focillon, a noção de estilo ocupa um lugar central. Ela reagrupa traços comuns a um conjunto de obras e os caracteres singulares e originais de cada uma delas. O estilo reúne e distingue. "O estilo é um absoluto. Um estilo é uma variável." Focillon quase não teve seguidores na França, mas nos Estados Unidos muitos historiadores se inspiraram em seu trabalho, sobretudo George Kubler, que substituiu a noção de estilo pela noção de "sequência formal" que, segundo ele, explicitava melhor a inserção das obras de arte no tempo.[27] De qualquer modo, apesar das diferenças notáveis que separam essas teorias da forma e do estilo da teoria dos memes, temos aí uma espécie de prefiguração dessa última, que poderia ser revista e naturalizada.

A própria noção de meme é uma noção em construção. Ela já se apresenta como um novo instrumento de análise capaz de enriquecer a compreensão do fenômeno artístico e de sua naturalização. Jacques Morizot julga-a essencial por pelo menos três razões:

(1) pode-se aplicar aos memes um processo de seleção darwiniano, uma forma de epidemiologia das representações; (2) eles possuem um conteúdo artístico significativo, o que os transfor-

---

27 Kubler, *The Shape of Time: remarks os the history of things.*

A natureza da arte

ma em um centro de convergência no estudo das contribuições e correspondências com a linguagem, a imagem e a cultura; (3) eles envolvem mecanismos de coevolução entre genes e memes, sem os quais seria difícil reconhecer um sentido adaptativo na atividade artística ou simbólica.

Changeux propôs uma aplicação dessa nova ferramenta à continuidade/variação de um tema pictural durante vários séculos. A aplicação da teoria dos memes é bem conveniente à localização e ao funcionamento de um meme ao longo de sua evolução histórica, ou de sua propagação através de diferentes culturas. Entretanto, seria preciso testá-la, aplicando-a a situações nas quais a mutação prevalece, e muito, sobre a conservação, nesses momentos raros em que o gerador de variedade funciona de verdade e faz que novos memes emerjam bruscamente. Por exemplo, o aparecimento do *ready-made*, um dos memes mais influentes na criação artística durante a primeira metade do século XX, que estabeleceu uma ruptura sem precedentes nas artes plásticas: ruptura com toda a tradição do fazer artístico, mas também ruptura com a própria ruptura do cubismo e da abstração.

Genes e cultura: a inextricável relação

Na introdução deste capítulo, quis insistir na diferença entre efeitos e funções. De um ponto de vista estritamente darwiniano, a cultura filogenética humana não tem funções, não obedece a um propósito ditado por um Grande Relojoeiro onipotente: ela é apenas um efeito da seleção natural, uma consequência sem finalidade que não pesa menos sobre a evolução. Mesmo assegurando a "continuidade" das culturas filogenéticas, as culturas epigenéticas, infinitamente mais rápidas em suas mutações, suas seleções e transmissões, introduziram novos processos no desenvolvimento da cultura humana. Observemos que o termo revezamento não implica que tenha havido ruptura e substituição: a interação entre as duas culturas foi constante e, ao longo da evolução, não é possível saber quando essas duas culturas e, de modo mais geral, o inato e o adquirido se diferenciaram. A questão agora é saber, do ponto de vista naturalista, como a relação genes/cultura se articula. Por muito tempo, os genes e a cultura foram opostos, considerava-se os genes como a expressão de um determinismo biológico e a cultura como algo que escapava a esse determinismo, uma especificidade do homem livre. Pesquisas acumuladas durante muitos anos trouxeram alguns esclarecimentos ao debate genes/cultura. Esse debate é de grande complexidade e só apresentarei aqui as principais linhas que permitem introduzir a questão da arte como protótipo de atividade cultural.

A ideia de um determinismo estrito causado pelos genes foi abandonada pela maior parte dos teóricos. A expressão do genoma é efetivamente muito variada. "Não se pode mais falar de gene", afirma Changeux, "sem se preocupar com o que se convencionou chamar de expressão do 'fenótipo', em particular do fenótipo cerebral."[28] Os genes presentes em um cromossomo comum não se expressam "simultaneamente e de uma vez por todas". Sua expressão é, ao contrário, objeto de

---

28 Collège de France, simpósio anual *Gènes et cultures* sob a coordenação de J. P. Changeux; veja a apresentação do simpósio feita por Changeux, p.7-16.

A natureza da arte

uma regulação diferencial, seja ela espontânea ou por interação com o ambiente. A comparação do número de genes com o número de sinapses que religam os neurônios entre si não tem uma medida comum: cerca de 30 mil genes codificadores para proteínas contra 1 trilhão de sinapses. O que significa que o cérebro humano goza de uma extraordinária plasticidade. Ela intervém no estabelecimento epigenético dos diversos *habitus* que compõem a cultura e contrabalança amplamente a expressão do genoma: 50% das conexões sinápticas são feitas após o nascimento, separando assim o inato do adquirido. Os genes, por sua vez, constituem uma rede interativa cuja expressão combinatória durante o desenvolvimento determina os traços específicos da forma do corpo e do cérebro. Essa combinatória permite expressões muito diferentes com um número reduzido de genes. Por exemplo, a diferença genética do homem e do chimpanzé é de apenas 0,6%, mas, entre as duas espécies, esses 0,6% fazem toda a diferença. Os genes também nos ligam à cadeia de organismos vivos: certos genes humanos já estão presentes nos vermes ou na mosca (e alguns outros na cenoura).

Desse modo, "a marca genética da especificidade do cérebro do homem não se situa no nível dos genes codificadores de proteínas, cujo número e natureza variam muito pouco. Ela é encontrada no nível das sequências reguladoras que, como se sabe, comandam sua expressão diferencial e suas interações combinatórias".[29] Um profundo entrelaçamento epigenético se estabelece entre a morfogênese das conexões sinápticas e a atividade do organismo voltada para o ambiente. A cultura humana teria como fundamento uma estabilização seletiva das

---

29 Ibid.

sinapses, fazendo que "o envelope genético ceda e siga o rastro do ambiente". Esse mecanismo, que já existe entre certos pássaros, se desenvolve entre os homens de modo "fulgurante" graças à sua capacidade de se comunicar sob a forma de signos estáveis que circulam fora do cérebro (signos linguísticos falados e escritos, signos visuais, sonoros, gestuais, representações materializadas de todos os tipos, artefatos de vocação artística etc.) "A variabilidade 'epigenética' da marca cultural cerebral substitui a variabilidade genética, sobrepõe-se a ela e a ela se mistura de modo inextricável." Compreende-se, então, insiste Changeux, o papel decisivo da educação na gênese das disposições do cérebro e, eu acrescentaria, no controle das condutas estéticas pela sociedade.

Compreende-se, também, o papel da cultura na evolução genômica. Uma boa parte dos *habitus* e das práticas culturais influenciam essa evolução ao modificarem a pressão de seleção que se exerce sobre os genes. Por exemplo, a escolha dos parceiros sexuais para a reprodução se adequa a critérios em vigor na sociedade, favorece ou elimina certos genótipos. Em muitas espécies animais, esse tipo de seleção sexual é até mesmo frequente. Os organismos – animais ou humanos – não se deixam eliminar pelo ambiente sem reagir, sem modificar esse ambiente. Ali se constroem "nichos" que corrigem a pressão do ambiente (os castores são bem conhecidos por construírem barragens que remodelam profundamente a ecologia de seu território). No decorrer de sua evolução, a espécie humana modificou de maneira considerável seu ambiente ao construir inumeráveis nichos que a tornam relativamente independente dessa pressão. Ao estabilizar seu ambiente – por exemplo, ao ser capaz de viver no frio, graças às roupas quentes, sem

A natureza da arte

esperar durante milênios que o ambiente selecione os genes naturalmente resistentes ao frio –, o homem privilegiou a seleção pela cultura em detrimento da seleção pela adaptação ao ambiente, uma cultura acumulativa que se transmite de geração em geração. Notam-se, também, outros efeitos da cultura sobre o genoma. Certas práticas alimentares, como o consumo do leite, desenvolveram uma variação do gene da LCT (*adult human lactase persistance*) [sigla para persistência da enzima da lactase em adultos humanos], que favorece a digestão da lactose e adapta o sistema digestivo ao consumo do leite. Outros regimes alimentares tornaram alguns genes mais resistentes à insulina, resistência esta que permitiu uma melhor adaptação às baixas quantidades de glucídios na alimentação.[30]

Não se deve esquecer, também, todas as práticas de seleção da pecuária ou da cultura das plantas, árvores, frutos e flores que há milhões de anos transformaram as espécies animais e vegetais: a batata de Noirmoutier ou o fox-terrier de pelo duro são feitos culturais humanos. O exemplo mais demonstrativo e mais recente é o da genética, que oferece a possibilidade de agir diretamente sobre os genes. O circuito de interação gene/cultura se fecha sobre si mesmo. Tudo parece acontecer como se a cultura – a ciência e a técnica – tomasse o lugar da evolução natural e determinasse seus próprios critérios de seleção. Na realidade, são sempre os genes que finalmente regulam a

---

30 Veja a tese de doutorado defendida em janeiro de 2010 na Universidade Pierre e Marie-Curie por Laure Ségurel, intitulada *Génetique des Populations*. A tese lança a hipótese de uma influência dos fatores culturais na evolução da diversidade genética das populações humanas.

marcha da evolução. Ao mesmo tempo em que a relação genes/cultura começa a se tornar mais clara sob o olhar da ciência, ela dá lugar a múltiplas interpretações, modelos teóricos[31] e debates políticos, culturais e éticos. Uma fabulosa caixa de Pandora acaba de se abrir e não se sabe se devemos temer ou desejar o que vai sair dela. O que torna pertinente a seguinte questão: a arte teria influência sobre os genes? Nada se opõe a uma resposta positiva na medida em que, como forte componente da cultura, a arte participa da mudança das mentalidades, dos modos de percepção, das experiências emocionais, dos fluxos de consciência, das propriedades da matriz intersubjetiva. A moda, por exemplo, que é um meio de se distinguir e de agradar, jogando com a combinação de formas e comportamentos, exerce influência na seleção natural.

8.3. A função da arte na cultura ocidental

A esfera da arte, um sistema autônomo

Lembremos, mais uma vez, que a noção de arte não existe em todas as culturas. Em contrapartida, as condutas estéticas (receptoras e operatórias) selecionadas ao longo da filogênese pelas razões previamente descritas são comuns a todas as culturas, das quais constituem a origem e os fundamentos. Elas subsistiram porque dotavam a espécie humana de indispensáveis capacidades atencionais e comunicacionais. Essas condutas estéticas trazem para as culturas epigenéticas o que elas

---

31 Sobre esse assunto, veja Gayon, Évolution culturelle: le spectre des possibles, *Gènes et culture.*

A natureza da arte

têm de mais expressivo e individualizado. Possuem a particularidade de serem geradores de diversidade muito poderosos. Aguçam a atenção cognitiva e reforçam sua ação; além disso, são gratificadas por um prazer frequentemente intenso e proporcionam o compartilhamento das emoções e sentimentos que contribuem na tessitura da rede da matriz intersubjetiva. A impulsão hipertélica que anima essas condutas faz que elas sejam arriscadas e potencialmente desestabilizadoras: ela põe em perigo a homeostasia cultural das sociedades. Ao se fechar sobre si mesmo, o circuito "atenção-prazer-atenção-prazer..." ameaça a todo instante paralisar a atenção cognitiva, aprisionar o sujeito em um mundo interior separado do mundo real e romper os laços que o ligam ao outro. Em consequência disso, para uma cultura que deseja conservar sua homeostasia, é imperativo regular fortemente esses comportamentos e definir suas funções com rigor: ou seja, transformar os efeitos da evolução em funções culturais. Funções específicas que se somam à cultura filogenética de fundo, diferenciando-a e modelando-a para inscrevê-la no desenvolvimento epigenético.

As culturas humanas têm duas maneiras de atribuir funções às condutas (estéticas) operatórias, ou melhor, de exercer seu controle regulador sobre elas. A primeira consiste em subordinar essas condutas a outra atividade cultural, que depende de uma ordem superior, e integrá-las em funções que não têm em si nenhuma ambição artística e que dependem do religioso, do utilitário, do simbólico, da sexualidade, da política ou do lúdico. Essas funções secundárias variam segundo as culturas e sua história. Na cultura magdaleniana [do Paleolítico Superior], por exemplo, que ignora a noção de arte, o pintor que esboça a imagem estilizada de um cervídeo em uma parede rochosa não produz uma obra de arte, no sentido como a entendemos hoje, mesmo que nossa cultura tente se reapropriar de sua obra e categorizá-la como obra de arte. Seu gesto continua subordinado a uma finalidade mágica ou religiosa (pelo menos pelo que sabemos); as grutas ornadas não são galerias de arte, mas lugares de culto. Esse gesto não é menos intencional, por mais que vise provocar, pelo viés de formas significativas (o realismo das figuras ou a abstração geométrica de certos signos), a atenção estética dos membros da comunidade, que terão oportunidade de olhar para essas pinturas durante os rituais e de manter essa atenção recompensando-a por meio de uma satisfação estética – satisfação da qual nós mesmos compartilhamos, 17 mil anos depois (notemos também, *a contrario*, que durante muito tempo essas pinturas foram consideradas representações malfeitas).

A segunda maneira de atribuir funções às condutas estéticas consiste em dar a essas condutas alguma independência em relação às outras atividades culturais e, com isso, atribuir-lhes um status. A originalidade da cultura ocidental é ter libertado as condutas (estéticas) operatórias dessas funções secundárias e tê-las integrado em um sistema autônomo que constitui a esfera da arte. A arte seria o viés por meio do qual a cultura ocidental fixaria as condutas estéticas mantidas no interior de seu sistema ao longo da filogênese, atribuindo-lhes funções de acordo com os critérios e projetos que ela mesma teria definido. Desse modo, ela teria dotado nossas sociedades de um sistema simbólico robusto, baseado em materialidades, permitindo-lhes controlar de perto uma das mais complexas e, para alguns, mais "altas" atividades cognitivas humanas, canalizando, mas sem interromper, o fluxo intempestivo dos

A natureza da arte

geradores de diversidade. A esfera da arte se apresenta como uma estrutura vasta e heterogênea que reúne os criadores de artefatos estéticos – os artistas reconhecidos, vivos e mortos – e uma bateria de instituições, discursos descritivos e normativos, e redes de comunicação e de comércio. Essa esfera deve sua autonomia apenas aos critérios que ela mesma estabelece e impõe. Por mais importante que ela seja, essa autonomia não está desvinculada do resto da sociedade. Seu envelope é osmótico, ele absorve novos elementos incessantemente, inclusive elementos provenientes de culturas diferentes, e rejeita outros; seu objetivo é manter a homeostasia o mais estável possível.

No entanto, voluntariamente ou não, na própria cultura ocidental, muitas condutas (estéticas) operatórias se mantêm fora da esfera da arte. Muitos artefatos estéticos são produzidos por autores sem serem reconhecidos como obras de arte no sentido convencionado por nossa cultura. No máximo, o que se diria a respeito deles é que têm uma *dimensão* artística, mas não que são obras de arte. Esses artefatos possuem, porém, as mesmas características cognitivas que as obras de arte reconhecidas. Certos criadores, como Dubuffet, quiseram se colocar fora da arte contemporânea (da esfera da arte) e defenderam uma "arte bruta", não intelectualizada, mas no fim não puderam escapar à fagocitose institucional.

A esfera da arte também é capaz de integrar elementos pertencentes a outras culturas para as quais a noção de arte não existe. Todo artefato cujas formas são suscetíveis de captar a atenção estética e satisfazê-la pode ser promovido, sob certas condições, à categoria de obra de arte. As esculturas africanas, por exemplo, cuja vocação não era artística, mas que funcionavam como agentes de formas e cores, provocando e retendo a atenção estética, circularam na Europa desde o século XV, mas só foram reconhecidas como "expressão artística autêntica" depois que os pintores cubistas se inspiraram nelas. Outro exemplo, cuja integração foi diferente: a "arte" aborígene característica dos australianos originários. Uma arte coletiva expressada pela pintura, pelo canto e pela dança, cuja função simbólica era a comunicação com os espíritos ancestrais criadores de certos lugares por meio do sonho. Os artefatos estéticos eram apenas suportes transitórios que só tinham valor enquanto durava o ritual. As pinturas executadas na areia, que deviam ser ocultadas dos não iniciados, eram destruídas. No entanto, as novas gerações de pintores australianos desviaram essas produções simbólicas de sua função inicial: transformaram as frágeis e efêmeras figuras de areia em quadros persistentes, expostos em lugares destinados à arte e incorporados ao sistema comercial internacional da esfera da arte, o que permitia também manter um elo com sua antiga cultura. Nesses dois exemplos, as condutas estéticas dos criadores de artefatos se encontram em homologia estrutural com as condutas próprias aos artistas ocidentais. A subordinação dos gestos do escultor africano ou do pintor australiano a uma instância superior não elimina suas propriedades estéticas e capacidades comunicacionais. Entretanto, enquanto na "arte" africana ou aborígene a presença dos autores – pintores, cantores e dançarinos – se ofusca diante de outras presenças longínquas, como espíritos ancestrais ou forças invisíveis da natureza, na arte ocidental a presença do autor, que se situa acima dos signos, busca, ao contrário, manifestar primeiro sua singularidade, a originalidade de seu universo imaginário. A homologia entre os dois tipos de comportamento não é funcional.

A natureza da arte

A esfera da arte pode também integrar artefatos pertencentes à cultura ambiente, mas não à classe da arte reconhecida. Com essa intenção, ela cria categorias dotadas de escalas de valores definidas por discursos e reguladas por modos de circulação (demonstração, conservação, troca) caucionados com frequência pelo mercado da arte. Um vestido Chanel dos anos 1930 pode pretender ser aceito como obra de arte ou, pelo menos, como um artefato dotado de uma "autêntica" dimensão artística. A homologia estrutural do vestido com uma obra reconhecida fica efetivamente assegurada: embora seu vestido tenha sido confeccionado por uma operária, a grande estilista é considerada como a autora real do objeto: foi ela quem o concebeu e assinou. A presença singular da artista, que talvez tenha controlado a confecção do vestido com suas próprias mãos, ainda é forte. Quando uma mulher veste um Chanel, ela entra na pele da criadora. O trabalho da esfera da arte consiste então em atribuir ao artefato uma função diferente das funções para as quais ele foi confeccionado, funções originalmente utilitárias (vestir um corpo) e simbólicas (decorar, embelezar uma mulher, designá-la como pessoa de bom gosto e afortunada). A roupa será exposta em circuitos especializados e comentada em discursos eruditos – que não são os comentários "triviais" da moda – que a classificarão como um tipo de obra de arte.

Com objetos industriais, o que acontece é diferente. Carrocerias de automóveis, como a DS19, construída pela Citroën nos anos 1950, foram muito admiradas por sua forma. Certos críticos de arte consideraram a DS uma verdadeira escultura. O construtor provocava esse julgamento ao expor um exemplar do automóvel desprovido de rodas, fixado sobre uma base que o elevava acima do solo. Isso tinha como efeito ofuscar sua função utilitária e destacar a beleza de suas linhas refinadas. A predominância dessa função, as técnicas industriais de fabricação do automóvel, das quais a presença de um criador singular estava excluída, e, sobretudo, a "tiragem" não limitada do objeto, atribuíram-lhe um valor menor do que o de um vestido Chanel. Esses objetos, assim como muitos objetos de design, ocupam uma zona intermediária, com um status particular, e não recebem o reconhecimento de seu valor artístico senão por princípio. Esse reconhecimento é muito apreciado por certas indústrias cuja derradeira ambição é a de aparecerem como verdadeiros "criadores": Renault não deseja ser um "criador de automóveis?"

As funções definidas pela esfera da arte dependem de sua história. Retraçar a maneira pela qual esse sistema de regulação se constituiu, globalmente, a partir da Renascença, e que desde então evoluiu, seria retraçar não apenas a história da arte, mas as obras e os artistas consagrados ou esquecidos, bem como a história da estética, da filosofia da arte, da crítica da arte e das instituições culturais, que são seus principais componentes, sem considerar a dimensão econômica, tudo isso ligado à questão do prazer. Tarefa fora de propósito que, aliás, foi abundantemente tratada por diversas abordagens, quase sempre não naturalistas. Insistirei apenas no fato de que essas funções apresentam importantes contradições: elas se opõem, se enlaçam ou se misturam de modo inextricável. Em parte, foram fixadas e delimitadas pelas diferentes teorias que formaram o sistema e marcaram a evolução epigenética da arte como conceito e prática. Entretanto, para além de suas diferenças e antagonismos, que perduram até nossos dias, elas têm um ponto comum que condiciona a coerência da esfera

A *natureza da arte*

da arte. Quer sejam especulativas ou descritivas, elas são sempre injuntivas e normativas. Em todas as épocas, a esfera da arte se empenha em definir a arte não tanto pelo que ela é, mas pelo que ela deve ser. A arte tem uma missão a cumprir, quase sempre sacralizada: é o meio de alcançar um mundo superior situado acima da natureza, acima da vida, um meio de ultrapassar os outros modos de conhecimento, sobretudo como a ciência, de realizar a condição humana – uma condição excepcional na ordem cósmica. Ou, muito pelo contrário, a arte é um meio de se reconciliar com a vida e com o cotidiano, de agir sobre as ideias, de provocar, de expressar críticas, de realizar, até mesmo de ultrapassar a condição humana. Ou, melhor ainda, a arte não tem outro objetivo senão o de oferecer uma satisfação desinteressada, o de olhar apenas para si mesma, ou, como queria Kant, de permitir o livre jogo da imaginação e do entendimento, longe de qualquer imposição e sentida como uma necessidade fundada não em uma prescrição conceitual exterior ao julgamento, mas no "senso comum", esse sentimento de harmonia entre o entendimento e a imaginação que cada um de nós vivencia.

A oposição natureza/cultura e a abertura epigenética

Submetida a tais contradições, logicamente, a esfera da arte deveria se estilhaçar. No entanto, ela perdura com grande constância. As razões disso residiriam no fato de que o traço dominante da cultura ocidental consistiu essencialmente em se opor à natureza, mesmo quando os artistas encontravam nela um modelo, e ao que lhe parecia um determinismo redutor de sua humanidade. Nessa visão, a cultura é fruto de uma livre escolha que distingue a espécie humana de todas as outras. Entre os elementos que compõem essa cultura, o que ela denomina arte – e cujas funções ela definiu e regulou – representa uma das expressões mais preciosas dessa liberdade e da genialidade humana, a exemplo da religião. Incontestavelmente, essas altas funções quase sempre dinamizaram a criação e produziram grandes obras adaptadas a um certo estado dos saberes do mundo, das ideologias e dos sistemas sociais ocidentais, mas elas também apartaram o homem de sua biologia e de suas origens animais e fecharam a via para outras concepções possíveis, capazes de canalizar as condutas estéticas herdadas da seleção natural de outra maneira. Essa concepção da arte continua sempre muito ancorada nas mentalidades e se opõe diametralmente à abordagem naturalista.

Em tempos recentes, as ciências cognitivas consideraram essa concepção insuficiente ao demonstrarem que a cultura epigenética não estava nem em ruptura com a natureza nem se opunha a ela, e que continha em si uma abertura inscrita em sua história evolutiva capaz de ampliar consideravelmente seu campo de invenção e de intervenção. A cultura epigenética autoriza a espécie humana a compor em igualdade com a pressão genética. Ela não se define contra a natureza. "Muito pelo contrário", afirma Changeux,

o envelope genético próprio ao cérebro do homem – o que, às vezes, denominamos "natureza humana" – inclui essa "abertura epigenética" no ambiente e, em consequência, na gênese das culturas. A singularidade da história das populações humanas e de suas histórias individuais irá se materializar sob a forma de marcas neurais que denominarei "objetos neuro-históricos", sem os

A natureza da arte

quais a história não existe. Os animais só têm história no nível de seus genes; os seres humanos têm uma história, a princípio, no nível de sua organização neural contida em seu genoma.[32]

Essas marcas neurais, ou objetos mentais, são produzidas pelo desenvolvimento das conexões cerebrais no decorrer da interação do cérebro (e do corpo) com seu ambiente e filtradas pela seleção das variações. O que as ciências cognitivas finalmente nos revelam é que a cultura epigenética humana e a aptidão dos homens para criar artefatos que provocam prazer e sentimentos estéticos são prolongamentos de sua natureza biológica, e que essa natureza não pode escapar à lógica seletiva do ser vivo.

No interior das ciências cognitivas existem, no entanto, interpretações diferentes, e até mesmo opostas, dos fatos ou das teorias neurológicas. Algumas buscam leis universais – as leis que as disposições perceptivas herdadas da seleção natural impõem a todos – e negligenciam as capacidades da abertura epigenética, outras evidenciam processos que se inscrevem nessa abertura e no prolongamento das aquisições filogenéticas, mas invocam, com maior ou menor insistência, regras ditadas pela cultura ambiente, que não são específicas do fato estético. Em Changeux, por exemplo, destaquei uma tendência que considera a arte como um catalisador da harmonia na sociedade, que, em virtude de propriedades filogenéticas, reconciliaria "naturalmente" o instinto e a razão, ou ainda "um modelo de comunicação social" que incita "a um sonho compartilhado

---

32 Changeux, *Du Vrai, du beau, du bien: une nouvelle approche neuronale*, p.105.

plausível e reconciliador".[33] Em relação a isso, ressaltei que esse neuroesteta definia um horizonte possível da arte, mas que, na realidade, a arte era o desafio permanente de lutas, hegemonias culturais, econômicas e políticas ou, se desejarmos recorrer a um conceito produzido pelas ciências cognitivas, de competições acirradas e cegas entre memes, a exemplo das competições nas quais os vencedores nem sempre são os melhores. Por outro lado, a evocação da própria noção de "razão" torna a reconciliação instinto/razão indefinível: cada cultura tem sua razão, que quase sempre se opõe à razão do outro. Que esse horizonte seja desejável é algo que podemos aceitar, mas é problemático considerar objetivamente a arte – o conjunto dos mecanismos sociais que controlam a criação, a circulação e a recepção dos artefatos artísticos – como um *modelo* de comunicação social. Os modos de comunicação nos sistemas sociais e artísticos são muito diferentes. Se é possível encontrar uma origem filogenética diferente para cada um deles, a cultura epigenética não lhes atribui as mesmas funções.

As interpretações dos fatos experimentais adquiridas pela neuroestética e, de maneira mais ampla, pelas ciências cognitivas ainda são muito diferentes. Não é preciso se surpreender nem lamentar quando se observa o debate sobre as funções da arte recrudescer. A título de exemplo, duas teorias particularmente originais ilustram essa diversidade de interpretação. Tanto uma como a outra tentam responder à questão recorrente "para que serve a arte?" ou, dito de outra forma, quais são suas funções e seu devir em uma sociedade (do tipo ocidental). A primeira é sustentada por Roberto Casati. A ideia ou hipó-

---

33 Ibid., p.142.

A natureza da arte

tese principal é a de que os artefatos estéticos não são nem a expressão de mensagens singulares enviadas pelos artistas aos amantes da arte nem objetos que, apesar de sua disparidade, seriam capazes de ativar uma pseudofaculdade cognitiva especializada no reconhecimento das obras de arte. A função da arte seria desencadear conversações.

> Os artefatos artísticos são objetos produzidos com o objetivo principal de suscitar uma conversação sobre sua produção. Os produtos artísticos não servem para uma "comunicação" entre o artista e o público – não são veículos de "mensagens". São muito mais objetos que devem atrair a atenção (e, por isso, não devem ser utilitários ou, então, ocultar seu aspecto utilitário) no interior de um contexto linguístico no qual são utilizados como objetos de discussão.[34]

Casati explica por que essa teoria é capaz de responder a um certo número de questões. Ele reconhece, no entanto, que a principal questão que essa teoria impõe é a do conceito de conversação, que ainda permanece indeterminado. Segundo sua própria afirmação, a teoria não deverá resolver a questão de que as conversações são efetivamente diversas no tempo e no espaço em curso, mas sim definir seus aspectos genéricos. O estudo das obrigações normativas do sucesso conversacional permitiria fazer predições empíricas sobre o conteúdo e a forma dos artefatos artísticos. A teoria coloca acima das diferentes fun-

---

34 Consulte o colóquio *Art e cognition 2002*, disponível em: <www.interdisciplines.org/atcog>. Todas as citações subsequentes são extraídas desse texto.

ções atribuídas à arte e a seus artefatos – não só pela cultura ocidental (a esfera da arte), como também pelas concepções inspiradas nas ciências cognitivas – uma função fundamental que requer certos aspectos (os tipos de conversação) da comunicação linguística. Não é meu desejo fazer aqui uma crítica dessa teoria original, o que exigiria longos comentários;[35] eu salientaria apenas que ela se aplica muito bem à arte contemporânea, que se define em grande parte por sua capacidade de mobilizar as mídias e desencadear discursos sem conteúdos verdadeiramente artísticos. Minha intenção não visa senão ressaltar o fato de que a teoria questiona de modo bastante violento as funções canônicas da arte, definidas pela esfera da arte.

Segundo exemplo: a teoria dos sistemas sociais defendida pelo sociólogo Niklas Luhmann.[36] Essa teoria se inspira na teoria dos sistemas vivos autopoiéticos concebida por Varela e Maturana. Os sistemas sociais seriam comparáveis a sistemas autorreferenciais dotados da faculdade de manter sua identidade ao reproduzirem os elementos que os constituem e as relações que mantêm entre eles, ao mesmo tempo em que se diferenciam de seu ambiente – ambiente do qual fazem parte os outros sistemas. Eles são autopoiéticos. Os sistemas sociais difeririam dos sistemas que produzem vida pelo fato de que eles produziriam sentido. Ao lado destes, existiriam os sistemas

---

35 Sobre esse assunto, consulte as reservas e críticas dirigidas a seu autor e suas respostas: *Art et cognition* 2002.

36 Consulte Luhmann, *Social Systems*. Para uma síntese das ideias de Luhmann, veja Moretti, Ce qu'explorent les communications de l'art, texto extraído de Blanco; Luhmann; Badiou, Trois approches complémentaires et non incantatoires de la crátion artistique, *Electrobolochoc* 2005-6.

A natureza da arte

psíquicos que têm a propriedade de serem conscientes e cujas operações seriam pensamentos que produzem outros pensamentos. A arte constituiria um sistema social distinto baseado em um modo de comunicação que não se apoia na linguagem, mas na percepção. Para existir, porém, a arte também precisa da linguagem. Criarei um impasse na teoria dos sistemas sociais em geral, desenvolvida por Luhmann, desculpando-me por tal redução, a fim de ressaltar apenas os pontos que se referem às funções da arte.

O essencial dessa teoria tão complexa se baseia na hipótese de que a comunicação artística teria como função reconstruir todos os possíveis que não puderam ser realizados no mundo porque outros possíveis – que se realizaram – impediram a atualização dos primeiros. A arte permitiria tornar visível o invisível (como propunha Paul Klee), ou melhor, permitiria ver a realidade como pura contingência. A arte devolveria a vida a tudo que a comunicação rejeitou e agiria como uma espécie de reciclador de resíduos, ou de esquecimentos. Luhmann introduz uma diferença entre as funções tradicionais e o que poderiam ser as novas funções da arte. A função da arte não seria mais a de remeter a uma transcendência inacessível e incognoscível, ou a uma imitação da natureza (as duas funções históricas da arte no Ocidente, segundo Luhmann), mas a de criar e experimentar formas direcionadas à percepção. Autônomo, o sistema artístico não se referiria a nada senão a ele próprio, mas não se reduziria ao simples jogo da "arte pela arte". Ao contrário, ele deveria desempenhar um papel social de suma importância: criar a partir dessas formas uma realidade fictícia distinta da realidade comum. Mostrar o mundo como ele poderia ter sido ou poderia ser, mostrar, inventando o mundo imaginário para o qual a comunicação comum cria obstáculos e, por meio dessa demonstração, repensar e reconstruir a própria realidade.

A arte se incorpora por intermédio de um mediador que lhe é próprio, a obra de arte. Essa obra não passa de um artefato sem qualquer utilidade, que não tem outra finalidade senão ele mesmo. A obra de arte não pertence mais, como acontece na concepção tradicional, às categorias belo/feio, já fora de uso na arte atual: é adaptada ou inadaptada à comunicação artística. A adaptação ou inadaptação são determinadas pelo programa, que é estabelecido pelas estéticas, pelas críticas, pelas próprias obras e pelo mercado da arte: a arte não obedece mais a regras relativamente imutáveis, mas a programas exploratórios que permitem ao sistema evoluir e se adaptar às contingências do mundo moderno.

Não comentarei tampouco essa teoria que, em certos pontos, o leitor poderá eventualmente comparar com a teoria do provocador de conversa, em especial no que se refere ao conceito de comunicação, mas também a outras teorias. Os exemplos apresentados apontam para duas conclusões. A primeira é a de que, hoje, as ciências cognitivas estão longe de propor uma teoria unificada da arte e da estética e que a interpretação dos modelos cognitivos ou sistêmicos gera visões bastante diferentes, até mesmo opostas, o que abre o debate nas ciências cognitivas. A segunda é a de que a noção de função não pode ser eliminada. A partir do momento em que as culturas epigenéticas prolongam seu plano de fundo filogenético, ao transformá-lo e diversificá-lo — só é possível levantar hipóteses em relação ao momento (mutação brusca ou lenta evolução?) em que essa transformação ocorreu — elas se encarregam de seu próprio

A natureza da arte

futuro e, a partir de então, devem atribuir funções precisas às condutas estéticas: inscrevê-las em um projeto "adaptado" às sociedades que as abrigam. A abertura epigenética contribuiria na definição dessas funções, o que levanta a questão da avaliação das obras de arte: submeter a obra de arte a uma apreciação totalmente subjetiva ou, ao contrário, subordiná-la ao que Rainer Rochlitz denominou "racionalidade estética",[37] ou ainda encontrar uma via intermediária entre as duas respostas.

---

37 Veja Rocjlitz, *L'Art au banc d'essai: esthétique et critique.*

9
Arte e ciência

9.1. Arte e ciência: similitudes e diferenças

Desde o desenvolvimento da ciência no século XIX e do processo de autonomização da arte, faz parte da tradição opor a racionalidade e a objetividade científicas à sensibilidade e à subjetividade artísticas. É também tradição os cientistas recorrerem a julgamentos estéticos e, mais raramente, os artistas invocarem critérios científicos. Durante muito tempo objeto de um intenso debate, ainda hoje em curso, a partir de meados do século passado e sob efeito da explosão tecnológica, esse tema se ampliou para as relações entre arte, ciência e técnica. As relações da arte e da ciência, considerada como pura abstração, a exemplo das matemáticas, se tornaram relações da arte e de uma ciência que mudou de figura, no sentido em que ciência e tecnologia constituem uma entidade indissociável.

Linguagens formalizadas e linguagens singulares

As similitudes e as diferenças entre a arte e a ciência suscitaram uma abundante literatura, e isso bem antes do apare-

Edmond Couchot

cimento das ciências cognitivas. Para trazer alguns elementos de reflexão a essa questão de uma perspectiva naturalista, vou me limitar a determinar o que essas duas atividades têm em comum e em que elas diferem, de acordo com três aspectos essenciais: 1) as similitudes e diferenças entre as *démarches* estéticas e as *démarches* científicas; 2) as finalidades atribuídas à arte e à ciência em nossa cultura; e 3) as repercussões que essas atividades provocam em cada indivíduo como sujeito cognitivo e na sociedade. Durante muito tempo, não houve necessidade de se levantar essa questão, já que as duas noções não se distinguiam de forma muito clara. Leroi-Gourhan sugeriu a hipótese de que alguns objetos de aspecto insólito estariam na origem tanto de um sentimento rudimentar e impreciso, pertencente a um estrato muito profundo do comportamento humano – o sentimento estético –, como também na origem das ciências naturais. Nicolas Humphrey, por sua vez, afirmou que esse tipo de objeto permitiu ao homem facilitar as operações de classificação, evidenciando as relações taxonômicas entre coisas diferentes, base da observação científica. Eu mesmo reiterei que na Idade Média, em uma época bem mais próxima de nós, a noção de arte (*artes*) remetia a dois tipos de arte: as artes do corpo, materiais e mecânicas, e as artes da alma, que recobriam as duas encruzilhadas das vias do conhecimento: o *trivium* e o *quadrivium*. Ambos prefiguravam os conhecimentos que iriam se transformar na ciência como um todo: a aritmética, a geometria e a astronomia, com exceção da música que, em contrapartida, veria seu status artístico reforçado. No Renascimento, essa classificação se tornou obsoleta e uma distinção mais clara separou a pintura, a escultura, a arquitetura, a música e a poesia das matemáticas e das novas ciências experimentais.

A natureza da arte

Paradoxalmente, porém, ao mesmo tempo em que as artes conquistavam sua autonomia, os artistas aprofundavam seus conhecimentos no domínio científico e técnico: os pintores se tornavam geômetras e matemáticos, especialistas em ótica, engenheiros, arquitetos, filósofos, até mesmo poetas e juristas. Momento de feliz harmonia no qual a arte e a ciência se enriqueceram mutuamente, enquanto começavam a se dividir, mas que pouco a pouco se rompeu na medida em que as ciências se desenvolveram e se compartimentalizaram. Daí decorre a situação presente, de extrema polaridade: de um lado, a ideia de que arte e ciência são totalmente incompatíveis – a subjetividade (ou a sensibilidade) artística em oposição à objetividade (ou à racionalidade) científica, e a atividade científica que exclui qualquer dimensão estética –; e de outro, a ideia de que arte e ciência possuem as mesmas heurísticas, as mesmas linguagens e os mesmos efeitos e, nessa perspectiva, a esperança de um retorno possível a uma unidade fusional.

Do ponto de vista não dos valores, mas das *démarches* entre as condutas artísticas [(estéticas) operatórias] e as condutas científicas, ressalta-se o fato de que, nos dois casos, elas estão correlacionadas a processos cognitivos acionados por uma atenção dirigida ao mundo (inclusive a si próprio) e que mobilizam fortemente a observação, a imaginação, a elaboração de hipóteses e a projeção no futuro. Esses processos se desenvolvem em quatro fases. A incubação (que mobiliza conhecimentos e experiências adquiridas, e o funcionamento do cérebro como gerador de diversidade). A concentração (seleção *darwiniana* dos "bons" elementos do problema e eliminação dos outros). A iluminação (aparecimento repentino da totalidade da

Edmond Couchot

solução satisfatória sob a ação da intuição), com a condição de que o valor da "função de avaliação" seja suficientemente forte para desencadear uma reação afetiva (de prazer ou desprazer) provocada por uma inter-ressonância entre as representações mentais, ou seja, neurologicamente por uma intensa atividade entre o córtex frontal e o sistema límbico; o prazer permitiria estabelecer uma hierarquia de valores e a tomada de decisão por seleção. Por fim, a verificação: para os cientistas, a confirmação da autenticidade pela experimentação direta ou pelo julgamento de seus pares; para os artistas, pelo julgamento ou apreciação dos especialistas da arte ou pela comunidade dos amantes da arte. Por outro lado, destaca-se nessa teoria o fato de que, se ela controlava com precisão os processos comuns às *démarches* artísticas e científicas, também constituía um bom exemplo de muitas condutas cujo objetivo era resolver uma situação de crise (encontrar a solução de um problema, fazer aparecer uma nova ideia, adotar um comportamento adequado), condutas que se exercem em domínios diferentes da cognição: as condutas heurísticas.

As condutas heurísticas científicas envolvem processos comuns nos quais a intuição e a razão, uma dependendo da subjetividade e a outra da objetividade, interagem e se entrecruzam de forma permanente. "Querer distinguir arte e ciência segundo a oposição objetividade/subjetividade", indica Simon Diner,[1]

---

1 Diner, *Lexique de philosophie naturelle où science et philosophie s'observent d'une manière critique comme participant d'une même culture*, verbete ART, disponível em: <www.peiresc.org/DINER/Lexique.pdf>.

A natureza da arte

é apostar no fracasso. Sair voluntariamente do contexto da representação objetiva científica para penetrar no domínio da subjetividade é uma ilusão. A objetividade científica pura não existe. Como se a ciência não recorresse ao imaginário. Quanto à arte, lugar da criação subjetiva e da originalidade, ela não existiria se a razão não atenuasse incessantemente sua intensidade. [...] Arte e ciência são paixões temperadas pela razão.

A objetividade científica é o horizonte para o qual o conhecimento científico deve tender, trata-se de um ideal. Ela visa "procurar estabilidade e invariâncias em um universo no qual tudo flutua sem cessar e nossa subjetividade se apavora e se sufoca. A redundância ligada à ordem é como uma boia salva-vidas em um universo mental em que procuramos de qualquer maneira nos libertar por meio da compressão da informação". O artista também aspira à objetividade, ela assegura sua participação no mundo e na sociedade, embora tema o risco que ela oferece de reduzir o que sua subjetividade lhe sugere no campo da arte. Como afirma Diner, "a objetividade de uns não é a mesma de outros. A objetividade é subjetiva".

Se nos colocamos agora no plano da finalidade e das ressonâncias que essas condutas exercem nos indivíduos e no corpo social, concordaremos amplamente, como demonstrou Karl Popper, em considerar que o conhecimento científico não visa mais a verdade absoluta, à qual a ciência por fim renunciou, mas uma compreensão relativa do mundo que propõe conjecturas, modelos confrontáveis e testáveis do real, ainda que jamais totalmente confirmados. Esses modelos são esquematizados, mais exatamente "formalizados", reduzidos a uma linguagem simbólica que constitui um sistema coerente de conceitos e re-

Edmond Couchot

lações cuja tendência é ser universalmente compreendido com a menor ambiguidade possível, bem diferente do sistema simbólico artístico. Nem todas as ciências são formalizadas, mas todas elas tendem a sê-lo. A isso se acrescenta o fato de que a ciência conduz ao progresso dos saberes e à sua acumulação. Percebe-se, com isso, a diferença entre dois tipos de *démarches* heurísticas, por exemplo, um cálculo baseado em experiências e observações que consegue estabelecer a velocidade da luz no vazio, e a solução de um mistério policial (duas situações de crise). É difícil para um detetive esquematizar as experiências e observações que obteve, isso em razão de sua variedade, pelo fato de que elas não se reproduzirão de maneira sistemática, e de suas características extremamente complexas. Em certas condições, pode ocorrer também que essas experiências e suas observações constituam um início de esquematização, ainda distantes de uma formalização, mas que conduziriam, quando não a uma ciência real, pelo menos a um conhecimento objetivo e transmissível (criminologia, construção de perfis).

A exemplo da ciência, a arte também manipula símbolos com os quais cria linguagens, mas, ao contrário das linguagens da ciência, elas escapam a qualquer esquematização, a qualquer redução a algum sistema interpretável sem ambiguidade, ou seja, a qualquer formalização, mesmo se para realizar suas obras os artistas quase sempre recorram à ciência e à técnica. Essas linguagens não são mais modelos abstratos, mas combinações de formas endereçadas em grande medida à percepção e indefinidamente reinterpretáveis, são linguagens que se expressam por meio de formas sensíveis e singulares que não podem ser reduzidas a formalizações abstratas. Testemunham experiências singulares, próprias a seus criadores que, por isso, não poderiam se integrar em uma progressão. Enquanto a ciência opera por acumulação de saberes mais ou menos contínua, a arte evolui por uma renovação adaptativa constante. Daí decorre a diferença entre a investigação policial real, conduzida por um detetive real, e uma investigação conduzida pelo detetive de um romance policial. Na realidade, a ação do detetive é uma sucessão de acontecimentos, gestos, pensamentos, decisões, ações, cujo objetivo essencial é descobrir o autor de um crime, enquanto na ficção esses mesmos acontecimentos não existem senão sob a forma de uma narrativa constituída de palavras e frases, composta com maior ou menor habilidade por um autor que, à sua maneira, marca sua presença e sua singularidade.

Um mundo de emoções compartilhadas

Do ponto de vista da ressonância que as obras artísticas e os conhecimentos científicos provocam em cada indivíduo e no corpo social, destaca-se outra diferença mais fundamental entre arte e ciência. Essa diferença é evidenciada pelo papel que a emoção e a empatia desempenham nessa ressonância, por seu vetor neurológico de comunicação. Nos últimos anos, as pesquisas conduzidas pelas ciências cognitivas no campo da emoção e da empatia estabeleceram o fato de que seria impossível raciocinar, tomar qualquer decisão ou resolver uma situação de crise sem ativar o cérebro emocional. A emoção está quase sempre presente no sujeito implicado em uma pesquisa científica: ela permite introduzir uma hierarquia de valores e estabelecer uma distinção entre os métodos que devem ser empregados, as hipóteses que se deve levantar durante sua *démarche*. Com certeza, ele também experimenta sempre um prazer quando recebe a confirmação de sua teoria ou, simplesmente, quando percebe que "aquilo funciona". De modo inverso, ele sente um vivo desprazer em caso de fracasso. Isso não significa que o pesquisador está permanentemente submerso em um banho emocional intenso: ele, ao contrário, tem interesse em controlar alguns efeitos de suas emoções.

Quanto aos resultados de sua pesquisa – em geral expressados em uma linguagem formalizada própria à ciência e pouco emociogênica –, eles poderão eventualmente agradar uns ou desagradar a outros, mas seu efeito não é suscitar no outro e na sociedade uma gama de estados emocionais particulares. Por isso, a comunicação das emoções pelo vetor da empatia não tem nenhuma função representativa importante na comunicação dos saberes científicos. O conhecimento da equação de Schrödinger nada nos revela dos estados de alma de seu autor, e se ela traduz uma certa visão do mundo, essa visão não nos é transmitida por uma ressonância empática sensório-motora e emocional.

Na arte, tudo ocorre de modo bem diferente. Se as condutas estéticas se aproximam das condutas científicas, na medida em que todas elas estão correlacionadas a processos cognitivos de atenção comparáveis, as condutas estéticas desenvolvem uma atenção autoteleológica movida pelo prazer que elas geram e mantêm por si próprias. Se não se encontra nenhum prazer na audição ou na leitura de um artefato estético intencional, ele não será reconhecido como obra de arte, ou não será reconhecido como tal senão pelo viés de um raciocínio que não incita nem ao prazer nem ao desprazer. Entretanto, o que o amante da arte espera de uma obra é que ela também lhe proporcione algo mais do que o prazer, o que ele espera é

A natureza da arte

que esse prazer, semelhante a um recipiente vazio, seja preenchido por toda uma gama de emoções e de percepções mais ou menos vivas, mais ou menos diversas, que ressoem em todo o seu ser, que afetem seus estados de consciência, seu humor, sua inscrição no tempo, e que ele integra como um conhecimento "natural" – um saber-sentir que enriquecerá suas capacidades cognitivas.[2] Como afirma Goodman, se a arte cria mundos para se conhecer e visitar, eles não são apenas mundos de formas e de símbolos, são também mundos de emoções e de sensações misturadas. Essas emoções são sentidas de maneira sutil, com infinitas nuanças, pelo amante da arte que, por meio delas, vive estados afetivos e humores que jamais havia experimentado em seu cotidiano e que constituem um modo de conhecimento próprio da arte. Essas emoções estão ligadas às percepções por meio das quais os artistas sentiram o mundo, se apropriaram das "informações do mundo" e nos transmitiram essas informações. Como afirma Marcin Sobieszczanski,[3] o artista nos

---

2 Esse tipo de conhecimento não é apenas um conhecimento das coisas, do mundo e dos outros – conhecimento incontestável ligado à experiência estética –, mas um conhecimento oriundo do surgimento de emoções e sensações, no qual se misturam antigos estados afetivos e sensoriais e estados desconhecidos e perrturbadores, que só seriam experienciados nessa situação. Uma concepção que se distingue inteiramente da concepção aristotélica para a qual a arte (na realidade, a tragédia) tem por função mitigar as paixões.

3 Consulte Sobieszczanski, *Les artistes et la perception, entretiens avec Z. Dublak, J. Bury, R. Rivero e B. Caillaud*. Para Sobieszczanski, "o mundo possuiria um sentido topológico próprio, e esse sentido seria captado pelos mecanismos automáticos e inconscientes da percepção sensorial: haveria um sentido no contingente em geral, e especialmente na presença momentânea do homem em seu meio". Ibid.,

interessa não tanto porque cria novos mundos, mas porque nos faz ver e sentir o mesmo mundo de outra forma e o faz emergir como realidade diversa.

As emoções engendram processos cognitivos bastante elaborados no córtex que conduzem aos sentimentos e, a partir disso, às crenças, às ideias, às visões de mundo, aos julgamentos que envolvem inferências. Elas também podem ser sentidas de uma maneira extremamente bruta e violenta: durante muito tempo, tambores e trompetes (uma certa música) induziram os soldados à batalha, mobilizando os corpos em uma sintonia que aniquilava qualquer controle. Os concertos de massa possuem efeitos de ressonância comparáveis. Em ambos os casos, o compartilhamento das emoções gera reações coletivas diferentes.

Nelson Goodman, que percebeu muito bem a importância das emoções na *démarche* cognitiva, acreditava que elas permitiriam discernir quais propriedades uma obra possui e expressa. Isto é fato incontestável: as emoções despertam, aprimoram a observação e o julgamento. Ele acreditava, também, que quando as emoções estavam implicadas na experiência estética, sua tendência era serem amortecidas ou mediadas em relação às emoções sentidas em outras situações. As ciências cognitivas demonstraram, porém, que essas emoções (qualificadas de "quase-emoções") podiam ser experimentadas tão fortemente quanto as outras, mas, às vezes, de uma maneira bem distan-

---

p.8. Seguido de uma reflexão de Odile Blin, esse estudo ilustra a abordagem da criação artística em primeira pessoa. Consulte também Sobieszczanski: *Art et perception*: Essai d'esthétique cognitiviste, tese de doutorado sob orientação de Edmond Couchot.

A natureza da arte

te, como se fossem matizadas de novo pelo prazer estético. A paleta de estados afetivos provocados pela recepção das obras de arte é bem ampla e de uma imensa riqueza. No entanto, a compreensão do funcionamento das emoções estéticas implica inúmeras questões. Por exemplo, como se estabelece cognitivamente a diferença entre a emoção suscitada pela visão de um corpo supliciado na vida real, em um quadro, em um filme ou na descrição desse corpo em uma obra de ficção literária? As quase-emoções estéticas nos permitiriam viver e experimentar, por meio da simulação, as emoções "reais" mais diversas, desde a dor até a alegria, de qualquer forma ao abrigo das consequências que tais emoções poderiam provocar na realidade?

Ao colocar os amantes da arte e os autores das obras em ressonância sensório-motora e emocional, ao colocar os receptores em condição de acessar certos estados biopsicológicos e mentais próprios dos criadores, as emoções desempenham um papel importante na comunicação entre as condutas (estéticas) operatórias e as condutas estéticas (receptoras), e participam da instauração da matriz intersubjetiva característica da nossa cultura. Observo aqui a diferença fundamental entre a arte e a ciência. A tendência da comunicação científica é algo dessubjetivante. A demonstração do último teorema de Fermat, pelo matemático Andrew John Wiles, não diz nada da pessoa de Andrew John Wiles, e se encontramos em sua *démarche* um método específico dele, o acesso a esse conhecimento se dá por vias cognitivas diferentes das vias empáticas. Em contrapartida, a frase grifada à mão por Pierre de Fermat e escrita na primeira pessoa – para o matemático, duas formas de inscrever sua presença – nas margens de uma tradução de *Arithmetica*, de Diofanto de Alexandria, é capaz de provocar uma ressonância sensório-motora e emocional no leitor do documento real ou de sua reprodução. As formulações estabelecidas pelos cientistas não permitem nem visam provocar nos que a utilizam uma projeção empática qualquer. Nem é preciso dizer que, embora essa frase possa proporcionar certa empatia e iniciar uma comunicação intersubjetiva, ela não atua no modo estético; ela não foi escrita com a intenção de provocar no leitor uma emoção desse tipo. Não é ficção, não é arte.

A estética como critério científico?

Os próprios cientistas invocam com frequência um critério estético para julgar a validade de uma teoria e, a exemplo de certos matemáticos, chegam até mesmo ao limite de utilizá-lo como chave do raciocínio matemático. Na Antiguidade, ciência e arte, em sua acepção moderna, unidas na mesma busca do conhecimento e da verdade, não se distinguiam: o que é belo é verdadeiro, o que é verdadeiro é belo. Na Idade Média, as artes ditas liberais (*artes animi*) reagruparam no *quadrivium*, em estreita interdependência, a aritmética, a geometria, a música e a astronomia. No Renascimento, a ciência começa a se autonomizar e o julgamento estético perdura, como expressa a máxima *Pulchritudo splendor veritatis* (a beleza é o esplendor da verdade): no século XVI, por exemplo, coloca-se em dúvida a validade das leis de Kepler com o argumento de que as curvas elípticas do movimento dos planetas são menos belas do que os círculos, considerados perfeitos (o próprio Galileu, pai da ciência experimental, criticou Kepler pela mesma razão). Com a revolução científica do século XVII e o desenvolvimento da ciência no decorrer dos séculos seguintes, era de se esperar

A natureza da arte

que a apreciação de uma teoria científica por um julgamento de gosto tivesse desaparecido, mas o critério estético perdura com constância até nossos dias. Os mais renomados cientistas modernos sempre recorrem à estética. Uma pesquisa científica recente demonstrou que 89% dos matemáticos utilizam o termo beleza para apreciar o resultado de suas pesquisas sem que possam explicar esse julgamento.[4] Dirac afirmava ser mais importante procurar a beleza em suas equações do que pretender fazê-las corresponder às experiências ou, melhor ainda, que uma lei física deve possuir uma beleza matemática. Planck, que buscou a origem da teoria quântica, declarava que sua equação, que descrevia a radiação do corpo negro, não era muito bela e que ele não apreciava muito sua validade. Louis de Broglie afirmava que uma grande teoria deve dar uma impressão de beleza e revelar uma harmonia oculta, uma unidade orgânica sob a diversidade das aparências. Penrose considera que a atração estética é um ótimo guia na pesquisa das leis fundamentais da natureza.

O filósofo Bertrand Russel se junta a esses cientistas e declara que as matemáticas não implicam apenas a verdade, mas a beleza suprema, a beleza fria e austera da escultura. Como ressalta Jean-Marc Lévy-Leblond, "com isso, logo se chega a uma concepção metafísica, e até mesmo mística, na qual o Bem vem se juntar ao Belo e ao Verdadeiro, em uma filiação direta com a *Naturphilosophie*"[5] expressada, no século XIX, pelo físico Hans Christian Œrsted, para quem a beleza da ciência é a expressão

---

4 Sobre esse tema, veja o pequeno, mas muito bem documentado, livro de Lévy-Leblond, *La science (n') est (pas) l'art: Brèves rencontres*.
5 Ibid., p.16-7.

Edmond Couchot

da Ideia de Deus nas coisas, ou pelo biólogo D'Arcy Thompson, que via a harmonia do mundo transparecer na forma e no número. Eu acrescentaria, também, que se consegue obter uma certa visão da neuroestética (*Do Verdadeiro, do Belo, do Bem*). Sem se inscrever na *Naturphilosophie*, Thomas Kuhn, o grande historiador das ciências, também defende a ideia de que são as motivações estéticas que guiam os cientistas, e não a busca de uma teoria confirmada pela experiência.

Essa posição é característica sobretudo dos físicos e dos matemáticos. Ela foi duramente criticada, sobretudo no século XIX, pelo biólogo Thomas Huxley, para quem, na época, a grande tragédia da ciência foi o assassinato de uma bela teoria por fatos ignóbeis, mas também pelo físico Henri Bouasse que, entre outras leis científicas, não via nenhuma beleza no fato de que os astros se atraem na razão inversa do quadrado das distâncias que os separam, ou no fato de que o carbono é tetravalente enquanto o azoto é trivalente ou pentavalente. Mais recentemente, o filósofo James W. McAllister se questionou sobre as relações entre beleza e verdade na ciência e propôs um modelo crítico que valorizasse esse "notável acordo que existe na comunidade científica, em certo período histórico, sobre o que constitui a beleza de um enunciado". Ele ressalta que os cânones estéticos não sobrevivem às revoluções científicas e ataca a ideia frequente de que a simetria, a harmonia ou a simplicidade garantem a veracidade de uma teoria: invoca-se, assim, "o caráter simétrico das equações de Maxwell como garantia de sua exatidão". Como destaca McAllister, porém, essa justificativa é circular: "o que sabemos nós da simetria dos fenômenos eletromagnéticos senão aquilo que nos dizem as equações de Maxwell! Que eu saiba, não temos acesso secreto

A natureza da arte

direto ao fenômeno para conhecer suas propriedades". Aliás, muitas teorias, longe de serem simples, simétricas ou harmoniosas, *a contrario*, se revelaram adequadas.

Para McAllister, o mecanismo seria o seguinte:

> Quando uma teoria se revela em acordo com a experiência, suas propriedades estéticas são investidas de um valor de verdade. Os cientistas estão incessantemente engajados, quase sempre de modo inconsciente, em um processo indutivo de pesquisa dessas propriedades ao correlacioná-las com as performances empíricas da teoria. Uma teoria que esteja em concordância total com a experiência terá suas propriedades elevadas à categoria de cânones estéticos. Esses cânones guiarão então os cientistas na elaboração de uma nova teoria. É preciso notar aqui que esses cânones não podem desempenhar tal papel senão pelo fato de já terem sido comprovados no plano empírico!

A adequação entre o critério de beleza e a verdade muda com o tempo. Cada cientista adapta seu julgamento ao critério em vigor na comunidade de seus contemporâneos. "Na mecânica do século XVIII, por exemplo", relembra o historiador da ciência, "uma teoria era julgada tanto mais bela quanto mais abstrata fosse. No século seguinte, ao contrário, físicos como Lord Kelvin ou Ludwig Boltzmann consideravam belas as teorias que permitiam visualizar os fenômenos ou propor para eles modelos mecanicistas". Para McAllister, na ciência, o perigo da apreciação estética como critério de verdade é de natureza conservadora, isso porque ele se origina de um processo indutivo e se apoia no fato de que aquilo que funcionou no passado tem chances de funcionar no presente. O que, em si, não é algo ruim, mas quando esses critérios não são mais justificados pela experiência e se estabelecem na tradição, podem impedir a inovação e a emergência de novos paradigmas.

Talvez seja necessário discutir o problema de outro modo. A questão não seria saber se o sentimento de beleza experimentado por alguns cientistas diante de uma teoria ou de uma experiência conduz à verdade – o que teria como consequência a assimilação da ciência à arte –, mas sim se esse sentimento de beleza intervém, e de que forma, no decorrer do processo de criação. Parece que os critérios estéticos invocados pelos cientistas são extremamente gerais, e não são invocados senão na expectativa de que as hipóteses ou teorias sejam confirmadas ou refutadas pela experiência, pelo cálculo ou por outras teorias mais adequadas. Foi Poincaré quem sustentou com clareza o papel da intuição e da sensibilidade estética nas invenções matemáticas. Diz ele:

> Tudo o que podemos esperar dessas inspirações [intuições], que são frutos do trabalho inconsciente, são pontos de partida para cálculos semelhantes; quanto aos próprios cálculos, é preciso realizá-los no segundo período de trabalho consciente, aquele que segue a inspiração na qual se verificam os resultados dessa inspiração e se constatam as consequências. As regras desses cálculos são estritas e complicadas; exigem disciplina, atenção, vontade e, consequentemente, consciência.[6]

Na *démarche* científica, os critérios estéticos são critérios de espera. Seu interesse, porém – se houver algum, ao contrário

---

6 Poincaré, *L'Invention mathématique*, p.15.

A natureza da arte

das críticas a eles dirigidas —, é desempenhar um papel heurístico quase sempre decisivo, no plano da intuição. Seria possível afirmar que existe estética na ciência, mas não podemos afirmar que ciência é arte.

A ciência como critério estético?

Haveria do lado dos artistas um critério simétrico ao critério estético invocado pelos cientistas? É a comunidade de artistas que julga suas obras segundo os critérios da ciência? Esses critérios são gerais e imprecisos como os critérios de simetria, harmonia ou simplicidade invocados pelos cientistas? Ou, de outro modo, são rigorosos e remetem a teorias científicas particulares? Esses critérios desempenham algum papel no processo de criação?

Uma constante no discurso de inúmeros artistas — mas também de teóricos da arte e de filósofos — é a invocação da verdade: arte teria algo a ver com a verdade? As concepções já divergem nisso. A verdade de uns não é a verdade dos outros, nem entre artistas nem entre filósofos. Para os artistas-fotógrafos do século XX, a fotografia aparecia como a manifestação incontestável da verdade. "A fotografia é a expressão mais real da natureza. É a própria verdade! Verdade por vezes brutal, sem sombra de dúvida", declarava Adolphe Alophe, "uma verdade, enfim, que a própria natureza nos fornece."[7] Eugène Delacroix respondia afirmando que, mesmo com toda a sua exatidão, a fotografia não é senão uma cópia falsa do real, e que a exatidão não é a verdade. Enquanto isso, Cézanne escrevia a Émile

---

7 Alophe, *Le Passé, le present et l'avenir de la photographie.*

Edmond Couchot

Bernard: "Eu lhe devo a verdade na pintura, e eu a revelarei", mas o sentido dessa verdade é discutido até hoje.

Entre os filósofos, as posições também são diferentes. Para Martin Heidegger, que critica a estética por considerar a obra de arte como um objeto de apreensão sensível e de gozo, "a arte é a implementação da verdade (*alètheia*, no grego antigo)", ou seja, a instituição da verdade do ser. Essa verdade pertence ao domínio da Lógica, o Belo fica reservado à Estética. O destino profundo da arte é instaurar a verdade de um mundo que "ela mantém como seu reino perene". "A arte faz brotar a verdade." Para Jacques Derrida, em seu comentário sobre a frase de Cézanne, a verdade na pintura se apresenta sob quatro aspectos: uma verdade que se relaciona com a própria coisa, uma verdade que se relaciona com a representação (do reflexo à alegoria), uma verdade que se relaciona com a picturalidade (da apresentação ou da representação) e, por fim, uma verdade que se relaciona com a própria verdade.[8] Para Émile Souriau, a arte é a implementação da verdade de instauração do universo representada pela obra de arte: "só é verdadeiro de uma verdade intrínseca, o que é feito de acordo com a arte, segundo a dialética experimentada da ação instaurativa".[9] Em sua estética, Theodor Adorno insere a noção de "conteúdo de verdade", enquanto para Henri Maldiney a arte é simplesmente a verdade do sensível. Como ressalta Souriau, seria possível multiplicar os exemplos, mas o que é certo e vai além dessas diversas interpretações da verdade em arte, algo com que todos concordam, é que essa verdade "não é a verdade da ciência que conduz ao

---

8 Derrida, *La Vérité en peinture.*
9 Souriau, *Art et verité.*

A natureza da arte

geral e busca a verificação". Os artistas talvez se aproximem dos cientistas no sentido de que a verdade funcionaria como um tipo de homólogo da harmonia: um quadro, uma obra musical, seriam verdadeiros assim como uma teoria seria harmoniosa, se satisfizesse a uma simetria, se revelasse qualquer ordem simples e fundamental universalmente reconhecida.

Em contrapartida, entre o meio e o fim do século XIX, os artistas, ainda minoritários em relação aos cânones acadêmicos, se inspiram nas teorias científicas emergentes e afirmam seu interesse na ciência. Encontram na ciência uma estimulação da imaginação, das ideias, uma visão de mundo diferente. William Turner se apaixona pela teoria antinewtoniana das cores de Johann Wolfgang von Goethe,[10] uma teoria que contraria as afirmações de Isaac Newton. Odilon Redon lê *A origem das espécies* de Darwin sob orientação de seu amigo Armand Clavaud. Mais tarde, impressionistas e pós-impressionistas — como vimos anteriormente — recorrem às teorias científicas de Chevreul, Henry e Rood sobre a cor, ou de Helmholtz sobre a ótica. No início do século XX, sob influência dos cubistas, que questionam as leis da perspectiva e a primazia do olho em prol das leis da percepção háptica, os pintores se inspiram nas geometrias não euclidianas de Riemann e de Lobatchevski. Gleize, Metzinger e Duchamp estudam profundamente obras científicas como *A ciência e a hipótese*, de Henri Poincaré, ou de vulgarização como *Viagem ao país da quarta dimensão*, de Gaston de Pawlowsky. Severini invoca o hiperespaço. Oscar Schlemmer geometriza a dança. As novas teorias de Einstein sobre a relatividade revolucionam os conceitos de espaço e de tempo e

---

10 Goethe, *Le Traité des couleurs*.

atiçam as imaginações. Uma nova visão do mundo, dessa vez do mundo interior, com a psicanálise, que inspira os surrealistas. A maior parte das vanguardas históricas faz referência à ciência.

A referência à ciência funciona de dois modos. Do modo metafórico: a ciência age indiretamente sobre as teorias e as práticas artísticas, ela propõe representações extraordinárias do mundo, ressalta as mutações que afetam noções solidamente estabelecidas, torna alguns saberes obsoletos, abre horizontes inexplorados. A volta à ciência, porém, funciona também de um modo aplicativo bastante preciso e eficaz. A ciência fornece aos artistas ferramentas conceituais e técnicas operatórias. Quando Odilon Redon[11] traduz as teorias da evolução em uma metáfora gráfica – a série de litografias denominada *As origens* –, o plano cromático entre os neoimpressionistas, por síntese aditiva, constitui uma aplicação inventiva das leis fisiológicas da percepção das cores. Esses dois modos, metafórico e aplicativo, coabitam com maior frequência. A psicanálise oferece aos surrealistas uma nova abertura "sobre o funcionamento real do pensamento" e, ao mesmo tempo, técnicas "científicas" (na medida em que se concorda considerar a psicanálise como ciência), a exemplo da escrita automática baseada na observação dos estados de vigília e de associações espontâneas.

Uma forte evolução na relação dos artistas com a ciência – que a partir de então se associa estreitamente à tecnologia – se

---

11 Bertrand Redon, mais conhecido como Odilon Redon (1840-1916). Pintor e artista gráfico muito considerado na época do simbolismo. Em 1884, juntamente com Paul Gaugin e Georges Seurat, funda o famoso *Salão dos Independentes*. As litografias às quais o autor se refere datam de 1883. (N. T.)

A natureza da arte

produz no decorrer da segunda metade do século XX.[12] As referências à ciência se multiplicam sob o efeito do aparecimento e da expansão de novos saberes, novas experimentações e teorias. Esse período é bem marcado pelas ciências cognitivas, que exercem suas primeiras influências por meio da cibernética e da teoria da informação. A linguística estrutural inspira a arte conceitual. A arte geométrica e a arte minimalista recorrem a procedimentos seriais e combinatórios; mais uma vez, a *op-art* e o cinetismo estudam de perto as leis da ótica e a fisiologia da percepção visual e tátil. Os artistas se apaixonam pelo novo mundo da cognição: o mundo do pensamento, da inteligência, da emoção. Músicos especializados nas artes plásticas, poetas e músicos utilizam o computador, tecnologia que inaugura uma nova era tecnológica. A partir de então, o que os seduz é a possibilidade de atualizar os mecanismos de criação. Ficam bem mais atentos aos processos do que às produções, aos modos operacionais do fazer artístico do que aos artefatos materiais. Eles procuram descontruir, analisar tudo aquilo que parece ser característico da *démarche* artística, para se adequarem às mudanças do saber e da sensibilidade da época. Recorrem então às novas ciências emergentes da técnica, ou melhor, aos modelos de programação que lhes permitem automatizar o tratamento de símbolos predefinidos (visuais, sonoros, textuais), raciocinar em termos de informação, de código, de gramática, de estrutura, e de recorrer às operações que implicam modelos lógicos, matemáticos, geométricos, probabilísticos, estocásticos,

---

12 Sobre esse assunto, veja Couchot, Les sciences de la cognition: outils de création artistique et de réflexion esthétique, colóquio *Naturaliser l'esthétique* (no prelo).

Edmond Couchot

estatísticos, fractais, combinatórios ou permutacionais. Essa primeira fase é animada pela ideia de que o sistema cerebral e o raciocínio humano funcionam segundo uma lógica matemática: o pensamento é cálculo. No domínio da arte, criar é fazer funcionar uma linguagem gerada por uma gramática ou pelo desenvolvimento de uma axiomática. Segundo posições mais radicais, conjugadas às técnicas informáticas, a neurofisiologia seria capaz de estabelecer não só as bases da prática artística, como também de definir os cânones de uma crítica objetiva. O critério da ciência – de uma ciência que incorpora cada vez mais a tecnologia – é incondicional.

Os anos que se seguem trazem, porém, outras mudanças. Os avanços das ciências da vida associadas às ferramentas informáticas fazem abandonar a ideia de que o pensamento se reduz ao cálculo, e de que os processos de criação artística se reduzem a manipulações lógico-matemáticas de símbolos. Os novos instrumentos recorrem a modelos de auto-organização e às teorias neodarwinianas que incluem processos de variação e seleção automatizados. Em seguida, com as teorias dos biólogos Humberto Maturana e Francisco Varela, os modelos autopoiéticos e enativos são adotados. O estudo dos comportamentos animais desafia também alguns artistas, que incluem os primatas como parceiros de suas performances.[13] Todas as artes são atravessadas por uma corrente cuja fonte está nas ciências e nas técnicas da cognição: as artes visuais e plásticas, a dança, a literatura e a poesia, a música. Aliás, é nesse domínio

---

13 É o caso de Nicolas Primat, cujas "performances" com babuínos evidenciam o papel da comunicação gestual na emergência das propriedades linguísticas.

A natureza da arte

que a relação entre ciência e arte é mais exemplar. As práticas e teorias estéticas da composição musical se apoiam estreitamente no progresso das ciências cognitivas, a síntese do som é realizada graças aos conhecimentos oriundos da fisiologia da percepção auditiva. Nela encontramos sucessivamente a influência do cognitivismo, do conexionismo e das teorias da enação.

Dessas observações, reteremos apenas duas posições distintas entre os artistas no que se refere às suas relações com as ciências e com as técnicas. A primeira caracteriza os artistas cujas obras não têm uma relação privilegiada com essa tecnociência. Enquanto nos cientistas os critérios estéticos, reduzidos à sua mais simples expressão, não são objeto de um aprofundamento conceitual – aliás, eles são utilizados por sua indefinição –, entre esses criadores, os critérios gerais, como o da verdade, aos quais se poderia equiparar as noções de harmonia, de simetria ou de simplicidade expressadas pelos cientistas, exigem, ao contrário, serem especificados, aprimorados e debatidos na esfera da arte. Em contrapartida, nos artistas que se inspiram explicitamente na ciência, os critérios invocados, também mutantes e variados, inicialmente são, ou tenderiam a ser, muito precisos, já que remetem a teorias, experiências vividas de modo singular, nada generalizadas, prontas para ser colocadas em discussão no momento da circulação das obras. Seria preciso, de fato, considerar esses critérios mais como ferramentas de criação do que como apreciações e julgamentos de valor intuitivo. Foi assim que se favoreceu uma tendência, bastante comum hoje em dia, de julgar a validade de uma obra de arte segundo certas teorias confirmadas momentaneamente pela ciência (determinada obra musical ou literária é considerada como válida porque seu criador soube aplicar os bons modelos sem os trair). Se não houver cuidado com isso, a consequência será a redução da atividade criativa a uma simples *démarche* aplicativa, o que não acrescenta nada nem à arte nem à ciência.

9.2. Os valores cognitivos da arte

Se a ciência não pode se confundir com a arte, a arte seria capaz de nos trazer outros tipos de conhecimentos, além dos conhecimentos científicos? Dito de outra forma, seria ela capaz de enriquecer nossos valores cognitivos, e quais?

A não ser que consideremos que a ciência constitui o único domínio da cognição e neguemos que qualquer experiência, que não se traduz por inferências, por raciocínios lógicos – como a aprendizagem por mimetismo, uma das formas mais correntes de transmissão do saber fazer –, possa ter um verdadeiro valor cognitivo, concordamos em reconhecer na arte a capacidade de nos proporcionar, em graus diversos, certos conhecimentos do mundo e de nós mesmos: esse valor representa uma aptidão de explorar o mundo, de fazer parte dele, nem que seja para desejar mudá-lo. Ainda é necessário, porém, especificar de qual tipo de conhecimento se trata. A psicologia cognitiva distingue vários: os conhecimentos declarativos, os conhecimentos procedurais e os conhecimentos condicionais. Cada forma de arte pode proporcionar um ou vários deles e impulsionar estratégias de aquisição de conhecimentos diferentes. Os conhecimentos declarativos nos fornecem informações factuais; eles são descritivos (podem descrever leis, princípios, acontecimentos), independentemente dos usos e

A natureza da arte

da ordem teórica, na medida em que não permitem agir concretamente sobre o real. Os conhecimentos procedurais, ao contrário, são habilidades que nos permitem realizar as tarefas reais – abstratas (fazer a concordância dos adjetivos) ou concretas (pular corda) –, por meio de operações adequadas, quase sempre automáticas. Esses conhecimentos não são sistematicamente verbalizáveis. Os conhecimentos condicionais dizem respeito às oportunidades, o momento favorável para aplicar os conhecimentos declarativos e procedurais: eles permitem fazer comparações entre dois ou mais conhecimentos declarativos, reconhecer os caracteres próprios a esses conhecimentos, selecionar procedimentos e organizá-los para realizar uma operação.

As obras de ficção, por exemplo, sejam elas totalmente imaginárias ou baseadas em uma realidade, nos oferecem uma infinidade de conhecimentos teóricos sobre o mundo (as coisas, os seres, os modos de vida, os acontecimentos, as relações sociais, os costumes, os sentimentos). A partir de regras e procedimentos linguísticos, os conhecimentos condicionais que elas proporcionam nos indicam a possibilidade de identificar estilos de escrita, gêneros, épocas, autores. O mesmo ocorre na pintura figurativa ou abstrata que, tanto uma quanto a outra, mobilizam conhecimentos diferentes ligados às experiências visuais singulares que proporcionam ao observador: elas aprimoram nossa capacidade de discriminação perceptiva. Quando Cézanne cria uma impressão de volume ao substituir o jogo clássico da sombra e da luz por oposições cromáticas, quando os pós-impressionistas nos fazem enxergar o amarelo ao justaporem pinceladas de vermelho e verde, eles modificam profundamente nosso olhar sobre as coisas e nos revelam os

Edmond Couchot

funcionamentos de nossa própria percepção. Esses conhecimentos têm um efeito real em nossas capacidades cognitivas, com frequências extensíveis a situações que não são mais as dos comportamentos estéticos. Um estudo sobre a prática dos videogames[14] – que, sem ser uma arte reconhecida como tal, também possui uma dimensão artística – demonstrou que as competências perceptivas e motoras dos jogadores passavam por uma mudança característica que os obrigava a reorganizar seu sistema visual a fim de se adaptar ao novo ambiente. Além disso, o estudo revelou que as competências adquiridas por meio dessa aprendizagem eram generalizáveis a outras tarefas. Notemos de passagem que as reaprendizagens perceptivas não são próprias das condutas estéticas (receptoras), e que se produzem durante qualquer mudança suficientemente relevante em um ambiente perceptivo. A prática das artes interativas, por exemplo, que se aproximam dos videogames, está mudando sensivelmente as relações dos receptores com os artefatos artísticos.

Entre as crianças, a aprendizagem da música é bem conhecida por favorecer a coordenação dos movimentos no plano psicomotor, desenvolver a memória, a concentração e a imaginação, ao mesmo tempo que o trabalho em equipe – valores cognitivos tão apreciados em outros campos de atividade. Não é preciso concluir, com isso, que a escuta de uma obra, ou de outra, atribuída a esse ou àquele músico, contribui para o desenvolvimento desse ou daquele conhecimento cognitivo. Foi

---

14 O estudo é comentado por Schaeffer em "Quelle valeurs cognitives pour quels arts?". In: Darsel; Pouivet (orgs.), *Ce que l'Art nous apprend: Les valeurs cognitives dans les arts.*

A natureza da arte

esse o erro cometido a respeito do que foi denominado durante anos o "efeito Mozart", quando pesquisadores quiseram provar que a escuta desse músico favoreceria particularmente o raciocínio abstrato e o visual espacial.

Como demonstrou David J. Elliott,[15] especialista em educação musical e também músico, é verdade que a música pode proporcionar diferentes tipos de conhecimento. A escuta da música não é um processo de percepção passivo nem ingênuo, mas uma verdadeira construção procedural. Não existe escuta imediata sem reflexão. A escuta musical exige do ouvinte uma atenção permanente para lhe permitir decidir, selecionar e organizar as informações (como já dissemos, percepção é ação). Percepção e cognição estão sempre estreitamente associadas. Para o ouvinte, trata-se de identificar e encadear as unidades musicais horizontalmente (melodia, ritmo, timbres) e verticalmente (harmonia, superposição de linhas melódicas, de timbres), e de compará-las durante a escuta, processo que não implica raciocínio verbal. Quatro outros processos interviriam igualmente: o fechamento, a abstração, a transformação e a estruturação hierárquica. A esses processos se acrescentariam a influência do contexto de herança genética e da cultura, uma maneira de pensar ligada a uma prática específica, e a integração do conhecimento auditivo à consciência. Existem diversas formas de pensar e de conhecer a música, isso porque

---

15 Elliott. *Music Matters: a new philosophy of music education*; *Paxial Music Education: reflexions and dialogues*. Sob uma perspectiva comentada, veja Jaccard, Quelle pourrait être l'évolution de la conception philosophique de l'écoute musicale selon le paradigme *praxialiste*, si David J. Elliott prenait en compte les critiques formulées à son égard?, *Recherche en Éducation Musicale*, n.25.

433

Edmond Couchot

as obras, como material sonoro, são construções que associam operações mentais características do ouvinte, do contexto e da cultura – uma posição exemplificada por certos compositores contemporâneos para os quais é o próprio ouvinte que constitui as morfologias sonoras e as articula entre elas (veja p.278-294). Fazer e ouvir música mobiliza uma forma multidimensional de conhecimentos.

A música também proporciona conhecimentos por meio das emoções que ela suscita. É o que demonstra Sandrine Darsel:

> Um dos aportes cognitivos da música consiste justamente na educação das emoções de duas maneiras diferentes: seja pela expressão musical das emoções, seja por meio de respostas emocionais diante das propriedades da obra. Desse modo, o aspecto emocional da música, sem discutir sua contribuição cognitiva, participa disto: um de seus valores cognitivos é permitir a aquisição de emoções adequadas.[16]

"A música favorece o desenvolvimento de nossa sensibilidade emocional no sentido em que as emoções constituem um modo próprio da compreensão musical." Há diversas maneiras de reagir emocionalmente a uma obra musical: seja pela indiferença, seja por um excesso de sentimentalismo. A maneira apropriada se situa no meio e requer certa racionalidade que a educação emocional nos oferece. A tristeza que experimentamos, por exemplo, ao escutar uma obra liga-se ao fato de que essa obra

---

16 Darsel, *Expérience musicale et education sentimentale*. In: Darsel; Pouivet (orgs.), *Ce que l'Art nous apprend: les valeurs cognitives dans les arts*.

A natureza da arte

exemplifica, como diria Goodman, a propriedade expressiva da música. A intencionalidade que habita a obra nos provoca estados afetivos diferentes dos simples humores, embora nossos humores também sejam afetados. Para além de um certo transbordamento afetivo, um excesso de alegria mal controlado ou um sentimento excessivo de angústia – o que pode acontecer com alguns ouvintes –, eles não estão mais em uma relação estética com a obra. A emoção estética se torna uma emoção apropriada quando a resposta emocional experimentada pelo ouvinte corresponde (ou entra em ressonância com) à emoção expressada pela obra tal como o compositor a desejou. A capacidade de educar sentimentalmente o ouvinte constitui um dos fortes valores cognitivos da música.

De maneira geral, as obras de arte nos oferecem um conhecimento aguçado não apenas das coisas, do mundo e dos outros, ligado à experiência estética, mas um conhecimento oriundo do surgimento de emoções nas quais antigos estados afetivos se misturam a estados desconhecidos e inquietantes que experimentamos apenas nessa situação. Com isso, enriquecemos de maneira considerável nossa paleta emocional e nossas capacidades de ler as emoções dos outros, de expressar ou mascarar as nossas e de navegar na matriz intersubjetiva. Essa concepção se distingue da concepção aristotélica na qual a arte (a tragédia, na realidade) tem por única função mitigar as paixões.

Em resumo, as condutas estéticas são condutas cognitivas integrais nas quais a cognição "quente" e a cognição "fria" se misturam em interações inextricáveis. Para Jacques Morizot, "não há praticamente sentido em procurar uma linha divisória entre o que seria cognitivo e o que não seria, isso porque nada é cognitivo em sentido absoluto, mas adquire uma função

Edmond Couchot

quando é abordado por um método apropriado".[17] Não existe contradição entre o caráter cognitivo da experiência estética e seu caráter emocional: a emoção é um modo verdadeiro de conhecimento. Uma experiência estética forte jamais nos deixa indiferentes: ela nos transforma e nos permite ver o mundo de outra forma, explorá-lo e atuar nele. A contemplação dos retratos de Francis Bacon nos conduz a um novo olhar sobre os rostos humanos, a visão de um quadro de Jean Dubuffet nos convida a encontrar mundos de complexidade nos materiais mais vis, a peça musical *4'33''*, de John Cage, nos faz descobrir o sentido oculto do silêncio. O primeiro investimento dos valores cognitivos se faz na própria arte, ou melhor, nas próprias condutas estéticas. Esses valores cognitivos nos permitem aprimorar, ao mesmo tempo, nossas percepções, nossos sentimentos e nossos julgamentos sobre as obras de arte. Entretanto, eles também têm a capacidade de se estender, de migrar, para fora do domínio único da arte.

Se as condutas estéticas nos proporcionam conhecimentos por intermédio das emoções e dos sentimentos que expressam, elas nos ensinam também, e em primeiro lugar, a prestar uma atenção particular ao mundo. Essa atenção, voltada essencialmente para as formas, desempenha um papel vital na exploração de nosso meio e de nossa adaptação a ele: uma adaptação que não visa a conformidade a esse meio, mas sim sua cocriação enativa. A arte é tanto uma educação quanto uma contraeducação. Nesse sentido, seria possível dizer que ela nos ensina a viver e a perseverar na vida: um tipo de experiência

---

17 Morizot, Enjeu cognitive et/ou théorie cognitive. In: Darsel; Pouivet (orgs.), *Ce que l'Art nous apprend: les valeurs cognitives dans les arts.*

A natureza da arte

eminentemente "válida" que nos remete à "experiência da experiência" de Dewey. Em segundo lugar, as condutas estéticas são, ao mesmo tempo, perceptivas e criativas. Criar artefatos estéticos, ou desfrutar deles, desencadeia processos cognitivos específicos, característicos da invenção e da imaginação (que já foram amplamente descritos e comentados). Com certeza, esses processos não são específicos da arte, mas é precisamente por essa razão que a experiência estética se conjuga a outros tipos de experiências e se articula com elas, dando, às vezes, a impressão de que se confundem, como acontece com as condutas científicas e as condutas estéticas.

Por fim, um dos valores cognitivos mais decisivos e ignorados que caracterizam as condutas estéticas é sua capacidade de se inscrever em uma rede comunicacional intersubjetiva. Essa capacidade se deve ao processo neurológico de empatia que as ciências cognitivas livraram de sua aura romântica. A empatia não é um modo mágico de acesso ao outro, às suas emoções e a alguns de seus estados mentais e afetivos, mas um modo de comunicação "natural", não discursivo, correlacionado a processos neurológicos e psicobiológicos sem os quais as relações emocionais e estéticas entre sujeitos não podem se estabelecer. A subjetividade do julgamento de gosto não pode se expressar senão no interior de uma rede intersubjetiva que põe as subjetividades singulares em circulação.

Conclusão
A escolha

Inevitavelmente sumário, o final desta narrativa procura dar conta do estado das pesquisas conduzidas sobre o projeto de naturalização da arte. Ao que parece, algumas certezas afirmadas pelas teorias tradicionais da arte e da estética começam a ser questionadas.

Em primeiro lugar, a certeza de que o prazer estético seria um produto da cultura humana, livre de qualquer enraizamento biológico. Ao contrário, as ciências cognitivas revelam que, naturalmente, todos nós prestamos uma intensa e permanente atenção ao mundo, que nos fornece a capacidade de nos situar nesse mundo, de agir, para nele sobreviver. Essa atenção cognitiva não é uma aquisição cultural, foi selecionada pela evolução ao longo da filogênese da espécie humana e desempenha um papel vital em nosso desejo de persistir em nossa existência. A atenção que dedicamos ao que consideramos belo, objeto natural ou artefato – a atenção estética – constitui um aspecto da atenção cognitiva: ela é o apanágio de condutas específicas atentas à imensa diversidade de formas que se desdobram no ambiente que as rodeia. A atenção estética é essencialmente morfotrópica. Para cada indivíduo, reconhecer essas formas como *gestalts*, dar-lhes um sentido, integrá-las em sua ação, em sua história, constitui um desafio de primeira necessidade. É também essa capacidade que colabora para fazer do organismo um sujeito; qualquer forma não existe enquanto forma a não ser para um sujeito. No entanto, as bases neurais dessa capacidade envolvem processos cognitivos bastante complexos e ainda não elucidados completamente.

Quando satisfeita, a atenção estética possui a singularidade de provocar um prazer tingido de emoção, isso por meio de uma estimulação do cérebro límbico. Não existe, porém, nenhuma estrutura neural que seja afetada por ela. Leve ou intenso de acordo com as circunstâncias, o surgimento desse prazer funciona como uma recompensa. O inverso também se produz: podemos não gostar de certas formas. Em geral, a atenção morfotrópica se reveste de uma pragmática. Com frequência, ela serve para alguma coisa: o reconhecimento de uma forma costuma desencadear uma ação. Mas, em busca do prazer que a recompensa, a atenção estética procura se autor-reproduzir, procura encontrar em si mesma sua finalidade. O sentimento estético nasce do circuito "atenção-prazer-atenção-prazer...": uma emoção reprocessada pelas zonas corticais do encéfalo e reforçada ao nível das representações (ideias, discursos, julgamentos). Nota-se, porém, que é possível vivenciar um sentimento estético em relação a conceitos, os conceitos sendo então tratados como *gestalts*. Em certos casos, reações emocionais, dentre elas o sentimento estético, também são desencadeadas a partir do nível da consciência (por uma crença, ou por um julgamento). Da mesma forma, não é necessário sentir um prazer para julgar o valor artístico e até mesmo

A natureza da arte

emocional de uma obra. Esse comportamento é comum entre os especialistas, quando desejam priorizar uma abordagem estritamente racional.

A atenção estética não se reduz a um reconhecimento morfotrópico automático do objeto visado, mas resulta da ativação de processos que requerem a imaginação, a singularidade e a subjetividade de cada um. O prazer ligado a esse objeto não é unicamente causado pela contemplação das obras de arte, ele surge em diferentes ocasiões. Sente-se prazer ao contemplar um verdadeiro pôr do sol, assim como se sente prazer ao admirar um pôr do sol pintado por William Turner. Prazeres diferentes associados a sentimentos e julgamentos de gosto diferentes, mas sempre prazer estético.

A neurofisiologia contribuiu muito para a compreensão das emoções. Os afetos não são mais considerados como estados psíquicos incompreensíveis e sem relação com a cognição: muito pelo contrário, eles são necessários à argumentação racional e à tomada de decisão. A cesura emoção-razão não tem mais nenhum fundamento. A extrema complexidade da função das emoções e dos estados afetivos (humores, disposições afetivas, predisposições idiossincráticas de cada um frente ao mundo) provocados por um artefato artístico permanece, porém, como uma das questões mais difíceis que os pesquisadores têm para resolver. A arte desenvolve em nós uma curiosa capacidade que consiste em encontrar prazer em obras que, às vezes, expressam emoções indesejáveis como o medo ou a angústia, desviando assim as emoções de sua função originariamente voltada para a sobrevivência. As ciências cognitivas também mostraram que as emoções não têm como única função assegurar a sobrevivência do indivíduo, elas desempenham

Edmond Couchot

um papel necessário na comunicação interindividual, já que, por serem manifestações visíveis e públicas do corpo, nos permitem acessar as emoções dos outros, reconhecê-las e, às vezes, partilhar delas. A arte enriquece consideravelmente nosso universo sensorial e emocional.

Na perspectiva naturalista, a percepção em geral e a percepção dos artefatos estéticos, em particular, não são mais entendidas como uma reação mecânica aos *stimuli*, mas como a construção de uma realidade resistente e diferente. Sentir prazer diante da visão de um quadro, ou ao ouvir uma peça musical, não é mais extrair informações de um sinal, decodificar os símbolos para lhes dar significado, é fazer emergir a própria forma das obras e fazê-las existir como mundo autônomo. Perceber é agir, fazer. Essa competência dota as condutas estéticas discriminatórias de uma certa dimensão operatória que, no decorrer da recepção de uma obra, faz que todo amante da arte mobilize processos cognitivos homólogos aos que o autor viveu ao realizar essa obra — qualquer que seja a duração que separe a criação da recepção — sem que esses processos se traduzam na produção de artefatos. Mesmo distanciada das teses cognitivistas, essa nova abordagem exerceu uma influência notável nas práticas artísticas e novamente trouxe à tona a questão do autor.

À certeza de que a criação artística é de essência demiúrgica e permanece inacessível ao conhecimento, as ciências cognitivas respondem que ela é constituída de condutas estéticas cujo objetivo é principalmente operatório e se efetiva se apropriando de formas preexistentes, remodelando-as ou criando novas formas, para oferecê-las à atenção do outro a fim de desencadear prazer e sentimento estéticos. Elas são intencionais e não têm

A natureza da arte

sentido senão pelo fato de que se dirigem a outros sujeitos; elas são a expressão daqueles que, em nossa cultura, consideramos como artistas. Na sequência de numerosas observações e já há bastante tempo, as neurociências estabeleceram que, às vezes, certos artistas possuem disposições perceptivas e cognitivas fora do comum, que essas disposições favorecem o fazer artístico, mas em nada garantem que os artefatos criados pelos detentores dessas disposições sejam obras de arte.

A questão da criação artística suscitou abordagens diferentes por parte dos pesquisadores. Alguns quiseram definir leis neuronais da beleza, os universais estéticos, ou, em menor grau, regras permanentes e gerais da arte. Diante dessa abordagem bastante reducionista, conduzida essencialmente na terceira pessoa, opõe-se, mas também se combina, uma abordagem holística da experiência estética na primeira pessoa, que se recusa a reduzir o aparelho psíquico apenas à função cognitiva para, em contrapartida, religá-la à sua contraparte neurovegetativa e endócrina que envolve a totalidade do ser, em uma perspectiva claramente antirreducionista. Diversas hipóteses foram formuladas sobre o modo de organização desses processos heurísticos mentais que conduzem à produção de novas ideias, invenções ou descobertas na esfera científica, ou à criação de artefatos estéticos. Nos dois casos, o cérebro funcionaria como um gerador de diversidade, produzindo, mais ou menos ao acaso, uma grande variedade de hipóteses, que seriam submetidas a uma seleção e que culminaria na emergência da solução considerada como boa. A seleção seria do tipo darwiniana e baseada em uma sensação de satisfação ou de prazer próxima do prazer estético. Esse processo seletivo caracterizaria o que denominamos intuição ou inspiração, cuja importância é reconhecida por todos, mas que, tradicionalmente, eram pensadas como algo totalmente afastado de qualquer interpretação naturalista. Ligado à história singular e imprevisível de cada um, o conjunto desses processos escaparia a quaisquer leis, regras ou princípio universal.

A descoberta dos neurônios-espelhos forneceu uma explicação pertinente ao fenômeno da empatia e, por conseguinte, aos processos de recepção das obras de arte e à comunicação artística. Despojada de sua aura romântica criticada pelos estetas, a empatia – capacidade que algumas espécies animais partilham com o homem – dotaria o receptor da capacidade de estabelecer uma ressonância sensório-motriz e emocional, acompanhada de uma tomada de consciência subjetiva do outro, com as representações contidas nos artefatos (personagens, formas figurativas ou abstratas, traços físicos diversos que remetem aos gestos do autor da obra). Além disso, ela o dotaria da capacidade de entrar em ressonância temporal, imediata ou diferida, com o autor dos artefatos, segundo a natureza autográfica ou alográfica das obras, permitindo assim ao receptor adquirir um conhecimento de seus estados de consciência, de suas emoções e intenções, sem se confundir com ele. Dessa forma, o receptor estabeleceria uma comunicação intersubjetiva (direta ou indireta) com o autor, encontraria a singularidade de sua experiência vivida e sua inscrição no tempo, compartilharia com ele o mesmo instante presente, característico ao ato da criação, no cerne de uma mesma matriz intersubjetiva. A recepção de uma obra de arte não consiste em uma simples transferência de informação entre a obra e o destinatário, menos ainda entre o autor e o destinatário da obra, mas, graças à ligação intersubjetiva estabelecida pela empatia, ela é uma coconstrução de

A natureza da arte

um mundo de pertinência estética. Daria também ao amante da arte a oportunidade de ativar processos mentais essencialmente não discursivos, homólogos àqueles que o próprio autor vivenciou: a ativação de um gerador de diversidade, que sugere diferentes hipóteses sobre o sentido da obra percebida, submetidas, em seguida, a uma seleção que culminaria em uma apreciação, em um julgamento positivo ou negativo – em resumo, a uma movimentação do conjunto do aparelho psíquico e somático como um todo para uma maior satisfação do destinatário da obra. Por fim, se ainda não se sabe muito bem como se encadeiam as operações da criação artística e do prazer estético, é porque não existe ainda nenhuma estrutura cerebral a elas dedicada. Temos razões de sobra em concordar com isso.

Em decorrência, a dimensão estética de uma obra de arte não se situa em uma propriedade que lhe é intrínseca, e nem na intenção do autor ou do destinatário: ela é essencialmente relacional. Cada obra é um entrelaçamento de relações que coloca o autor e seu destinatário em ressonância espacial e temporal. A única restrição que se pode dirigir a esse argumento é que uma sensibilidade individual para um certo número de formas, adquirida ao longo da filogênese e que se desvela nas obras de arte, provoque uma reação estética por parte do sistema cognitivo. A espécie humana foi sensibilizada para formas subculturais e subsimbólicas encontradas em todas as culturas, mas elas são raras e sempre integradas em formas provenientes das culturas epigênicas. Para os defensores da teoria da mente, essa comunicação intersubjetiva envolveria uma competência cognitiva fundamental mais ampla – a cognição social – que, ao acessar os estados mentais do outro, dotaria os indivíduos da capacidade de cultivar relações sociais e serem aptos a viver

Edmond Couchot

em comunidade. O efeito das condutas estéticas seria reforçar a cognição social, desde que fique bem entendido que, com frequência, a coerência da cultura de uma sociedade depende de uma oposição à cultura de outras sociedades. A arte também é um tema de discórdia.

O que vamos reter dessas abordagens é que elas colocam muito explicitamente em evidência o fato de que a compreensão dos processos da criação e da recepção artísticas não se reduz a correlacionar estruturas neurais com obras de arte. Mesmo os neuroestetas mais radicais reconhecem, mas sem desenvolver seus argumentos, que também devem ser levados em conta os fenômenos sociais e culturais, a memória, a subjetividade de cada um. Se a parte da filogênese e da herança genética é importante no funcionamento do cérebro e de suas articulações somáticas, sua imensa plasticidade, suas capacidades de adaptação, de memorização e de invenção contrabalançam muito amplamente as constrições naturais que o modelaram. A universalidade dos processos cognitivos e biológicos implicados na criação e na recepção artísticas não é obstáculo à diversificação das obras produzidas por esse processo. Essa diversificação convida a trocas infinitas e livres de experiências e de interpretações.

À crença de que a espécie humana é a única a possuir um senso estético que a situaria acima das outras espécies a etologia cognitiva responde que certos animais também possuem comportamentos de grande riqueza que podem ser interpretados como estéticos. Esses comportamentos (o canto dos pássaros ou das baleias, a dança dos chimpanzés ou das gruas australianas, a construção dos ninhos decorados dos pássaros--cetim) com certeza possuem funções biológicas destinadas

A natureza da arte

à sobrevivência e à reprodução da espécie, mas os etologistas constataram que esses pássaros também eram impulsionados pelo próprio prazer que provocavam. Se os pássaros cantam para os outros e na companhia dos outros, eles também apreciam e, por vezes, se inebriam com seus próprios cantos. Os seres vivos possuem uma espécie de gerador de diversidade que, no decorrer da filogênese, os impulsiona a inventar formas variadas e exuberantes, fortemente expressivas, que ultrapassam as simples funções vitais e reprodutivas. As culturas humanas partilham com as culturas animais essa mesma dinâmica hipertélica que se revela na produção de artefatos diversos, que se transmitem de indivíduo a indivíduo e de geração em geração.

Segundo esse modo de entender, as hipóteses originais foram formuladas para sugerir modelos de transmissão cultural inspirados na transmissão genômica e em suas relações com a cultura epigenética, construída no decorrer dos contatos da espécie humana com seu meio ambiente. O resultado foi que, contrariando a crença que desejava que os genes obedecessem a um determinismo estritamente biológico, e que a cultura fosse o que, por essência, escapa a esse determinismo e sobre o que se funda a liberdade do homem, a variabilidade epigenética da marca cultural cerebral é capaz de retransmitir a variabilidade genética e de se combinar inextricavelmente a ela. À plasticidade do cérebro se associa a plasticidade da transmissão genômica. As ciências cognitivas não afirmam que o homem não é livre, e sim que ele deve essa liberdade não a alguma potência extra-humana e transcendente, mas à tomada de consciência de sua própria natureza biológica.

Esse argumento introduz a seguinte questão: se a cultura tem um efeito seletivo nas transmissões dos genes, por que a

Edmond Couchot

arte, como componente superior da cultura, não teria ela também um efeito comparável? É a essa questão que diferentes culturas quiseram responder sem, por isso, ter tido consciência dos mecanismos que ela implicava. Se as condutas estéticas se propõem a aguçar a atenção cognitiva e se traduzem por um ganho nas capacidades de sobrevivência, elas apresentam dois riscos de desestabilização para a homeostasia cultural das sociedades. De um lado, elas são geradores de diversidade muito poderosos, cuja tendência hipertélica deve ser contrabalançada por um potente sistema de seleção. De outro, são gratificadas por um prazer frequentemente intenso, cuja busca autoteleológica ameaça isolar o sujeito em seu mundo interior e romper seus laços com a matriz intersubjetiva. Em todas as sociedades, todas as fontes de prazer sempre foram objeto de um controle drástico. As sociedades que desejaram preservar a homeostasia de suas culturas precisaram, por isso, regular fortemente essas condutas atribuindo-lhes funções específicas que as envolvem e as subordinam a outras funções culturais e sociais – sexuais, simbólicas, religiosas, clânicas, políticas, lúdicas, econômicas e outras.

A cultura ocidental encontrou um meio original de exercer essa regulação. Liberou as condutas estéticas de suas funções secundárias para encaixá-las no interior de um sistema simbólico resistente – o da esfera da arte – cujas funções ela mesma definiu. A esfera da arte é uma estrutura vasta e heterogênea que funciona de maneira autônoma, mas suas fronteiras continuam osmóticas: filtram e integram tudo o que na sociedade se relaciona com a arte (os artistas rotulados, vivos e mortos, as instituições, as teorias, os discursos críticos, o ensino, as redes comunicacional e comercial, mas também os elementos

A natureza da arte

provenientes de outras culturas). Esforça-se em definir a arte não tanto no que ela é, mas no que ela deve ser; a esfera da arte é fortemente injuntiva e normativa. A missão da arte tem a ver com o sagrado: para o homem, seria um meio de se elevar a um mundo superior acima da natureza, da vida e do conhecimento trivial e realizar a condição humana, até mesmo ultrapassá-la. A arte seria o meio pelo qual a liberdade e a genialidade do homem se manifestariam em seu mais vivo esplendor e o que atribuiria à espécie humana um lugar excepcional na ordem cósmica. Essa ideologia, que sempre impregna fortemente os espíritos, contradiz a abordagem naturalista da arte.

As ciências cognitivas demonstram, enfim, que a tradicional e sistemática oposição entre racionalidade científica e sensibilidade artística, objetividade científica e subjetividade artística não tem fundamento. Ciência e arte são duas atividades que apresentam, ao mesmo tempo, diferenças e similitudes. Similitudes quanto aos processos de criação ou de invenção/ descoberta e quanto à função das emoções nesses processos. Diferenças em relação à função das emoções e da empatia na recepção das obras de arte e da comunicação dos saberes científicos, e quanto aos efeitos que essas obras e esses saberes exercem em cada um e na sociedade. As finalidades da ciência e da arte não são as mesmas. O sonho de sua fusão harmoniosa corre o risco de culminar em confusão ou na absorção da arte pela ciência. Em contrapartida, porém, uma oposição que nega o que essas duas atividades têm em comum corre o risco de bloquear as trocas fecundas que elas podem realizar entre si.

À crença de que não existem conhecimentos verdadeiros senão aqueles que a ciência nos aporta, e que são fundamentados em raciocínios lógicos, as ciências cognitivas demonstram que a arte é capaz de nos fazer adquirir conhecimentos de igual valor sobre o mundo e sobre nós mesmos. No entanto, o valor cognitivo desses conhecimentos difere daqueles que a ciência aporta. Para começar, a arte aguça nossa aptidão de criar, de penetrar e de explorar mundos imaginários, como se eles possuíssem a mesma densidade existencial dos mundos reais, para elaborar hipóteses sobre o sentido desses mundos, antecipar seu devir, inscrever-se em sua própria temporalidade e intervir nas formas do tempo. O tipo de conhecimento e as estratégias de aquisição desses conhecimentos diferem segundo as formas de expressão artísticas. A música não traz os mesmos conhecimentos que a pintura. Esses conhecimentos produzem um impacto real sobre nossas capacidades cognitivas, que são com frequência extensíveis a outras situações da vida. Os conhecimentos mais específicos que se devem à arte são os dos afetos que ela desencadeia em nós. Na recepção das obras de arte, experimentamos fortes emoções inabituais que ampliam nossa gama emocional, nossa competência em decifrar as emoções do outro e a partilhá-la na modalidade do prazer estético. A arte também nos ensina a educar, a controlar e a socializar nossas emoções, bem como a navegar na matriz intersubjetiva.

Sem dúvida alguma, o leitor terá percebido que deixei de lado a questão da criação artificial nesta conclusão. A razão disso é que desejo destacar esse ponto, pois ele tem grande importância no desenvolvimento do projeto de naturalização da arte. No decorrer da história, as práticas artísticas e as teorias da arte sempre mantiveram relações mais ou menos estreitas com a ciência e a técnica, mas, desde sua emergência, as ciências cognitivas modificaram profundamente essas relações. Um fato sem precedente histórico se produziu ao longo da segunda

A natureza da arte

metade do século XX: os artistas, os teóricos da arte e os estetas se nutriram dos mesmos conhecimentos tecnocientíficos – conhecimentos oriundos das ciências cognitivas.

Pode-se seguir de perto a influência sucessiva dos modelos em vigor nas ciências e tecnologias da cognição no que diz respeito às práticas e teorias artísticas.[1] Assim, no decorrer do período dominado pelo cognitivismo, artistas e teóricos dirigem sua atenção muito mais para a fisiologia da percepção e os processos mentais da criação do que para as próprias obras. A exemplo da inteligência artificial, tenta-se redescobrir os funcionamentos da mente: projeto implícito, mas fundamentalmente naturalista que, no entanto, recebe severas críticas dos teóricos da arte. Tem-se como princípio que esses processos não são mais um mistério incognoscível, mas automatizáveis e simuláveis em parte pelo computador. Analisa-se, desconstrói-se, raciocina-se em termos de informações – de ordem e de desordem, de previsibilidade e de imprevisibilidade, de forma e de abertura (Abraham Moles, Umberto Eco) – de símbolo, de série, de lógica, de estrutura, de código, de gramática. A arte conceitual, por exemplo, que nada tem de sistematicamente tecnológico, se elabora em torno da linguística estrutural, uma das disciplinas nucleares das ciências cognitivas.

Com o conexionismo, começa-se a duvidar da ideia de que a criação se reduz a uma forma de inteligência calculante que opera com símbolos predefinidos. Caminha-se agora na direção de modelos oriundos da auto-organização, capazes de dar conta

---

1 Sobre essa questão, veja Couchot, Les sciences de la cognition: outils de création artistique et de réflexion esthétique, colóquio *Naturaliser l'esthétique* (no prelo).

Edmond Couchot

das qualidades específicas aos seres vivos, ou para as teorias neodarwinianas, que incluem processos de variação e seleção automáticas. Com as teorias da enação, o destaque é dado aos modelos autopoiéticos e seus conceitos passam a ser aplicados à criação das obras e à estética (a exemplo de Alva Noë e Jean Vion-Dury para a percepção e a experiência estética na primeira pessoa, de Jean Petitot para a análise literária ou de Niklas Luhmann para a análise da arte como sistema autopoiético).

Por outro lado, a etologia da inspiração cognitiva orienta os artistas para modelos de expressões característicos ao animal, com o objetivo de fazer o espectador partilhar, na modalidade estética, dos comportamentos e emoções de outras espécies: por exemplo, o papel da comunicação gestual na emergência das propriedades linguísticas. Dominique Lestel[2] propõe uma interpretação da "arte em rede", apoiando-se na observação de comportamentos específicos das redes de formigas e de chimpanzés; Jean-Marie Schaeffer amplia suas reflexões sobre a naturalização da estética por meio de um estudo sobre os pássaros-cetim. No domínio musical, a relação entre as teorias estéticas da composição musical, suas práticas, e as ciências e tecnologia da cognição é notavelmente estreita.

Artistas e teóricos se referem a modelos que, embora diferentes, são todos oriundos do mesmo bloco de conhecimentos. Em razão de seu sincretismo, esses modelos fornecem aos artistas não apenas meios tecnológicos inovadores, como também fontes de inspiração que abrem um novo campo da

---

2 Lestel, Éléments d'une philogenèse de l'estétique en réseau: rationalité expressive e regression crátrice. Colóquio Artmedia VIII, *De l'Esthétique de la communication au Net.art.*

A natureza da arte

criação. Passam então a oferecer aos teóricos instrumentos conceituais que permitem tratar a arte como se fosse um objeto natural e entabular uma nova reflexão sobre a estética. Uma inter-ressonância muito forte se instaura entre o campo das práticas e o das teorias. Constata-se, também, que a relação arte-ciência não se estabelece mais entre uma arte particular e uma ciência particular – como a música e a matemática, que durante longo tempo formaram uma dupla unida –, mas que envolve uma pluralidade de ciências: doravante, a pesquisa musical integra a informática, a acústica, a linguística, a neuropsicologia, a etologia. Tudo isso se deve à composição das ciências cognitivas que formam, elas mesmas, um bloco de referência excepcional na história das ciências. Os receptores, por sua vez – sejam eles amadores experientes que apreciam essas novas artes ou que se contentam em manipular as tecnologias tomadas de empréstimo às ciências cognitivas (por meio da prática das redes, da multimídia e, sobretudo, dos jogos eletrônicos) –, observam, no plano cognitivo e emocional, suas condutas estéticas serem fortemente remodeladas.

Farei uma última observação a respeito do *corpus* das obras ao qual se referem os teóricos da arte implicados no projeto naturalista e, mais em particular, os neuroestetas. Na maior parte dos estudos, esse *corpus* se refere a obras muito clássicas pertencentes sobretudo às artes plásticas e visuais e à literatura, e parece ignorar o que constitui o aspecto mais original e exemplar das relações arte-ciência desses últimos anos, a saber, a emergência de obras diretamente inspiradas pelas ciências e as tecnologias, que eles próprios praticam, ou às quais se referem para elaborar suas teorias. Doravante, é necessário e urgente focar também esse lado da arte.

453

Edmond Couchot

Tendo em vista sua ambição, o projeto de naturalização da arte ainda está longe de ter toda a coerência necessária. As razões se explicam por sua juventude, pela complexidade das relações entre as múltiplas ciências a ele associadas e pela inércia dos saberes clássicos, aos quais esse projeto se opõe. Ele é comparável ao estado das próprias ciências cognitivas, cujo domínio permanece, segundo Andler, "distribuído em uma grande variedade de disciplinas e subdisciplinas, e conserva a estrutura em anel, que possui, desde seu nascimento, um anel cujo centro geométrico não é ocupado permanentemente por ninguém".[3] Mas talvez seja bom que as coisas caminhem assim. Viveríamos uma fase de incubação na qual um grande número de efervescentes hipóteses será formulado à espera da fase de seleção, das quais reterá apenas as mais frutíferas. As ciências cognitivas nasceram e se desenvolveram porque respondiam às questões colocadas pelas mutações da sociedade contemporânea, mergulhada em um meio no qual a tecnologia estava cada vez mais em inter-ressonância com as ciências e, prioritariamente, com as ciências da cognição. Sob controle quase total do dispositivo digital, essa tecnologia começa a se infiltrar na maior parte das atividades humanas com o objetivo de remodelá-las e, assim, constituir uma parte decisiva da cultura. As teorias da arte e da estética precisam, por sua vez, escolher entre acompanhar as mudanças e convulsões do mundo, ou renunciar a compreendê-las e a participar delas.

---

3 Andler (org.), *Introduction aux sciences cognitives*, p.689.

Referências bibliográficas

ANDLER, Daniel (org.). *Introduction aux sciences* cognitives. Paris: Gallimard, 1992, 2004.

ANDRIEU, Bernard. Brains in the Flesh: propects for a neurophenomenology. *Janus Head*, 9, 1, 2006.

_____. *La Neurophilosophie*. Paris: PUF, 1998-2007. Col. Que sais-je?

ARISTÓTELES, *Poética*. Trad. Paulo Pinheiro. São Paulo: Editora 34, 2017.

ARSAC, Jacques. La science informatique. In: _____. *Un Informaticien:* Entretien avec Jacques Vauthier. Paris: Beauchesne, 1989.

BARBAUD, Pierre. *Introduction à la composition musicale automatique.* Paris: Dunod, 1966.

BENSE, Max. *Einführung in die Informationstheoretische Aestetik.* Reinbeck: Rowohlt Taschenbuch Verlag, 1969.

BENVENISTE, Émile. Le Langage et l'expérience humaine. In: _____. *Problèmes du langage*. Paris: Gallimard, 1966.

_____. Le Sens du mot *kolossos* et le noms grecs de la statue, *Revue de Philologie* 6, 1952.

BERTHOZ, Alain. *La Simplexité*. Paris: Odile Jacob, 2009.

_____; ANDRIEU, Bernard (orgs.). *Le Corps en Acte:* centenaire Maurice Merleau-Ponty. Nancy: Presses Universitaires de Nancy, 2011

BORILLO, Mario. *Informatique pour les sciences de l'homme*. Bruxelles: Pierre Mardaga editeur, 1984.

_____. La Création artistique comme objet de connaissance. In: Borillo, Mario; Goulette Jean-Pierre (orgs.). *Cognition et creation:* explorations cognitives des processus de conception. Paris: Mardaga, 2002.

BRAFFORT, Paul. *L'Intelligence Artificielle*. Paris: Presses Universitaires de France, 1968.

_____. *Science et literature:* les deux cultures, à l'aube du troisième millenaire. Paris: Diderot, 1998-9.

BRET, J. N.; GUÉRIN, M.; JIMENEZ, M. (orgs.). *Penser l'Art:* histoire de l'art et esthétique. Paris: Éditions Klincksieck, 2009

BULLOT, Nicolas. *La Construction de l'objet perçu:* recherches sur la perception singulière des objets physiques, l'attention épistémique et l'identification démonstrative. Tese de doutorado sob orientação de Joëlle Proust, 2005.

CAILLOIS, Roger. *Cohérences aventureuses – Esthétique généralisée – Au cœur du fantastique – La dissymétrie*. Paris: Gallimard, 1976.

CASATI, Roberto; PIGNOCCHI, Alessandro. Mirror and Canonical Neurons Are not Constitutive of Aesthetic Responses. Disponível em: <www.Columbia.edu/cu/arthistory/pdf/dept_freedberg_casati_pignocchi.pdf>.

CAUQUELIN, Anne. *Les Théories de l'Art*. Paris: PUF, 1998.

CHANGEUX, Jean-Pierre. *Du Vrai, du beau, du bien:* une nouvelle approche neuronale. Paris: Odile Jacob, 2009.

_____. *L'Homme de vérité*. Paris: Odile Jacob, 2002.

_____. *Raison et plaisir*. Paris: Odile Jacob, 1994.

CHANGEUX, Jean-Pierre; CONNES, Alain. *Matière à penser*. Paris: Odile Jacob, 1989.

CHAZAL, Gérard. *Le Miroir automate*. Paris: Champ Vallon éditions, 1955.

COUCHOT, Edmond. *Des Images, du temps et des machines dans les arts e la communication*. Paris: Actes-Sud-Chambon, 2007.

_____. *Images:* de l'optique au numérique. Paris: Hermès, 1988.

COUCHOT, Edmond. *La technologie dans l'art:* De la photographie à la réalité virtuelle. Nîmes: Jacqueline Chambon, 1998.

COUCHOT, Edmond; HILAIRE, Norbert. *L'Art numérique:* comment la technologie vient au monde de l'art. Paris: Flammarion, 2003.

CRITCHLEY, Macdonald; HENSON, Ronald Alfred. *Music and the Brain.* Portsmouth: Heinemann Medical, 1977.

DAMÁSIO, António. *L'Erreur de Descartes.* Paris: Odile Jacob, 1996. [Ed. bras.: *O erro de Descartes:* emoção, razão e o cérebro humano. Trad. Dora Vicente, Georgina Segurado. São Paulo: Companhia das Letras, 1996.]

_____. *Le Sentiment même de soi:* corps, émotion, conscience. Paris: Odile Jacob, 1999.

DARSEL, Sandrine; POUIVET, Roger (orgs.). *Ce que l'Art nous apprend:* les valeurs cognitives dans les arts. Paris: Presses Universitaires de France, 2008.

DAWKINS, Richard. *L'Horloger aveugle.* Paris: Robert Laffont, 1989. [Ed. bras.: *O relojoeiro cego:* a teoria da evolução contra o desígnio divino. Trad. Laura Teixeira Motta. São Paulo: Companhia das Letras, 2001.]

_____. *Le gene égoiste.* Paris: Odile Jacob, 1996-2003. [Ed. bras.: *O gene egoísta.* Trad. Geraldo Forsheim. Belo Horizonte: Itatiaia, 2001; *O gene egoísta.* Trad. Rejane Rubino. São Paulo: Companhia das Letras, 2007.]

DECETY, Jean. L'empathie est-elle uma simulation mental de la subjectivité d'autrui? In: BERTHOZ, Alain; JORLAND, Gérard (orgs.). *L'Empathie.* Paris: Odile Jacob, 2004.

DERRIDA, Jacques. *La Vérité en peinture.* Paris: Flammarion, 1993.

DEWEY, John. *Art as Experience.* New York: Minton, Balch & Company, 1934.

_____. *L'Art comme expérience.* Pau: Université de Pau-Farrago, 2005.

DINER, Simon. *Lexique de philosophie naturelle où science et philosophie s'observent d'une manière critique comme participant d'une même culture,* verbete ART. Disponível em: <www.peiresc.org/DINER/Lexique.pdf>.

DISSANAYAKE, Ellen. *Homo Aestheticus*. Seattle-Londres: University of Washington Press, 1955.

DOKIC, Jérôme. L'Architecture cognitve du sens esthétique. In: Borillo, Mario (org.). *Dans l'Atelier de l'art:* expériences cognitives. Seyssel: Champ Vallon, 2010.

DUCHAMP, Marcel. Le Processus créatif. In: _____. *Duchamp du signe.* Paris: Flammarion, 1994.

DUPUY, Jean-Pierre. *Aux Origines des sciences cognitives.* Paris: La Découverte, 1994.

_____. *Les Savants croient-ils en leurs théories?* Une lecture philosophique de l'histoire des sciences cognitives. Paris: Éditions INRA, 2000.

ECO, Umberto. *Opera aperta.* Milano: Valentino Biompani, 1962. [Ed. bras.: *A obra aberta:* forma e indeterminação nas poéticas contemporâneas. Trad. Giovanni Cutolo. São Paulo: Perspectiva, 2015.]

EDELMAN, Gerard. *Comment la Matière deviant conscience.* Paris: Odile Jacob, 2000.

_____. *The Theory of Neural Group Selection.* Nova York: Basic Books, 1987.

ELLIOTT, David J. *Music Matters:* a new philosophy of music education. Nova York: Oxford University Press, 1995

_____. *Paxial Music Education:* reflexions and dialogues. Nova York: Oxford University Press, 2005-9.

FONCILLON, Henri. *Vie des formes.* Paris: Presses Universitaires de France, 1970.

FOUCAULT, Michel. *Les Mots e les choses:* une archéologie des sciences humaines. Paris: Gallimard, 1966. [Ed. bras.: *As palavras e as coisas:* uma arqueologia das ciências humanas. Trad. Salma Tannus Muchail. São Paulo: Martins Fontes, 1981.]

FREEDBERG, D.; GALLESE, V. Motion, Emotion and Empathy in Aesthetic Experience. *Trends in Cognitive Sciences,* v.11, 2007.

FREEDBERG, David. Composition picturale et réponse émotionelle. Colóquio *Art et Cognition,* 2002. Disponível em: <www.interdisciplines.org/artcog/papers/3>.

A natureza da arte

FUCHS, Philippe (org.). *Le Traité de la rálité virtuelle*. Paris: Les Presses de l'École de Mines de Paris, 2006.

GALLESE, Vittorio. Intentional Attunement. The Mirror Neuron system and its role in interpersonal relations. Disponível em: <www.interdisciplines.org/mirror/papers/1/version/original>.

GARDNER, Howard. *Art, Mind and Brain*. Nova York: Basic Books, 1984. [Ed. bras.: *Arte, mente e cérebro*: uma abordagem cognitiva da criatividade. Trad. Ernani Fonseca. Porto Alegre: Artmed, 2002.]

GOETHE, J. W. von. *Le Traité des couleurs*. Trad. Henriette Bideau. Paris: Triades, 1973, 1975 [Ed. bras.: *Doutrina das cores*. Apres., sel., trad. Marco Giannotti. São Paulo: Nova Alexandria, 2011.]

GOODMAN, Nelson. *Langages de l'art, une approche de la théorie des symboles*. Paris: Hachette, 2009.

GREGORY, Richard. *L'Œil et le cerveau*. Paris: Hachette, 1966.

HAECKEL, Ernst. *Kunstformen der Natur*. Leipzig-Vienna: Verlag des Bibliographischen Instituts, 1904.

HALL, Edward T. *La Dimension cachée*. Paris: Seuil, 1978. [Ed. port.: *A dimensão oculta*. Trad. Miguel Serras Pereira. Lisboa: Relógio d'Agua, 1986.]

HEUDIN, Jean-Claude. *La Vie artificielle*. Paris: Hermès, 1994.

HILLER, Lejaren A. Music Composed with Computers: as historical survey. In: LINCOLN, Harry B. (org.). *The Computer and Music*. Nova York: Cornell University Press-Ithaca, 1970.

HUME, David. *Traité de la nature humaine*: essai pour introduire la méthode expérimental dans les sujets moraux. [s.l.]: [s.n.], 1739-40. [Ed. bras.: *Tratado da natureza humana*: Uma tentativa de introduzir o método experimental de raciocínio nos assuntos morais. Trad. Débora Danowski. São Paulo: Editora Unesp, 2009.]

HUMPHREY, Nicholas. Natural Aesthetics. In: MIKELLIDES, B. (org.). *Architecture for People*. Londres: Studio-Vista, 1980.

JACCARD, Sylvain. Quelle pourrait être l'évolution de la conception philosophique da l'écoute musicale selon le paradigme *praxialiste*, si David J. Elliott prenait en compte les critiques formulées à son égard? *Recherche en Éducation Musicale*, n.25. Québec: Université de Laval, 2007.

JEANNEROD, Marc. *La Nature de l'esprit*. Paris: Odile Jacob, 2002.

JORLAND, Gérard. L'Empathie, histoire d'un concept. In: BERTHOZ, Alain; JORLAND, Gérard (orgs.). *L'Empathie*. Paris: Odile Jacob, 2004.

KANDINSKY, Wassily. *Du Spirituel dans l'art*. [s.l.]: [s.n.], 1911.

KISS, Jocelyne. *Composition musicale et sciences cognitives:* Tendances et perspectives. Paris: L'Harmattan, 2004

KUBLER, George. *The Shape of Time:* remarks os the history of things. New Haven: Yale University Press, 1962.

LAVERNHE, Gilles. Le Cerveau musical. Disponível em: http://coron. free.fr/revue/cerveau.html.

LECHEVALIER, Bernard. *Le Cerveau de Mozart*. Paris: Odile Jacob, 2003.

LEROI-GOURHAN, André. *Le Geste et la parole*. Paris: Albin Michel, 1974. V.II: *La Mémoire et les rytmes*.

LESTEL, Dominique. Éléments d'une philogenèse de l'estétique en réseau: rationalité expressive e regression crátrice. Colóquio Artmedia VIII, *De l'Esthétique de la communication au Net.art*. 29-30 nov.-I dez. 2002. Centre Français du Commerce Extérieur.

———. *Les Origines animales de la culture*. Paris: Flammarion , 2001.

LÉVY-LEBLOND, Jean-Marc. *La Science (n')est (pas) l'art:* brèves rencontres. Paris: Hermann, 2010.

LI-HSIANG, Hu. *Le Visible et l'expression:* étude sur la relation intersubjective entre perception visuelle, sentiment esthétique et forme picturale. Tese de doutorado. Paris: CRAL, EHESS, 2009.

LIPPS, Theodor. *Ästhetik:* Psycologie de Schönen und der Kunst. Hamburg-Leipzig: Voss, 1903.

LIVET, Pierre. Les Approches esthétiques. In: BORILLO, Mario (org.). *Approches cognitives de la creation artistique*. Paris: Mardaga, 2005.

LUHMANN, Niklas. *Social Systems*. Palo Alto: Stanford Universitary Press, 1996.

MÂCHE, François-Bernard. *Musique, mythe, nature ou les dauphins d'Arion*. Paris: Éditions Méridiens Klincksieck, 1983.

MALDINEY, Henri. *L'esthétique des rytmes*. Lausanne: L'âge d'homme, 1973.

MENUT, Adolphe. *Le Passé, le present et l'avenir de la photographie*. Paris: [s.n.], 1861.

MERLEAU-PONTY, Maurice. *A Natureza*. Curso do Collège de France, texto estabelecido e anotado por Dominique Séglard. Trad. Álvaro Cabral. São Paulo: Martins Fontes, 2006.

_____. *Phénoménologie de la perception*. Paris: Gallimard, 1945. [Ed. bras.: *Fenomenologia da percepção*. Trad. Carlos Ribeiro de Moura. São Paulo: Martins Fontes, 1994.]

MICHAUD, Yves. *L'Art à l'état gazeux*: essai sur le triomphe de l'esthétique. Paris: Hachette, 2004.

MOLES, Abraham. *Art et ordinateur*. Paris: Casterman, 1971.

_____. *Perception esthétique et théorie de l'information*. Paris: Flammarion, 1958.

MORETTI, Alessio. Ce qu'Explorent les Communications de l'art. In: _____. *Trois Approches complémentaires et non incantatoires de la crátion artistique*: Matte Blanco, Luhmann e Badiou. *Electrobolochoc* 2005-2006, Zuma, 2006.

MORIZOT, Jacques. Enjeu cognitif et/ou théorie cognitive. In: DARSEL, Sandrine; POUIVET, Roger (orgs.). *Ce que l'Art nous apprend*: les valeurs cognitives dans les arts. Paris: Presses Universitaires de France, 2008.

NOË, Alva. L'Art comme enaction. Disponível em: <www.interdisciplines.org/artcog/papers/8/1#_1>.

PELLETIER, Jérôme. La Fiction como culture de la simulation. *Poétique*, n.154, avril 2008.

PETIT, Jean-Luc. Empathie et intersubjectivité. In: Berthoz, Alain; Jorland, Gérard (orgs.). *L'Empathie*. Paris: Odile Jacob, 2004.

PETITMENGIN, Claire. *L'expérience intuitive*. Paris: L'Harmattan, 2001.

_____, et al. Listening from within, *Journal of Consciousness Studies*, 2009, 16 (10-12).

PETITOT, Jean. *Morphologie et esthétique*. Paris: Maisonneuve et Larose, 2005.

POINCARÉ, Henri. *L'Invention mathématique*. Conferência proferida no Institut Général Pasychologique, *Bulletin 3*, 1908.

POUIVET, Roger. Conception cognitive de l'art et creation artistique. In: BORILLO, Mario; GOULETTE, Jean-Pierre (orgs.). *Cognition et creation:* explorations cognitives des processus de conception. Paris: Mardaga, 2002.

_____. Création. *Dictionnaire d'esthétique et de philosophie de l'art*. Paris: Arman Colin, 2007.

_____. *L'Onthologie de l'œuvre de l'art:* une introduction. Paris: Jacqueline Chambon, 1999.

PROUST, Marcel. *Em busca do tempo perdido*. Trad. Fernando Py. São Paulo: Ediouro, 2002.

GODOY, R. J. Imagined Action, Excitation and Resonance. In: GODOY, R. J.; JORGENSEN, H. (eds.). *Elements of Musical Imagery*. Lisse: Seerts and Zeidinger, 2001.

RADIGUET, Raymond. *O diabo no corpo*. Trad. Paulo César de Souza. São Paulo: Penguin/Companhia das Letras, 2014.

RAMACHANDRAN, Vilayanur. *Le Cerveau, cet artiste*. Paris: Eyrolles, 2005.

RAMACHANDRAN, Vilayanur; HIRSTEIN, William. The Science of Art, a Neurological Theory of Aesthetic Experience, *Journal of Consciousness Studies*, 6, n.6-7, 1999.

RAMACHANDRAN, Vilayanur; BLEAKESLLE, Sandra. *Le Fantôme interieur*, Paris: Odile Jacob, 2002.

RASTLER, François. Écritures démiurgiques 2. *Visio*, 2002, v.6, n.4.

RISSET, Jean-Claude. Musique, recherche, théorie, espace, chaos, *Harmoniques* n.8/9, 1991.

A natureza da arte

RIZZOLATTI, Giacomo et al. Premotor Cortex and the Recognition of motor actions. *Cognitive Brain Research*, 1996.

_____; SINIGAGLIA, Corrado. *Les Neurones miroirs*. Paris: Odile Jacob, 2008

ROCJLITZ, Rainer. *L'Art au banc d'essai:* Esthétique et critique. Paris: Gallimard: 1998.

RONDELEUX, Luc; LALIBERTÉ, Martin. 1957-1997: quarante années de representations numériques au servie de l'acoustique musicale et de la création artistique. *Actes du 4ème Congrès français d'Acoustique (Cfa 97)/Proceedings of the 4th French Acoustics Congress,* Marseille, France, 14-18 avril 1997, SFA teknea, v.1.

SACKS, Oliver. *Musicophilie:* la musique, le cerveau et nous. Paris: Le Seuil, 2009. [Ed. bras.: *Alucinações musicais:* Relatos sobre a música e o cérebro. Trad. Laura Teixeira Motta. São Paulo: Companhia das Letras, 2007.]

SAINT-GIRONS, Baldine. *Le Sublime, de l'antiquité à nos jours.* Paris: Les Éditions Desjonquères, 2005.

SCHAEFFER, Jean-Marie. *Adieu à l'esthétique.* Paris: Presses Universitaires de France, 2000.

_____. Comment naturaliser l'esthétique et pourquoi?. In: *Grand dictionnaire de la philosophie.* Paris: Larousse, 2004.

_____. *La Fin de l'excéption humaine.* Paris: Gallimard, 2007.

_____. Quelle Valeurs cognitives pour quels arts? In: DARSEL, Sandrine; POUIVET, Roger (orgs.). *Ce que l'Art nous apprend:* les valeurs cognitives dans les arts. Paris: Presses Universitaires de France, 2008.

_____. *Théorie des signaux coûteux, esthétique e art.* Québec: Tangence Éd. Université du Québec, 2009.

SEBEOK, Thomas. Prefigurements of Art. *Semiotica*, n.27, 1979.

SMITH, Adam. *La richesse des nations.* [s.l.]: [s.n.], 1776. [Ed. bras.: *A riqueza das nações.* Trad. Luiz João Baraúna. São Paulo: Abril Cultural, 1988.]

SMITH, Adam. *La théorie des sentiments moraux.* [s.l.]: [s.n.], 1759.

SOBIESZCZANSKI, Martin. *Arte e percepção:* ensaio de estética cognitivista. Tese de doutorado sob orientação de Edmond Couchot. Universidade Paris 8, 1999.

_____. *Les Artistes et la perception, entretiens avec Z. Dublak, J. Bury, R. Rivero e B. Caillaud.* Paris-Montréal: L'Harmattan, 2000.

SOURIAU, Émile. *Art et verité.* Paris: Alcan, 1933.

SPEER, Nicole K. et al. Reading Stories Activates Neural Representations of Visual and Motor Experiences. *Psychological Science,* v.20, n.8, 2009.

SPERBER, Dan. *La Contagion des idées.* Paris: Odile Jacob, 1996.

STERN, Daniel. *Le Moment present en psychothérapie:* un monde dans un grain de sable. Paris: Odile Jacob, 2003.

VALÉRY, Paul. L'Invention esthétique. In: _____. *Œuvres I.* Paris: Gallimard, 1957.

VARELA, Francisco J. *Autonomie et connaissance.* Paris: Éditions du Seuil, 1989.

_____. *Invitation aux sciences cognitives.* Paris: Seuil, 1989, 1996.

VARELA, Francisco; THOMPSON, Evan; ROSCH, Eleanor. *L'Inscription corporelle de l'esprit, sciences cognitives et experience humaine.* Paris: Éditions du Seuil, 1993. [Ed. bras.: *A mente incorporada:* ciências cognitivas e experiência humana. Trad. Maria Rita Secco Holmeister. Porto Alegre: Artmed, 2003.]

VERNANT, Jean-Pierre. De la représentation de l'invisible à l'imitation de l'apparence. *Revue d'esthétique,* n.7, Privat, 1984;

_____. *Mythe et pensée chez les grecs.* Paris: Maspero, 1980. Tomo II. [Ed. bras.: *Mito e pensamento entre os gregos.* Trad. Haiganuch Sarian. Rio de Janeiro: Paz e Terra, 1990.]

VIGNAUD, Georges. *Les sciences cognitives:* une introduction. Paris: La Découverte, 1992.

VIGOUROUX, Roger. *La Fabrique du Beau.* Paris: Odile Jacob, 1992.

VION-DURY, Jean. Entre Mécanisation et incarnation. Réflexions sur les neurosciences cognitives fondamentales et cliniques, *Revue de Neurosciences Sognitives,* 17(4), 2008.

VON FŒRSTER, Heins. *Understanding essays on Cybernetics and Cognition.* Nova York: Springer, 2003.

_____. La construction d'une réalité. In: Watzlawick, Paul (org.). *L'Invention de la réallité:* contribution au constructivisme. Paris: Éditions du Seuil, 1988.

WAGENSBERG, Jorge. L'Origine de l'esthétique. *La Recherche,* n.359, dez. 2002.

WORRINGER, Wilhelm. *Abstraction et Einfühblung:* contribution à la psychologie du style. Paris: editions Klincjsieckm, 1978.

ZEKI, Samir. *Inner Vision:* an exploration of art and the brain. Oxford: Oxford University Press, 1994.

_____. L'Artiste à sa manière est un neurologue. *La Recherche,* hors-série n.4, nov. 2000.

ZEKI, Samir; LAMBERT, M. The Neurology of Kinetic Art. *Brain,* Oxford University Press, 1994.

Índice onomástico

Numeral
4' 33'', 324-5, 436

A
Aquiles, 312
Adorno, Theodor W., 424
África do Norte, 77
África do Sul, 85-6
A Gioconda, 338-9
ALAMO, 205
Alberti, Leone Battista, 128, 141, 219
Allegri, Gregorio, 185
Alophe, Adolphe, 423
Andler, Daniel, 10, 21-3, 34, 47, 167, 454
Andrieu, Bernard, 43 (14n)
Ariane adormecida, 382
Aristóteles, 27, 125-6, 146
Arsac, Jacques, 26
A tecelã, 150, 291
Atena, 89-90

Auber, Olivier, 54
Australianos, 394

B
Babbage, Charles, 26
Bach, Jean-Sébastien, 177, 183
Bacon, Francis, 112, 331, 436
Balpe, Jean-Pierre, 335
Barbaud, Pierre, 287
Baudelaire, Charles, 82, 181
Baumgarten, Alexander Gottlieb, 128, 261
Bazin, René, 232 (21n)
Bellini, Giovanni, 185
Bense, Max, 104
Benveniste, Émile, 90, 246 (30n), 297-301, 304-5, 313-5
Berenson, Bernard, 231
Bernard, Émile, 243-4
Berthoz, Alain, 57, 149, 152-4, 225 (43n), 248-9
Bill, Max, 206

Edmond Couchot

Blakeslee, Sandra, 114 (14n)
Blanc, Charles, 141
Blin, Odile, 416 (3n)
Blombos, 85
Boltzmann, Ludwig, 421
Borillo, Mario, 34, 200, 208, 223
Bosch, Hieronymus, 102
Bouasse, Henri, 420
Braffort, Paul, 205
Brecht, Bertolt, 124
Brentano, Franz, 32, 45
Bret, Michel, 226-7, 280
Brillo (caixas), 350
Broca, Paul Pierre, 246
Broglie (de), Louis-Victor, 419
Bullot, Nicolas, 139
Buren, Daniel, 334, 337

C
Cage, John, 324-5, 436
Caillois, Roger, 95-7
Calle, Sophie, 54
Calvo-Merino,
Carlson, Carolyn, 307
Casati, Roberto Cati, 262-4, 400-1
Cauquelin, Anne, 126
Cavalli-Sforza, Luca, 381
César, 53
Cézanne, Paul, 105, 107 (8n),
    423-4, 431
Chanel, 395-6
Changeux, Jean-Pierre, 105, 123-4,
    127, 129, 131-2, 184, 188-9,
    191, 193, 197, 221, 253-5, 261,
    351, 381-2, 385-6, 388, 398-9

Charpentier, Marc-Antoine, 258
Chateau, Dominique, 277 (9n)
Chazal, Gérard, 228
Chevreul, Michel Eugène, 141, 425
China, 80
Chippendale, 121
Chomsky, Noam, 31
Chostakovitch, Dmitri Dmitrie-
    -vitch, 177
Citroën, 395
Clavaud, Armand, 425
Clément, Jean, 335
Congo, 224
Connes, Alain, 188-90, 193-4, 220,
    336
Constable, John, 94
Conway, John H., 218
Corot, Jean-Baptiste, 94
Corti (órgão de), 183
Couchot, Edmond, 137 (29n),
    174 (5n), 199 (26n), 203
    (29n), 213 (35n), 285 (16n),
    297 (2n), 416 (3n), 427
    (12n), 451 (1n)
Critchley, Macdonald, 151 (39n)
Cristo, 287, 382

D
D'Arcy Thompson, 420
Dalí, Salvador, 102, 200
Damásio, António, 59, 64, 159-
    60, 162-4, 249, 256, 260, 263,
    370
Danto, Arthur, 350
Danziger, Nicolas, 266

A natureza da arte

Darsel, Sandrine, 434
Darwin, Charles, 44, 164, 220, 232, 365, 425
Davis, Michael, 163
Dawkins, Richard, 219-20, 228, 365, 375 (20n), 376-80
Decety, Jean, 237, 239, 242
Delacroix, Eugène, 423
Delius, Juan, 379
Denis, Maurice, 140-1
Deus, 73, 128, 171-2, 174, 377, 420
Dewey, John, 143, 272-8, 437
Diderot, Denis, 51
Diofanto de Alexandria, 417
Dirac, Paul, 419
Dissanayake, Ellen, 86, 236, 251-2
Doesburg, Theo Van, 205
Dokic, Jérôme, 61
Dostoievski, Fiódor Mihailovic, 180-1
Dubuffet, Jean, 393, 436
Ducasse, Isidore, 93
Duchamp, Marcel, 83, 95, 138, 144, 196, 284, 335, 425
Duo para um pianista, 215

E
Eco, Umberto, 103, 211, 451
Edelman, Gérard, 226
Eiffel, Gustave, 53
Einstein, Albert, 425
Elliot, 162
Elliott, David J., 433
Engel, Pascal, 66
Estados Unidos, 384

Europa, 9, 72, 77, 79 (26n), 80, 83 (30n), 321, 394

F
Fadiga, L., 309 (12n)
Felipe IV, 185
Fellmann, Christof, 381
Fermât (de), Pierre, 191, 417
Fídias, 90
Flaubert, Gustave, 108-1
Focillon, Henri, 383-4
Fodor, Jerry, 33
Fœrster (von), Heinz, 36, 192
Fogassi, L., 240 (16n)
Fontana, Lucio, 257, 263, 320
França, 19, 104-5, 205, 262, 384
Freedberg, David, 255-6, 258-62, 264, 266, 318
Friedrich, Caspar David, 92

G
Galilei, Galileu, 418
Gallese, Vittorio, 241, 245, 255-6, 258, 260-2, 266, 318
Gardner, Howard, 151 (39n)
Gayon, Jean, 390 (31n)
Genetic Images, 221
Gernez, François, 178
Getzels, Jacob W., 186
Giacometti, Alberto, 92
Gleize, Albert, 425
Godoy, R. I., 260 (50n)
Goethe (von), Johann Wolfgang, 425
Goncourt (de), Edmond, 94

Edmond Couchot

Goodman, Nelson, 65, 292-3, 338-40, 346, 415-6, 435
Goya, Francisco de, 256, 260, 262
Grande Relojoeiro, 385
Grécia, 89-90, 97, 200, 310, 342-3
Gregory, Richard L., 66, 117, 148, 150
Grumbach, Alain, 214

H

Haeckel, Ernst, 92
Hegel, Georg Wilhelm Friedrich, 51
Heidegger, Martin, 424
Hélion, Jean, 205
Helmoltz (von), Hermann Ludwig F., 141, 186, 425
Henry, Charles, 141, 425
Henson, R. A., 151 (39n)
Heudin, Jean-Claude, 218 (38n)
Hiller, Lejaren A., 204 (31n)
Hirstein, William, 115 (17n)
Holland, John H., 220
Hollerith, Hermann, 26
Homo sapiens, 77, 80, 87, 136, 239
Hume, David, 93, 129, 230
Humphrey, Nicolas, 79, 408
Huxley, Aldous, 420
Hyman, John, 113, 117 (18n)

I

Igreja, 91

J

Jaccard, Sylvain, 433 (15n)
Jacquard, Joseph Marie, 199

Jamison, Ray Redfield, 182
Japão, 80
Jeannerod, Marc, 9, 166
Jorgensen, H., 260 (50n)
Jorland, Gérard, 231, 234
Journiac, Michel, 53, 345

K

Kandinsky, Vassily, 92, 106, 234, 318
Kant, Immanuel, 92, 129, 146, 172-3, 231, 268, 276, 397
Karavan, Dani, 54
Kelvin (Lord), William Thomson, 421
Kemp, Martin, 52-3
Kepler, Johannes, 418
Khalfa, Stéphanie, 155
Kiss, Jocelyne, 217 (37n), 281
Klee, Paul, 92, 94, 96, 102, 143, 145, 403
Kosuth, Joseph, 144, 265
Kubler, George, 384
Kuhn, Thomas Samuel, 420
Kunsthalle, 145

L

Laliberté, Martin, 204 (31n)
Lambert, Hervé-Pierre, 181 (11n)
Langton, Christopher, 219
Larbaud, Valéry, 181
Lavernhe, Gilles, 154
Lechevalier, Bernard, 185 (13n)
Le Corbusier, Charles-Édouard (Jeanneret-Gris), 200

LeDoux, Joseph, 57 (8n), 161, 163

Leglise, Joseph,

Leibniz, Gottfried Wilhelm, 26, 128

Leroi-Gourhan, André, 63, 78-81, 85-6, 88, 95, 408

Lestel, Dominique, 351 (32n), 372-3, 452

Lévy-Leblond, Jean-Marc, 419

Lindenmayer, Aristide, 220

Lipps, Theodor, 62, 232-6, 250, 253, 255, 257

Littré, Emile, 51

Livet, Pierre, 165

Lobatchevski, Nikolaï Ivanovitch, 425

Lorrain (pseudônimo) Gellée, Claude, 92

Lotstra, Françoise, 57 (8n)

Louvre, 336, 346

Luhmann, Niklas, 402-3, 452

Lumley, Henri de, 63

M

Macy, 29, 36

Magdaleniano, 83, 391

Maldiney, Henri, 64, 424

Malevitch, Kazimir Severinovitch, 106

Mandelbrot, Benoit, 219

Manzoni, Piero, 53

Maria Madalena em êxtase, 382

Marker, Chris, 54

Mathieu, Georges, 102, 197-8

Maturana, Humberto, 39, 44, 222, 278, 330, 402, 428

Maxwell, James Clerk, 420

McAllister, James W., 420-1

McCarthy, John, 31

McCulloch, Warren, 26, 29

Merleau-Ponty, Maurice, 242, 294

Metzinger, Jean, 425

Michaud, Yves, 53

Michaux, Henri, 353

Michelangelo di Lodovico Buonar-roti Simoni, 50 (2n), 189, 256, 262

Millet, Catherine, 145

Minsky, Marvin, 31

Miserere, 185

MIT, 31

Moles, Abraham, 99-103, 120, 142, 158, 204, 211, 285-6, 451

Molnar, François, 104

Mondrian, Piet, 94, 106, 109, 203

Moore, Henry, 116

Moreau, Guillaume, 210 (34n)

Moretti, Alessio, 402 (36n)

Morizot, Jacques, 270, 384, 435

Mosset, Olivier, 334

Moura, Leonel, 223-4, 280

Musteriense, 79

Mozart, Wolfgang Amadeus, 184, 339-40, 347, 433

Musas, 311

N

Nadia, 119

Nahoum-Grappe, Véronique, 67 (23n)

Négev, 359

Edmond Couchot

Neumann (von), John, 29, 37, 218-9

No caminho de Swann, 315

Noë, Alva, 288-93, 329-30, 452

Noll, Michael, 203

O

Ocidente, 15, 92, 146, 342, 367, 403

O diabo no corpo, 315

O escravo, 256

Os desastres da guerra, 256

Œrsted, Hans Christian, 419

Oldenburg, Claes, 138

Orlan, 54, 345

P

Pacífico, 358

Pandora, 390

Paris, 54, 338

Parmentier, Michel, 334

Partenon, 90, 274

Pascal, Blaise, 26, 91

Pátroclo, 312

Pawlowski, Gaston de, 425

Payne, Roger, 359

Pelletier, Jérôme, 260

Penélope, 312

Penrose, Roger, 419

Perceptron, 36

Petit, Jean-Luc, 232

Petitmengin, Glaire, 186-7, 194

Petitot, Jean, 146-7, 452

Picasso, Pablo, 112, 116, 118-9

Pierrette, 118

Pignocchi, Alessandro, 262-4

Pitts, Walter, 29

Planck, Max, 419

Platão, 65, 96, 125-7, 144, 268, 333

Playboy, 120

Ploton, Louis, 134

Poincaré, Henri, 186, 190, 193, 422, 425

Pollock, Jackson, 197, 257, 262-3, 319, 333

Polifemo, 313

Pompidou, Georges, 346

Popper, Karl, 150, 411

Pouivet, Roger, 171-3

Poussin, Nicolas, 92, 194, 258

Prather, J. F., 259 (49n)

Predictor, 26-7

Primat, Nicolas, 428 (13n)

Proust, Joëlle, 139 (32n)

Q

Quarteto K 465, 340

R

Radiguet, Raymond, 315

Ramachandran, Vilayanur, 114-7, 119-23, 140, 173, 262

Rastier, François, 344

Rauschenberg, Robert, 320

Ravel, Maurice, 177

Redon, Odilon, 425-6

Renascimento, 24, 50, 54, 72, 128, 141, 195, 200, 235, 261, 321-2, 334, 408, 418

A natureza da arte

Renault, 396

Rensch, Bernard, 351

Réservoir, 320

Reynolds, Jeremy R., 317 (18)

Riemann, Georg Friedric, 425

Rimbaud, Arthur, 316

Risset, Jean-Claude, 206, 215, 282, 284

Rizzolatti, Giacomo, 240-1, 244, 246-7

Rondeleux, Luc, 204 (31n)

Rood, Ogden, 141, 425

Rosenblatt, Frank, 36

Roubaud, Jacques, 205

Rubens, Pierre Paul, 92, 185

Russel, Bertrand, 419

S

Sacks, Oliver, 178 (8n)

Saint-Girons, Baldine, 268 (56n)

Saint-Louis, 317

Samson, Séverine, 156

São Tomás de Aquino, 172

Schaeffer, Jean-Marie, 61-2, 64, 362-9, 374, 452

Schickard, Wilhelm, 26

Schiller (von), Johann Christoph Friedrich, 129

Schlemmer, Oskar, 425

Schrödinger, Erwin Rudolf Josef A., 414

Schumann, Robert, 182

Sebeok, Thomas, 359

Segunda Guerra Mundial, 25, 177

Ségurel, Laure, 389 (30n)

Seurat, Georges, 108, 426 (11n)

Severini, Gino, 425

Shannon, Claude, 28, 100

Shebalin, Vissarion, 177

Simon, Herbert, 31, 124

Sims, Karl, 221

Sinigaglia, Corrado, 244

Smith, Adam, 230-1, 239, 250, 332

Sobieszczanski, Marcin, 415

Soulages, Pierre, 319

Souriau, Étienne, 424

Speer, Nicole K., 317 (18n)

Sperber, Dan Stelarc, 379-80, 382

Stern, Daniel, 300-4, 327, 379

Swallow, Khena M., 317 (18n)

Szeemann, Harald, 145

T

Tchaïkovski, Piotr Ilitch, 183

Thom, René, 147

Toroni, Niele, 334

Tramus, Marie-Hélène, 225 (43n)

Turing, Alan, 13, 24-6, 28

Turner, William, 94, 425, 441

U

Ulam, Stanislas, 218

Ulisses, 312-3

Uma e três cadeiras, 265

V

Valéry, Paul, 311

Van Gogh, Vincent, 180-1

Edmond Couchot

Varela, Francisco, 11, 39, 41-2, 44-6, 133, 222, 277-9, 282, 286, 289, 292, 330, 402, 428
Vasari, Giorgio, 50
Velázquez, Diego, 185
Vermeer, Johannes, 150, 291
Vernant, Jean-Pierre, 90-1
Vigouroux, Roger, 151, 157, 169, 176, 178, 193, 195, 197-8, 252-3
Villa, André, 281
Vincent, Odile, 67 (23n)
Vinci, Leonardo da, 50, 183, 196, 338-9
Vion-Dury, Jean, 133, 135-6, 268, 292-4, 452
Vischer, Robert, 231

W

Walter, Grey, 30
Warburg, Aby, 231

Warhol, Andy, 350
Washington, 317
Watt, James, 27
Webern, Anton, 200
Weiner, Lawrence, 145, 265
Wiener, Norbert, 26, 28
Wilde, Oscar, 93
Wiles, Andrew John, 417
Wölfflin, Heinrich, 231
Worringer, Wilhelm, 94, 234-6, 264 (54n)

X

Xenakis, Iannis, 204, 287

Z

Zacks, Jeffrey M., 317 (18n)
Zahavi, Amotz, 359-60, 365, 370
Zeki, Semir, 105-13, 116, 119, 121-3, 140, 148, 157, 253, 262-3, 271

Índice remissivo

A

ação, 14, 33-5, 41-4, 57-8, 68, 70, 76, 84, 136-8, 140, 143, 150-3, 160, 167, 169, 173-4, 187, 193, 197, 200, 208-10, 212, 224-5, 230, 232, 240-1, 243-8, 251, 255, 260, 263, 277-8, 289, 291, 296, 304, 306-8, 311, 317, 324-6, 328-9, 332, 341, 346-7, 352, 363-4, 369, 379, 391, 409-10, 413, 424, 433, 440

acoplamento estrutural, 43, 278-9, 284-5, 330

adaptação, 14, 37, 220, 355, 380, 382, 389, 404, 436, 446

adquirido, 16, 40, 52, 117, 139-40, 155, 179, 184-5, 189, 208, 223, 239, 249, 272, 295, 374, 386-7, 409, 432, 445

aedo, 310-2

alográfico (regime, obra), 338-44, 346-9, 444

alvo, 27, 56, 58-9, 76, 194

amante da arte, 11, 60, 68-9, 124, 136, 139, 148, 151-2, 154, 166, 171, 212, 229, 231, 269-70, 278, 295, 305, 329, 362, 365, 401, 410, 414-5, 417, 442, 445

ambiente, 32-3, 35-6, 38, 45, 58, 79, 87, 93, 111, 117-8, 123, 129, 146, 149-50, 160, 190, 192, 216-8, 244, 275, 277, 279-80, 288-90, 303, 330, 347, 352, 357, 380, 387-9, 398-9, 402, 432, 439, 447

amígdala, 106, 156, 161-3

analogia, 89, 172, 191, 376, 380

antropologia, 13, 23, 30-1

arquitetura, 29, 50-1, 127, 158, 200-1, 231, 233, 257, 290, 342, 344, 408

arte conceitual, 59, 143-5, 165, 263-4, 267, 427, 451

artefato, 31, 52-3, 55, 61, 63, 67-77, 83, 85, 87, 92, 94, 112, 121-3, 126-7, 131, 135-6, 139-40, 148, 150, 157-8, 180, 191, 198-9, 211, 213, 216, 228-9, 233, 252, 257, 267, 269, 280, 283, 286, 290, 293, 295, 305-6, 318, 329, 338-9, 345, 349-50, 352, 362-4, 369, 371, 388, 393-5, 399-402, 404, 414, 427, 432, 437, 439, 441-4, 447

arte moderna, 53, 102, 106, 127, 129, 368

artista, 11-2, 16, 19, 46, 50-2, 54 (6n), 68-70, 72, 74, 76, 82, 89, 92-5, 101, 108 (9n), 110-1, 116-7, 119, 122, 124, 126, 129-30, 132, 138, 140-1, 143-6, 148, 171-3, 175-6, 179-83, 185, 190-1, 194-5, 198-202, 205-6, 208, 210-1, 215-7, 219, 222, 224, 254-5, 257, 262, 264, 270, 276, 278-9, 283-4, 286-7, 305, 318, 323 (21n), 329, 333-7, 345, 353, 356, 363-4, 382-3, 393-7, 401, 407, 409-12, 415, 423, 425-9, 443, 448, 451-2

atenção cognitiva, 56, 58, 61, 75-6, 168, 353, 364, 371, 391, 439, 448

atenção estética, 16, 58-9, 61-2, 64-5, 67, 69, 75-6, 111, 122, 136-8, 149, 165, 211, 306, 325, 328, 352, 359, 392-4, 439-41

atenção morfotrópica, 59, 69, 362, 440

autográfico (regime, obra), 338-9, 341, 343, 345-6, 348-9

autonomia, 51, 217-8, 224, 226, 326, 347, 372, 383, 393, 409

auto-organização, 14, 35-7, 147, 280, 428, 451

autopoiese, 44, 147, 216, 222, 279-80, 353, 375

autor, 23, 68-70, 72-4, 83, 126, 147, 173-5, 191, 211-2, 216, 223, 228-9, 238, 255-7, 262-3, 265, 285-6, 295-6, 300, 305-6, 308, 310, 312-9, 322-6, 328-45, 348-50, 352, 367-8, 376, 393-5, 413-4, 417, 431, 442, 444-5

autoteleológico, 62, 73, 76, 122, 169, 263, 265, 307, 370, 372, 414, 448

B

baleias, 358, 371, 446

beleza, 15, 53, 56, 73, 92-4, 96-7, 104-5, 112, 122, 124, 127-9, 141, 186, 200, 207, 220, 274, 283, 307, 357-8, 396, 418-22, 443

bottom up, 165, 168, 265, 310, 323

C

calculador, 26-7

cálculo, 14, 26-9, 31, 37, 186, 198, 200, 206-8, 210-1, 217-8, 252, 412, 422, 428

A natureza da arte

cânone, 72, 273, 402, 420-1, 425, 428

cão, 117, 247, 370-1

cérebro, 10-1, 14-5, 23, 29-30, 32-3, 35, 37-8, 40, 42-4, 56-60, 64, 97, 105-13, 115, 117-20, 133, 142, 148, 150-2, 154-7, 161-3, 166, 168-9, 176-84, 188-9, 192, 194-7, 201, 225, 237-8, 241, 243, 245, 250, 252-3, 256-7, 259-60, 262, 265, 267, 271, 280, 292, 377, 380-1, 387-8, 398-9, 409, 413, 440, 443, 446-7

chimpanzés, 224, 237, 240 (17n), 259, 371, 387, 446, 452

cibernética, 13-5, 23-4, 26, 28, 30-1, 35-7, 99, 103, 202, 207, 331, 427

ciências cognitivas, 9-13, 15, 18, 21-4, 30, 33-4, 39, 41, 45-7, 55, 97, 99, 135, 142, 146, 149, 158, 167, 173, 176, 187-8, 198-9, 201, 214, 217, 223, 229, 236-7, 262, 271-2, 278, 286, 289, 294, 365, 398-400, 402, 404, 408, 413, 416, 427, 429, 437, 439, 441-2, 447, 449-51, 453-4

cinema, 52-3, 137, 200, 202, 273, 318, 322

coconstrução, 277, 331-2, 353, 444

cognição, 9, 13-4, 16-7, 21-4, 31-2, 39-41, 43, 104, 156 (45n), 165, 176, 250, 267, 278-9, 285, 294,

301, 351, 410, 427-8, 430, 433, 435, 441, 445-6, 451-2, 454

cognitivismo, 14-5, 31, 37, 40-1, 222, 280, 283, 294, 429, 451

computador, 14, 16, 25-6, 28-35, 37-8, 52, 148, 175, 196, 200-12, 215, 218, 221-3, 225, 228, 283, 326, 337, 344, 346, 427, 451

comunicação, 13-4, 16-7, 28-30, 37, 103, 125, 130, 132, 139, 165-7, 175, 183, 216, 229-31, 237, 246-7, 250, 254, 265-6, 270, 282, 295-300, 304-6, 309, 318, 323-5, 328, 334, 336-8, 346, 363, 366-8, 380, 390, 393-4, 399-404, 413-4, 417-8, 428 (13n), 437, 442, 444-5, 448-9, 452

comunicação linguística, 246, 297-8, 300, 306, 337, 402

conceito, 9, 32, 36, 38, 40, 45-6, 57 (8n), 59-61, 76, 82 (28n), 92, 140, 143-4, 146-8, 159 (49n), 165, 203-4, 230-4, 251, 268, 271, 276-7, 279, 293, 330, 376 (22n), 396, 400-1, 404, 411, 425, 440, 452

condutas artísticas, 68, 70-1, 409

condutas (estéticas) operatórias, 67, 70-1, 76, 85, 123, 140, 175, 182, 211, 222, 224, 261, 285, 307, 330, 348, 391-3, 417

477

condutas estéticas (receptoras), 67-8, 75-6, 121, 140, 175, 211, 261, 266, 295, 305, 307, 330, 417, 432

condutas heurísticas, 410

conexionismo, 14, 35, 40-1, 217, 222, 281, 283, 429, 451

conexões, 38, 44 (15n), 120, 387, 399

conhecimentos, 10-2, 17-9, 22, 36, 38-9, 49-50, 52, 64, 94, 100, 103, 111, 113, 128, 131, 141, 161, 165, 168-9, 187, 189, 191, 198, 201-2, 214 (36n), 228, 242, 249-51, 261, 269, 277, 285, 287, 294, 300, 309, 311, 315, 367, 383, 397, 408-9, 411-5, 417-8, 429-36, 442, 444, 449-52

consciência, 9, 21, 26, 57, 64, 66, 102 (3n), 132, 139, 142, 161-2, 164-5, 167-8, 180, 186-7, 228, 232, 239, 248, 268, 271, 280, 288, 290-1, 301, 323, 332-2, 340, 363, 367, 379, 390, 415, 422, 433, 440, 444, 447-8

corpo, 11, 14, 41, 43, 49, 53-4, 60, 63, 90-2, 97, 119-21, 128, 141, 150, 152, 158-9, 161, 168, 184, 195, 197, 202, 208-10, 212, 232-3, 236, 242, 244-5, 251-2, 256-7, 259-60, 264-5, 273, 278-80, 282, 284, 289, 304, 307, 309, 312, 318, 325, 331, 344-6, 349, 371,

387, 395, 399, 408, 411, 413, 416-7, 419, 442

correlação, 10, 43, 217, 250, 258, 446

córtex, 57 (8n), 108, 157, 162, 168, 180 (10n), 190, 240, 252-3, 265, 323, 410, 416

crença (s), 10, 32, 58, 60-1, 64, 116, 130, 135, 140, 142, 161, 165, 188, 239, 250 (37n), 267, 294, 323, 353, 376-7, 383, 416, 440, 446-7, 449

criação, 10-1, 16, 24, 42, 55, 68-9, 74, 76, 83, 88, 93, 105, 114 (16n), 120, 124-5, 128, 131-2, 138, 140, 144-7, 151, 171-3, 175-6, 181, 185-6, 188-9, 191, 193-5, 197-200, 202, 204, 206-11, 213, 215-9, 221-3, 225, 227, 250, 252, 255, 261, 265, 269, 274, 281, 294, 303, 326-7, 336, 341, 343, 346, 348, 364-5, 385, 398, 400, 411, 416 (3n), 422-3, 427-9, 436, 442-6, 449-53

cultura, 10-1, 15-6, 21, 32, 34, 50, 53-5, 62, 66, 70-2, 75, 77, 79, 83, 92, 94, 104, 106, 114, 117, 123, 126-7, 129-32, 137, 141-2, 154, 164-5, 182, 184, 196, 212, 223, 262, 267, 279, 295, 303, 310, 313, 333-4, 344, 350-3, 355-7, 373-5, 377, 381, 383, 385-95, 397-400, 402, 404, 408, 417, 433-4, 439, 443, 445-9, 453

D

dança, 18, 51, 55, 73, 80, 92, 136, 205, 225, 243, 305-7, 309-10, 323, 327, 342, 344, 346, 349, 359-60, 363, 367, 371, 374, 394, 425, 428, 446

destinatário, 46, 69, 174-5, 211, 216, 255, 269, 284-5, 295-6, 300, 305-6, 313, 318, 324, 328-33, 335-6, 338, 340-2, 344, 347-50, 381, 444-5

dimensão estética, 17, 71, 76, 92-3, 97, 110, 282-3, 286-7, 307, 352, 409, 445

dor, 59-60, 102, 164, 256, 260, 266, 332, 417

dualismo, 10, 30, 133

E

Einfühlung, 231-4, 236, 250, 252

emergência, 38-9, 55, 80, 123, 136, 157, 186-7, 253 (41n), 267-8, 279, 281, 422, 428 (13n), 443, 450, 452-3

emoção, 16, 21, 56-7, 59-62, 64-5, 70, 73, 76, 106, 111, 126, 131, 134-5, 142, 153-5, 158-67, 179, 190, 201, 214, 223, 225-7, 232-3, 236-9, 243-5, 248-50, 252, 254-6, 258-60, 263, 265-6, 275, 277, 280, 284, 308-9, 311-3, 324, 331-4, 351, 358-9, 371, 373, 391, 413-8, 427, 434-7, 440-2, 444, 449-50, 452

empatia, 16-7, 70, 76, 105, 167, 229-38, 248-58, 260, 262-7, 269-70, 290, 295-7, 299-300, 304-6, 311, 313, 318, 324-6, 331-4, 336-9, 347-9, 370-1, 413-4, 417-8, 437, 444, 449

enação, 39, 41, 44-6, 147, 278-9, 292, 330, 429, 452

escultura, 50-5, 75, 85, 89-91, 127, 136, 148, 158, 189, 205, 232, 256, 290, 313, 318, 327, 339, 344, 349, 367, 393, 395, 408, 419

esfera da Arte, 71-2, 76, 126, 191, 390, 392-7, 402, 429, 448-9

espectador, 69, 125, 138, 153, 166, 211-3, 216, 221, 225, 227, 230-2, 253-6, 259, 261, 273-6, 280, 284-5, 287, 289-90, 306-7, 311-3, 318-9, 321, 323-4, 332, 335, 338, 345-7, 452

estados emocionais, 190, 238, 244, 309, 372, 414

estados mentais, 10, 14, 16, 32, 58, 100, 166, 239, 254, 270, 296, 299-300, 304, 308, 324-6, 328-9, 331-3, 336, 340, 353, 437, 445

etologia, 10, 13, 75, 115, 134, 251, 365, 373, 446, 452-3

etologia cognitiva, 365, 373, 446, 452

eu, 62, 233-4, 245, 255, 275, 298, 304, 330, 353

evolução, 11, 14, 16, 22, 37, 46, 58-9, 63, 69, 103, 111, 115, 129, 131, 135, 140, 147, 164, 175-6, 217-9, 221-2, 230, 246-7, 251, 275, 279, 330, 333, 342, 351, 355-7, 366, 376, 383, 385-6, 388-91, 396, 404, 426, 439

experiência cognitiva, 136, 293

experiência estética, 15, 17, 49, 66, 110, 113, 132-3, 135-6, 153, 162, 224, 234, 251, 255-6, 258, 271-7, 287-8, 293-4, 329-30, 415-6, 435-7, 443, 452

experiência vivida, 41, 43, 94, 133, 241 (18n), 243, 271, 278-9, 312, 329-30, 429, 444

F

fechamento operacional, 285, 330

feedback, 27, 42

fenomenologia, 46, 133, 288, 291

fenomenológico, 13, 133, 288, 292, 294

ficção, 125-6, 265, 315-7, 340, 342, 349, 367, 413, 417-8, 431

filogênese, 40, 42-3, 111, 113, 116, 123, 130, 132, 159, 238, 295, 330, 351-2, 356, 361, 374-5, 385-6, 390-2, 399-400, 404, 439, 445-7

física, 10-1, 96, 104, 146, 159 (49n), 201, 419

fruição, 62, 120, 233, 235-6, 250

funâmbulo, 225

função de avaliação, 189-90, 220, 227, 410

G

gato, 371

gazela (s), 365, 369-70

genes, 134, 361, 365, 375-81, 385-90, 399, 447

gênio, 92, 116, 172-3, 181, 398, 449

geometria, 24, 50 (1n), 82-4, 86-8, 92, 94, 107, 128, 141, 186, 200-1, 206, 214, 218, 235, 263, 287, 322, 351, 392, 408, 418, 425, 427, 454

gerador de diversidade, 185, 189, 191-2, 194-5, 197-8, 202, 204, 210, 215, 221, 226, 353, 391, 393, 409, 443, 445, 447-8

gestalt (s), 59, 76, 84, 142-3, 145, 148, 234, 440

H

harmonia, 91, 124, 127-30, 132, 153, 156, 186, 190, 253, 308, 397, 399, 409, 419-20, 423, 425, 429, 433

heurística, 103, 198, 214, 220, 409-10, 412, 423, 443

hierarquia, 50-1, 61, 65, 73, 135, 190, 197, 209, 223, 227, 280, 364, 410, 413, 433

A natureza da arte

hipertélico, 372, 374, 381, 391, 447-8

hipotálamo, 57 (8n), 163

homeostasia, 37, 227, 330, 391, 393, 448

I

identidade, 14, 34, 37, 44, 134, 213, 216, 274, 279, 304, 330-3, 340-1, 347, 353, 376 (22n), 380, 402

iluminação, 186, 189-1, 194-5, 227, 409

inato, 117, 122, 184-5, 253, 352, 386-7

incubação, 186, 189, 194, 227, 409, 454

índice de enunciação, 319-22, 349

individualidade, 104, 254, 334

indivíduo, 16, 40, 43, 45, 56, 59, 62-3, 74, 76, 101, 103, 106, 109-10, 113, 120, 131, 150, 163, 166, 183, 229, 244, 252, 257, 267, 271, 277, 279, 285, 291, 295, 302, 357, 375-6, 381, 408, 411, 413, 440-1, 445, 447

informação, 10, 13-5, 18, 22, 25, 28, 30-1, 37, 44 (15n), 46, 64, 66, 99-103, 142, 175, 207, 216, 220, 246, 285, 331, 364, 368, 381-2, 411, 427, 444

informática, 10, 13-4, 23-4, 26, 34, 199, 205, 207, 209, 217, 228, 280, 283, 347, 428, 453

insólito, 77-8, 83, 87, 95, 325, 408

inteligência artificial, 14, 26, 31, 33-5, 46, 205, 214, 222-3, 228, 451

intenção, 9, 58, 72, 76, 85-6, 102-3, 121, 145, 173, 175, 194, 224, 242, 263-4, 269, 283, 305, 308, 317, 348, 395, 418, 445

intencional, 32, 45, 67, 111, 140, 166, 171, 173, 175, 187, 223, 228, 238, 258, 264, 281, 363, 392, 414, 435

interatividade, 69, 95, 207-8, 211-2

interpretação, 15, 40, 64, 89, 101, 157-8, 180, 207, 215, 244, 246, 269-70, 274, 285-7, 292, 310, 340, 349, 360, 365, 370, 382, 390, 399-400, 404, 424, 444, 446, 452

intuição, 93, 116, 129, 186-7, 194-5, 207, 410, 422-3, 443

invenção, 16, 52, 69, 84-5, 112, 140, 185-6, 189-90, 195, 197, 343, 398, 422, 437, 443, 446, 449

J

julgamento, 11, 16, 18, 55, 60-1, 64-7, 71-3, 76, 100, 107, 123, 125, 127-8, 140, 156-7, 160, 165, 168, 177-8, 182, 230-1, 267, 276, 281, 323, 325, 331, 333, 342, 352-3, 395, 397, 407, 410, 416, 418-9, 421, 423, 429, 436-7, 440-1, 445

L

leão, 365, 369-70

leis, 12, 15-6, 42, 91, 95-7, 104-5, 112-5, 117-23, 127, 132, 137, 141-2, 169, 202, 258, 283-4, 288, 379, 384, 399, 418-20, 425-7, 430, 443-4

liberdade, 10, 101, 152, 204, 210, 212, 323 (21n), 347, 375, 398, 447, 449

linguagem, 12, 16, 19, 21, 26, 32-3, 35, 72 (24n), 74, 110, 118 (20n), 144, 150, 153-4, 169, 175 (6n), 177-9, 201-2, 246, 250-1, 265, 269, 298-300, 305, 312, 335, 336, 338, 341-2, 346-7, 350, 356, 364, 378, 385, 403, 407, 409, 411-2, 414, 428

linguística, 13, 22-3, 31, 135, 140, 146, 205, 241, 246-7, 296-301, 304-6, 308, 314, 337, 402, 427-8, 451-3

lúdico (s), 371-2, 391, 448

M

máquina, 14, 16, 25-30, 32-3, 36-7, 53-5, 93, 175, 199-201, 203, 205-9, 212-3, 215, 218-9, 223, 227-8, 233, 268, 272, 281, 336-7, 344, 347, 378

matemática, 13, 25-6, 28-31, 33, 50, 91, 94, 100, 104, 128, 146, 185-6, 188-9, 191, 195-6, 199, 201, 203-6, 208, 218, 268, 336, 407-8, 418-9, 422, 427-8, 453

matriz intersubjetiva, 303-4, 353, 379, 390-1, 417, 435, 444, 448, 450

meio, 14, 16, 41, 43, 137, 139-42, 149, 160, 184, 197, 278, 280, 380, 415 (3n), 436, 447

memes, 375-85, 400

memória, 32, 35-6, 38, 58, 66, 103, 108-9, 113, 135, 138, 142, 153, 155 (43n), 162-3, 177, 180, 182, 185-6, 197, 226, 249, 285, 295, 318, 323, 331, 333, 381, 432, 446

mente, 9, 12, 14-15, 21, 23, 30-3, 39, 44, 47, 93, 95, 97, 116, 127, 129, 133-4, 159, 194, 205, 250, 252, 254, 278, 282, 301-3, 312, 379, 382-4, 445, 451

modelos, 14, 17, 24, 29, 32-3, 37, 87, 89-91, 94, 97, 125-6, 128-30, 133, 135, 140, 143, 147-8, 186, 188, 193, 198-9, 202-3, 206, 217-9, 223-4, 251, 253, 287, 305, 321 (20n), 332-3, 363-4, 381-2, 390, 397, 399-400, 404, 411-2, 420-1, 427-8, 430, 447, 451-2

módulos, 14, 33, 245, 252

momento presente, 301-2, 304, 306-7, 320, 327

música, 18, 50-2, 59-60, 85, 89, 92-3, 100-2, 127-8, 151-6, 158, 163, 176-7, 181, 183-5, 200,

A natureza da arte

204-5, 211-3, 215, 217, 221-2,
252, 254 (41n), 258-61, 264,
268, 280-4, 287, 301, 305-7,
309-13, 324-7, 336-7, 339-47,
349, 352, 356-9, 361, 374, 408,
416, 418, 425, 428-9, 432-6,
442, 450, 452-3
mutação, 216, 333, 355, 379-80,
385, 404

N

naturalização, 9, 12, 15-8, 47,
286, 384, 439, 450, 452, 454
neurobiologia, 11, 99, 112, 117,
132, 165, 187, 199, 308
neurociências, 10, 13, 22-3, 46,
110, 114, 116, 133-4, 147,
250-1, 294, 297, 443
neuro-estética, 13, 15, 55, 105,
114, 120-1, 123 (21n), 148,
196, 251, 253-4, 261-3, 271,
381, 400, 420
neurofisiologia, 31, 104, 115,
281, 428, 441
neurônio (s), 14, 29, 36-8, 119,
149, 156, 169, 192, 225, 227,
239-42, 245-8, 253, 255-6,
259-60, 262-7, 281, 292, 304,
306, 338, 346, 387, 444
neurônios-espelhos, 239-42, 246-
8, 256, 259-60, 262-7, 304,
306, 346, 444

O

obras de arte, 11, 16, 49, 52-3, 55,
60, 66, 69, 75, 86, 94, 99, 101,

105, 114, 122, 133, 135-6,
139-40, 144, 165, 169, 173,
182, 200, 205, 223-4, 229,
252, 254-5, 261-5, 267-9, 272-5,
278, 285, 288, 290, 292-4,
329, 338-9, 344-5, 348-51,
353, 362, 365, 368, 376, 381,
383-4, 392-3, 395, 401, 404-5,
414, 417, 424, 429, 435-6,
441, 443-6, 449-50
olhar, 57, 81-2, 87, 91, 93, 95, 97,
117, 137, 151, 153, 213, 232,
248, 253 (41n), 282, 290-1,
319, 329, 353, 392, 397, 431,
436
ontogênese, 40, 113, 123, 238,
279, 295
ótica, 24, 195, 201, 290-1, 360
(3n), 409, 425, 427

P

pássaro, 43, 56, 81, 89, 259, 274,
355-64, 366, 368-71, 374,
376, 388, 446-7, 452
pavão, 365-6, 369-70
pensamento, 9-10, 12, 26, 28,
31-3, 60, 77-9, 81, 86, 88-9,
95, 125, 130, 157, 161, 169,
176, 187-8, 194, 207, 230,
236, 250, 269, 286, 291, 403,
413, 426-8
percepção estética, 99, 103-4,
110-1, 276, 285, 288, 301
percepção visual, 77, 104-5, 111,
251, 291, 427

pintura, 50-1, 54-5, 85, 87, 91, 100-2, 106-8, 110, 112, 127, 141, 143, 145, 148, 150, 189, 195, 200, 203, 224, 231, 255-6, 258, 261, 264, 288, 290-1, 305, 313, 318-22, 327, 333-8, 341, 349, 361-2, 368, 392, 394, 408, 424, 431, 450

poesia, 18, 50-1, 95, 205, 305, 311, 313, 316, 341-3, 349, 408, 428

prazer, 11, 16-7, 32, 56, 59-61, 64-5, 67, 70, 73, 75-7, 80, 82, 84, 102, 111, 113, 118-9, 121-2, 125-7, 129, 134, 136, 151, 153, 156, 159, 163-4, 167-9, 181, 184, 190, 193-5, 198, 221, 223-4, 226-9, 233-4, 243, 253-4, 259-61, 263, 266-7, 272-4, 276, 280, 290, 307, 324, 329, 332, 345, 353, 355, 358, 362, 367, 369, 371-2, 391, 396, 399, 410, 413-5, 417, 439-43, 445, 447-8, 450

prazer estético, 17, 59-60, 70, 76, 80, 118, 121, 126, 136, 190, 229, 233, 253, 260, 263, 280, 290, 307, 332, 345, 353, 358, 372, 417, 439, 441, 443, 445, 450

pré-representações, 137, 191-3

primeira pessoa, 13, 133, 187, 305, 416-7, 443, 452

processos cognitivos, 31, 39, 55, 68, 106, 135-6, 149, 158, 161, 164, 192, 226-7, 269, 281, 292, 300, 306, 311, 320, 329, 331, 338, 340, 365, 369, 409, 414, 416, 437, 440, 442, 446

processos neuronais, 74, 105, 250, 255, 348

programação, 196, 201, 205, 210, 215, 427

psicanálise, 82 (28n), 134, 196 (25n), 426

psicologia, 10, 13, 21, 23-4, 28, 31, 46, 115, 134, 142, 146, 173, 235, 250 (37n), 430, 453

Q

quase-emoções, 60, 416-7

R

razão, 11, 26, 34, 127, 129, 131, 135, 162, 167, 190, 196, 200, 228, 253, 261, 293, 399-400, 410-1, 420, 441

reações sensório-motoras, 275, 311, 324, 346, 348

receptores, 69, 157, 192, 382, 417, 432, 453

redes, 14, 35, 38, 41, 44-5, 52, 54 (6n), 57 (8n), 69, 192, 209, 216-7, 219, 225, 227, 245, 248, 256, 265-6, 281, 283-4, 326, 333, 338, 373, 375, 379, 387, 391, 393, 437, 448, 452-3

regra (s), 9, 15-6, 25, 29, 32, 41, 44 (15n), 91-2, 123-8, 130-2,

A natureza da arte

169, 203, 218-21, 258-9, 282-3, 287, 297, 334, 358, 399, 404, 422, 431, 443-4

relação intersubjetiva, 121, 300, 304, 319, 322, 339-40, 348-9, 372, 375

representação/representações, 9, 14, 32-34, 40-2, 45-6, 58, 60, 64, 67, 71, 87, 90, 92, 95-7, 116, 129, 137, 141, 146, 161, 164, 166, 173, 190-3, 195, 202, 234, 253, 263, 266-7, 278, 281, 283, 306, 309-10, 318, 323-4, 333-4, 348, 363, 367-8, 375 (20n), 379-80, 384, 388, 392, 410-1, 424, 426, 440, 444

ressonância, 17, 23, 61, 89, 109, 122, 156, 168, 190, 196 (25n), 209, 218, 232-3, 238-44, 247, 253, 255, 260, 264, 266-7, 275, 296-8, 300, 302, 304-14, 316-20, 322-4, 326-33, 338-43, 345, 348-9, 370-1, 410-1, 413-4, 416-7, 435, 444-5, 453-4

ressonância temporal, 296, 300, 304-8, 312-3, 316-20, 322, 326, 329-30, 348, 444

ritual, 64, 91, 360-4, 366, 368-9, 371, 394

rosto, 54, 63, 106-7, 111-2, 141-2, 151, 157, 161, 163, 166, 179, 196-7, 243-4, 266, 295, 436

S

século, 9, 12, 26, 49-52, 62, 89-95, 114 (16n), 116, 126, 128, 141-3, 199-200, 217, 228, 230-1, 258, 272, 287, 310, 322, 324, 334, 338 (26n), 343, 385, 394, 407, 418-21, 423, 425, 427, 451

sensação, 43, 65-6, 76-7, 102, 107-8, 129, 142, 144, 157, 159, 161, 163, 168, 180 (10n), 194-5, 212, 232, 238, 252-3, 255-6, 259-62, 265-6, 269, 273, 275, 280-1, 293, 326, 328, 331, 415, 443

senso comum, 41, 46, 129, 397

sentimento estético, 11, 15, 17, 56, 60-1, 64, 66, 68, 79-81, 86, 93, 95, 111-2, 123, 129, 136, 140, 151, 157-8, 167-9, 171, 234, 263, 265, 267, 351, 355, 399, 408, 440, 442

si, 26-7, 36, 51, 68-9, 82, 135, 145, 149, 153, 157-8, 161, 175, 190, 204, 231, 233, 236, 239, 245, 249, 261, 270, 279, 284, 312, 330, 335, 347, 352-3, 358, 366, 374, 387, 389, 391, 397-8, 409, 414, 421, 440, 449

símbolos, 14-5, 31-3, 38, 41, 46, 78, 85, 87-8; 100, 129, 221, 278, 280-4, 323, 343, 369, 412, 415, 427-8, 442, 451 simpatia, 230, 238, 251, 332

sinalização custosa, 365-72

sinapses, 183, 192, 387-8

sineta de prazer, 190, 221, 224, 226-8, 261

sinfonia, 56, 133, 148-9, 358

sintonização, 298, 308, 311, 324, 328, 331

sistema autopoeiético, 44-5, 222, 280, 284, 452

sujeito, 10, 40, 42, 46, 57-8, 61, 78, 101, 105, 108 (10n), 112, 123, 129, 132, 135-6, 142, 145, 148-9, 152, 178, 190, 229, 233-5, 240, 243, 249-50, 267, 286, 302-5, 321, 337, 352-3, 391, 408, 413, 437, 440, 443, 448

T

teatro, 67, 137, 166, 171, 230, 306, 310, 313, 332, 343-4, 349

televisão, 52, 200, 216, 322, 323 (21n)

temporalidade, 36, 58, 134, 141, 168, 212, 215, 276, 279,
288-9, 291, 296-9, 307, 312, 314-7, 319, 325, 328, 331, 337, 450

terceira pessoa, 13, 132-3, 245, 271, 443

timias, 134-5, 166

top down, 165, 265, 318, 324-6, 338, 430, 447

transmissão, 28, 200, 375-82, 386

V

valor, 18, 29, 55, 61, 73, 83, 102-3, 115, 127, 160-1, 165, 188, 190, 200, 223, 232, 261, 276, 287, 311, 353, 368, 377, 383, 394-6, 409-10, 413, 421, 429-30, 432, 434-7, 440, 450

variação, 79, 101, 152, 155-6, 192, 204, 214, 220-1, 285, 347, 357-8, 385, 389, 399, 428, 452

vivo, 14, 22, 44, 58, 63, 76, 78, 147, 159 (49n), 165, 168, 208, 216-8, 220, 222, 235, 277-9, 306, 328, 330, 347, 352, 373-4, 377, 383-4, 387, 393, 399, 402, 447-8, 452

SOBRE O LIVRO

Formato: 14 x 21 cm
Mancha: 23 x 44 paicas
Tipologia: Venetian 301 12,5/16
Papel: Off-white 80 g/m² (miolo)
Cartão Supremo 250 g/m² (capa)

1ª edição Editora Unesp: 2019

EQUIPE DE REALIZAÇÃO

Edição de texto
Silvia Massimini Felix (Copidesque)
Richard Sanches (Revisão)

Capa
Marcelo Girard

Imagem de capa
Edmond Couchot & Michel Bret: Le Pissenlit (1996)

Editoração eletrônica
Eduardo Seiji Seki

Assistência editorial
Alberto Bononi

Impresso por :

Graphium
gráfica e editora

Tel.:11 2769-9056